Christiane Schiersmann

Berufliche Weiterbildung

Christiane Schiersmann

Berufliche Weiterbildung

VS VERLAG FÜR SOZIALWISSENSCHAFTEN

Bibliografische Information Der Deutschen Nationalbibliothek
Die Deutsche Nationalbibliothek verzeichnet diese Publikation in der
Deutschen Nationalbibliografie; detaillierte bibliografische Daten sind im Internet über
<http://dnb.d-nb.de> abrufbar.

1. Auflage März 2007

Alle Rechte vorbehalten
© VS Verlag für Sozialwissenschaften | GWV Fachverlage GmbH, Wiesbaden 2007

Lektorat: Stefanie Laux

Der VS Verlag für Sozialwissenschaften ist ein Unternehmen von Springer Science+Business Media.
www.vs-verlag.de

Umschlaggestaltung: KünkelLopka Medienentwicklung, Heidelberg
Satz: Absatz. Format. Zeichen, Niedernhausen
Druck und buchbinderische Verarbeitung: Krips b.v., Meppel
Gedruckt auf säurefreiem und chlorfrei gebleichtem Papier
Printed in the Netherlands

ISBN 978-3-8100-3891-3

Inhalt

1 Einleitung

Wir befinden uns gegenwärtig in einem Prozess des raschen gesellschaftlichen und wirtschaftlichen Strukturwandels. Dieser ist u.a. durch die Globalisierung der Wirtschaftsaktivitäten, eine beschleunigte Innovationsdynamik, eine zunehmende Konzentration von Wertschöpfungsprozessen und Beschäftigung auf den Dienstleistungssektor, forcierten Einsatz der Informations- und Kommunikationstechnologien und die Vernetzung von Arbeitsprozessen gekennzeichnet. Vielfach ist in diesem Zusammenhang von dem Weg in die Wissensgesellschaft die Rede. Vor dem Hintergrund der skizzierten Entwicklungen kommt dem Bildungssystem insgesamt eine hohe Bedeutung zu, und es vollzieht sich eine Neukonzipierung, die sich an dem Konzept lebenslangen Lernens orientiert. (Weiter-) Bildung wird zur Schlüsselressource für die Individuen und die Gesellschaft.

Eine erste Phase der allgemeinen und beruflichen Ausbildung ist weder hinreichend für ein erfolgreiches Berufsleben noch für die Anforderungen seitens der Wirtschaft. Der skizzierte Wandel hat gravierende Folgen für die Weiterbildung, insbesondere die berufliche, die sich in Analogie zur Veränderung der Betriebs- und Arbeitsorganisation beschreiben lassen als Wandel von der funktions- und berufsbezogenen Weiterbildung hin zu einer prozessorientierten Weiterbildung (vgl. Baethge/Schiersmann 1998).

Es ist nicht die Absicht dieses Lehrbuches, alle Facetten der Ausgestaltung beruflicher Weiterbildung detailliert abzubilden. Vielmehr konzentriert sich die Darstellung darauf, die aktuellen Entwicklungstrends herauszuarbeiten, detailliert zu analysieren und in Bezug auf ihre individuellen, arbeitsmarktbezogenen sowie gesellschaftlichen Implikationen zu reflektieren. Der Aufriss des Buches orientiert sich an dieser Umorientierung der Weiterbildung, die in der folgenden Übersicht (Tab. 1-1) stichpunktartig umrissen wird. Damit werden Tendenzen beschrieben, jedoch nicht postuliert, dass der Wandel bereits in allen Segmenten der beruflichen Weiterbildung vollzogen wäre bzw. je die alte Ausrichtung vollständig durch die neue ersetzt würde. Daher ist die Übersicht so gestaltet, dass – bezogen auf das in der linken Spalte erfasste Kriterium – die alten Trends als abnehmend, die neuen jeweils als zunehmend dargestellt werden.

Die Darstellung der Veränderungsprozesse in der beruflichen Weiterbildung orientiert sich an folgenden Aspekten:

- Warum ist lebenslanges Lernen nötig? Welche Ziele werden damit verfolgt? (gesellschaftlicher Kontext der beruflichen Weiterbildung) (Kapitel 2.1)
- Was ist mit Weiterbildung gemeint? (Definition und Abgrenzung des Feldes) (Kapitel 2.2)

- Wie lassen sich die konzeptionellen Bezugspunkte der Ausgestaltung von beruflicher Weiterbildung beschreiben? (Bildungsbegriff, (Schlüssel-)Qualifikationsbegriff, Kompetenzbegriff, Lebenslanges Lernen) (Kapitel 2.3)
- Wie verändern sich die Lehr- Lernkontexte in der beruflichen Weiterbildung? (Selbststeuerung von Lernprozessen, arbeitsbegleitendes Lernen, Lernen mit neuen Medien) (Kapitel 3)
- Wer lernt? Was behindert eine Weiterbildungsbeteiligung? Welchen Nutzen bringt sie? (Teilnahme an formaler und informeller Weiterbildung, Weiterbildungsbarrieren, Motive und Nutzen der Weiterbildungsbeteiligung) (Kapitel 4)
- Was wird gelernt? (Inhalte) (Kapitel 5)
- In welchen organisationalen Kontexten wird gelernt? (Weiterbildungsanbieter, organisatorische Einbindung innerbetrieblicher Weiterbildung, Struktur und Aufgabenprofil des Personals) (Kapitel 6)
- Wie unterstützt die Gesellschaft das Lernen Erwachsener? (rechtliche Regelungen, Finanzierung, zeitlicher Zugang, Zertifizierung insbesondere informellen Lernens, Beratung) (Kapitel 7)

Im Kapitel 8 werden die Einzelergebnisse noch einmal zusammengefasst und im Hinblick auf die zukünftige Entwicklung der beruflichen Weiterbildung reflektiert.

Selbstverständnis beruflicher Weiterbildung (Kapitel 2)

Weiterbildung findet in einem spezifischen sozio-ökonomischen Kontext statt, der sich seit den 90er Jahren des letzten Jahrhunderts gravierend gewandelt hat. Im Kapitel 2 werden zunächst knapp die gesellschaftlichen Rahmenbedingungen skizziert, die den Hintergrund für die Akzentverlagerungen in der Ausgestaltung der beruflichen Weiterbildung darstellen sowie die Ziele, die aus gesellschaftlicher Sicht mit Weiterbildung erreicht werden sollen. Letztere richten sich gleichermaßen auf die Entwicklung der Persönlichkeit, die Beteiligung am Arbeitsmarkt und die Partizipation an der gesellschaftlichen Entwicklung (Kapitel 2.1).

Mit der Neuverortung von beruflicher Weiterbildung im veränderten gesellschaftlichen Kontext hat sich auch die Definition dessen verändert, was mit dem Begriff Weiterbildung gefasst wird (Kapitel 2.2): Während sich das Selbstverständnis der Weiterbildung in den letzten zwanzig Jahren weitgehend auf die formalisierte Weiterbildung konzentrierte, wird gegenwärtig informellen bzw. non-formalen Lernkontexten eine größere Bedeutung zugemessen. Auf der bildungspolitischen Ebene wird dies mit der gestiegenen Bedeutung lebenslangen

Analyse-dimensionen	Berufs- und funktionsorientierte Weiterbildung	Prozessorientierte Weiterbildung
Selbstverständnis		
Gesellschaftlicher Kontext	Relativ stabile ökonomische und politische Rahmenbedingungen	Rascher Wandel, Globalisierung, Informatisierung, Individualisierung
Definition von Weiterbildung	Formalisierte Bildungsprozesse	Weiter Begriff im Rahmen des Konzeptes lebenslangen Lernens
Begrifflich-konzeptionelle Orientierungen/ Ziele	Aktualisierung und Erweiterung einzelner Qualifikationen – bezogen auf Berufsbilder	Kompetenzentwicklung (im Sinne umfassender beruflicher Handlungsfähigkeit)
Lernebene		
Lehr-/ Lernkontexte	formalisierte Weiterbildung, Kurse und Seminare	Selbststeuerung von Lernprozessen als Leitbild, Stärkung arbeitsbegleitender Lernarrangements, Einbezug neuer Medien
Lerninhalte	fachbezogene Kenntnisse und Fertigkeiten	Zusätzlich fachübergreifende, insbesondere sozialkommunikative und reflexive Kompetennzen
Lernende	Individuelle Nachfrager (insbesondere Fach- und Führungskräfte)	Ausweitung prinzipiell auf alle betrieblichen Ebenen
Organisationale Kontexte		
Weiterbildungs-einrichtungen	Klassische Organisationen	Öffnung und Vernetzung
Betriebliche Weiterbildung (in Großbetrieben)	Stabsabteilung	Profit-Center, Corporate University
Personal	Dozent/in, Wissensvermittler/in	Moderator/in, Lernbegleiter/in
Bildungspolitische Rahmenbedingungen		
Finanzierung	Vorherrschen institutioneller Finanzierung (Betriebe, SGB III)	Tendenz zur Privatisierung von Weiterbildungskosten
Zeit	Betriebliche Weiterbildung während der Arbeitszeit, finanzielle Kompensation für Nicht-Erwerbsarbeit bei SGB III-Maßnahmen	Aushandlung der Ressource Zeit zwischen Arbeitgebern und Arbeitnehmern, Lernzeitkonten
Zertifizierung	Abschlüsse nach Fortbildungsordnungen, Teilnahmebestätigungen	Zusätzlich: Kompetenzprofiling, Bildungspässe (einschließlich der Bescheinigung non-formaler Kompetenzen)
Support	Beratung punktuell	Ausbau von Datenbanken, Beratung lebensbegleitend

Tabelle 1-1: Von der funktions- und berufsorientierten zur prozessbezogenen beruflichen Weiterbildung

Lernens begründet: Es ist aufgrund des wachsenden Umfang der zu erwerbenden Kompetenzen nicht länger möglich, diese Aufgabe alleine formalen Lernkontexten zuzuweisen. Der Trend zu einer prozessorientierten Betriebs- und Arbeitsorganisation legt zudem auf der betrieblichen Ebene eine engere Verzahnung von Weiterbildung mit den je situativen Arbeitsabläufen nahe. Die Betriebe streben zudem einen höheren Praxisbezug bzw. Transfer des Gelernten sowie höhere Flexibilität der Lernprozesse an. Folglich ist es notwendig, informelle Lernprozesse in eine Definition bzw. ein Selbstverständnis von Weiterbildung einzubeziehen. Vielfach ist in diesem Kontext die Rede von der Entgrenzung der Weiterbildung (vgl. Arnold 2002).

In diesem Zusammenhang haben sich auch die konzeptionellen Orientierungspunkte für das Selbstverständnis von Weiterbildung verändert (Kapitel 2.3). Dominierte lange Zeit die Orientierung am Bildungsbegriff, so wurde dieser seit den 1960er und 1970er Jahren tendenziell durch den (Schlüssel-)Qualifikationsbegriffs abgelöst. Heute wird die Diskussion auf der theoretisch-konzeptionellen Ebene durch die Orientierung am Kompetenzbegriff und auf der bildungspolitischen Ebene durch das Konzept lebenslangen Lernens dominiert.

Veränderte Lernarrangements/Neue Lernkultur (Kapitel 3)

Die Diskussion um die Gestaltung von Lernprozessen in der beruflichen Weiterbildung orientiert sich zur Zeit stark an der Chiffre der Selbststeuerung (Kapitel 3.1). Mit dem Wort ‚Chiffre' soll darauf hingewiesen werden, dass die Verwendung dieses Begriffs sehr schillernd ist. Vor diesem Hintergrund werden drei Ebenen dieses Konzepts ausdifferenziert: Ein personenbezogenes Konzept der Selbststeuerung lässt sich im Kontext konstruktivistischer Lerntheorien verorten. Auf einer zweiten, didaktischen Ebene werden Formen der Gestaltung von Lernumgebungen zur Unterstützung dieser Selbststeuerung beschrieben. Eine dritte, eher auf einer bildungspolitische Ebene zu verortende Dimension der Diskussion um Selbststeuerung zielt auf die Selbstverantwortung der Individuen für die Ausgestaltung ihrer Bildungsbiographie. Die Individualisierung von Berufsbiographien führt zu der Notwendigkeit, je individuelle Kompetenzprofile zu entwickeln und diese situationsspezifisch auszugestalten.

Die Selbststeuerung von Lernprozessen ist jedoch keineswegs voraussetzungslos, sondern erfordert insbesondere eine Fähigkeit zur Reflexion der eigenen Lernprozesse. Die gegenwärtige Debatte um die Selbststeuerung markiert generell auch den Perspektivwechsel vom Lehrenden zum Lernenden als den Lernprozess gestaltendes Subjekt. Diese Entwicklung wird häufig auch mit dem Begriff einer neuen Lernkultur umschrieben.

In Bezug auf die bereits erwähnten informellen Lernkontexte kommt für die berufliche Weiterbildung arbeitsbegleitenden Lernkontexten eine besondere Bedeutung zu (Kapitel 3.2). Nachdem in den 1980er Jahren das Lernen am Arbeitsplatz als nicht mehr bedarfsgerecht eingeschätzt wurden, u.a. wegen der zunehmenden Abstraktheit der zu vermittelnden Kenntnisse, erleben arbeitsbegleitende Lernprozesse seit den neunziger Jahren eine erstaunliche Renaissance. Der Arbeitsplatz wird als geradezu idealer Lernort propagiert. Bei der Erörterung arbeitsbegleitender Lernkontexte kann zwischen arbeitsnahen Lernkontexten, die eigens zu Lernzwecken arrangiert wurden (wie Lerninseln) und lernförderlichen Arbeitsformen (z.b. Gruppenarbeit, Qualitätszirkel) unterschieden werden. Die Analyse in diesem Lehrbuch erfolgt entlang folgender Leitfragen: Welche Definitionen und Zielperspektiven liegen arbeitsbegleitenden Lernformen zugrunde? Für welche Zielgruppen werden sie angeboten? Welche Erfahrungen lassen sich in Bezug auf diese Lernkontexte benennen?

Ein wachsender Stellenwert wird auch computer- bzw. netzbasierten Lernkontexten zugesprochen, wenngleich die erste Euphorie des e-learning einer gewissen Ernüchterung gewichen ist und heute eher Konzepte des blended learning, d.h. der Verknüpfung von computer- bzw. netzbasierten Lernphasen mit Präsenzphasen propagiert werden (Kapitel 3.3).

Beteiligungsstrukturen (Kapitel 4)

Handelte es sich bei der Beteiligung an beruflicher Weiterbildung bislang eher um punktuelle Aktivitäten, die sich zudem auf Bevölkerungsgruppen mit einem höheren Qualifikationsniveau konzentrierten, so verändert sich dies gegenwärtig nachhaltig. Zukünftig ist davon auszugehen, dass Weiterbildung aufgrund der Informationsflut sowie der Beschleunigung des Wissensverschleißes und der vielfältigen Herausforderungen zur beruflichen Neuorientierung zur kontinuierlichen Herausforderung während der gesamten Berufsbiographie wird. Damit zielt die Forderung nach Weiterbildung zumindest prinzipiell auf alle Bevölkerungsgruppen. Damit wird Weiterbildung zum integralen Bestandteil der Biographie und der Biographieplanung. In dem Maße, in dem von der Programmatik lebenslangen Lernens für alle ausgegangen wird, stellt sich noch in erhöhtem Maße als schon bisher die Frage, ob alle Bevölkerungsgruppen einen Zugang zur formalen sowie zur informellen Weiterbildung haben.

In diesem Kapitel wird einleitend die Schwierigkeit der Datenlage dargestellt (Kapitel 4.1). Anschließend wird die Beteiligung an formaler Weiterbildung sowohl unter sozio-demographischen als auch beschäftigungsbezogenen Kriterien analysiert (Kapitel 4.2). Kapitel 4.3 geht dann der Frage der Verbreitung informeller Weiterbildung nach. Um die vorfindliche Weiterbildungsbeteiligung angemessen bewerten zu können und die Frage zu beantworten ob die Chancengleichheit gewährleistet ist, ist auch nach dem individuellen Weiterbildungsbedarf, nach Motiven bzw. Barrieren sowie nach dem von der Beteiligung erwarteten Nutzen zu fragen (Kapitel 4.4).

Lerninhalte (Kapitel 5)

Über die Frage nach dem ‚Wie' des Lernens ist in den vergangenen Jahren die nach dem ‚Was' fast in Vergessenheit geraten. Da sich aber die Weiterbildung nicht wie die Schule oder die berufliche Erstausbildung an standardisierten und politisch vorgegebenen Inhalten orientieren kann (und will), stellt sich die Frage, welche Inhalte aktuell sind, d.h. auf der einen Seite von den Bildungsinstitutionen angeboten werden, auf der anderen Seite von den (potentiellen) Teilnehmenden nachgefragt werden.

Organisationale Kontexte beruflicher Weiterbildung (Kapitel 6)

Weiterbildung erfolgt in einem spezifischen organisationalen Kontext. Zum einen besteht eine Vielfalt von Weiterbildungsanbietern, die ihre Angebote auf dem Weiterbildungsmarkt platzieren und sich an neue gesellschaftliche Kontexte anpassen, d.h. z.B. sich auch für informelle Lernkontexte öffnen müssen (Kapitel 6.1). In den Betrieben stellt sich die Frage nach der organisatorischen Einbindung der Weiterbildung (Kapitel 6.2). Diese hat sich in den letzten ca. 10 Jahren in Richtung einer Dezentralisierung von Verantwortlichkeiten verändert, und die Weiterbildungsaktivitäten werden – zumindest in Großbetrieben – stärker strategisch ausgerichtet, d.h. u.a. stärker mit der Personal- und Organisationsentwicklung verbunden. Gerade Klein- und Mittelbetriebe sind häufig auf eine Zusammenarbeit mit externen Weiterbildungsanbietern angewiesen, weil sie aufgrund knapper personeller Ressourcen keine spezifische Weiterbildungsabteilung unterhalten.

Die (berufliche) Weiterbildung weist auch eine im Vergleich zu anderen Segmenten des Bildungssystems spezifische personelle Struktur auf: Das Personal setzt sich aus einer kleinen Gruppe hauptberuflich Tätiger sowie einer großen Gruppe von frei- oder nebenberuflich tätigen Dozenten zusammen (Kapitel 6.3). Damit korrespondiert ein spezifisches Aufgabenprofil: Die Festangestellten übernehmen im Wesentlichen planende und steuernde Aufgaben, die sich auch mit dem Begriff des Weiterbildungsmanagements fassen lassen. Die Dozenten[1] sind demgegenüber im Wesentlichen für die Durchführung von Unterricht zu-

---

1 Aus Gründen der Sprachästhetik wird ausschließlich die männliche Form verwendet. Frauen sind selbstverständlich mit gemeint.

14

ständig. Vor dem Hintergrund dieser Struktur und dieses Aufgabenprofils stellt sich die Frage nach der Professionalität in diesem Handlungsfeld.

Bildungspolitische Rahmenbedingungen beruflicher Weiterbildung (Kapitel 7)

Abgerundet wird die Einführung in die berufliche Weiterbildung mit der Thematisierung bildungspolitischer Rahmenbedingungen des berufsbezogenen Lernens. Die Weiterbildung ist seit ihrer Entstehung im Vergleich zur Schule deutlich weniger in feste Strukturen und regulative Rahmenbedingungen, z.b. staatliche Gesetzgebung, eingebunden. Die Situation ist durch eine große Pluralität in Bezug auf die politischen, juristischen und finanziellen Regelungen gekennzeichnet. Dabei ist zu klären, welche rechtlichen Rahmenbedingungen für die Weiterbildung existieren (Kapitel 7.1). Inhaltlich spielen dabei die Fragen der Finanzierung von Weiterbildung (Kapitel 7.2) sowie der zeitlichen Ausgestaltung der Teilnahme an Weiterbildung (innerhalb oder außerhalb der Arbeitszeit) (Kapitel 7.3) eine Rolle. Angesichts der wachsenden Bedeutung informellen Lernens gewinnt die Frage nach deren Dokumentation und der Zertifizierung informell erworbener Kenntnisse an Relevanz (Kapitel 7.4). Schließlich spielt ein individuums- und organisationsbezogener Support, insbesondere durch Informations- und Beratungsangebote, eine zentrale Rolle für gleiche Zugangschancen zur beruflichen Weiterbildung (Kapitel 7.5).

Die in dieser Publikation diskutierten Dimensionen beruflicher Weiterbildung können zugleich als Systematisierung der für Weiterbildner erforderlichen Kompetenzen angesehen werden, wobei vorrangig – aber nicht nur – an den Personenkreis gedacht ist, der die organisationalen Kontexte von Weiterbildung gestaltet (weniger an die Personen, die in der Regel die Lehre durchführen): Weiterbildner müssen

- über Wissen von den gesellschaftlichen Rahmenbedingungen und Zielvorstellungen beruflicher Weiterbildung verfügen,
- von einer begründeten Definition dessen ausgehen, was unter beruflicher Weiterbildung gefasst wird,
- benötigen Wissen darüber, wie Erwachsene erfolgreich lernen, entweder, um selbst Lernkontexte zu gestalten oder andere (z.B. Dozenten) darin zu unterstützen,
- müssen eine Vorstellung davon besitzen, welche Gruppen mit welchen Motiven und welchen Nutzenerwartungen an Weiterbildung teilnehmen,
- sind in institutionelle Kontexte eingebunden, die Einfluss auf das berufliche Handeln nehmen und gestalten zugleich diesen organisationalen Rahmen und
- handeln in einem sich entwickelnden bildungspolitischen Umfeld.

15

2 Selbstverständnis beruflicher Weiterbildung

▼ Zusammenfassung

Im diesem Kapitel werden zunächst kurz die Veränderungen des gesellschaftlichen Kontextes skizziert, in dessen Rahmen die Ausgestaltung von beruflicher
Weiterbildung zu verorten ist sowie die Zielperspektiven der Weiterbildung auf
einer allgemeinen Ebene (Kapitel 2.1). Anschließend wird geklärt, wie der Begriff
der Weiterbildung für die folgenden Ausführungen definiert wird (Kapitel 2.2). Dabei spielt insbesondere die Einbeziehung informeller Lernkontexte eine zentrale
Rolle. Abschließend werden normative bzw. theoretische Bezugspunkte reflektiert (Kapitel 2.3). Hierzu wird auf den Bildungsbegriff, den Ansatz der (Schlüssel-)
Qualifikationen, den Kompetenzansatz sowie das Konzept lebenslangen Lernens
eingegangen. Damit bildet dieses Kapitel das konzeptionelle Gerüst für die in den
folgenden Kapiteln erörterten Aspekte.

2.1 Gesellschaftlicher Kontext und Zielperspektiven

2.1.1 Sozio-ökonomischer Wandel

Wie einleitend bereits skizziert, ist die aktuelle Bedeutung und Wertschätzung
von beruflicher Weiterbildung vor dem Hintergrund der folgenden zentralen
Dynamiken des gesellschaftlichen Wandels zu interpretieren, die häufig auch
als Megatrends etikettiert werden. Sie können im Rahmen dieser Publikation
lediglich in aller Kürze skizziert werden (vgl. dazu auch: Baethge u.a. 2003, S.
19ff.; Konsortium Bildungsberichterstattung 2006, S.5ff.).

- **Verbreitung von Informations- und Kommunikationstechnologien/
  steigende Wissensintensität**

Die Informations- und Kommunikationstechnologien sind massiv in die Ar-
beits- und Lebensprozesse eingedrungen, und der Faktor Wissen wird als vierter
Produktionsfaktor bezeichnet. Die Arbeitsprozesse sind dadurch in vielen Fällen
abstrakter und komplexer geworden. Zugleich haben sich Ablauf- und Entschei-
dungsprozesse stark beschleunigt. Diese Entwicklung beeinflusst das Profil der
erforderlichen Kompetenzen nachhaltig: Für die Industriearbeit waren neben den
fachlichen Kenntnissen und Fertigkeiten Kompetenzen wie technische Sensibilität, Zuverlässigkeit, Genauigkeit und Sorgfalt zentral. Zusätzlich erforderlich
werden nun Kompetenzen wie Kreativität, Problemlösefähigkeit, Reflexions-
vermögen, Selbststeuerungs- und Kommunikationsfähigkeit und insbesondere
die Bereitschaft, die eigene Wissensbasis ständig zu aktualisieren. Dies setzt die

Bereitschaft zum Lernen und zur Reflexion der eigenen Lernprozesse im Sinne einer Metakompetenz voraus.

- **Globalisierung**
Deutschland ist als eine große Volkswirtschaft stark in den Welthandel eingebunden. Diese Situation wird u.a. mit dem Schlagwort „Exportweltmeister" charakterisiert. Mit annähernd 10 % Anteil am Welthandelsexport nimmt Deutschland die erste Position unter den Exportstaaten ein – vor den USA, Japan und China. Bei den Importen steht die Bundesrepublik mit knapp 8 % hinter den USA an zweiter Stelle (vgl. Konsortium Bildungsberichterstattung 2006, S. 12).

Wenngleich die Internationalisierung von Unternehmen kein völlig neues Phänomen darstellt, so hat sie doch eine neue Qualität erreicht (vgl. zum Folgenden: Konsortium Bildungsberichterstattung 2006, S. 12f.). Über den internationalen Austausch von Waren hinaus kommt es heute zu einer tendenziell weltweiten Verteilung von Wertschöpfungsketten. Dies bedeutet, dass ein nicht unbeträchtlicher und im letzten Jahrzehnt gewachsener Teil an Exportgütern außerhalb von Deutschland als Vorprodukt gefertigt wird. In Bezug auf die Arbeitsprozesse handelt es sich hierbei nicht einfach um Handel, sondern um prozessgebundene Kooperationen. Die tendenziell weltweite Verteilung und Organisation von Wertschöpfungsketten erweitert die internationale Kooperation über die Führungsspitzen bzw. Spezialabteilungen hinaus auf nahezu alle Beschäftigtengruppen. Das erfordert die Kompetenz zu internationaler Kooperation für eine deutlich wachsende Gruppe von Beschäftigten. Neben der transnationalen Verteilung von Wertschöpfungsketten führt die Globalisierung auch zu einer räumlichen Entgrenzung der Arbeitsmärkte. Auch diese betrifft inzwischen alle Beschäftigtengruppen vom ungelernten Arbeiter bis zum Topmanager oder wissenschaftlichen Spezialisten. Die internationale Öffnung der Arbeitsmärkte erhöht auf der einen Seite das verfügbare Arbeitskräftepotenzial, sie erweitert auch die Beschäftigungsoptionen der inländischen Arbeitskräfte im Ausland, stellt sie zugleich aber in eine verstärkte internationale Konkurrenz. Um auf entgrenzten Arbeitsmärkten handlungs- und wettbewerbsfähig zu sein, reichen gute Fachkenntnisse nicht mehr aus. Sprachkenntnisse, das Verständnis fremder Kulturen und Mobilitätsfähigkeit sind unerlässliche Kompetenzen.

- **Entwicklung zur Dienstleistungs- bzw. Wissensgesellschaft**
In Deutschland ist – ebenso wie in anderen klassischen Industrieländern, wenngleich mit einer gewissen zeitlichen Verzögerung – eine deutliche Verschiebung von der Produktions- zur Dienstleistungsökonomie zu konstatieren. Inzwischen ist der Dienstleistungssektor sowohl bezogen auf die Bruttowertschöpfung als

auch auf die Erwerbsstruktur der weitaus größte Sektor der Volkswirtschaft. Von 1970 bis 2004 wuchs der Anteil der im Dienstleistungssektor Beschäftigten von 43 % auf 71 %, d.h. um 28 Prozentpunkte. Damit sind über zwei Drittel aller Beschäftigten im Dienstleistungsbereich tätig (vgl. Konsortium Bildungsberichterstattung 2006, S. 14f.). Zudem ist die Entwicklung zur Dienstleistungsökonomie sozialstrukturell mit einer kontinuierlichen Ausweitung der Frauenerwerbstätigkeit verbunden. Mit diesem Wandel der Erwerbsstruktur sind weitreichende Veränderungen von Tätigkeits- und Kompetenzprofilen verbunden – sowohl in der Erwerbsarbeit als auch in der alltäglichen Lebensweise, z.b. in Bezug auf die Vereinbarkeit von Familie und Beruf. Dominierte bei handwerklichen und industriellen Tätigkeiten der Umgang mit Werkzeugen, Maschinen und Materialien, so steht bei der Dienstleistungsarbeit die Kommunikation mit Personen und der Umgang mit Symbolen und Wissen im Vordergrund, wobei diese Tätigkeitsinhalte gegenwärtig auch in vielen Bereichen der industriellen Produktion eine Rolle spielen. In der Dienstleistungsgesellschaft erforderliche Kompetenzprofile zeichnen sich in der Regel – wenn auch von Feld zu Feld in unterschiedlich starkem Ausmaß – durch hohe Anforderungen an Analysefähigkeit und analytischem Wissen, Abstraktionsfähigkeit, an kommunikativer Sensibilität, an situationsgebundener Problemlösefähigkeit sowie an Reflexivität aus. Das Bildungssystem ist herausgefordert, aktiv zur produktiven Bewältigung dieses Strukturwandels beizutragen.

- **Veränderung der Betriebs- und Arbeitsorganisation**

Die Betriebe haben auf den skizzierten Wandel mit einer grundlegenden Reorganisation der Betriebs- und Arbeitsorganisation reagiert. Die berufstypischen Aufgabenprofile lösen sich tendenziell auf. Dieser Veränderungsprozess lässt sich als Weg von einer funktions- und berufsbezogenen hin zu einer prozessorientierten Betriebs- und Arbeitsorganisation charakterisieren (vgl. Baethge/ Schiersmann 1998). Die traditionelle funktions- und berufsbezogene Strukturierung wird durch eine Orientierung an den Geschäftsprozessen und damit an den Abläufen ersetzt (vgl. Picot u.a. 1996). Mit Hilfe dieses Organisationsmodells sollen die Innovationsfähigkeit und Reaktionsgeschwindigkeit der Betriebe gegenüber Marktentwicklungen erhöht, die Erschließung der Wissenspotentiale intensiviert und die Kooperationsstrukturen enthierarchisiert werden. In der Erwerbsarbeit verlieren hochgradig arbeitsteilige und streng hierarchische Organisationsformen gegenüber Dezentralisierung, Selbstorganisation und vernetzter Kooperation an Bedeutung. Dies erfordert eine flexible Spezialisierung, kleine selbst organisierte Einheiten, neue Kooperationsformen (Team-, Gruppen- und Projektarbeit) und neue Steuerungsformen, die individuelle Motivation und

Kompetenz prämieren. Damit werden Mobilität, Flexibilität und Selbstorganisationsfähigkeit zu neuen Leitkategorien im Arbeitsverhalten. Zugleich wachsen die Erfordernisse, sich in einer durch starke Veränderungsdynamik und Unsicherheit geprägten Gesellschaft offen, lernbereit, selbstbewusst, flexibel und kooperativ zu bewegen (vgl. Konsortium 2006 Bildungsberichterstattung, S.15).

- **Individualisierung/Wertewandel**
Hinsichtlich der Frage der gesellschaftlichen Integration beschreibt die Individualisierungsthese – in Anlehnung an Beck (1986) – die Beobachtung, dass die gesellschaftliche Integration des Individuums und der gesellschaftliche Zusammenhalt nicht mehr primär durch soziale Herkunft geprägt wird, sondern zunehmend durch wohlfahrtstaatliche Institutionalisierung individueller Rechte und vom Einzelnen erbrachter Leistung. Zu den zentralen Institutionen des Lebenslaufs zählen Bildungsinstitutionen wie Kindergärten, Schulen, Ausbildungsstätten sowie der Arbeitsmarkt. Wie gut oder schlecht dem Einzelnen eine Integration in die Gesellschaft gelingt, hängt wesentlich davon ab, an welchen dieser Ressourcen jemand in welcher Weise partizipieren kann. Dabei ist die Gefahr, dass die Dynamik des Wandels neue soziale Ausgrenzungsprozesse fördert, nicht zu übersehen. In Bezug auf den Wertewandel ist die Stärkung expressiver Bedürfnisse wie Selbständigkeit, Partizipation und Mitbestimmung relevant, denen eine hohe Bedeutung für die Lernbereitschaft und Lernmotivation zukommt. Wenngleich Individualisierungsbedürfnisse bei allen Bevölkerungsgruppen an Bedeutung gewonnen haben, sind sie bei höherem Bildungsniveau und bestimmten sozialen Milieus besonders ausgeprägt.

- **Demographische Entwicklung**
Deutschland ist einer der am schnellsten alternden Gesellschaften der Welt. Eine seit 30 Jahren anhaltend niedrige Geburtenrate und die deutlich gestiegene durchschnittliche Lebenserwartung haben zu einer nachhaltigen Veränderung der Altersstruktur geführt. Seit 1997 ist der Anteil der Bevölkerung im Alter von über 60 Jahren höher als der der unter 20-Jährigen. Wenn die Geburtenrate so niedrig bleibt, wird der Anteil der nachwachsenden Generation bis 2030 auf ca. 17 % absinken, während der Anteil der über 60-Jährigen auf ca. 34 % steigen wird. Damit wären die unter 20-Jährigen nur noch halb so stark vertreten wie die über 60-Jährigen (vgl. Konsortium Bildungsberichterstattung 2006, S. 6).

Für die berufliche Weiterbildung bedeutet dies, die Bildungsreserven der Älteren besser ausschöpfen zu müssen bzw. die Bildungsinteressen dieser Gruppe stärker zu berücksichtigen. Bezüglich des Kohorteneffekts ist zu bedenken, dass die Älteren manche Kompetenzen in früheren Lebensphasen noch nicht oder noch nicht im erforderlichen Umfang erworben haben, die für die nachwachsende Generation selbstverständlich sind.

Die Folgen der gesellschaftlichen Megatrends für berufliches Handeln und berufliche Kompetenz sind gravierend: Es entsteht ein neuer Typ von Arbeitskraft: Diesem werden neben fachlichen und sozialkommunikativen Kompetenzen Fähigkeiten des Selbstmanagements für eine eigenständige Lebensplanung und Koordinierung von Erwerbsarbeit und privater Lebensführung, der Mitgestaltung der gesellschaftlichen Entwicklung, der Orientierungs- und Handlungsfähigkeit auf dem Arbeitsmarkt mit der erforderlichen Mobilität und vor allem des Umgangs mit Unsicherheit abverlangt (vgl. Baethge u.a. 2003, S. 29). Da die gegenwärtig erforderlichen Fähigkeiten und Kenntnisse von der Mehrzahl der Beschäftigten in der Jugendphase noch nicht erworben wurden, ist die Weiterbildung gefordert, den Aufbau bzw. die Erweiterung entsprechender Kompetenzen zu unterstützen. Der Weiterbildung ist dabei programmatisch schon seit ihrer Entstehung eine kompensatorische Funktion zugeschrieben worden, in dem Sinne, dass sie im Jugendalter verpasste Bildungschancen eröffnet.

▼ **Übersicht**

Megatrends als gesellschaftlicher Hintergrund für die berufliche Weiterbildung

- Verbreitung von Informations- und Kommunikationstechnologien/ steigende Wissensintensität
- Globalisierung
- Entwicklung zur Dienstleistungs- bzw. Wissensgesellschaft
- Veränderung der Betriebs- und Arbeitsorganisation
- Individualisierung/Wertewandel
- Demographische Entwicklung

2.1.2 Zielperspektiven beruflicher Weiterbildung

Die Ziele und die Ausgestaltung des Bildungssystem, hier des Teilbereichs beruflicher Weiterbildung, stellen zum einen das Produkt einer historischen Entwicklung dar, entwickeln sich aber zum anderen in einem sehr komplexen gesellschaftlichen Diskussions- und Entscheidungsprozess (vgl. zu der folgenden Argumentation: Konsortium Bildungsberichterstattung 2006, S. 13ff.). Dies gilt in besonderem Maße für die aktuelle Situation, die sich durch eine hohe Veränderungsdynamik auszeichnet (s. Kapitel 2.1.1). Dabei ist davon auszugehen, dass Begründungen für die Ziele der beruflichen Weiterbildung eine Interpretation der ablaufenden gesellschaftlichen Veränderungsprozesse implizieren, die sich auf diesbezügliche wissenschaftliche Theorien gründen. Die Ziele bzw. normativen Orientierungen sind von den allgemeinen Funktionen abzuleiten, die ein Bildungssystem in einer modernen Gesellschaft zu erfüllen hat. Diesbezüglich kann von einer breiten gesellschaftlichen Übereinstimmung ausgegangen werden, soweit sie auf einem relativ abstrakten Niveau formuliert sind. Sie können als Basis für die Definition einzelner konkreter Bildungsziele, die Entwicklung von Curricula und die strukturelle Ausgestaltung des Bildungswesens dienen und stellen insoweit eine Art Selbstverpflichtung von Gesellschaft und Politik dar, Bedingungen für die Realisierung dieser Ziele zu schaffen. Kontroverse bildungspolitische Diskussionen beginnen in der Regel dort, wo es um die Operationalisierung solcher normativ formulierter Funktionen und die Entscheidung über konkrete Organisationsformen der Bildungsprozesse geht. Die normativen Bezugspunkte stellen zugleich Kriterien für die Bestimmung der Qualität von Weiterbildung und die Beurteilung von deren Entwicklung dar.

Die drei im Folgenden erläuterten normativen Bezugspunkte für ein modernes Bildungssystem sind formuliert in Anlehnung an die Ergebnisse des Forum Bildung[1] sowie der Expertengruppe zur Erarbeitung konzeptioneller Grundlagen für eine Bildungsberichterstattung[2].[3]

Individuelle Regulationsfähigkeit

Die Kategorie der individuellen Regulationsfähigkeit kann als Äquivalent zur Kategorie der ‚gebildeten Persönlichkeit' oder des ‚autonomen Individuums' gesehen werden, die eine zentrale Rolle innerhalb der klassischen deutschen Bildungstheorien spielten. Sie unterscheidet sich von diesen dadurch, dass sie als handlungsbezogene Dimension formuliert wird. Mit dem Begriff der Regulationsfähigkeit wird das Vermögen des Individuums beschrieben, sein Verhalten und sein Verhältnis zur Umwelt, die eigene Biographie und das Leben in der Gemeinschaft selbständig zu gestalten. Die Regulationsfähigkeit stellt die komplexeste und zugleich allgemeinste personenbezogene Zielkategorie für das Bildungssystem als Ganzes sowie für seine Teilsysteme dar. Sie gewinnt in der Gegenwart und Zukunft besondere Bedeutung angesichts der in Kapitel 2.1.1 geschilderten Ausprägungen gesellschaftlichen Wandels, der sich in immer kür-

---

1 Das Forum Bildung wurde 1999 vom Bund und den Ländern eingesetzt, um die Qualität und Zukunftsfähigkeit des Bildungssystems sicher zu stellen. In dieser Expertengruppe arbeiteten bis 2002 u.a. Vertreter des Bundes und der Länder, der Sozialpartner sowie der Wissenschaft zusammen (vgl. Arbeitsstab Forum Bildung 2001).

2 Diese Expertengruppe wurde 2003 vom Bundesministerium für Bildung und Forschung eingesetzt, um Grundlagen für die Ausgestaltung eines nationalen Bildungsberichts zu erarbeiten.

3 Bei beiden bildungspolitischen Initiativen war die Autorin dieser Publikation als Expertin beteiligt und damit in die Ausformulierung dieser Ziele eingebunden.

zeren Zeitzyklen vollzieht. Mit Regulationsfähigkeit ist in diesem Kontext die Kompetenz zur Selbstbehauptung des Individuums unter den Bedingungen zunehmender Komplexität und Unsicherheit der Lebens- und Arbeitszusammenhänge gemeint. Die Dimension der individuellen Selbstregulation ist zudem begrifflich nahe bei dem Aspekt der Selbststeuerung von Lernprozessen angesiedelt, die in neueren Lerntheorien als Basiskompetenz angesehen wird und auf die im Kapitel 3.1 näher eingegangen wird.

Beschäftigungsfähigkeit
Mit dem Begriff der Beschäftigungsfähigkeit wird der Bezug zum Arbeitsmarkt erfasst. Der Aspekt umfasst zwei Dimensionen, eine personen- und eine systembezogene, wenngleich beide eng aufeinander bezogen sind. Die individuelle zielt auf das Interesse der (potentiell) Erwerbstätigen zur Sicherung ihrer Beschäftigungschancen und ist auf Kompetenzen ausgerichtet, die ihnen eine befriedigende und existenzsichernde Erwerbsarbeit sowie ein selbständiges Agieren auf dem Arbeitsmarkt ermöglichen. Mit der systembezogenen ökonomischen Dimension ist das Interesse der Betriebe bzw. der Gesellschaft an einem optimal qualifizierten Arbeitskräftepotential angesprochen.

Teilhabe an der Gesellschaft/Chancengleichheit
Bildungsinstitutionen sind Instanzen, die zur Verteilung von gesellschaftlichen Teilhabechancen in einer Demokratie und zu sozialem Status beitragen. Gleichwohl zeigen alle aktuellen Untersuchungen, dass das deutsche Bildungssystem sich nach wie vor durch eine hohe Selektivität auszeichnet. Dies zeigen die Ergebnisse der PISA-Studien für den Allgemeinbildungsbereich (vgl. Baumert u.a. 2005) und dies gilt auch für den Bereich der beruflichen Weiterbildung (s. dazu Kapitel 4). Dabei hat sich in letzter Zeit angesichts des durchschnittlichen Anstiegs des Bildungsniveaus ein Trend herausgebildet, demzufolge sich der Ausschluss von Personen mit niedrigem Schulabschluss bzw. ohne abgeschlossene Berufsausbildung biographisch verfestigt und nur noch schwer korrigierbar ist, da sie häufig sowohl vom Zugang zu Bildungsinstitutionen als auch zum Arbeitsmarkt ausgeschlossen werden. Gleiches gilt für Personen mit Migrationshintergrund. Folglich besteht auch zukünftig eine besondere Herausforderung darin, das Bildungswesen so auszugestalten, dass weder sozialer Status noch kulturelle Herkunft, Geschlecht oder regionale Aspekte die individuellen Lernanstrengungen so überlagern, dass die Ungleichheit der Herkunft bekräftigt wird.

In diesem Sinne ist es unverzichtbar, an einer Zielvorstellung bzw. einem Selbstverständnis auch für den Bereich der beruflichen Weiterbildung bzw. des lebenslangen Lernens festzuhalten, der die Entwicklung der Persönlichkeit,

Beschäftigungsfähigkeit und Teilhabe an der Gesellschaft gleichermaßen zum Ziel hat und eine Engführung auf den Aspekt der Humanressourcen vermeidet. Allerdings ist nicht ohne weiteres davon auszugehen, dass Individuen, Betriebe und der Staat die unterschiedlichen Ziele mit gleicher Intensität verfolgen und dass sie in jedem Fall widerspruchsfrei sind. Für die Individuen steht die Kompetenzerweiterung und Persönlichkeitsentwicklung sowie die Verbesserung der individuellen beruflichen Situation im Mittelpunkt. Für die Betriebe steht bei der beruflichen Weiterbildung das Ziel der Deckung des Bedarfs an qualifizierten Arbeitskräften und der ständigen Anpassung der Qualifikationen an die technologischen und arbeitsorganisatorischen Entwicklungen im Vordergrund. Dies wird auch als Spannungsfeld zwischen betriebswirtschaftlicher und pädagogischer Logik diskutiert (vgl. Heid 2002). Der Staat verbindet mit der Investition in berufliche Weiterbildung vorrangig auch den Erhalt und die Förderung der Wettbewerbs- und Innovationsfähigkeit der Wirtschaft. Darüber hinaus geht es zur Zeit für den Staat um die Bewältigung aktueller Arbeitmarktprobleme und der Sicherung des gesellschaftlichen Zusammenhalts.

▼ **Übersicht**

Ziele beruflicher Weiterbildung
- Individuelle Regulationsfähigkeit
- Beschäftigungsfähigkeit
- Gesellschaftliche Teilhabe/Chancengleichheit

2.2 Definition beruflicher Weiterbildung

▼ **Zusammenfassung**

In diesem Abschnitt geht es darum, herauszuarbeiten, was bei den weiteren Ausführungen in dieser Publikation unter dem Begriff der beruflichen Weiterbildung gefasst wird. Dabei wird zunächst die tradierte Abgrenzung zwischen allgemeiner und beruflicher Weiterbildung (Kapitel 2.2.1) einerseits, zwischen betrieblicher, auf der Basis des Sozialgesetzbuches geförderter sowie individueller Weiterbildung andererseits reflektiert (Kapitel 2.2.2). Anschließend wird die Differenz zwischen Lernprozessen in formalen, non-formalen und informellen Lernkontexten erörtert. Da sich die fachliche Diskussion derzeit sehr stark auf die letztere Differenzierung konzentriert, wird deren Genese etwas genauer dargestellt und die Tragfähigkeit der Begrifflichkeit geprüft (Kapitel 2.2.3). Darauf aufbauend wird abschließend eine aktuelle Definition vorgestellt, die den folgenden Ausführungen zu Grunde liegt (Kapitel 2.2.4).

2.2.1 Berufliche und allgemeine Weiterbildung

Der Deutsche Bildungsrat hat in seinem Strukturplan von 1970 (vgl. Deutscher Bildungsrat 1970, S. 51) erstmals den Bereich der Weiterbildung als gleichberechtigten Teilbereich des Bildungssystems definiert und diesen untergliedert in die Teilbereiche der allgemeinen, beruflichen und politischen Bildung. Damit einher ging in der bildungspolitischen Diskussion eine Abkehr von einem rein aufklärerischen Bildungsbegriff hin zu einer stärkeren Verknüpfung von Bildung bzw. Qualifikation mit ökonomischen und gesellschaftlichen Kontexten. Der Weiterbildung wurde dabei – neben der Persönlichkeitsbildung – verstärkt die Funktion zugeschrieben, in der Jugendphase verpasste Bildungschancen nachzuholen und den technologischen und wirtschaftlichen Strukturwandel zu fördern. Die Perspektive der Beschreibung der Weiterbildung richtete sich weniger auf den Aspekt der Entwicklung der Persönlichkeit als auf die Bedeutung als Teilbereich des Bildungssystems

Seit der Definition des Deutschen Bildungsrates (1970) hat sich in der weiterbildungspolitischen Diskussion die Differenzierung in die Teilbereiche der allgemeinen, politischen und beruflichen Weiterbildung etabliert. Manche Autoren und Studien (z.B. das Berichtssystem Weiterbildung, vgl. Bundesministerium für Bildung und Forschung 2006) subsumieren allerdings die politische Bildung unter die allgemeine. Hierfür kann u.a. das Argument angeführt werden, dass Angebote zur politischen Bildung quantitativ vergleichsweise wenig ins Gewicht fallen. Außerdem wird die allgemeine und politische Weiterbildung vielfach von den gleichen Weiterbildungsorganisationen angeboten. Dies gilt beispielsweise für die Volkshochschulen, die Arbeitsgemeinschaft Arbeit und Leben oder kirchliche Träger. Folglich ist eine Trennung auf der Anbieterebene schwierig.

Aus heutiger Sicht ist die Trennung zwischen beruflicher und allgemeiner (sowie politischer) Weiterbildung problematisch, weil sich die Curricula und Verwendungszusammenhänge von Weiterbildung – für den Erwerbsbereich einerseits und den Privatbereich andererseits – längst nicht so klar trennen lassen, wenn dies denn überhaupt jemals möglich war. Wie Schlutz (2001, S. 14) zu Recht konstatiert, werden unter der Allgemeinbildung Programmangebote zusammengefasst, die – z.B. in Anlehnung an Inhalte allgemeinbildender Schulen – für allgemein oder grundlegend gehalten werden oder im Sinne einer Negativbeschreibung, die nicht dezidiert als berufliche ausgewiesen werden. So stellt Schlutz (2001, S. 14) die berechtigte Frage, warum z.B. Seidenmalerei allgemeiner oder allgemeinbildender sein soll als Schweißen. Ebenso lassen sich beispielsweise beim Erlernen von Fremdsprachen private und berufliche Aspekte häufig nicht klar auseinanderhalten. Dass die Trennung zwischen allgemeiner und beruflicher Weiterbildung dennoch in der aktuellen Diskussion weiterhin bedeutend ist, liegt in erster Linie daran, dass es sich um förderrechtlich getrennte Bereiche handelt. Die förderrechtliche und bildungspolitische Trennung resultiert zum einen aus dem Sachverhalt, dass der Bund die Zuständigkeit für die berufliche Weiterbildung innehat, während den Ländern aufgrund ihrer Kulturhoheit die Verantwortung für die allgemeine Weiterbildung zukommt. Die politische Weiterbildung schließlich ist sowohl Aufgabe von Bundeseinrichtungen wie der Bundeszentrale für politische Bildung als auch der Länder sowie Kommunen. In Bezug auf die Finanzierung bestehen in nahezu allen Bundesländern Weiterbildungsgesetze, die auf der Basis des Subsidiaritätsprinzips die Bezuschussung allgemeiner und (politischer) Weiterbildung regeln (s. dazu auch Kapitel 7.1). Auch die vorliegenden Statistiken und empirischen Untersuchungen operieren in der Regel mit der Unterscheidung zwischen allgemeiner und beruflicher Weiterbildung. Trotz der genannten Bedenken wird sie daher auch in dieser Publikation, die sich auf die beruflicher Weiterbildung konzentriert, zu Grunde gelegt.

2.2.2 Betriebliche, SGB III-geförderte und individuelle berufliche Weiterbildung

Ein weiterer Ansatz zur Systematisierung der beruflichen Weiterbildung bezieht sich auf den Aspekt, auf wessen Initiative die jeweilige Weiterbildungsaktivität zurückzuführen bzw. wer der Träger der Maßnahme ist. Unter *betrieblicher Weiterbildung* wird dabei die Weiterbildung gefasst, die durch den Betrieb veranlasst wurde. Das Berichtssystem Weiterbildung (BSW) definiert in der Regel als betriebliche Weiterbildung diejenigen Maßnahmen, bei denen der Arbeitgeber bzw. ein Betrieb Träger ist. Diese Definition schließt Arbeitgeber in der Privatwirtschaft und im Öffentlichen Dienst ein (vgl. Bundesministerium für Bildung und Forschung 2006, S. 335).

Die Bundesagentur für Arbeit fördert auf der Basis des *Sozialgesetzbuches III* (SGB III) Weiterbildungsmaßnahmen, um Arbeitslose beruflich einzugliedern, drohende Arbeitslosigkeit abzuwenden oder Arbeitslosen einen Berufsabschluss (§ 77 Abs. 1 SGB III) zu ermöglichen (s. Näheres dazu in Kapitel 7.1). Hier erfolgt die Weiterbildungsaktivität in der Regel auf Anregung bzw. Anweisung der Arbeitsagentur.

Schließlich entscheiden sich Personen aus eigenem Antrieb *individuell* zur Beteiligung an Weiterbildung.

Mit der Frage, wer der Initiator bzw. Träger der Maßnahme ist, sind in der Regel auch Fragen der Finanzierung sowie die Frage verbunden, ob die Weiterbildung während der Arbeitszeit stattfindet oder nicht. So wird betriebliche Weiterbildung in der Regel (zumindest teilweise) vom Betrieb finanziert und findet ebenfalls zumindest anteilig während der Arbeitszeit statt. Erfolgt die Maßnahme auf der Basis des SGB III, so übernimmt die Agentur für Arbeit in der Regel die Kosten für den Lehrgang, Fahrtkosten sowie – soweit erforderlich – Unterhaltskosten. Individuelle Weiterbildung wird in der Regel von den Teilnehmern selbst finanziert. Sie kann teilweise steuermindernd geltend gemacht werden (s. Näheres zur Finanzierung in Kapitel 7.2). Sie wird während oder außerhalb der Arbeitszeit realisiert.

2.2.3 Formale und informelle Lernkontexte

Der Deutsche Bildungsrat (1970, S. 51) verstand unter Weiterbildung die „Fortsetzung oder Wiederaufnahme *organisierten* Lernens nach Abschluss einer ersten Bildungsphase" (Hervorhebung durch die Verf.). Ca. 25 bis 30 Jahre lang nach der Veröffentlichung dieser Definition des Deutschen Bildungsrates stand die formale Weiterbildung im Zentrum der Diskussion in Wissenschaft, Politik und Praxis. Zu dieser Ausrichtung der Aufmerksamkeit auf das formalisierte Lernen dürfte auch beigetragen haben, dass angesichts des damals im Vergleich zur Gegenwart langsamen Wandels beruflicher Anforderungen die Inhalte weitgehend standardisiert vermittelt werden konnten und sich an Qualifikationsbündeln orientierten, die auf bestehende Berufsbilder ausgerichtet waren. Zudem war vor diesem Hintergrund die Nachfrage nach Weiterbildung begrenzt im wesentlichen auf Teile der Fach- und Führungskräfte. Die zu großen Teilen problematischen Erfahrungen in den neuen Bundesländern mit Weiterbildungsmaßnahmen nach dem Arbeitsförderungsgesetz im Zuge des Transformationsprozesses führten zu starker Kritik an der Effektivität der institutionalisierten Formen betrieblicher bzw. beruflicher Weiterbildung (vgl. Staudt/Kriegesmann 1999).

Mit der zunehmenden Geschwindigkeit technologischer und ökonomischer Veränderungen erwies sich die formalisierte Weiterbildung, die in Kursen und Seminaren stattfindet, als in vielen Fällen nicht mehr flexibel genug. Daher rückten in den letzten zehn Jahren non-formale bzw. informelle Lernarrangements in das Zentrum des Interesses. Für den Bereich der beruflichen Weiterbildung steht dabei die arbeitsbegleitende Weiterbildung im Mittelpunkt (s. Näheres dazu in Kapitel 3). Diese Verlagerung des bildungspolitischen Interesses auf die wenig formalisierten Lernkontexte kann als bildungsstrukturelle Entsprechung zur sozio-ökonomischen Entwicklung interpretiert werden (vgl. Baethge/ Baethge-Kinsky 2004, S. 15).

Als positive Aspekte informeller bzw. non-formaler Lernprozesse – beispielsweise das Lernen am Arbeitsplatz, mittels computer- bzw. netzbasierter

Arrangements – werden der hohe Praxisbezug bzw. Lerntransfer sowie die große Flexibilität und die geringen Kosten hervorgehoben. Demgegenüber gelten formalisierte Weiterbildungsmaßnahmen als wenig passgenau und teuer.

Das Vertrauen in mäßig formalisierte Lern- und Weiterbildungsformen scheint stellenweise so allmächtig, dass nach dem vermeldeten Untergang des „Mythos Weiterbildung" (Staudt/Kriegesmann 1999) nun bereits die Mystifizierung von wenig bis überhaupt nicht formalisierten betrieblichen Lernformen droht (vgl. Bosch 2000). Die derzeit in der Bildungsdiskussion festzustellende starke Fokussierung auf eher informelle Lernkontexte mag den Eindruck erwecken, der Richtungswechsel sei in der Bildungspraxis bereits vollzogen. Die Antwort darauf muss aber zumindest so lange offen bleiben, bis theoretisch geklärt ist, welche Lernkontexte in die jeweilige Definition einfließen und bis empirisch geklärt ist, ob es sich tatsächliche um eine Zunahme wenig formalisierter Lernkontexte handelt oder um eine verstärkte Aufmerksamkeit für letztere.

Im Folgenden wird die Genese und der Tragfähigkeit der Ausdifferenzierung von Lernprozessen durch die Begrifflichkeit formaler und informeller Lernarrangements etwas näher betrachtet. Auffällig ist, dass die Fachdiskussion zu dieser Thematik stark durch internationale (bildungs-)politische Organisationen vor allem mit Bezug auf Bildungsprobleme von Ländern der Dritten Welt und eher nachrangig durch wissenschaftliche Publikationen geprägt wurde. Daher wird zunächst auf bildungspolitische Dokumente eingegangen und anschließend auf wissenschaftliche Ausarbeitungen.

Bildungspolitische Diskussion

Der Begriff des informellen Lernens geht offenbar auf Dewey zurück, der bereits in den 20er Jahren des 19. Jahrhunderts in den USA die informellen Lernweisen als Grundlage für die formalen Lernprozesse betrachtet, wobei er aufgrund der zunehmenden Komplexität einen verstärkten Bedarf an formaler Bildung konstatiert, die aber auf der Basis informeller Lernweisen gesehen werden müsse (vgl. Overwien 2005, S. 340). Nachdem der Begriff bereits in den 1950er Jahren in der Erwachsenenbildung diskutiert wurde (vgl. Knowles 1951), erlangte er erst in den 1970er Jahren größere Aufmerksamkeit.

In der ersten Phase einer intensiven Diskussion um den Formalisierungsgrad von Lernkontexten in den 1960er und 1970er Jahren wurde zunächst nur grob zwischen (school) education und out-of-school-education differenziert (vgl. Sandhaas 1995). Der damalige Focus auf die Problematik der Dritten Welt ist insofern nicht verwunderlich, als auf Grund des geringen Ausbaus des formalen Bildungssystems und der hohen Kosten zur Installierung komplexer formaler Aus- und Weiterbildungssysteme in vielen dieser Länder traditionell nicht-formalisierte und informelle Lernprozesse von großer Bedeutung waren bzw. heute noch sind. Hierzu passt auch, dass die UNESCO in dieser Zeit wesentlich zur Verbreitung der Begrifflichkeit beigetragen hat. Deren Faure-Kommission publizierte 1972 einen viel beachteten Bericht (vgl. Faure et al. 1972, deutsch 1973), in dem u.a. konstatiert wurde, dass ca. 70 % aller menschlichen Lernprozesse auf informellem Lernen basieren. Erfahrungslernen in allen biographischen Phasen und in jeweils sehr verschiedenen Lebensbereichen wird dort zum informellen Lernen gezählt. Die Kommission weist explizit auf die Potentiale dieser Lernform hin, insbesondere auch als Voraussetzung für formale Lernprozesse (vgl. Faure u.a. 1973, S. 53). Schon damals wurde auf die Veränderungen der Arbeitswelt verwiesen und argumentiert, dass die wissenschaftlich-technische Revolution und die zunehmenden Informationsströme einen höheren Stellenwert des autodidaktischen Lernens erforderten (vgl. Faure 1973, S. 41).

Im Anschluss an den Faure-Bericht der UNESCO entstanden mehrere Forschungsarbeiten zum informellen Lernen, die sich vorrangig auf den Lebenskontext in den Ländern der Dritten Welt bezogen (vgl. Coombs/Ahmed 1974). Eine definitorische Unterscheidung zwischen formalem, nicht-formalem und informellem Lernen wurde in der Mitte der 1970er Jahre von Coombs/Ahmed (1974) im Rahmen einer Untersuchung von Bildungsprozessen in ländlichen Gegenden des International Council for Educational Development (ICED) in Zusammenarbeit mit der UNESCO vorgenommen. Auf diese beziehen sich auch heute noch viele, zumeist englischsprachige Bildungsexperten.

▼ Definition

Während „formal education"[4] sich danach ausschließlich auf das institutionalisierte staatliche Bildungswesen bezieht, umfasst „nonformal education" geplante Lernprozesse, die außerhalb dieses Bildungssystems stattfinden. Dies umfasst Formen wie „farmer training programs, adult literacy programs, occupational skill training given outside the formal system" (Coombs/Ahmed 1974, S. 8).

„Informal education" als dritte Form wird verstanden als „lifelong process by which every person acquires and accumulates knowledge, skills, attitudes and insights from daily experiences and exposure to the environment – at home, at work, at play ... informal education is unorganised and often unsystematic; yet it accounts for the great bulk of any person's total lifetime learning" (Coombs/Ahmed 1974, S. 8).

---

4   Coombs und Ahmed setzen bewusst „education" mit „learning" gleich und definieren „education" als lebenslange Entwicklung, „involving a great variety of methods and sources" (Coombs/Ahmed 1974, S. 8).

1981 wurden diese drei Formen in einer UNESCO-Publikation durch die Kategorie „incidental education" ergänzt. Dieser neue Begriff – der aus der Vagheit und Ungenauigkeit der Bezeichnung „informell" resultierte, wurde von dem des informellen Lernens insofern unterschieden, als dabei Lernen sowohl bezogen auf die Informationsquelle als auch seitens der Lernenden unbewusst erfolgt (vgl. Evans 1981, S. 28). Hier wird der Unterschied zwischen den Klassifizierungsmodellen deutlich: Während informelles Lernen auf der Basis der Dreiteilung eine Vielzahl sowohl intendierter als auch nicht-intendierter Formen außerhalb eines formalen und non-formalen Rahmens integriert, gelten im Sinne der UNESCO-Definitionen als „informal learning" diejenigen Formen, die von Lernenden als Lernen wahrgenommen bzw. sogar beabsichtigt werden, während „incidental" (Evans), „accidental" (Federighi 1999) oder auch „random learning" (UNESCO 1996) jeweils eher unbewusstes bzw. zufälliges Lernen bezeichnen. Die UNESCO-Klassifikation unterscheidet somit bewusste und unbewusste Lernprozesse außerhalb organisierten Formen.

Diese vierfache Unterteilung wird im Glossary of Adult Learning in Europe des UNESCO-Instituts für Pädagogik (vgl. Federighi 1999) beibehalten. Das gesamte Lern- und Bildungssystem unterteilt sich demnach in vier Hauptgebiete:

- „formal, or linked to the attainment of a degree, diploma or certificate",
- „non-formal, corresponding to organised educational institutions, but not tending to issue certificates",
- „informal, identifiable in the educational processes which are not organised or structured and are managed on either an individual or social level",
- „accidental, connected to the educational processes which arise by chance in everyday working life" (Federighi 1999, S. 8 f.).

Diese Kategorisierung hat insofern Konsequenzen für die Bildungspolitik in Deutschland, als sie vom Statistischen Bundesamt als Grundlage für die statistischen Erfassung des lebenslangen Lernens herangezogen wird (vgl. Hörner 2000). Darin wird auch auf das Verhältnis Bildung und Lernen eingegangen: *Bildung* umfasst nach Hörner „formelle Bildung" und „nicht-formelle Bildung" (Hörner 2000, S. 5), während er bei *Lernen* „zwischen intendiertem (geplantem) und nicht-intendiertem (ungeplantem) Lernen" (Hörner 2000, S. 5) unterscheidet, von ihm als „informelles Lernen (informal learning)" bzw. „zufälliges Lernen (random learning)" bezeichnet.[5] Informelle Lernprozesse assoziiert Hörner

---

5 Hörners Ausführungen basieren auf der UNESCO-Schrift International Standard Classification of Education (ISCED) 1997, wonach in § 7 „education" benannt wird: „to comprise all deliberate and systematic activities designed to meet learning needs" (zit. nach Hörner 2000, S. 5). Lernen meint nach § 9 dagegen „any improvement in behaviour, information, knowledge, understanding, attitude, values or skills" (zit. nach Hörner 2000, S. 5). Dem Autor zufolge um-

demnach mit „vergleichsweise geringem Organisationsgrad" (Hörner 2000, S. 6), sie würden „vom Individuum (selbstgesteuert/von der Familie/von anderen gesellschaftlichen Gruppen" (Hörner 2000, S. 5) gelenkt.

Im UNESCO-Report von 1996 „Lernfähigkeit: Unser verborgener Reichtum" von Delors (1996, deutsch 1997) werden vor dem Hintergrund des lebenslangen Lernens in einer Lerngesellschaft individuelle und gesellschaftliche Lernmöglichkeiten in Ergänzung zum formalen Bildungssystem propagiert, um den Herausforderungen des 21. Jahrhunderts begegnen zu können.[6]

Von der OECD als Vereinigung industrialisierter Länder erschien im selben Jahr mit dem Bericht „Lifelong Learning for All" ein vielbeachtetes Dokument zum Thema lebenslanges Lernen. Der Wert informellen und non-formalen Lernens wird in diesem Prozess besonders hervorgehoben. Das Hauptaugenmerk liegt dabei auf der Unterscheidung zwischen formalem und non-formalem Lernen: Während sich formales Lernen nach der OECD auf alle Aspekte innerhalb des Verantwortungsbereichs der Bildungsministerien der einzelnen Länder bezieht, umfasst non-formales Lernen gemäß der dort gegebenen Definition „learning activities taking place outside this formal system, such as those carried out within companies, by professional associations, or independently by self-motivated learners" (OECD 1996, S. 193). Eine eigene Definition informellen Lernens wird im OECD-Bericht zwar nicht gegeben, jedoch wird es dem formalen Lernen gegenübergestellt und dabei ein eher unbewusstes Ablaufen angenommen: „People learn not only in classrooms, but informally at work, by talking to others, by watching television and playing games, and through virtually every other form of human activity" (OECD 1996, S. 89).

Auf europäischer Ebene wurden 1996 mit dem Weißbuch zur allgemeinen und beruflichen Bildung Aktionsleitlinien für eine stärkere Integration einer „im institutionellen Bildungssystem, im Unternehmen oder im informellen Rahmen erworbene[n] allgemeine[n] und berufliche[n] Bildung" (Europäische Kommission 1996, S. 6) zum Aufbau einer „kognitiven Gesellschaft" (Europäische Kommission 1996, S. 6) festgelegt. Mit der Herausgabe des Memorandums über Lebenslanges Lernen im Oktober 2000 (Kommission der Europäischen Gemeinschaften 2000) sollte eine Diskussion über die praktische Umsetzung des Konzepts zur Förderung der Beschäftigungsfähigkeit und der sozialen Integration in Gang gesetzt werden.

---

fasst ein Großteil aller Lernprozesse „selbstgesteuertes Lernen, das von den Lernenden selbst weitgehend autonom gestaltet werden kann" (Hörner 2000, S. 6).

6   Lebenslanges Lernen stützt sich dabei auf die vier Grundpfeiler „learning to know", „learning to do", „learning to live together" und „learning to be" (Delors 1996, S. 85-97). Letzteres in Anlehnung an den Faure-Bericht von 1972 (vgl. Faure 1972).

Das Memorandum der Europäischen Union (EU) von 2000 über Lebenslanges Lernen als jüngstes zentrales bildungspolitisches Dokument der EU (vgl. Kommission der Europäischen Gemeinschaften 2000) unterscheidet wiederum zwischen formalem, non-formalem und informellem Lernen.

▼ Definition

Im Memorandum der EU heißt es, *formales Lernen* findet „in Bildungs- und Ausbildungseinrichtungen statt und führt zu anerkannten Abschlüssen und Qualifikationen" (Kommission … 2000, S. 9). Dies umfasst in Deutschland alle öffentlichen oder unter staatlicher Aufsicht stehenden Einrichtungen des formalen Bildungssystems, das weiter in Elementar-, Primar-, Sekundar- und Tertiären Bereich untergliedert ist und schließt allgemeine sowie berufliche Aus- und Weiterbildung ein. Aus betrieblicher Sicht gehört dazu vor allem die duale Ausbildung, die außerhalb Deutschlands durch die „Kombination von formalem und auf Erfahrung beruhendem Lernen" (CEDEFOP o. J., S. IV) als erfolgreiches Integrationsbeispiel formal und nicht formal erworbener Kenntnisse betrachtet wird.[7] Da im EU-Memorandum der Verweis auf die staatliche Anerkennung fehlt, können nach EU-Sprachgebrauch zum formalen Lernen auch Maßnahmen der betrieblichen Weiterbildung zählen, aber nur, sofern sie explizit betriebsübergreifend anerkannte Zertifikate über die vermittelten Qualifikationen verleihen. Ist dies nicht der Fall, werden sie zum non-formalen Lernen gerechnet.

Non-formales Lernen vollzieht sich dieser Definition zufolge „außerhalb der Hauptsysteme der allgemeinen und beruflichen Bildung" (Kommission der Europäischen Gemeinschaften 2000, S. 9), beispielsweise „am Arbeitsplatz und im Rahmen von Aktivitäten der Organisationen und Gruppierungen der Zivilgesellschaft" (Kommission der Europäischen Gemeinschaften 2000, S. 9). Non-formales Lernen in diesem Sinne kann sich auf eine Vielzahl von Einrichtungen beziehen, zum Beispiel im Rahmen der Erwachsenenbildung (Gewerkschaften, Volkshochschulen etc.), der Jugendarbeit (z. B. Jugendbildungsstätten) oder sozialpädagogischer Einrichtungen (z. B. Heimen, Beratungsstellen). Ausgehend von dieser Definition ist die Mehrzahl der traditionellen, von Betrieben veranlassten und organisierten Weiterbildungsseminare dem non-formalen Lernen zuzurechnen, während die meisten arbeitsnahen Formen eher dem informellen Lernen zuzuordnen wären (s. u.). Die Übergänge von formalen zu non-formalen Lernkontexten sind teilweise fließend, beispielsweise im Hinblick auf private Institutionen, die in „Ergänzung der formalen Systeme" (Kommission der Europäischen Gemeinschaften 2000, S. 9) auf staatliche Abschlüsse vorbereiten. Die institutionelle Verankerung der

---

7 „Nicht-formales Lernen" umfasst nach der dieser Quelle zugrunde liegenden Definition „das informelle Lernen, das als ungeplantes Lernen in Arbeits- und sonstigen Situationen beschrieben werden kann, aber auch geplante und explizite Formen des Lernens, die in Arbeitsorganisationen und anderenorts eingeführt, doch innerhalb des formalen Bildungs- und Berufsbildungswesens nicht anerkannt sind" (CEDEFOP o. J., S. I).

formalen und non-formalen Lernkontexte ist in der Regel mit einer organisierten und strukturierten Planung und Durchführung von Lernprozessen verbunden.

Die Abgrenzung des non-formalen und informellen Lernens gestaltet sich ebenfalls schwierig: *Informelles Lernen* wird laut EU als „natürliche Begleiterscheinung des täglichen Lebens" beschrieben, wobei es sich „nicht notwendigerweise um ein intentionales Lernen" handeln muss, da dies „von den Lernenden selbst unter Umständen gar nicht als Erweiterung ihres Wissens und ihrer Fähigkeiten wahrgenommen wird" (Kommission der Europäischen Gemeinschaften 2000, S. 9 f.). Darunter fallen demnach eine Vielzahl bewusster wie auch unbewusster arbeitsintegrierter bzw. -naher Lernprozesse. Da von Betriebsseite dafür zu großen Teilen die Rahmenbedingungen gestaltet werden, ist es allerdings schwierig, solchen Lernprozessen generell jeden Formalisierungsgrad abzusprechen.

Die EU betont die „Komplementarität von formalem, nicht-formalem und informellem Lernen" (Kommission der Europäischen Gemeinschaften 2000, S. 10) und geht damit zumindest von einer Gleichwertigkeit der unterschiedlichen Formen aus. Problematisch ist bei der Definition der EU, dass vergleichsweise ähnlich strukturierte und formalisierte Lernprozesse in formale und non-formale ausdifferenziert werden. Diese beiden Kategorien unterscheiden sich im Wesentlichen dadurch, ob offizielle Zertifikate vergeben werden. Diese Unterscheidung ist für die Weiterbildung in Deutschland nicht sehr hilfreich, da beim überwiegenden Teil der Kurse und Seminare keine (staatlich) anerkannten Zertifikate verteilt werden.

Tabelle 2-1: Systematisierungsansätze zum formalen, non-formalen und informellen Lernen im internationalen bildungspolitischen Kontext

UNESCO (Evans, 1981) (Federighi, 1999)	*formal education:* institutionalisiertes staatliches Bildungswesen, führt zu Abschlüssen und Zertifikaten	*non-formal education:* organisiertes Lernen in nicht-staatlichen Bildungsinstitutionen; führt nicht zu anerkannten Abschlüssen und Zertifikaten	*informal education:* - informelles Lernen im Rahmen eigener individuell oder gemeinschaftlich organisierter Lernprozesse, Lernprozesse sind bewusst *accidental/incidental education:* - zufälliges Lernen in alltäglichen Situationen, Lernender ist sich des Lernens nicht bewusst
OECD (1996) (lifelong learning)	*formal education:* öffentlicher Bildungsbereich (inkl. private Bildungseinrichtungen, die auf staatlich anerkannte Abschlüsse vorbereiten)	*non-formal education:* Erwachsenenbildung außerhalb des öffentlichen Systems in Betrieben, durch Berufsverbände oder unabhängig durch die erwachsenen Lernenden selbst	—
EU (2000) (Memorandum)	*formales Lernen:* findet in Bildungs- und Ausbildungseinrichtungen statt und führt zu anerkannten Abschlüssen und Qualifikationen	*nicht-formales Lernen:* findet außerhalb der Hauptsysteme der allgemeinen und beruflichen Bildung statt und führt nicht unbedingt zum Erwerb eines formalen Abschlusses. Nicht-formales Lernen kann am Arbeitsplatz und im Rahmen von Aktivitäten der Organisationen und Gruppierungen der Zivilgesellschaft stattfinden.	*informelles Lernen:* eine natürliche Begleiterscheinung des täglichen Lebens, nicht notwendigerweise handelt es sich dabei um intentionales Lernen, wird von den Lernenden zum Teil nicht als Erweiterung ihres Wissens und ihrer Fähigkeiten wahrgenommen

33

Wissenschaftliche Fundierungen der Abgrenzung von formalen und informellen Lernprozessen

In der deutschen Bildungsforschung insgesamt - unabhängig davon, ob es um die Lernprozesse von Kindern, Jugendlichen oder Erwachsenen geht - wurde informellen Lernprozessen – im Gegensatz zum anglo-amerikanischen Sprachraum – bis vor kurzem relativ wenig Aufmerksamkeit gewidmet. Sie fanden bestenfalls als Restkategorie gegenüber formalem Lernen an Schulen, Hochschulen und Weiterbildungseinrichtungen Beachtung (vgl. Overwien 1999).

In der anglo-amerikanischen sowie deutschen wissenschaftlichen Diskussion lassen sich zwei Schwerpunkte der Diskussion um das informelle Lernen ausmachen (vgl. Straka 2000, S. 28): Eine wurde von Tough (1968) begründet und von Livingstone (1999) – wie Tough am Ontario Institute for Studies in Education tätig – aufgegriffen. Diese Autoren untersuchten die Bedeutung informellen Lernens in unterschiedlichen Lebenskontexten. Für Deutschland gilt dies beispielsweise für die Studien aus dem DJI, die sich mit informellen Lernprozessen im Jugendalter auseinander setzten (vgl. Tully 1994; Lipski 2000). Die andere, von Marsick/Watkins (1990; Cseh u.a. 2000) angestoßen, konzentrierte sich auf die Förderung informellen Lernens in der Arbeitswelt. Die Mehrzahl der vorliegenden Studien analysiert den letzteren Bereich (vgl. Overwien 2005, S. 340). Der zuletzt genannte Schwerpunkt der Diskussion ist für die berufliche Weiterbildung von besonderer Bedeutung und wird unter dem Begriff des arbeitsbegleitende Lernens unter didaktischen Gesichtspunkten in Kapitel 3.2 noch einmal aufgenommen.

Livingstone (1999, S. 68) bezeichnet informelles Lernen im Erwachsenenalter als Lernen, „dass außerhalb der Lehrangebote von Einrichtungen, die Bildungsmaßnahmen, Lehrgänge oder Workshops organisieren" stattfindet (vgl. ähnlich auch Eraut 2000).8 Livingstone (1999, S. 69) führt als Kennzeichen informellen Lernens an, „dass die Lernenden selbst ihre Aktivität bewusst als signifikanten Wissenserwerb einstufen", verbunden mit einer „selbständige[n] Aneignung neuer signifikanter Erkenntnisse oder Fähigkeiten, die lange genug Bestand haben, um im Nachhinein noch als solche erkannt zu werden". Informelles Lernen ist für ihn daher „jede mit dem Streben nach Erkenntnissen, Wissen oder Fähigkeiten verbundene Aktivität" (Livingstone 1999, S. 68), wodurch es sich gleichzeitig von bloßen Alltagsaktivitäten oder Sozialisationsprozessen abgrenzt. Die „Ziele, Inhalte, Mittel und Prozesse des Wissenserwerbs, Dau-

---

8   Livingstone legt seinen Ausführungen ein dreiteiliges Analyseraster, bestehend aus formaler Schulbildung, Weiterbildung und informellem Lernen zugrunde (vgl. Livingstone 1999, S. 67 f.). Er führte 1998 im Rahmen des NALL-Projekts („Neue Ansätze für lebenslanges [z.T. auch lebensbegleitendes genannt] Lernen" beim Institut für Bildungsforschung Ontario (OISE, Universität Toronto) die erste kanadische Erhebung über informelles Lernverhalten durch.

er, Ergebnisbewertung, Anwendungsmöglichkeiten" (Livingstone 1999, S. 68) informeller Lernprozesse werden ihm zufolge daher immer von dem/den Lernenden selbst festgelegt. Dies bedeutet, dass für ihn informelles Lernen eine bewusste Aktivität darstellt, die „nebenbei oder ganz gezielt" (Livingstone 1999, S. 70) stattfinden kann. Durch die Betonung der Eigenaktivitäten beim informellen Lernen ist die Definition von Livingston damit stark in der Nähe des Konzept des selbstgesteuerten Lernens angesiedelt (s. dazu Kapitel 3.1). Zudem betont Livingstone in seinem Konzept, dass informelles Lernen nicht nur individuelles Lernen sein muss, sondern auch in kollektive Lernprozesse eingebunden sein kann.

Als Vertreter der Erwachsenenbildung unterscheiden Marsick/Watkins (1990, vgl. auch Cseh u.a. 2000) ebenfalls informelles Lernen und formales Lernen. Formales Lernen ist ihnen zu Folge „typically formally structured, institutionally sponsored, classroom-based learning where an educational agent – educator or trainer – is responsible for planning, implementing and evaluating the learning that takes place" (Cseh u.a. 2000, S. 61). Beim informellen Lernen liege die Kontrolle über den aus ihrer Sicht wenig strukturierten Lernprozess hauptsächlich in den Händen der Lernenden. Es umfasst als weitere Kategorie das inzidentielle Lernen, bei dem die bewusste Aufmerksamkeit durch eine andere Tätigkeit absorbiert wird, d.h. es handelt sich um ein Nebenprodukt einer anderen Aktivität im Alltagsleben, wobei der Lernvorgang nicht immer bewusst sei (vgl. Marsick/Watkins 1990, S. 12).[9] Während das informelle Lernen auch als selbstgesteuert charakterisiert wird, gilt dies für das inzidentielle naturgemäß nicht. Erneut zeigt sich, dass bei der Beschreibung informellen Lernens schnell weitere Subkategorien gebildet werden, was bei einen solchen „Containerbegriff", der eine große Bandbreite möglicher Lernformen jenseits des formalisierten und institutionalisierten Lernens umfassen soll, nicht verwunderlich ist.

Während bei den frühen Arbeiten von Marsick/Watkins eher emanzipatorische Aspekte eine zentrale Rolle spielten, konzentrieren sie sich in den neueren Arbeiten stärker auf die Kontextbedingungen, die die Lern- und Handlungsbedingungen ausmachen (vgl. Cseh/Watkins/Marsick 1999, Marsick/Watkins 2001). Sie gehen in ihren Arbeiten zudem vor allem auf die Frage ein, wie informelles Lernen unterstützt werden kann, z.B. indem

- Zeit und Raum für Lernen geschaffen wird,
- das Umfeld auf Lerngelegenheiten hin überprüft wird,
- die Aufmerksamkeit auf Lernprozesse gelenkt wird,

---

9 Diese Definition ist mit der weiter oben erläuterten vierteiligen Begriffsbestimmung der UNESCO weitgehend identisch.

- die Reflexion gestärkt wird,
- ein Klima der Zusammenarbeit und des Vertrauens geschaffen wird (vgl. Marsick u.a. 1999, S. 91.

Auch der Berufsbildungswissenschaftler Eraut (2000) bezeichnet alle Formen außerhalb formal organisierten Lernens nicht als informelles, sondern als non-formales Lernen (vgl. Eraut 2000, S. 12 f.).[10] Die Position Erauts belegt, dass die Begriffe ‚non-formal' und ‚informell' auch in der wissenschaftlichen Diskussion zum Teil synonym gebraucht werden. Während er formales Lernen ähnlich wie Marsick/Watkins definiert, umfasst non-formales Lernen ihm zufolge eine relativ große Bandbreite mehr oder minder bewusst initiierter Lernformen, die je nach Grad der damit verbundenen Intention („level of intention") weiter in „deliberative", „reactive" und „implicit learning"[11] (Eraut 2000, S. 12) unterschieden werden. Reaktives Lernen ist in der Mitte zwischen absichtsvollem und unbewusstem Lernen angesiedelt: Er benutzt diesen Begriff, um Situationen zu beschreiben, in denen das Lernen bewusst, aber fast spontan in nicht dafür arrangierten Situationen erfolgt (vgl. Eraut 2000, S. 12). Diesen Formen werden vergangene, gegenwärtige und zukünftige Lernstimuli zugeordnet.[12] Mit dieser Einteilung schafft Eraut ein Raster für die Einordnung einer großen Bandbreite an Formen, von bewusst gesteuerten bis zu unbewussten, von stark strukturierten bis zu in keiner Weise gegliederten und von problem- bis zu chancenorientierten Formen des Lernens.

In einer vom britischen Department for Education and Employment (DfEE) in Auftrag gegebenen Untersuchung „Informal learning in the workplace" wird ebenfalls eine breite Definition informellen Lernens zu Grunde gelegt. Als informelles Lernen bezeichnen die Autoren „…learning which takes place in the work context, relates to an individual's performance of their job and/or their employability, and which is not formally organised into a programme or curriculum by the employer. It may be recognised by the different parties involved, and may or may not be specifically encouraged" (Dale/Bell 1999, Research Brief No 134).

In dieser Untersuchung wird die gegenseitige Verbindung zwischen formal organisierten Weiterbildungsformen und informellem Lernen empirisch unter-

---

10 Die Kennzeichnung solchen Lernens als „informal" lehnt er aufgrund der umgangssprachlichen Konnotation des Begriffs und seine gängige Verwendung in Bezug auf Kleidung, Kommunikation etc. ab (vgl. Eraut 2000, S. 12).

11 Implizites Lernen führt nach Eraut zu implizitem Wissen (vgl. Eraut 2000, S. 13).

12 Während reaktives Lernen sich etwa fast ausschließlich auf die Gegenwart oder die unmittelbare Vergangenheit richtet, kann sich „deliberative learning" auf die Reflexion vergangener Handlungen oder Erfahrungen, einen gegenwärtigen Problemlöse- oder Entscheidungsprozess oder auf die Planung zukünftiger Lernziele beziehen (vgl. Eraut 2000, S. 13).

mauert: „The researchers calculated that every hour of formal learning yielded a four-hour spillover of informal learning" (Stamps 1998). Dieser günstige Aspekt tritt etwa dann zu Tage, wenn neue, als nutzbringend erachtete Informationen nicht exakt auf die Arbeitssituation zutreffen und die Mitarbeiter nach Lösungen suchen, um diese dennoch darin einzupassen, was eine stärkere Verknüpfung formaler und informeller Lernformen nahe legt (vgl. auch Livingstone 1999, S. 71).

Während Autoren des angelsächsischen Sprachraums in ihren Beiträgen größtenteils ihr Verständnis des formellen, non-formalen und informellen Lernens explizieren, ist man in deutschen Publikationen, die insbesondere für die Berufspädagogik und die Erwachsenenbildung vorliegen, in der Regel auf mehr oder weniger implizite Beschreibungen und Einschätzungen angewiesen. Die deutsche Literatur zu diesem Thema ist als eher programmatisch zu bezeichnen.

Dohmen beispielsweise trifft – als deutscher Autor – in Bezug auf das „lebensimplizite Weiterlernen Erwachsener" die Aussage, dass sich dieses „auf verschiedenen Bewusstseinsstufen – von einem eher unbewussten, tastend-suchend-reaktiven Lernen bis zu einer klar zielstrebig bewussten Steuerung der jeweils situativ herausgeforderten Lernprozesse vollziehen" könne (Dohmen 1999, S. 24). Er bezeichnet das „informelle Selbstlernen mehr oder weniger aller Menschen in ihrem Alltag" generell als eine „anlassbezogen-punktuelle" Form und als „unmittelbare Reaktion auf entsprechende Herausforderungssituationen" (Dohmen 1999, S. 23). Informelles Lernen vollzieht sich nach erwachsenenpädagogischer Auffassung von Dohmen (1999, S. 23) in allen nur denkbaren „praktischen Lebens-, Arbeits-, Medien-, Verkehrs-, Beziehungssituationen".

Dybowski et al. verweisen auf das Auftreten informellen Lernens an „nicht lernsystematisch organisierten Orten" (Dybowski et al. 1999, S. 245).[13] Ähnlich versteht Alheit (1998) unter informellem Lernen in erster Linie Erfahrungslernen außerhalb eines rechtlichen und formalen Rahmens, „gleichsam ,mitlaufende' Lernprozesse" (Alheit 1998, S. 14), die lernergesteuert stattfänden.

Dehnbostel u.a. (2003) haben informelles Lernen bezogen auf betriebliche Kontexte am Beispiel der informations- und kommunikationstechnologischen Betriebe näher untersucht. Diese Autoren unterteilen das informelle Lernen in das reflexive und das implizite Lernen. Dabei wird davon ausgegangen, dass das reflexive Lernen auf der Basis der Reflexion von Erfahrungen erfolgt, während implizites Lernen eher unreflektiert abläuft. Diese Unterscheidung setzt voraus,

---

13 Im Rahmen des Forschungsprojektes „Betriebliche Innovations- und Lernstrategien – Implikationen für berufliche Bildungs- und betriebliche Personalentwicklungsprozesse (BILSTRAT)" wurden zehn deutsche Unternehmen unterschiedlicher Branchen untersucht, welche alle Restrukturierungsprozesse der Organisations- Produktions- und Personalstrukturen durchgeführt haben.

dass die Handlungen, die Lernen implizieren, in Probleme, Herausforderungen und Ungewissheiten eingebunden sind, d.h. es nicht um repetitive Handlungen geht.

Gesichtspunkte für die Differenzierung formalen und informellen Lernens
Nachdem im Vorangegangen eher exemplarisch unterschiedliche Vorschläge zur Charakterisierung formaler und informeller Lernprozesse vorgestellt wurden, soll der Vergleich im Folgenden unter systematischen Gesichtspunkten pointiert werden.

Formalisierungsgrad
Schon aufgrund der Terminologie ist naheliegend, dass bei der Diskussion um formales und informelles Lernen der Formalisierungsgrad der Lernprozesse eine zentrale Rolle spielt. Mit Straka (2000, S. 21) ist dabei aber zu betonen, dass eher die Kontexte oder die Bedingungen des Lernens den Unterschied ausmachen. So charakterisiert Straka (2000, S. 23) informelles Lernen als „Lernen unter Bedingungen, die nicht primär nach pädagogischen Zielsetzungen arrangiert sind". Dies ist insofern plausibel, als nicht die Lernprozesse selbst – im Sinne der kognitiven Aneignung von Informationen und deren Integration in bereits vorhandene Wissensbestände unterschiedlich sind, sondern ‚lediglich' der Kontext, in dem dies stattfindet. Gleichwohl hat letzterer hohe Bedeutung für die Ausgestaltung des Bildungssystems und die Verknüpfung von Lernen und Handeln. Der Formalisierungsgrad von Lernprozessen wird damit – aus meiner Sicht sinnvoller weise - hauptsächlich auf deren *institutionelle Verortung* bezogen. Als häufigstes Kennzeichen informellen Lernens wird zumeist der Hinweis angeführt, es fände außerhalb von Bildungseinrichtungen statt. Damit wird informelles Lernen in Bezug auf den Institutionalisierungsgrad typischerweise – analog zur ursprünglich binären Unterteilung in „school" und „out-of-school-education" – als Negation von Lernen in formalen Kontexten beschrieben. Daher ist auch die Gefahr, es jeweils als Restkategorie zu behandeln, groß. Gleichwohl dürften sich weitere Ausdifferenzierungen nur schwer konkret operationalisieren lassen.

Intentionalität/Bewusstheit
Neben der Abgrenzung hinsichtlich des Formalisierungsgrades wird – wie schon deutlich wurde – die Frage der Intentionalität bzw. der Bewusstheit von Lernprozessen kontrovers diskutiert. Livingstone (1999, S. 69) plädiert dafür – wie bereits oben ausgeführt – informelles Lernen auf bewusste und geplante Lernprozesse zu begrenzen. M. E. ist das Argument von Livingstone (s.o.) stich-

haltig, dass bei einer allzu weiten Fassung des Lernbegriffs dieser nicht mehr von alltäglichem Handeln bzw. den Sozialisationsprozessen abzugrenzen ist. Daher plädiere ich dafür, das informelle Lernen wie bei den oben genannten Autoren aus dem internationalen Raum auf intendierte bzw. zumindest bewusste Lernprozesse zu begrenzen. Hinzu kommt die Frage nach der Intentionalität der didaktischen Gestaltung, wie die Definition von Marsick/Watkins (1990) nahe legt. Diese Position grenzt sich von anderen ab, die auch die impliziten unbewussten Lernprozesse in den Begriff des informellen Lernens einbeziehen.

Verknüpfung formaler und informeller Lernprozesse

Schließlich besteht eine weitere Schwierigkeit bei der Abgrenzung der unterschiedlichen Lernformen darin, dass informelles Lernen – worauf Marsick/ Watkins (1990, S. 12) verweisen –, auch in formalen Lernkontexten eine Rolle spielt. Neben dem offiziellen Lehrplan finden auf der einen Seite immer auch informelle Lernprozesse statt. Diese Argumente zeigen Grenzen der Charakterisierung von Lernprozessen durch ihren Formalisierungsgrad auf. Auf der anderen Seite soll verschiedenen Autoren zu Folge das informelle Lernen genutzt werden, um (insbesondere für lernungewohnte Gruppen) Personen an das formaler Lernen heran zu führen (vgl. McGivney 1999).

Schließlich besteht wohl im Prinzip auf der bildungspolitischen Ebene Einigkeit darin, dass das formale Lernen nicht durch das informelle zu ersetzen sei, sondern es zukünftig um eine möglichst optimale Verknüpfung beider Lernformen gehen müsse. Die Verbindung zwischen formalem und informellem Lernen wird auch beispielsweise bereits dem von der UNESCO initiierten Bericht der Delors-Kommission (vgl. Delors 1996) gefordert. Auch die EU geht in ihrem Memorandum von 2000 von einer Gleichwertigkeit formalen, non-formalen und informellen Lernens aus.

Reflexivität

Selten gestellt wird in der aktuellen Diskussion auch die Frage nach der Qualität des Lernens in non-formalen und informellen Lernkontexten, z.B. in Bezug auf Reflexivität und Innovationsfähigkeit. Die Beantwortung dieser Frage ist jedoch äußerst relevant für deren didaktische sowie bildungspolitische Bedeutung. Zu dieser Frage gibt es bislang eher Spekulationen als stichhaltige empirische Belege. So ist z.B. unklar, ob angesichts des in Betrieben allgegenwärtigen hohen Zeit-, Kosten-, Arbeits- und Konkurrenzdrucks komplexere Lernvorgänge, die eine Reflexion erlauben, möglich sind. Diese Faktoren drohen bei der Diskussion informellen Lernens regelmäßig unterschätzt bzw. ignoriert zu werden.

Subjektive bzw. kontextbezogene Sichtweise

Den Definitionen des informellen Lernens liegen unterschiedliche Sichtweisen des Lernens zugrunde: Einige betonen die Subjektperspektive und sind dabei relativ nahe beim Konzept selbstgesteuerten Lernens (s. dazu Kapitel 3.1): Sie betonen die Eigeninitiative der Lernenden, die sich Inhalte und Methoden erschließen. Andere betonen den Kontext, in dem das Lernen stattfindet. Sie gehen davon aus, dass die Lernumgebung ausschlaggebend dafür ist, dass Fragen entstehen, die durch informelle Lernprozesse beantwortet werden können (vgl. Overwien 2005, S. 347).

Dokumentation und Honorierung der Lernprozesse

International weitgehend Übereinstimmung besteht hinsichtlich der Einschätzung, dass die Honorierung von informell erlangtem Wissen an Schulen und im Erwerbsleben sehr schwierig ist (vgl. Livingstone 1999, S. 67, Dale/Bell 1999, Dohmen 2001). Informell erworbene Kompetenzen werden bisher nicht dokumentiert, und bei erzwungenen Arbeitsplatzwechseln drohen innerbetrieblich Qualifizierten Abstufungen (vgl. Bosch 2000, S. 77). In jüngster Zeit werden die Bemühungen verstärkt darauf gerichtet, Anerkennungen und Zertifizierungen auch von informellen Lernprozessen zu ermöglichen (s. dazu Kapitel 7.3). So fordert z.B. die EU, dass non-formales und informelles Lernen in Zukunft stärker identifiziert, begleitet und anerkannt werden soll (vgl. Europäische Kommission 2001, S. 16).

2.2.4 Modell zur Beschreibung beruflicher Weiterbildung

Die Kultusministerkonferenz hat 2001 vor dem Hintergrund der Debatte um das informelle Lernen die Definition des Deutschen Bildungsrates (1970) um informelle Lernprozesse erweitert und definiert Weiterbildung wie folgt:

▼ Definition

„Weiterbildung ist die Fortsetzung oder Wiederaufnahme organisierten Lernens nach Abschluss einer unterschiedlich ausgedehnten ersten Bildungsphase und in der Regel nach Aufnahme einer Erwerbs- oder Familientätigkeit.
Weiterbildung in diesem Sinne liegt auch vor, wenn die Einzelnen ihr Lernen selbst steuern.
Weiterbildung umfasst die allgemeine, politische, kulturelle und wissenschaftliche Weiterbildung.
Weiterbildung kann in Präsenzform, in der Form der Fernlehre, des computergestützten Lernens, des selbst gesteuerten Lernens oder in kombinierten Formen stattfinden."

Sekretariat der Ständigen Konferenz der Kultusminister 2001, S. 4

In der Abbildung 2-1 wird vor dem diskutierten Hintergrund folgendes eigene Strukturmodell für die Ausdifferenzierung von beruflicher Weiterbildung vorgeschlagen: Die berufliche Weiterbildung umfasst im Sinne einer ersten Annäherung an den Gegenstand alle Formen, die zur beruflichen Kompetenzentwicklung beitragen und die nach dem Abschluss einer ersten Bildungsphase im Jugendalter stattfinden. Bilanziert man die bisherige Diskussion, so erscheint es – zumindest für den Bereich der beruflichen Weiterbildung – sinnvoll, lediglich eine Unterscheidung zwischen *formalisierten* und *informellen Lernkontexten vorzunehmen* und nicht die oben skizzierte, in der internationalen Diskussion häufig anzutreffende Unterscheidung zwischen drei oder auch vier Graden der Formalisierung. Für diese Entscheidung ist u. a. die Einschätzung ausschlaggebend, dass der Anteil (staatlich) zertifizierter beruflicher Weiterbildung, auf die häufig – z. B. im Memorandum der Europäischen Union (vgl. Kommission 2000) – das formale Lernen reduziert wird, in Deutschland nicht sehr groß ist. In Anlehnung an Straka (2000) erscheint es weiter wichtig, nicht informelle von formalen Lernprozessen zu unterscheiden, sondern Lernprozesse in informellen oder formalen Lernkontexten, da – wie bereits erläutert - nicht die Lernprozesse der Individuen im lernpsychologischen Sinn, sondern der Rahmen bzw. das Arrangement, in dem diese stattfinden, differiert. Weil es sich sprachlich einfacher darstellt, wird im Folgenden zum Teil dennoch von formalem oder informellem Lernen gesprochen.

Unter die Kategorie ‚formale Lernkontexte' werden alle Weiterbildungsangebote subsumiert, die in Form von Kursen, Seminaren etc. durchgeführt werden. Hierzu zählen Maßnahmen, die der ‚Fortbildung' und der ‚Umschulung' zuzurechnen sind. Fortbildungen können der Aktualisierung oder Erweiterung beruflicher Kenntnisse und Fähigkeiten dienen, bei einer Umschulung handelt es sich um das Erlernen eines anderen Berufs.

In Bezug auf die informelle Weiterbildung wird darauf verzichtet, weiter nach unterschiedlichen Graden der Intentionalität zu differenzieren. Stattdessen wird eine Ausdifferenzierung in Bezug auf die folgenden Lernfelder vorgeschlagen:

- Lernen im Arbeitskontext (im Folgenden auch als arbeitsbegleitendes Lernen bezeichnet)
- Lernen im privaten und gesellschaftlichen Umfeld,
- Lernen mit (traditionellen und neuen) Medien.

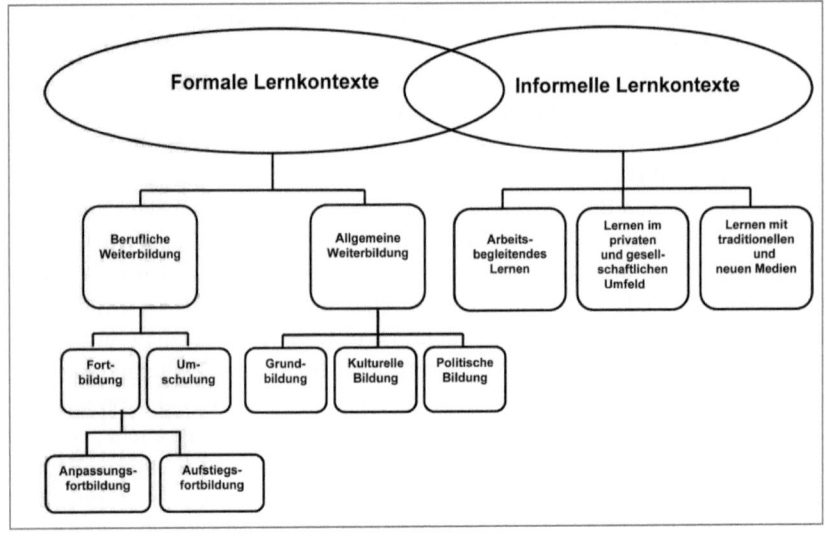

Abbildung 2-1: Definition von Weiterbildung

Resümee

Es ist nicht leicht, eine präzise Definition dessen zu geben, was mit beruflicher Weiterbildung gefasst wird. Dies resultiert zum einen daraus, dass die tradierte Trennung zwischen allgemeiner (und politischer) Weiterbildung auf der einen Seite und der beruflichen auf der anderen in Bezug auf die jeweils zu Grunde liegenden Inhalte nicht mehr überzeugend ist. Sie wird eher angesichts unterschiedlicher politischer Zuständigkeiten aufrechterhalten. Es erscheint aufgrund der veränderten Anforderungen an das Lernen Erwachsener sinnvoll, von einem breiten Begriff beruflicher Weiterbildung auszugehen, der sowohl formale als auch informelle Lernkontexte einbezieht. Bis heute gibt es allerdings keine einheitliche konsensfähige Definition dessen, was mit dem Begriff des non-formalen bzw. informellen Lernens gefasst werden soll. Je nach Herkunftsdisziplin der Autoren und zugrunde liegender theoretischer Ansätze, z.B. in Bezug auf Lerntheorien, werden in der wissenschaftlichen Diskussion sehr unterschiedliche Kategorisierungsmodelle zur Beschreibung der Unterschiede von formalen und non-formalen bzw. informellen Lernprozessen verwendet. Die Konzepte sind eher induktiv entstanden, spezifische Theorien als Fundamente sucht man weitgehend vergebens. Häufig wird das informelle Lernen auf eine Restkategorie reduziert, die sich in einer Negativ-Abgrenzung vom formalen Lernkontext erschöpft. Damit einher geht häufig eine Überschätzung bzw. Überhöhung des informellen Lernens, ohne dass präzise ausgewiesen würde, worin denn die konkreten Vorteile dieser Lernform bestehen. Es besteht die Gefahr einer Residualkategorie, in die viel hineindefiniert werden kann.

In jedem Fall führt die Einbeziehung informeller Lernprozesse in die Definition beruflicher Weiterbildung zu einer Entgrenzung der Lernorte (vgl. Kade/ Nittel 1995, S. 202). Mit der These der Entgrenzung bzw. Entstrukturierung der Weiterbildung ist mehr gemeint also die bloße lineare Ausdehnung desFeldes der Betrachtung. Vielmehr impliziert dieser Trend neben einer institutionellen Auffächerung auch ,didaktische Entgrenzungen' im Sinne der Vielfalt von Aneignungsformen. Hierauf wird in Kapitel 3 näher eingegangen.

Literaturhinweis
Schiersmann, Ch./Remmele, H. (2002): Neue Lernarrangements in Betrieben. (QUEM-report, H. 75). Berlin: QUEM
Es handelt sich um eine Auswertung der bildungspolitischen und wissenschaftlichen Diskussion zum informellen Lernen mit einem Schwerpunkt bei der Bedeutung für die betriebliche Weiterbildung.

2.3 Begrifflich-konzeptionelle Bezugspunkte der beruflichen Weiterbildung

▼ **Zusammenfassung**

Im Kapitel 2.2 ist bereits herausgearbeitet worden, dass sich das, was heute unter beruflicher Weiterbildung verstanden wird, stark erweitert und verändert hat. In diesem Abschnitt wird nun der Frage nachgegangen, auf welche begrifflich-konzeptionellen Bezugspunkte die aktuelle Diskussion in der beruflicher Weiterbildung rekurriert. Dazu wird die Entwicklung von der Ausrichtung am traditionell deutschen Bildungsbegriff (Kapitel 2.3.1) über den (Schlüssel-)Qualifikationsbegriff (Kapitel 2.3.2) hin zum Kompetenzbegriff (Kapitels 2.3.3) und zum Konzept des lebenslangen Lernens (Kapitel 2.3.4) betrachtet. Dabei wird auf den Bildungsbegriff nur kurz eingegangen, um ihn als Folie für die genauere Darstellung der neueren Konzepte heranziehen zu können. Die Abfolge der Darstellung orientiert sich an der historischen Entwicklung der Schwerpunkte der Fachdiskussion, wobei nicht von einem eindeutigen Nacheinander auszugehen ist, sondern die Diskussionsschwerpunkte sich überlappen und jeweils Aspekte der früheren in den späteren Konzeptionen aufgegriffen werden.

2.3.1 Der klassische Bildungsbegriff

Die deutsche Debatte um Bildung und Erziehung ist stark durch einen spezifischen Bildungsbegriff geprägt. Der klassische Bildungsbegriff, dessen Ursprung in der Antike anzusiedeln ist (vgl. Dohmen 2002), hat in der Aufklärungszeit in der Wende vom 17. zum 18. Jahrhundert eine spezifische Ausgestaltung erfahren. Im Zusammenhang mit dem in dieser Epoche erstarkten Vertrauen in die menschliche Vernunft entstand die Vorstellung, dass der Erzieher seine Zöglinge nach den vom menschlichen Verstand anerkannten Notwendigkeiten des gesellschaftlichen Zusammenlebens zu brauchbaren Menschen und vernünftigen Bürgern heranbilden sollte. Das Konzept stützt sich dabei auf die im Menschen angelegte Vernunft als ein Potential, das durch belehrende Einsichtsförderung gezielt entwickelt werden kann (vgl. Dohmen 2002, S. 11).

Im Rahmen des deutschen Bildungsidealismus, wie er u.a. von Humboldt vertreten wurde, war das Ziel von Erziehungs- bzw. Bildungsprozessen die Herausbildung einer harmonischen allseitig entwickelten Persönlichkeit. Dabei bestand und besteht die Gefahr, dass die Idee von Bildung als individuelle Entwicklung vom gesellschaftlichen Kontext abstrahiert. Allerdings wird die einseitige Akzentuierung der Persönlichkeitsentwicklung oder die gleichzeitige Betonung der Einbindung in gesellschaftliche Kontexte je nach Position verschiedener Autoren unterschiedlich gewichtet. So versteht Blankertz (1974, S. 68) Bildung als „Befreiung des Menschen zu sich selbst, zu Urteil und Kritik". Der Begriff richtet sich diesem Verständnis zu Folge gegen eine unreflektierte Anpassung an vorgegebene berufliche und soziale Situationen und bezieht sich damit auf kritische Elemente, die zumindest im ursprünglichen neuhumanistischen Ansatz enthalten waren. Klafki (1985, S. 18) zu Folge zielt Bildung auf den Menschen als erkennendes, ethisch und politisch entscheidendes und handelndes, emotional empfindendes und wertendes, zwischenmenschliche Beziehungen vollziehendes, ästhetisch wahrnehmendes und gestaltendes, nicht zuletzt auch als produktiv arbeitendes und seine Welt handwerklich-technisch veränderndes Wesen. Faulstich (2002, S. 16) – um exemplarisch noch einen Vertreter aus dem Bereich der Weiterbildung zu zitieren - interpretiert den Bildungsbegriff als Aneignung von Kultur durch die Individuen. Im Laufe der Biographie entwickelt sich dabei zum einen die Persönlichkeit und zum anderen erfolgt mit der individuellen Entfaltung der Identität eine gesellschaftliche Verortung.

Hervorzuheben ist, dass der Bildungsbegriff im Prinzip zwei Komponenten umfasst: Zum einen wird er normativ verstanden (Bildung als Produkt), zum anderen deskriptiv (Bildung als Prozess).

„Bildung bedeutet in den klassischen Bildungstheorien den Prozess und das Ziel der Kräfte-Bildung, Selbstentfaltung und Selbstverwirklichung jedes Menschen in Auseinandersetzung mit der Welt. Bildung ist ein Gegenkonzept zu Erziehung und Ungleichheit. In der Alltagssprache wird der Begriff Bildung sehr umfassend benutzt für alle Erscheinungen, die mit individuellen Lernprozessen oder dem entsprechenden Institutionenbereich zu tun haben. Zumal als ‚Platzhalter' oder ‚Leerformel' in Komposita ist die Verwendung des Begriffs unstrittig. Die für Theorie und Praxis strittige Frage ist dagegen: Kann der Begriff Bildung Leitkategorie sein, können mit seiner Hilfe Ziele und Prozesse des →Lernens gehaltvoll beschrieben und begründet werden?"

Schlutz 2001b, S. 48

Seit den siebziger Jahren des letzten Jahrhunderts ist der Bildungsbegriff immer wieder als wenig präzise kritisiert worden. Dabei lassen sich unterschiedliche Argumentationsstränge ausdifferenzieren:

- Aufgrund des inflationären Gebrauchs und der Unschärfe des Sachverhalts, der damit von verschiedenen Vertretern dieses Ansatzes angesprochen wird, wird der Bildungsbegriff aus heutiger Sicht als „Container-Wort" (Lenzen 1997) kritisiert.
- Angesichts der veränderten gesellschaftlichen Rahmenbedingungen erweist es sich als zunehmend problematisch, einen (verbindlichen) Kanon von Bildungsgütern zu definieren, auf den das Bildungskonzept häufig reduziert wurde. Dies wäre weder der Situation des immer schnelleren Wachstums des Wissens angemessen noch durch einen wissenschaftlichen oder politischen Konsens begründbar (vgl. Arbeitsstab Forum Bildung 2001, S. 11).
- Der im spezifisch deutschen philosophischen Diskurs verankerte Bildungsbegriff stellt aus heutiger Sicht einen Traditionsbegriff dar, dessen historische und normative Implikationen insbesondere in der internationalen Debatte kaum anschlussfähig sind.

Dennoch ist Heid (2001, S. 25) zuzustimmen, dass als Qualitätskriterium von Bildungsplanung und Bildungsarbeit die Frage Vorrang behalten muss, „welche Bedeutung das Lernen und das Gelernte für die Steigerung der Urteilskraft, der sachlichen und sittlichen Urteilskompetenz und der Steigerung der individuellen und sozialen Lebensqualität" besitzt. Hierauf wurde bereits unter dem Gesichtspunkt der normativen Bezugspunkte von beruflicher Weiterbildung im vorigen Abschnitt verwiesen. Fraglich ist eher, ob es weiterführend ist, sich in diesem Kontext auf den klassischen Bildungsbegriff zu berufen. Wenngleich der Bildungsbegriff noch keineswegs als abgeschrieben gelten kann und auch verschiedene Autoren ihn in der Weiterbildungsdiskussion hochhalten (vgl. z.B. das Themenheft der Zeitschrift Hessische Blätter für Volksbildung im Jahr 2005, Heft 4), so wird doch seit den 1970er Jahren intensiv nach Alternativen gesucht.

2.3.2 (Schlüssel-)Qualifikationen

In den 1970er und 1980er Jahren ist an die Stelle des Bildungsbegriffs vielfach der Rekurs auf den Qualifikationsbegriff getreten. Diese konzeptionelle Neuorientierung kann als Antwort auf den gestiegenen Qualifikationsbedarf in der Wirtschaft sowie einer sog. realistischen Wende der Erziehungswissenschaft interpretiert werden. Mit dieser Begrifflichkeit wird die stärkere Ausrichtung der Erziehungswissenschaft auf den Arbeitsmarkt auf der inhaltlichen Ebene und auf sozialwissenschaftliche empirische Forschung auf der methodischen Seite gefasst.

Der Begriff der Qualifikation bezieht sich auf das Arbeitsvermögen, das in Abhängigkeit von ökonomischen, technologischen und arbeitsorganisatorischen Entwicklungen für die Bewältigung von Arbeitsaufgaben benötigt wird. Bei Qualifikationen handelt es sich folglich um Kenntnisse und Fähigkeiten, die u.a. den Zugang zum Erwerbssystem regeln, häufig auch durch Zertifikate. Unter Qualifikationen werden Fertigkeiten, Fähigkeiten und Wissensbestände im Hinblick auf ihre Verwertbarkeit gefasst. Der Qualifikationsbegriff orientiert sich primär an der Nachfrage des Arbeitsmarktes und nicht den Interessen des Subjektes. Im Gegensatz zum Bildungsbegriff, der auf den Bildungsanspruch eines jeden Individuums focussiert, zielen das Qualifikationskonzept und seine Varianten eher auf die betrieblich-funktionalen Notwendigkeiten.

Das Qualifikationskonzept mit einer Vielzahl von Einzelelementen wurde recht schnell als zu kleinteilig empfunden. Daneben entstand das Konzept der Schlüsselqualifikationen, das bereits zu Beginn der 1970er Jahre von Mertens, dem damaligen Direktor des Instituts für Arbeitsmarkt- und Berufsforschung in die Debatte gebracht wurde. Typisch für diesen Ansatz ist, dass dieses Konzept aus der wirtschafts- und arbeitsmarktpolitischen - und nicht aus einer pädagogischen oder bildungspolitischen - Diskussion heraus entwickelt worden ist. Das Konzept der Schlüsselqualifikationen resultierte aus der Flexibilisierungsforschung. Es entstand in einer Situation, in der eine verbesserte Abstimmung zwischen Bildungs- und Beschäftigungssystem vor dem Hintergrund der Debatte um erhöhte Qualifikationsanforderungen angestrebt wurde. Man befürchtete, dass Bildungsabschlüsse am Arbeitsmarkt vorbei produziert würden. Die Bildungsforschung – so Mertens – könne kaum auf verlässliche Befunde der Qualifikationsforschung sowie der Arbeitsmarkt- und Berufsforschung zurück greifen. Die auf dieser Forschung aufbauende Prognostik sei mit erheblichen Mängeln behaftet (vgl. Mertens 1974, S. 39). In diesem Zusammenhang wurde festgestellt, dass etwa die Hälfte der Erwachsenen mit beruflicher Ausbildung mindestens einmal ihren Beruf wechselt, davon etwa ein Drittel ohne Statusverlust. Außerdem wurde deutlich, dass es in vielen Fällen möglich ist, einen Arbeitsplatz mit Absolventen recht unterschiedlicher Ausbildungsgänge zu besetzen (vgl. Mertens 1988). Diese Beobachtungen wurden als Erklärung dafür herangezogen, dass Bildungs- und Beschäftigungssystem zwar divergieren, aber diese Differenz sich nicht als dysfunktional für den Arbeitsmarkt erweist.

Mertens begründete seine Forderung nach einer verstärkten Vermittlung von Schlüsselqualifikationen Mitte der 70er Jahre mit der These, dass mit fortschreitender technischer Entwicklung in modernen Gesellschaften Bildungsinhalte immer schneller veralten (vgl. Mertens 1974, S. 36). Schlüsselqualifikation stellen für ihn „übergeordnete Bildungsziele und Bildungselemente" dar, die „den Schlüssel zur raschen und reibungslosen Erschließung von wechselndem Spezialwissen bilden". Die Zerfallszeit und das Tempo des Veraltens von Bildungsinhalten steigen – so die These von Mertens – mit deren Praxisnähe und sinken bei höherem Abstraktionsniveau. Daher plädierte Mertens dafür, solche Kenntnisse, Fähigkeiten und Fertigkeiten in den Mittelpunkt zu rücken, die nicht unmittelbar einen begrenzten Bezug zu bestimmten disparaten praktischen Tätigkeiten enthalten, „sondern sich für eine große Zahl von Positionen und Funktionen zum gleichen Zeitpunkt und für die Bewältigung einer Sequenz von meist unvorhersehbaren Änderungen von Anforderungen im Laufe des Lebens eignen" (Mertens 1974, S. 39f.).

Die Flexibilitätsforschung suchte folglich nach tieferliegenden „gemeinsamen Nennern" von Bildungswegen, die dem einzelnen ein besonders breites Feld von Anwendungsmöglichkeiten mit vielfältigem persönlichen und gesellschaftlichem Nutzen eröffnen und damit eine adäquate Antwort auf die sich ständig wandelnden Qualifikationsanforderungen zu sein schienen (vgl. Mertens 1988, S. 37).

Solche gemeinsamen Nenner wurden von Mertens (1974) Schlüsselqualifikationen genannt. Ausgangspunkt war für ihn ein Konzept zur Schulung für eine „moderne Gesellschaft". Unter Schulung verstand Mertens (1974, S. 37) die Vermittlung von Fähigkeiten zur Problembewältigung, die sich in einer modernen Gesellschaft auf alle Zweige des Bildungswesens, von der Vorschulerziehung bis zur Erwachsenenbildung, zu beziehen habe. Dabei ging er davon aus, dass ‚Bildung' umfassendere Aufgaben hat als Schulung, letztere aber einschließt. Schulung umfasst nach Mertens drei Dimensionen, und zwar die der Bewältigung und Entfaltung der eigenen Persönlichkeit, der Fundierung der beruflichen Existenz und des gesellschaftlichen Verhaltens. Weiter geht er von der Überzeugung aus, dass jede Art von Bildung mehrwertig sei. Dies bedeutet z.B., dass berufliche Bildung am Arbeitsplatz auch Fähigkeiten und Kenntnisse für andere gesellschaftliche Bereiche vermittelt oder umgekehrt, allgemeine oder politische Bildungsinhalte auch die berufliche Qualifikation beeinflussen.

Hieraus zog Mertens die Schlussfolgerung, die Vermittlung von spezialisierten Fertigkeiten und von Detailwissen müsse gegenüber einem Bildungsverständnis, das vor allem auf Zugriffs- und Verfahrensweisen hin orientiert ist, zurücktreten. Bildung wurde vor allem als Befähigung zur Problembewältigung, Schulung als Denkschulung verstanden.

Als Schlüsselqualifikationen gelten nach Mertens Kenntnisse, Fähigkeiten und Fertigkeiten, die keinen unmittelbaren Bezug zu bestimmten praktischen Tätigkeiten aufweisen, sondern

„a) die Eignung für eine große Zahl von Positionen und Funktionen als alternative Optionen zum gleichen Zeitpunkt und b) die Eignung für die Bewältigung einer Sequenz von (meist unvorhersehbaren) Änderungen von Anforderungen im Laufe des Lebens" (Mertens 1974, S. 40) hervorbringen. Schlüsselbedeutung haben nach Mertens die folgenden vier Typen von Qualifikationen:

Basisqualifikationen sind Qualifikationen höherer Ordnung, die einen vertikalen Anwendungstransfer auf die speziellen Anforderungen in Beruf und Gesellschaft ermöglichen. Als Basisqualifikationen nennt Mertens logisches, analytisches, kritisches, strukturierendes, dispositives Denken, kooperatives Vorgehen, konzeptionistisches, dezisionistisches, kreatives Vorgehen und kontextuelles Denken.

Horizontalqualifikationen sollen eine möglichst effiziente Nutzung der Informationsressourcen der Gesellschaft gewährleisten, und zwar entweder durch gesichertes Wissen oder durch raschen Zugriff zu abrufbarem, andernorts gespeichertem Wissen. Es geht dabei um das Wissen über das Wesen von Informationen, die Gewinnung von Informationen, das Verstehen und das Verarbeiten von Informationen.

Bei den *Breitenelementen* handelt es sich um spezielle Kenntnisse und Fertigkeiten, die über breite Felder der Tätigkeitslandschaft nachweislich als praktische Anforderung am Arbeitsplatz auftreten. Als Beispiel für diese Dimension werden von Mertens (1974, S. 42) Messtechnik, Arbeitsschutz und Maschinenwartung genannt, weil es sich dabei um Kenntnisse handelt, die in ca. der Hälfte der Ausbildungsordnungen vorkommen.

Als *Vintage-Faktoren* werden sog. Überbrückungsinhalte bezeichnet, die zur Verringerung der Differenzen von Kentnissen und Fähigkeiten verschiedener

Generationen beitragen sollen. Dazu zählt Mertens u.a. Grundzüge der Mengenlehre, der Sozialkunde, des Verfassungsrechts, des Englischen, der Programmiertechniken, der jüngeren Geschichte, der vergleichenden Religions- und Ideologiekunde, der jüngeren Literatur, Grundwissen über fremde Kulturen, Basiswissen über Relativitätstheorie und Nuklearphysik.

Die von Mertens vorgenommene Aufteilung in vier Qualifikationstypen, die Basisqualifikation, Horizontalqualifikationen, Breitenelemente und Vintage-Faktoren, wurde in den folgenden Debatten nur selten übernommen und spielt in der heutigen Diskussion keine Rolle mehr.

Mertens (1988) selbst hat später die Auffassung vertreten, dass sich das von ihm entwickelte Konzept nicht durchgesetzt habe. Nach einer zunächst intensiven Rezeption in der bildungspolitischen und wissenschaftlichen Debatte der 1970er Jahre wurde es sehr still um diesen Ansatz. Dies könnte u.a. damit zusammenhängen, dass es keine Strategien zur Umsetzung in bestimmte Bildungsinstitutionen enthielt. Mitte der 1980er Jahre war jedoch ein erneuter, geradezu inflationärer Rekurs auf diesen Begriff zu beobachten.

Die Renaissance dieses Konzepts wird in erster Linie mit dem rasanten technologischen Wandel erklärt, vor allem dem raschen Vordringen der Informations- und Kommunikationstechniken und der damit einhergehenden Veränderung der Arbeitsorganisation, die zunehmend abstrakte, fachübergreifende Kenntnisse und Fähigkeiten erfordere (s. Kapitel 2.1.1).

Auf den Ansatz von Mertens folgten Hunderte von vermeintlichen Konkretisierungen und Weiterentwicklungen des Ansatzes der Schlüsselqualifikationen. Beck bilanziert 2001 (S. 35) die Entwicklung wie folgt:

„Der Begriff ist seither nicht mehr zu fassen, geschweige denn klar begründet und praktikabel zu beschreiben. Er fungierte als Sammelbegriff für unterschiedlichste Qualifikations- und Kompetenzdimensionen, die entweder zu abstrakt oder zu vereinfachend ein Spektrum aller denkbaren und wünschenswerten Bildungs- und Qualifikationsziele enthalten."

Die inflationäre Verwendung des Begriffs Schlüsselqualifikationen in der bildungspolitischen und berufs- sowie erwachsenenpädagogischen Diskussion der letzten Jahre ist m.E. zurecht von Zabeck (1989, S. 77) als erneuter Versuch charakterisiert worden, der Öffentlichkeit vorzugaukeln, man habe mit dieser „didaktischen Zauberformel" die Zukunft der Erziehung im Griff. Auch fehlt es nicht an Hinweisen darauf, dass die Basis dieses Konzepts so alt sei wie die Berufsausbildung (vgl. Lisop 1988, S. 78), was man übrigens selbst bei Mertens schon nachlesen kann, der keineswegs die Originalität des Konzepts postuliert hat.

Ein Problem des Ansatzes der Schlüsselqualifikationen besteht darin, dass fachübergreifende Qualifikationen, die dabei im Vordergrund stehen, immer nur anhand konkreter berufsspezifischer Inhalte erlernt werden können. Außerdem können sie nur in komplexen Situationen erworben werden, d.h. es handelt sich in der Regel um Problemlösesituationen. Dies ist bei der konkreten Anwendung des Konzepts der Schlüsselqualifikationen häufig aus dem Blick geraten.

Viele Beiträge zur Schlüsselqualifizierungsdebatte beschränkten sich auf sehr plakative Begründungen wie „Schlüsseltechniken erfordern Schlüsselqualifikationen" (vgl. Schlaffke 1988, S. 53).

Der (Schlüssel-) Qualifikationsbegriff hat nicht gehalten, was er versprochen hat, nämlich eine gegenüber dem als verschwommen und normativ hoch befrachteten Bildungsbegriff eine kategoriale Präzisierung und empirische Überprüfbarkeit. Durch die Voranstellung eines „Schlüssels" vor die „Qualifikation" wurde – so die kritische Einschätzung von Geißler/Orthey (2002, S. 71) eine Konsensformel kreiert, die der Beschwichtigung von Interessengegensätzen im Gerangel von Arbeitgeber- und Arbeitnehmerorganisationen, von politischen Parteien, von Verbänden und sonstigen Interessengruppen diente. Er fungierte damit im Sinne einer konfliktreduzierenden Übereinstimmungsrhetorik. Je stärker darum gerungen wurde, desto abstrakter wurden die definierten Schlüsselqualifikationen. Eine zentrale Orientierung des Ansatzes aber, die „Entspezialisierung der Bildung" (Beck 2001, S. 47) kann als die Grundlage aller folgenden Konzepte gewertet werden.

2.3.3 Der Kompetenzbegriff

Seit Mitte der 1990er Jahre ist in der wissenschaftlichen Weiterbildungsdiskussion der Kompetenzbegriff weitgehend an die Stelle der Begriffe Bildung oder (Schlüssel-)Qualifikation getreten. Als Hintergrund und gesellschaftlicher Kontext für den Aufschwung des Kompetenzbegriffs ist die Zunahme nicht standardisierbarer beruflicher Handlungssituationen, nicht reproduzierbarer Tätigkeiten bei gleichzeitiger Unberechenbarkeit und Brüchigkeit von Erwerbsbiographien anzusehen. Diese Entwicklung führt zur Individualisierung von Problemlagen. Als Grund für die verstärkte Orientierung am Kompetenzbegriff kann die Tatsache angesehen werden, dass es heute angesichts des raschen Wandels z.B. für Personalverantwortliche nicht immer leicht ist, Antworten auf die Frage zu geben, was eine Person mitbringen muss, um zukünftig beruflich erfolgreich zu sein, d.h. es ist schwieriger geworden, den Bedarf an Qualifikationen genau zu beschreiben. Die Identifikation und systematische Erfassung von zukünftig erforderlichen Anforderungen kann nicht ohne weiteres aus den Befunden der Analyse aktueller Bedarfe abgeleitet werden. Daher ist der Kompetenzbegriff nicht auf die beruflichen Anforderungen und die zu erbringenden Leistungen ausgerichtet, sondern beschreibt, analysiert und erklärt die individuellen Potentiale und Prozesse der Erzeugung von Leistungen.

Im Vergleich zum Bildungsbegriff ist er unbelastet von den erwähnten normativen Implikationen. Der Kompetenzbegriff zielt auf die Befähigung zum beruflichen Handeln und verspricht eine pragmatische Orientierung an den tatsächlichen Handlungsanforderungen der gesellschaftlichen Praxis und den von dieser geforderten individuellen Problemlösefähigkeiten. Zugleich wird der Kompetenzbegriff vielfach auch explizit als Gegenbegriff zum Qualifikationsbegriff gesehen und als innovatives Gegenbild gegen eine vermeintlich verkrustete und als wirkungslos empfundene formale Weiterbildung (vgl. Staudt/Kriegesmann 1999). Der Kompetenzansatz verspricht eine Verknüpfung von pädagogischen und wirtschaftlichen Maßstäben bzw. von Bedarfen und Bedürfnissen, von formalisierter und informeller (Weiter-)Bildung bzw. von Erfahrungswissen und wissenschaftlichem Wissen, von Kennen und Können. Der Begriff Kompetenz steht für ein formales Bildungsverständnis und grenzt sich von einem materialen Bildungskonzept ab, das auf einem bestimmten Bildungskanon basiert. Im Gegensatz zum (Schlüssel-)Qualifikationsbegriff ist er allerdings nicht funktional verengt auf die Anforderungen des Arbeitsmarktes ausgerichtet, sondern betont die subjektive Seite der Lernenden. Der Kompetenzansatz lenkt die Aufmerksamkeit auf die Eigenpotenziale und Eigenleistungen der (Lern-)Akteure bei der Lösung von (Handlungs-)Problemen. Insofern sind im Kompetenzbegriff Wissenserwerb und Wissensanwendung im Modus des Handelns und Können miteinander verbunden (vgl. Brödel 2002, S.39). Berufliche Kompetenzen beziehen sich auf Fähigkeiten, Fertigkeiten, Wissensbestände und Einstellungen, die umfassendes Handeln des Einzelnen in einer berufsförmig organisierten Arbeit ermöglichen (vgl. Dehnbostel u.a. 2003, S. 26). Geißler/Orthey. (2002, S. 71) halten den Kompetenzbegriff für eine „neue, noch weitgehend faltenfreie, praxisrelevante und problemlösende Sprachform".

Bei der Definition des Kompetenzbegriffs wird davon ausgegangen, dass das individuelle Verhalten das Produkt einer permanenten Interaktion aller psychischen Funktionen ist (vgl. Franke 2001, S. 9). Dies scheint angemessener für den Umgang mit Unbestimmtheit und Komplexität in Entscheidungsprozessen, für die Sicherung der eigene Identität in Veränderungsprozessen, für die Konfliktfähigkeit oder die moralische Urteilsfähigkeit (vgl. Franke 2001, S. 11). Die Orientierung an Kompetenzen ermöglicht eine validere Diagnostik der jeweiligen individuellen Leistungsvoraussetzungen und eine bessere Prognose der persönlichen Entwicklung (vgl. Franke 2001, S. 11).

In der Fachdiskussion scheint auf den ersten Blick die Orientierung am Kompetenzbegriff in jüngster Zeit unstrittig zu sein. Dementsprechend wird in der erwachsenenpädagogischen Diskussion bereits eine „kompetenzorientierte Wende" ausgemacht (vgl. Arnold/Steinbach 1998, S. 25), nachdem in den 1960er und 1970er Jahren zunächst von der realistischen, dann von der reflexiven Wende und möglicherweise noch von der pragmatischen Wende in den 1990er Jahren die Rede war. Bei näherer Betrachtung zeigt sich jedoch, dass mit dem Verweis auf den Kompetenzbegriff sehr unterschiedliche Standpunkte, Perspektiven und Akzente verbunden werden.

Der Kompetenzbegriff wird in verschiedenen Fachdisziplinen benutzt, so u.a. in der Erziehungswissenschaft, der Kommunikationswissenschaft, der (Arbeits-)Psychologie, der (Arbeits- und Industrie-)Soziologie und wird dementsprechend auch in unterschiedliche Theoriekonstrukte eingebaut. Berufs- und Erwachsenenpädagogen sind in der Diskussion eher in der Minderheit. Die Einbettung des Begriffs in verschiedene Diskurse führt zu einer inflationären Verwendung. Es gibt keine allgemein akzeptierte Definition des Begriffs. Es ist der folgenden Einschätzung von Erpenbeck (1996) zuzustimmen: „Wer auf die Kompetenzdefinition hofft, hofft vergeblich." Seit Beginn der Diskussion Mitte der neunziger Jahre des letzten Jahrhunderts ist eine Vielzahl von Kompetenzdefinitionen, -beschreibungen und -charakterisierungen entwickelt worden.

Der Kompetenzbegriff spielt auch in der aktuellen bildungspolitischen Diskussion eine zentrale Rolle, insbesondere im europäischen Kontext. So wird Kompetenz im Weißbuch der EU „Lehren und Lernen. Auf dem Weg zur kognitiven Gesellschaft" (vgl. Europäische Kommission 1996) als zeitgemäße und zentrale Transformationskategorie bezüglich der Reproduktion von Arbeitsvermögen herausgestellt, wobei der Aspekt der flexiblen und friktionslosen Nutzung von Humanressourcen dominiert.

▼ Definitionen

„Unter Kompetenzen werden alle Fähigkeiten, Wissensbestände und Denkmodelle verstanden, die ein Mensch in seinem Leben erwirbt und betätigt."
Weinberg 1996, S. 3

„Komponenten jeder Kompetenz sind folglich die Verfügbarkeit von Wissen (...), die selektive Bewertung von Wissen (...), die Einordnung des Wissens (...); die Interpolationsfähigkeit (...), die Handlungsorientierung (...), die Handlungsfähigkeit (...), die (...) kompetente Persönlichkeit, ausgestattet mit kognitiven, emotional-motivationalen und volitiven Fertigkeiten und Strategien (...), die soziale Bestätigung (...), die Abschätzung der (...) Dispositionen (...). Kompetenz bringt folglich im Unterschied zu anderen Konstrukten wie Können, Fertigkeiten, Qualifikationen usw. die Selbstorganisationsfähigkeit des konkreten Individuums auf den Begriff."
Erpenbeck 1996, S. 11

Trotz der unterschiedlichen Akzentuierungen und theoretischen Verortungen lassen sich auf einer allgemeinen Ebene einige Gemeinsamkeiten herauskristallisieren, die als Grundlage dieser Begrifflichkeit angesehen werden können:

Subjektorientierung

Der Begriff der Qualifikation orientiert sich stark am gesellschaftlichen Bedarf, während der Kompetenzbegriff sich dem gegenüber stärker auf den einzelnen Menschen bezieht und damit subjektzentriert ist (vgl. Erpenbeck/Heyse 1996). Im Zentrum des Kompetenzansatzes steht das Individuum mit seinen Interessen und Bedürfnissen und Fähigkeiten. Während der Qualifikationsbegriff sich an objektivierbaren Leistungsparametern orientiert, zielt der Kompetenzbegriff auf Dispositionen, die nicht direkt überprüfbar sind, sondern sich nur in der Realisierung in konkreten Handlungssituationen evaluieren lassen (vgl. Erpenbeck 1996, S. 10).

Die Subjektorientierung des Kompetenzbegriffs korrespondiert mit einer allgemeinen Tendenz in der Weiterbildungsdiskussion, das Subjekt mit seinen persönlichen Eigenschaften wieder stärker in das Blickfeld zu rücken. Die ganzheitliche Entwicklung der Person steht stärker im Vordergrund. Dies wird u.a. damit begründet, dass die Identitätsbildung in einer komplexen und unsicheren Gesellschaft als Aufgabe und Herausforderung an Bedeutung gewinnt. Mit der Subjektorientierung weist der Kompetenzbegriff eine gewissen Nähe zum Bildungsbegriff auf.

Handlungsorientierung

In Abgrenzung zum Qualifikationsbegriff rekurriert der Kompetenzbegriff stärker auf Dispositionen, die zum kompetenten Handeln befähigen. Er impliziert folglich die Handlungsdimension im Sinne einer umfassenden beruflich/ betrieblichen Handlungsfähigkeit. So definiert Bernien (1997, S. 25) aus psychologischer Sicht Kompetenz als „die Summe aller Fähigkeiten, Fertigkeiten, Wissensbestände und Erfahrungen des Menschen, die ihn zur Bewältigung seiner beruflichen Aufgaben und gleichzeitig zur eigenständigen Regulation seines Handelns einschließlich der damit verbundenen Folgeabschätzungen befähigen". Baitsch (1996, S. 6) fasst mit dem Kompetenzbegriff die psychischen Voraussetzungen, die sich in der Qualität der sichtbaren Handlungen niederschlagen und diese regulieren und somit als Merkmale der Persönlichkeit aufscheinen.

Bildungsprozesse zielen auf den Erwerb und die Vermittlung von Wissen. Wissen ist eine notwendige Voraussetzung für kompetentes berufliches Handeln (vgl. Franke 2001, S. 10). Das über informelle Lernkontexte aufgebaute Erfahrungswissen sowie das über formale Lernkontexte aufgebaute Theoriewissen stellen demzufolge das Repertoire an Wissen und Können dar, das sich in konkreten Situation als Handlungskompetenz aktualisiert. Bei einer Orientierung am Kompetenzbegriff wird die Qualität von Bildungsangeboten stärker danach bemessen, inwieweit es den Lernenden tatsächlich gelingt, sich nicht nur Wissen anzueignen und dies zu reproduzieren, sondern dieses Wissen auch kompetent bei der Lösung neuartiger Probleme anzuwenden. Dies erfordert eine andere Didaktik, die die Entwicklung solcher Problemlösungs- und Gestaltungskompetenzen ermöglicht.

Im Zusammenhang mit dem Kompetenzbegriff und der Kompetenzentwicklung wird nicht mehr die Beruflichkeit bzw. das Konstrukt Beruf als Bezugspunkt gewählt, sondern die Biografie und der Lebenslauf zur zentralen Referenz für berufliche Weiterbildung gemacht (vgl. Geißler/Orthey 2002, S. 76). Die Kompetenzentwicklung zielt darauf ab, dass die Individuen sich ihrer Kernkompetenzen vergewissern, d.h. der Fähigkeiten, die sie in besonderer Weise beherrschen, in unverwechselbarer Weise anwenden und die ihre Identität prägen (vgl. Geißler/Orthey 2002, S. 76). Die Biografie wird damit zu einer Lernbiografie, die nicht standardisierbar, sondern individuell ausgestaltet ist.

Ganzheitliches Verständnis von Fähigkeiten, Fertigkeiten und Kenntnissen

Der Qualifikationsbegriff konzentriert sich – mehr oder weniger explizit – auf fachliche Anforderungen. Demgegenüber wird heute von der Einschätzung ausgegangen, dass auch fachübergreifende, d.h. personale, methodische und soziale Kompetenzen für die erfolgreiche Bewältigung beruflicher Anforderungen erforderlich sind. Der Kompetenzbegriff ist auch insofern stärker einer ganzheitlichen Sichtweise verpflichtet, als kognitive, bewertende und emotional-motivationale Aspekte des Handels zusammen gesehen werden (vgl. Erpenbeck/Heyse 1996, S. 35).

Selbstorganisationsfähigkeit

Der Kompetenzbegriff setzt auf die Selbstorganisationsfähigkeit der Menschen, d.h. er betont die Selbstorganisation beruflichen Handelns. So beschreiben z.b. Erpenbeck/Heyse (1999, S. 130) den Kompetenzerwerb als selbstorganisierten Prozess. Selbstentfaltung und Selbstverwirklichung des Individuums werden als übergeordnetes Bildungsziel angesehen (Weinberg/Erpenbeck 2004, S. 69ff.).

Reflexivität

Bei der Verwendung des Kompetenzbegriffs wird bei der Beschreibung von Handlungskompetenz die Fähigkeit betont, seine eigenen Handlungen reflektieren zu können. Damit wird die Qualität und Souveränität des Handlungsvermögens angesprochen (vgl. Dehnbostel u.a. 2003, S. 28ff.). Die individuelle, selbstgesteuerte Anwendung erworbener Kompetenzen ist reflexiv auf Handlungen und Verhaltensweisen zu beziehen, ebenso auf Arbeits- und Sozialstrukturen. Reflexivität meint dabei die bewusste, kritische und verantwortliche Einschätzung und Bewertung von Handlungen auf der Basis von Erfahrungen und Wissen. Dehnbostel u.a. (2003) sprechen in Anlehnung an Lash (1996, S. 203f.) von einer zweifachen Reflexivität: Der strukturellen Reflexivität und der Selbstreflexivität, bei der an die Stelle der früheren heteronomen Bestimmungen der Handelnden die Eigenbestimmung tritt. Reflexive Handlungsfähigkeit heißt demnach, in Verbindung mit der Vorbereitung, Durchführung und Kontrolle von Arbeitsaufgaben sowohl über Arbeitsstrukturen und -umgebungen als auch über sich selbst zu reflektieren. Dies impliziert auch die Fähigkeit, zwischen individuellen Lern- und Handlungsprozessen zum Kompetenzerwerb und betrieblichen Arbeitsbedingungen und Organisationsstrukturen zu vermitteln.

Einbeziehung informeller Lernprozesse

Der Kompetenzansatz reagiert auf die bereits beschriebene Tendenz, informelle Lernprozesse stärker in den Blick zu nehmen (s. Kapitel 2.2). Kompetenzen können auch in arbeitsbegleitenden Kontexten erworben werden. Der Kompetenzbegriff wird daher zuweilen auch als Entgrenzungsbegriff bezeichnet (vgl. Arnold 2002, S. 28).

Offene Normativität

Wenngleich der Kompetenzbegriff mit dem Bildungsbegriff im Vergleich zum Qualifikationsbegriff den Focus auf das Subjekt und dessen Potentialentwicklung teilt (s.o.), so fehlt ihm der übergeordnete kulturelle und gesellschaftliche Anspruch des Bildungsbegriffs. Normen werden zwar nicht völlig vernachlässigt, aber formaler definiert, d.h. die zu vermittelnden Werte müssen diskursiv ausgehandelt werden und werden nicht als ein für allemal vorgegeben betrachtet (vgl. Arbeitsstab Forum Bildung 2001).

Eine Schwierigkeit des Kompetenzansatzes besteht – ebenso wie bei dem der Schlüsselqualifikationen – darin, eine sinnvolle und überzeugende *Systematik* für die als relevant angesehenen Kompetenzen zu erstellen. Es sind dazu vielfältige Kataloge entwickelt worden, bei denen nicht immer ganz einsichtig ist, nach welchen Kriterien die Differenzierung erfolgt. Zu den am häufigsten anzutreffenden Systematisierungen zählt die Aufteilung in Fachkompetenz, Methodenkompetenz und Sozialkompetenz. Bei manchen Autoren wird eine personale Kompetenz ergänzt, andere sehen die Handlungskompetenz als die den drei ersten übergeordnete Kompetenz. Diese Kategorisierung bleibt sehr formal, und es stellt sich dann die Frage, was den einzelnen Kompetenzgruppen zuzuordnen ist. Häufig wird der Focus auf die Frage gerichtet, welches denn die zukünftig zentralen Kompetenzen seien.

Der Rat für Forschung, Technologie und Innovation der Bundesregierung hat unter dem Titel „Kompetenz im globalen Wettbewerb" (vgl. Bundesministerium für Bildung und Forschung 1998, S. 25f.) die folgenden Kompetenzen hervorgehoben:

- Sprach- und Medienkompetenz sowie vertiefte Kenntnisse über die aktuellen sozialen, kulturellen und ökonomischen Gegebenheiten anderer Länder,
- Kreativität und Innovationsfähigkeit, die eine wesentliche Grundlage für wettbewerbsfähige Ideen und Produkte bilden,
- Mobilität und Flexibilität, verbunden mit Fähigkeiten wie Ausdauer, Zuverlässigkeit und Genauigkeit,
- soziale Kompetenzen wie Teamfähigkeit, Integrationsfähigkeit, Integrationswillen und vernetztes Denken.

Zum Teil wird der Kompetenzbegriff auch bereits wieder mit dem Zusatz des ‚Schlüssels' – wie beim Qualifikationsbegriff – verbunden zu Schlüsselkompetenzen. So auch in dem Projekt der OECD „Definition und Auswahl von Schlüsselkompetenzen" (defining and selecting key competences, DeSeCo), auf das wegen seiner Aktualität und Internationalität etwas näher eingegangen werden soll. In diesem Projekt wurden in Zusammenarbeit mit zahlreichen Wissenschaftlern, Experten und Institutionen Schlüsselkompetenzen definiert, die als wichtig für den individuellen und gesellschaftlichen Erfolg angesehen werden. Die OECD ging in ihrem Projekt davon aus, dass nur ein beschränkter praktischer Nutzen darin bestünde, ausführliche Kompetenzlisten aufzustellen, die alles enthalten, was in verschiedenen Kontexten und Lebensphasen erforderlich ist. Daher wurde stattdessen ein „Fächer von Schlüsselkompetenzen" (OECD 2005, S. 5) bestimmt. Schlüsselkompetenzen zeichnen sich danach durch die folgende Merkmale aus (OECD 2005, S. 5ff.):

- „Sie tragen zu wertvollen Ergebnissen für die Gesellschaft und die Menschen bei
- sie helfen den Menschen dabei, wichtige Anforderungen unter verschiedenen Rahmenbedingungen zu erfüllen
- sie sind nicht nur für Spezialisten, sondern für alle wichtig."

Die OECD hat drei Kategorien von Schlüsselkompetenzen definiert:
1. Menschen sollten in der Lage sein, verschiedene *Medien, Hilfsmittel oder Werkzeuge* (Tools) wie z.B. Informationstechnologien oder die Sprache wirksam einzusetzen.
   Diese Kompetenzkategorie umfasst:
   - Interaktive Anwendung von Sprache, Symbole und Texten
   - interaktive Nutzung von Wissen und Information
   - interaktive Anwendung von Technologien.

2. Menschen sollten in einer zunehmend vernetzten Welt in der Lage sein, *mit Menschen aus verschiedenen Kulturen umzugehen* und innerhalb sozial heterogener Gruppen zu interagieren. Zu der Kategorie werden die folgenden Kompetenzen gezählt:
   - gute und tragfähige Beziehungen unterhalten
   - Fähigkeit zur Zusammenarbeit
   - Bewältigen und Lösen von Konflikten

3. Menschen sollten befähigt sein, Verantwortung für ihre Lebensgestaltung zu übernehmen, ihr Leben im größeren Kontext zu situieren und eigenständig zu handeln. Dieser Kompetenzkategorie werden die folgenden Kompetenzen zugeordnet:
   - Handeln im größerem Kontext
   - Realisieren von Lebensplänen und persönlichen Projekten

- Verteidigung und Wahrnehmung von Rechten, Interessen, Grenzen und Erfordernissen.

Diese drei Kategorien, die jeweils eine spezifische Blickrichtung beinhalten, greifen ineinander. Dabei stellt die Notwendigkeit des reflexiven Denkens und Handelns ein zentrales Element des konzeptionellen Referenzrahmens dar. Reflexivität setzt die Anwendung metakognitiver Fähigkeiten (Denken über das Denken), Kreativität und eine kritische Haltung voraus. Als Beispiel für Reflexivität wird die Fähigkeit erachtet, mit Unterschieden und Widersprüchen umzugehen. Die komplexe Welt macht es erforderlich, mit Spannungen umzugehen, z.B. zwischen Autonomie und Solidarität, zwischen Verschiedenartigkeit und Universalität, zwischen Innovation und Kontinuität. Damit müssen scheinbar widersprüchliche oder unvereinbare Ziele als Aspekte ein und derselben Wirklichkeit verstanden werden. Um dieses zu leisten, ist vernetztes Denken eine zentrale Voraussetzung. „Wir sollten lernen, die vielfältigen Verbindungen und Beziehungen zwischen Standpunkten oder Ideen zu berücksichtigen, die unter Umständen nur auf den ersten Blick widersprüchlich erscheinen mögen" (OECD 2005, S. 11).

Die Kompetenzen sollten in gewissem Maße normativ verankert werden, wobei auf gemeinsame Wertvorstellungen aller OECD-Länder rekurriert wird wie z.B. die Bedeutung demokratischer Werte und einer nachhaltigen Entwicklung.

Ferner ist zu beachten, dass in jedem gegebenen Kontext nicht nur eine einzige Kompetenz sondern die Vernetzung von verschiedenen Schlüsselkompetenzen erforderlich ist. Der DeSeCo-Referenzrahmen gilt sowohl für Kompetenzen, die in der Schule gefördert werden sollten als auch für solche, die im Laufe des Lebens erworben werden können.

Eine weitere Schwierigkeit beim Kompetenzansatz liegt darin zu beschreiben, wie sich der Prozess des Erwerbs von Kompetenzen vollzieht, da sich der Begriff ja auf Dispositionen bezieht, die sich in Handlungssituationen aktualisieren. Bislang liegen kaum empirische Studien zu der Frage vor, wie sich der Erwerb bzw. der Ausbau von Kompetenzen im Erwachsenenalter im Einzelnen konkret vollzieht. Nimmt man die Intentionen des Ansatzes ernst, dann ist deutlich, dass Kompetenzen nicht vermittelt werden können – denn sie realisieren sich ja erst in konkreten Anwendungssituationen. Die Aufgabe der Pädagogik kann lediglich darin bestehen, didaktische Arrangements zu schaffen, die kompetenzentwickelnde Effekte ermöglichen (s. dazu auch Kapitel 3).

Schließlich stellt sich die Frage, wie insbesondere die in informellen Lernkontexten erworbenen Kompetenzen dokumentiert und anerkannt werden können. Hierauf wird in Kapitel 7.4 näher eingegangen.

Literaturhinweis
Literatur- und Forschungsreport, 49, Juni 2002: Thema: Kompetenzentwicklung statt Bildungsziele?
Dieses Themenheft enthält mehrere Aufsätze, die sich mit den Begründungen und dem Stellenwert des Kompetenzbegriffs im Vergleich zum Bildungs- und Qualifikationsbegriff auseinandersetzen.

2.3.4 Lebenslanges Lernen als bildungspolitisches Konzept

Eine zentrale konzeptionell-begriffliche Chiffre, auf die sich die Diskussion um berufliche Weiterbildung in den letzten Jahren konzentriert, stellt das Konzept des lebenslangen Lernens dar. Dieses ist stärker in der bildungspolitischen Diskussion als in der wissenschaftlichen Fachdiskussion verankert. Es bindet die Begriffe Bildung, Qualifizierung und Kompetenzentwicklung gleichermaßen ein. Insbesondere internationale Gremien haben die Ausprägung dieses Konzeptes stark geprägt. Hierzu zählen in erster Linie

- der Europarat und die Europäische Union
- die UNESCO (United Nations Educational, Scientific and Cultural Organization), die Bildungsorganisation innerhalb der Vereinten Nationen (UNO), verantwortlich für die Bereiche Wissenschaft und Kultur sowie
- die OECD (Organisation for Economic Cooperation and Development), in der wirtschaftsstarke Nationen insbesondere aus westlichen Ländern zusammen geschlossen sind.

Eine erste intensive Phase der Diskussion lag bereits in den 70er Jahren des vorigen Jahrhunderts. Diese Diskussion wurde in Deutschland jedoch kaum rezipiert. In den 1990er Jahren lebte die Diskussion durch das verstärkte Engagement der EU für dieses Konzept wieder auf und fand auch stärker Eingang in die deutsche Diskussion. In der Zwischenzeit, d.h. in den 1980er Jahren sind kaum bildungspolitische Veröffentlichungen zu Konzepten lebenslangen Lernens erschienen. Im Folgenden werden die unterschiedlichen Varianten dieses Konzepts erläutert.

Das Konzept lebenslangen Lernens zielt zwar im Prinzip auf das gesamte Bildungssystem für alle Phasen des Lebens, es wird aber häufig auch als Synonym für Weiterbildung gebraucht. Dies resultiert u.a. aus der Tatsache, dass lediglich die Teildisziplin der Wissenschaft von der Weiterbildung oder das Teilsystem Weiterbildung des Bildungssystems diese Diskussion wirklich intensiv aufgegriffen hat. Vom Ansatz her zielen die Ansätze des lebenslangen Lernens auf die Ausdehnung der Lernzeit über das ganze Leben und damit sowohl auf eine subjektiv-biographische als auch eine politisch-institutionelle Veränderung.

Konzepte des Europarates und der Europäische Union

Auf europäischer Ebene hat sich bereits in den siebziger Jahren des letzten Jahrhundert vor allem der Europarat mit den Konzepten des Council for Cultural Cooperation (CCC) (vgl. Council of Europe 1970) zum lebenslangen Lernen geäußert. Beim Europarat handelt es sich um eine Organisation, die sich in erster Linie für die Stärkung der Demokratie und die Wahrung der Menschenrechte einsetzt und deren Aktivitäten schwerpunktmäßig in den Bereichen Kultur, Wissenschaft und Soziales liegen. Die Europäische Union selbst hat die Diskussion seit Mitte der 1990er Jahre mit verschiedenen Veröffentlichungen belebt.

Unter Bezug auf das von der UNESCO 1970 ausgerufene Jahr der Erziehung wurden in der Publikation „Permanent Education. Fundamentals for an integrated educational policy", die vom Europarat und dem Rat für kulturelle Zusammenarbeit 1970 veröffentlich wurde, die Ergebnisse der konzeptionellen Arbeiten des Europarats der 1960er Jahre zur ‚permanent education' zusammengefasst (vgl. Council of Europe 1970). Die Grundlagen für diese Veröffentlichung wurde im Wesentlichen in 15 Studien bzw. Gutachten erarbeitet, die im Auftrag des Europarates von Bildungsexperten aus verschiedenen Ländern zu unterschiedlichen Aspekten des Themas durchgeführt wurden. Der Europarat propagierte ein flexibles System von Lerneinheiten verbunden mit freier Zeiteinteilung in einer möglichst großen Wahlfreiheit für alle Lernzeiten im Laufe des Lebens. Das Konzept der permanent education beinhaltet neben diesen grundsätzlichen Ansprüchen, dass es für Jugendliche sowie für Erwachsene jederzeit möglich sein soll, eine (Aus-)Bildung fortzusetzen. Das Dokument zeichnet Grundzüge eines Bildungssystems, das der Konkretisierung und Umsetzung durch einzelne Länder bedarf. Der Europarat äußerte sich allerdings nicht zu der Frage, wie der konzeptionelle Anspruch praktisch umgesetzt werden soll. Als Hintergrund für die Notwendigkeit, ein neues Bildungskonzept zu entwickeln, wird auf den technischen, ökonomischen und gesellschaftlichen Wandel verwiesen, dem sich die Individuen anpassen müssen. Bereits dieses Konzept der 1970er Jahre enthält die Vorstellung, dass die Individuen selbstverantwortlich ihren Lernprozess gestalten sollen und beschreibt die Berufsrolle der Lehrenden bereits als ‚Tutor' ‚Guidance Counsellor' bzw. ‚Mediator'. Obwohl das Konzept der ‚permanent education' des Europarates explizit als ein umfassendes Konzept der Selbstbildung aller Individuen angelegt ist, lässt sich implizit eine Konzentration auf Erwachsene herauslesen (vgl. Kraus 2001, S. 64).

Während sich der Europarat in den 1990er Jahren nicht mehr explizit zum Thema des lebenslangen Lernens geäußert hat, gewinnt dieses Thema bei der EU an Bedeutung. Dies wird durch die Veröffentlichung von zwei Weißbüchern in den Jahren 1994 und 1996 unterstrichen. Die Aufmerksamkeit für das Thema schlägt sich zudem darin nieder, dass die EU 1996 das Jahr des lebensbegleitenden Lernens ausgerufen hat.

Im Kontext des ersten Weißbuches der EU „Wachstum, Wettbewerbsfähigkeit, Beschäftigung" von 1994 (vgl. Europäische Kommission 1994) wurde die Forderung nach lebenslangem Lernen in der EU zu einem Schlüsselelement der Bildungspolitik. Diese wurde dann unter anderem in dem Weißbuch von 1996 „Lehren und Lernen – auf dem Weg zur kognitiven Gesellschaft" (vgl. Europäische Kommission 1996) als eigenständiges Thema bearbeitet. Mit diesen beiden Weißbüchern beginnt die Europäische Union, sich in die internationale Diskussion um lebenslanges Lernen einzumischen. Die beiden genannten Publikationen bilden zugleich den konzeptionellen Hintergrund für die Ausrufung des Europäischen Jahres des lebenslangen Lernens 1996. Das Weißbuch von 1996 skizziert im ersten großen von insgesamt zwei Teilen zunächst drei zentrale Umwälzungen als gesellschaftliches Szenario: Die Informationsgesellschaft, die Globalisierung der Wirtschaft und die wissenschaftlich-technische Zivilisation (vgl. Europäische Kommission 1996, S. 25). Als Antworten auf diese Szenarios wird die Förderung der Allgemeinbildung und die Entwicklung der Eignung zur Beschäftigung hervorgehoben. Im zweiten Teil werden „Aktionsleitlinien" zum „Aufbau der kognitiven Gesellschaft" dargestellt (vgl. Europäische Kommission 1996, S. 53ff.). Diese sind in fünf Allgemeinzielen niedergelegt:

- Aneignung neuer Kenntnisse fördern
- Annäherung von Schule und Unternehmen
- Bekämpfung von Ausgrenzung
- Allgemeine Beherrschung von drei Gemeinschaftssprachen
- Gleichbehandlung von materiellen und berufsspezifischen Investitionen

Als Dreh- und Angelpunkt der Konzeption des Weißbuches kann die „Eignung zur Beschäftigung" (vgl. Europäische Kommission 1996, S. 7) angesehen werden. Sie wird als geeignetes Mittel zur Reaktion auf die beschriebenen Umwälzungen angesehen und in Bezug auf Grundkenntnisse, Fachkenntnisse und soziale Kompetenzen operationalisiert. Daneben wird der Allgemeinbildung ein hoher Stellenwert zugemessen, die als „Fähigkeit zum Begreifen, zum Verstehen und zum Beurteilen" und als Schaffung der „Fundamente für europäisches Bewusstsein und Unionsbürgerschaft" (Europäische Kommission 1996 S. 27) gefasst wird. Ausführungen zum Begriff „kognitive Gesellschaft" finden sich eher am Rande.

In der Gesamtargumentation des Weißbuches „Lehren und Lernen..." dominiert die ökonomische Perspektive, was sich in der Dominanz der Bezüge zum Arbeitsmarkt und Beschäftigungssystem als Begründungsaspekte für ein neues Bildungskonzept niederschlägt. Eher nachrangig werden Prinzipien wie ‚Demokratie' (vgl. Europäische Kommission 1996, S. 28), ‚Gleichberechtigung' (vgl. Europäische Kommission 1996, S. 36) oder ‚Fortschritt' (vgl. Europäische Kommission 1996, S. 62) ergänzend angeführt.

Im Jahr 2000 erschien das „Memorandum über Lebenslanges Lernen" der Kommission der Europäischen Gemeinschaft. Dieses Dokument „will soziale und kulturelle Zielsetzungen mit wirtschaftlichen Argumenten für lebenslanges Lernen verknüpfen" (Kommission der Europäischen Gemeinschaften 2000, S. 4). Es versteht sich dezidiert als „lebensumspannendes" Konzept des Lernen (Kommission der Europäischen Gemeinschaften 2000, S. 9), das alle Bildungsstufen umfasst und sich durch Kontinuität auszeichnet. Lebenslanges Lernen wird definiert als „jede zielgerichtete Lerntätigkeit, die einer kontinuierlichen Verbesserung von Kenntnissen, Fähigkeiten und Kompetenzen dient" (Kommission der Europäischen Gemeinschaften 2000, S. 3). Das Memorandum verkündet als Antwort auf die gesellschaftlichen Herausforderungen die im folgenden genannten sechs Grundbotschaften als einen strukturierenden Rahmen für eine offene Diskussion über die praktische Umsetzung lebenslangen Lernens (vgl. Kommission der Europäischen Gemeinschaften 2000, S. 4):

- Neue Basisqualifikationen für alle
- Höhere Investitionen in Humanressourcen
- Innovation in den Lehr- und Lernmethoden
- Bewertung des Lernens
- Umdenken in Berufsberatung und Berufsorientierung
- Das Lernen den Lernenden auch räumlich näher bringen

An die Veröffentlichung des Memorandums zum lebenslangen Lernen durch die EU schloss sich ein intensiver Konsultationsprozess in den Mitgliedsstaaten an. Die Rückmeldungen sind in die Mitteilung der EU mit dem Titel „Einen europäischen Raum des Lebenslangen Lernens schaffen" (Europäische Kommisssion 2001) eingeflossen. Darin wird die Definition lebenslangen Lernens wie folgt erweitert:

„Lebenslanges Lernen ist alles Lernen während des gesamten Lebens, das der Verbesserung von Wissen, Qualifikationen und Kompetenzen dient und im Rahmen einer persönlichen, bürgergesellschaftlichen, sozialen bzw. beschäftigungsbezogenen Perspektive erfolgt." Europäische Kommission 2001, S. 9

In den Mitteilungen werden die folgenden Aktionsschwerpunkte beschrieben (vgl. Europäische Kommission 2001, S. 16ff.):

- Bewertung des Lernens
- Information, Beratung und Orientierung
- Zeit und Geld in Lernen investieren
- Lernende und Lernangebote zusammenführen
- Grundqualifikationen
- Innovative Pädagogik

Kurz nach Erscheinen dieser Mitteilung verabschiedete die EU das „Arbeitsprogramm zur Umsetzung der Ziele der Systeme der allgemeinen und beruflichen Bildung in Europa" (vgl. Europäische Kommission 2002), das weitere Eckpunkte der Umsetzung des Konzepts lebenslangen Lernens enthält.

Konzepte der UNESCO

Das entscheidende Dokument der UNESCO zum lebenslangen Lernen aus den 1970er Jahren stellt der sogenannte ‚Faure-Bericht' dar, der 1972 veröffentlicht wurde (1973 in deutsch) (vgl. Faure et al. 1972, Faure u.a. 1973). Die Ergebnisse basieren auf den Arbeiten der Mitglieder der Faure-Kommission. Für die 1990er Jahre hat die ebenfalls von der UNESCO eingerichtete Delors-Kommission besondere Bedeutung. Beide Berichte stellen in ihrer Konzeption von Bildung und Erziehung das lebenslange Lernen ins Zentrum.

Der Faure-Bericht aus den 1970er Jahren geht ebenso wie die Dokumente des Europarates von einem umfassenden gesellschaftlichen Wandel aus, der zu Veränderungen bei den Aufgaben der Erziehung führt, der ein hoher Stellenwert in Bezug auf die gesellschaftlichen Veränderungen zugewiesen wird: ‚education permanente' (lebenslange Erziehung) wird als „Grundstein der Lerngesellschaft" (Faure u.a. 1973, S. 246) angesehen. Die Lerngesellschaft wird im Faure-Bericht dezidiert als weltweit gültiges Konzept angesehen, das das Recht jedes Einzelnen auf die volle Entfaltung der Persönlichkeit beinhaltet. Gleichzeitig stellt es ein Zukunftsprojekt für eine neue Gesellschaft dar, die die Schaffung des „neuen Menschen" (Faure u.a. 1973, S. 218) über Erziehung erreichen will. Die Notwendigkeit eines neuen Erziehungskonzeptes wird durch übergeordnete

Zielvorstellungen wie Demokratie und Fortschritt, „wissenschaftlicher Humanismus" (Faure 1973, S. 211) und Ganzheitlichkeit begründet. Der allgemeine gesellschaftliche Wandel erfordere von den Menschen fortlaufende Veränderungen und damit ständiges Lernen.

Ein weiterer Argumentationsstrang richtet sich auf die Kritik des bestehenden Bildungssystems. Eine Neuorientierung des Bildungssystems solle nicht nur quantitativer Art sein, sondern grundsätzliche qualitative Veränderung beinhalten (vgl. Faure u.a. 1973, S. 31). Auch in diesem frühen Dokument wird bereits dem selbstorganisierten Lernen eine große Rolle zugesprochen (s. dazu auch Kapitel 3.1): „Vielmehr ergreift der Einzelne selber die Initiative, er wählt die Richtung aus, die er einschlagen will, er sucht die Personen aus, deren Hilfe er in Anspruch nehmen will, und er selbst beurteilt den Wert der erzielten Ergebnisse" (Faure u.a. 1973, S. 279). Die Bedeutung vorhandener Bildungsinstitutionen wird innerhalb des Faure-Berichts durch die Forderung nach Anerkennung nicht-institutionalisierter Lernformen relativiert (vgl. Faure u.a. 1973, S. 251). „Das zentrale Anliegen dieses Ansatzes ist, dass nicht der Weg oder der Ort, an dem jemand gelernt hat, ausschlaggebend für die Anerkennung des Lernerfolgs sein sollte, sondern das tatsächlich erreichte Lernergebnis" (Kraus 2001, S. 80). Institutionalisierte und nicht-institutionalisierte Formen des Lernens sollen in der Lerngesellschaft gleichgestellt sein. So wird u.a. vielen verschiedenen gesellschaftlichen Institutionen Erziehungsrelevanz zugesprochen, z.B. den Betrieben, den Gewerkschaften, Berufsverbänden, politischen Parteien sowie Presse, Werbung, Rundfunk und Fernsehen (vgl. Faure u.a. 1973, S. 217, 265). Dabei sollen die klassischen Bildungsinstitutionen nicht abgeschafft werden, sondern sich vielmehr öffnen.

Der für die Diskussion in den 1990er Jahren für die UNESCO zentrale Delors-Bericht von 1996 orientiert sich am Leitbild des mündigen Bürgers in einer demokratischen Gesellschaft des 21. Jahrhunderts. Dabei spielt der Aspekt einer zunehmenden Globalisierung eine zentrale Rolle. Der aktive und kreative Bürger der Zukunft soll zugleich auch „Weltbürger" (Delors 1996, S. 167) sein. Der Bericht greift den zentralen Gegensatz von globaler Orientierung einerseits und lokaler bzw. regionaler Verankerung auf der anderen Seite auf. Das Spannungsverhältnis zwischen beiden Bereichen durchzieht den gesamten Bericht. Mit der Chiffre des „Neuen Humanismus" enthält er eine Kritik an der einseitig ökonomischen Ausrichtung der Diskussion um Globalisierung. Ebenso wie der frühere Bericht der UNESCO weist der Delors-Bericht der Bildung eine zentrale Funktion im Hinblick auf die Entscheidung für eine bestimmte Gesellschaftsform zu. Der Bericht geht von vier Säulen der Bildung als „Herzstück" einer neuen Bildungskonzeption aus:

- Lernen, Wissen zu erwerben (S. 74),
- Lernen zu Handeln (S. 76),
- Lernen, zusammenzuleben (S. 79),
- Lernen für das Leben (S. 81)

Eine dergestalt breit verankerte Bildung soll einen festen Stand in einer unruhigen globalisierten Welt ermöglichen und dem einzelnen Menschen eine sichere Orientierung bieten. Das Konzept des lebenslangen Lernens mit den genannten vier Säulen soll eine „Ausbildung der Zukunftsqualifikationen" (Delors 1996, S. 88) gewährleisten. Als Schlüssel zum 21. Jahrhundert wird das lebenslange Lernen als entscheidend für die Fähigkeit angesehen, sich an die veränderten Anforderungen des Arbeitsmarktes anzupassen, um auch den eigenen Lebensrhythmus zu gestalten. Das Konzept ist auf das Individuum zentriert. Zu den zentralen Inhalten sollen die Beherrschung wissenschaftlicher Methoden, die Lernfähigkeit, die Teamfähigkeit, Risikobereitschaft, Fremd- und Selbstverständnis, Urteilsvermögen und Verantwortungsbewusstsein zählen (vgl. Delors 1996, S. 74 ff.). Der Bericht betont vor allem die Bildung in der Jugendphase und in diesem Zusammenhang die Kooperation von Institutionen mit ihrem sozialen Umfeld. Es soll eine solide Grundbildung in der Jugendphase vermittelt werden. Konkrete Umsetzungsstrategien für das Erlernen Erwachsener stehen eher im Hintergrund.

Konzepte der OECD

Vom Centre for educational research and innovation (CERI) der OECD wurde in den 1970er Jahren der Ansatz der „recurrent education", d.h. Ausbildung und Praxis in periodischen Wechsel entwickelt (vgl. OECD/CERI 1973). Ca. 25 Jahre später veröffentlichte die OECD einen neuerlichen Beitrag zum lebenslangen Lernen unter dem Titel „Lifelong Learning for all" (vgl. OECD 1996).

Im Vergleich zu den eher individualistischen Konzepten der UNESCO betont bereits das erste Dokument der OECD zur „reccurent education" (vgl. OECD/CERI 1973) die enge Verknüpfung zwischen Bildungssystem und Gesellschaftsstruktur. Angesichts der allgemeinen Aufgabenbestimmung der OECD, die sich auf wirtschaftliche Aspekte konzentriert, spielt die Steigerung der Effizienz und Effektivität der Bildungssysteme eine zentrale Rolle, verbunden mit der Sicherstellung eines gleichberechtigten Zugangs aller zur Bildung. Bildungspolitik wird dort als ein Element – und nicht einmal als das Bedeutendste – auf dem Weg zu weiter gesteckten sozialen Zielen begriffen. Die Grundzüge der „reccurent education" werden in acht Grundprinzipien erläutert (vgl. OECD/CERI 1973, S. 28; Kraus 2001, S. 91):

- Die letzten Pflichtschuljahre sollen den Schülern durch ihre Lehrplangestaltung eine Entscheidung zwischen Studium und Berufsarbeit ermöglichen.
- Der Zugang zu einer weiterführenden Ausbildung soll nach Beendigung der Pflichtschulzeit jederzeit möglich sein.
- Bildung und Ausbildung sollen so strukturiert sein, dass sie allen zu jeder Zeit offen stehen.
- Zulassungsbedingungen und Lehrpläne sollen Erfahrungen aus der Arbeitswelt und „soziale Erfahrungen" berücksichtigen.
- Jede Laufbahn soll grundsätzlich intermittierend, also mit Unterbrechungen, angelegt sein.
- Alle beteiligten Interessengruppen sollen an der Gestaltung der Erziehung mitwirken.
- Zeugnisse sollen keinen ‚Endcharakter' haben, sondern Stufen eines lebenslangen Prozesses sein.
- Bildungsurlaub mit entsprechender sozialer und beruflicher Absicherung soll ein gesetzlich verankertes Recht aller Arbeitnehmenden sein.

Das Alternieren zwischen Ausbildung und Praxis ist grundlegend für das Konzept der ‚recurrent education'. Das Konzept der „recurrent education" wird deziiert als Strategie zur Umsetzung des lebenslangen Lernens in der individuellen Biographie eingeführt. Dazu stellt das Prinzip des Alternieren von Bildungsphasen mit anderen Lebensphasen den wichtigsten Ansatzpunkt dar. Ausdrücklich wird dabei die Verschränkung von strukturierten und beiläufigen Lernerfahrungen als Basis des Konzepts formuliert. Dem Einzelnen soll die Chance gegeben werden, eine Bestandsaufnahme seiner Erfahrungen vorzunehmen, diese Erfahrungen in allgemeine Zusammenhänge einzuordnen und sie auf ihre Relevanz für sein Leben hin zu prüfen (vgl. OECD/CERI 1973, S. 13). Innerhalb organisierter Lernkontexte soll die Möglichkeit geschaffen werden, eigene Lernerfahrungen zu reflektieren, zu systematisieren und gegebenenfalls systematisch zu erweitern. Ausbildung und Praxis im periodischen Wechsel wird als umfassende Bildungsstrategie für den gesamten Bereich der auf die Pflichtschul- bzw. Grundbildungsphase folgenden Aus- und Weiterbildung gefasst. Es wird davon ausgegangen, dass die Einführung eines solchen Prinzips radikale Änderungen in den Strukturen des herkömmlichen Bildungswesens erfordert. Das bestehende Bildungssystem wird in diesem Zusammenhang dahingehend kritisiert, dass es die schichtspezifischen Ungleichheiten eher reproduziere (vgl. OECD/CERI 1973, S. 39) und der jüngeren Generation sehr viel mehr Bildungschancen als den älteren einräume (vgl. OECD/CERI 1973, S. 5). Es wird gefordert, die Bildungspolitik in eine umfassende Politik, d.h. in die Wirtschafts- und Arbeitsmarktpolitik, die Gesellschaftspolitik, die Sozialpolitik, die Steuerpolitik sowie die Wohnungs- und Wohlfahrtspolitik einzubetten. Lernen wird als im Leben allgemein verankert betrachtet und Erziehung als die organisierte Aufgabe des Erziehungssystems. Das Motiv des gesellschaftlichen Wandels als Begründung für die Notwendigkeit einer Veränderung des Bildungssystems spielt in diesem Dokument eine eher untergeordnete Rolle. Vielmehr wird die Differenz zwischen den Zielen und Haltungen, für die die Schule steht und denen, die das Kind in seiner Familie und seinem Freundeskreis antrifft, thematisiert. Die Kritik richtet sich auf das bestehende Bildungssystem auf allen Ebenen verbunden mit dem Versprechen, das der Wechsel zwischen Lernen und Arbeiten die Nachteile des gegenwärtigen Erziehungssystems zu beseitigen in der Lage sei und darüber hinaus Ansprüche erfülle, die die Zukunft stellen wird (vgl. OECD/CERI 1973, S. 55).

Das Konzept ist auf die Situation in den OECD-Ländern ausgerichtet und enthält implizit Normalitätsvorstellungen eines Lebenslaufs, der an Erwerbsarbeit orientiert ist. An einigen Stellen (vgl. OECD/CERI 1973, S. 47) wird dieses Leitbild allerdings auch reflektiert, indem daraufhin gewiesen wird, dass der Begriff Arbeitswelt nicht nur „Arbeitsleistungen gegen Entgeld, sondern z.B. auch die ‚Arbeitswelt' der Hausfrau“ einschließe.

1996 hat die OECD die Publikation „Lifelong Learning for all“ (vgl. OECD 1996) herausgegeben. Diese Publikation ist durch einen stark wissenschaftlichen Charakter geprägt, insbesondere durch den Abdruck des umfassenden Background-Reports, der sich auf wissenschaftliche Befunde stützt.

Als wichtigste Prinzipien dieses Dokumentes können die Orientierung an Transparenz, Durchlässigkeit, Zusammenarbeit, Flexibilität und Kohärenz hervorgehoben werden (vgl. Kraus 2001, S. 99). Diese Prinzipien werden auf verschiedenen Ebenen formuliert: Für das Bildungswesen mit seinen Optionen für die Einzelnen, für die politische Entscheidungsfindung und für die Beurteilung von Leistungen soll Transparenz gegeben sein. Das Bildungssystem soll vor allem zur Erwerbsarbeit hin durchlässig sein, d.h. den Menschen einen Wechsel zwischen verschiedenen Bereichen ermöglichen. Sozialpartner sollen bei der Konstitution eines Bildungssystems im Sinne des lebenslangen Lernens zusammenarbeiten, ebenso auf regionaler und lokaler Ebene Lehrende und Lernende innerhalb der Bildungsinstitution sowie mit außerschulischen Institutionen. Das Prinzip der Kohärenz bezieht sich auch auf den Aspekt der sozialen Integration in einer lernenden Gesellschaft, die u.a. mittels des lebenslangen Lernens erreicht werden soll. Trotz einiger Bezugspunkte zu den älteren Konzepten des lebenslangen Lernens und insbesondere des Ansatzes der ‚recurrent education' der OECD aus den 1970er Jahren stellt sich das Konzept neu dar. So wird die

Vorstellung vom Wechsel zwischen Lernen und Arbeiten ersetzt durch die Vorstellung, Lernen auch während der Arbeit vorzusehen, d.h. Lernen und Arbeiten stärker miteinander zu verschränken. Als Begründung dafür wird die Entwicklung zu einer lernenden Gesellschaft angeführt. Das Lernen soll auch die Ausgrenzung von Bevölkerungsgruppen verhindern.

Als die drei fundamentalen Ziele des lebenslangen Lernens werden die persönliche Entwicklung, die soziale Kohäsion und das ökonomische Wachstum hervorgehoben. Im Rahmen dieses Konzeptes soll die Schule die Grundlage für das lebenslange Lernen bieten, wobei „Cross Curriculum-Competencies" (OECD 1996, S. 103) wie z.B. Problemlösefähigkeit, demokratische Werte, Kritik und Kommunikationsfähigkeit an erster Stelle stehen. Insgesamt werden verschiedene kognitive, metakognitive, soziale, kulturelle und praktische Kompetenzen für das lebenslange Lernen als notwendig erachtet. Neben „learning to learn" wird z.B. „learning to think" (OECD 1996, S. 105) ebenso als wichtig angesehen wie die Fähigkeit zum Informationsmanagement (vgl. OECD 1996, S. 105). Daneben sollen auch zentrale gesellschaftliche Werte, bürgerliche Gesinnung sowie allgemeine Kenntnisse über Geschichte, Gesellschaft und Natur vermittelt werden. Allgemeines und beruflich orientiertes Wissen sollen miteinander verbunden werden. Zum Repertoire werden zudem die Kenntnis von zwei Fremdsprachen und allgemeine Lese- und Schreibfertigkeit gezählt. Dabei liegt dem Konzept des lebenslangen Lernens ein erweiterter Begriff von „literacy" zu Grunde. Neben der Fähigkeit zum Lesen, Schreiben und Rechnen sollen technologische und Computer-Kenntnisse und soziale Kenntnisse erworben werden. Als grundlegendes methodisches Prinzip wird auch hier das selbstgesteuerte Lernen benannt. Es wird die grundlegende Bedeutung der Institutionen hervorgehoben, andererseits jedoch ebenso die Bedeutung des nonformalen Lernens und die Notwendigkeit und Anerkennung aller Formen des Lernens.

Rezeption in Deutschland

Im Rahmen der erziehungswissenschaftlichen Diskussion hat sich vorrangig die Disziplin der Weiterbildung des Themas angenommen. Dies resultiert offenbar aus der besondere Affinität des Konzeptes zu einer andragogischen Perspektive auf das Lernen, wenngleich die ursprünglichen Konzepte in der Regel vielmehr eine umfassende Umgestaltung des Bildungssystems im Blick hatten. Die Affinität zwischen der Weiterbildung und dem Konzept des lebenslangen Lernens erklärt sich auch daraus, dass das Lernen in der Kinder- und Jugendphase inzwischen als eine biographische und soziale Selbstverständlichkeit angesehen wird, das zudem in der Schule seinen festen, institutionalisierten Ort hat. Im Gegensatz dazu hat die Forderung nach dem Lernen im Erwachsenenalter erst sei den 1970er

Jahren einen zunehmenden Platz im öffentlichen Diskurs und im Bildungssystem erhalten. Dies betrifft zwar nicht die Faktizität des Lernens im Erwachsenenalter, aber die darauf bezogene bildungspolitische Aufmerksamkeit.

In Bezug auf die bildungspolitischen Aktivitäten ist ein Gutachten von Dohmen (1996) im Auftrag des BMBF hervorzuheben, in dem er das Konzept des lebenslangen Lernens stark in Richtung des selbstgesteuerten Lernens pointiert. Das Bundesministerium für Bildung und Forschung hat 2001 ein Aktionsprogramm „Lebensbegleitenden Lernen für alle" (vgl. Bundesministerium für Bildung und Forschung 2001) verabschiedet und die Bund-Länder-Kommission ein Modellversuchsprogramm zum Lebenslangen Lernen auf den Weg gebracht (vgl. Bund-Länderkommission für Bildungsplanung und Forschungsförderung 2001). Im Anschluss an die Aktivitäten des Forum Bildung, einer vom Bundesministerium für Bildung und Wissenschaft gestarteten bildungspolitischen Initiative, hat die Bund-Länder-Kommission ein Strategiepapier für Lebenslanges Lernen in der Bundesrepublik Deutschland verabschiedet (vgl. Bund-Länderkommission für Bildungsplanung und Forschungsförderung 2004).

Die erziehungswissenschaftliche Diskussion in Deutschland beurteilt das Programm des lebenslangen Lernens durchaus ambivalent: Kade/Seitter (1998, S. 52) interpretieren dieses Konzept als ein multifunktionales, das Ambivalenzen zwischen Emanzipation und Verpflichtung beinhalte. Alheit/Dausien (2002, S. 566) arbeiten die Ambivalenz zwischen der politisch-ökonomischen Verortung des Konzepts im Sinne der Wettbewerbsfähigkeit auf der einen Seite und der Stärkung der biographischen Planungsfreiheit auf der anderen Seite heraus.

Eckpunkte der Ansätze des Lebenslangen Lernens
Gemeinsamkeiten bei den unterschiedlichen Publikationen zum lebenslangen Lernens konzentrieren sich auf die folgenden Aspekte (vgl. zum Folgenden auch Kraus 2001, S. 107ff).

- Als Hintergrund für die Argumentation ist den Dokumenten die Annahme eines allgemeinen gesellschaftlichen Wandels gemeinsam, der als Begründungszusammenhang für lebenslanges Lernen benannt wird.
- Die individuellen Lernprozesse können nicht länger auf die Jugendphase konzentriert werden, sondern sollen über den gesamten Lebenslauf verteilt werden. Dieser Wandel erzeugt einen Handlungsdruck zur Umgestaltung des Bildungsbereichs.
- Auch beim lebenslangen Lernen soll die Grundlage in der Kindheit und Jugend gelegt werden. Diese Aufgabe wird weitgehend der Schule zugewiesen. Zugleich wird eine Öffnung der Institutionen des Bildungswesens, v.a. der Schule gefordert.

- Mit Ausnahme des frühen Konzepts der OECD zur ‚recurrent education' gehen alle Konzeptvarianten von einer Aufhebung der Trennung zwischen Lernen und anderen Tätigkeiten – insbesondere Arbeiten – aus. Diese Einbeziehung informeller Lernkontexte soll zu einer allgemeinen Verbreitung des Lernens im Erwachsenenalter beitragen. Zugleich wird die Verbindung formaler und informeller Lernprozesse betont.
- Übereinstimmend wird das Lernen der Lernens als zentraler Inhalt hervorgehoben, während die konkret definierten Lerninhalte zum Teil erheblich zwischen den Konzepten differieren.
- Als zentrales methodisches Prinzip wird die Selbstorganisation bzw. Selbststeuerung der Lernprozesse hervorgehoben. Dies impliziert Folgen für die Rolle der Lehrenden. Die Perspektive richtet sich stärker auf die Lernenden.

Zwischen den Ansätzen der 70er Jahre und den in den 90er Jahren des letzten Jahrhunderts diskutierten bestehen aber auch Unterschiede: Sie betreffen die Begründung und die Ausgangssituation ebenso wie die pädagogische Konzeptionierung. So lässt sich insbesondere der Akzent auf das Lernen bei den früheren Konzeptionen nicht finden. Hier dominiert noch der Begriff der Erziehung (lifelong education). Sie waren stärker auf Institutionen und curriculare Strukturen orientiert und gingen von einer Gestaltung des Angebots an lebenslanger Lehre aus. Erst später wurde der Erziehungsbegriff durch den Lernbegriff substituiert.

Wenngleich auch schon in den 1970er Jahren der gesellschaftliche Wandel den Bezugspunkt für die Forderung nach lebenslangem Lernen darstellte, so wird in den in der zweiten Hälfte der 90er Jahre des letzten Jahrhunderts vorgelegten Dokumenten in Bezug auf die Begründung Lernen noch unmittelbarer als Faktor der wirtschaftlichen und gesellschaftlichen Entwicklung herausgestellt. Die aktuellen Konzepte sind sich darin einig, dass die Forderung nach lebenslangem Lernen eine Folge und Antwort auf den ökonomischen und gesellschaftlichen Strukturwandel darstellt, der in größerem Maße das Lernen der Menschen erfordert.

Insgesamt ist zu betonen, dass der Ausdruck ‚lebenslanges Lernen' durchaus einen metaphorischen Charakter besitzt (vgl. Kraus 2001, S. 17). Damit wird zugleich ein Problem deutlich: Es ist nicht ganz leicht, diese Metapher zu operationalisieren. Die vordergründige Eindeutigkeit des Begriffs schafft die Illusion der begrifflichen Klarheit, ohne diese tatsächlich einzulösen. So konstatiert de Haan (1993, S. 368), die Funktion von sprachlichen Termini wie lebenslanges Lernen liege gerade darin „Sicherheit zu schaffen, Erwartungen zu regulieren und Handlungen auszudrücken, also Bedürfnissen der Orientierung zu genügen, die sich begrifflich nicht gewinnen lassen". Die Rede vom lebenslangen Lernen suggeriert das implizierte Versprechen, durch lebenslanges Lernen den Risiken der Moderne begegnen zu können und eine Strategie zum Umgang mit Unsicherheit zu besitzen. Lebenslanges Lernen wird so als Allheilmittel für die Risikolagen der gesamtgesellschaftlichen Situation stilisiert. Diese umfassende Funktionalisierung des Konzepts führt zu einer Überhöhung der Erwartungen, die nicht einzulösen sind (vgl. Kraus 2001, S. 12).

Literaturhinweis

Kraus, K. (2001): Lebenslanges Lernen – Karriere einer Leitidee. Bielefeld: W. Bertelsmann Verlag

Die Autorin vergleicht die unterschiedlichen internationalen Konzepte zum lebenslangen Lernen und analysiert zudem (im ersten Teil) deren Rezeption in pädagogischen Fachzeitschriften. Für Studierende gibt insbesondere der zweite Teil des Buches einen guten Überblick über die internationale Diskussion.

Resümee

Als begrifflich-konzeptionelle Bezugspunkte für die berufliche Weiterbildung wurden der Bildungs-, Qualifikations- und Kompetenzansatz dargestellt. Diese Ansätze unterscheiden sich in mehrfacher Hinsicht: Sie sind in unterschiedliche theoretische Kontexte und Begriffsarchitekturen eingebunden. Der aktuelle Kompetenzbegriff hat keinesfalls alle Probleme, die den älteren Begrifflichkeiten wie Bildung oder (Schlüssel-)Qualifikation zugeschrieben werden, gelöst. Die Hauptgefahr besteht darin, dass er diffus verwendet und dabei der jeweilige theoretische Bezug nicht explizit wird. Es ist Arnold (2002, S. 28) zuzustimmen, dass dadurch Missverständnisse und Schattenkämpfe vorprogrammiert sind. Es stellt sich die Frage, ob es sich beim Rekurs auf den Kompetenzbegriff auch ‚nur' um eine neue Begriffsmode handelt. Es ist die Beobachtung nicht von der Hand zu weisen (vgl. Arnold 2002, S. 28), dass dieser Begriff in der zweiten Hälfte der 1990er Jahre systematisch politisch aufgebaut worden ist, z.B. durch die Arbeitsgemeinschaft für Betriebliche Weiterbildungsforschung, die u.a. eine Buchreihe mit dem Titel aufgelegt. So ist der pointierte Hinweis nicht in Abrede zu stellen, dass das Kompetenzkonzept ein Teil eines Sprachspielwettbewerbes ausmacht, der immer wieder neue Modewellen erzeugt (vgl. Geißler/Orthey 2002, S. 69).

Allerdings machen die einleitend im Kapitel 2 erörterten veränderten Rahmenbedingungen der beruflichen Weiterbildung die Verwendung des Kompetenzbegriffs auch in gewisser Weise plausibel. Die veränderte betriebliche und gesellschaftliche Realität mit ihren Unsicherheiten und ihrer hohen Komplexität erfordert ein flexibles Eingehen auf wechselnde Handlungsanforderungen. Dafür scheint der Kompetenzbegriff im Prinzip besser geeignet als der Bildungs-oder der Qualifikationsbegriff.

Das Konzept des lebenslangen Lernens ist vor allem im bildungspolitischen Kontext entwickelt worden. Das Konzept des lebenslangen Lernens ist zwischen einem individuumsbezogenen Verständnis von Lernen und einer auf das Bildungssystem bezogenen Perspektive zu verorten, demzufolge „allen Bürgern auf einer kontinuierlichen Basis qualitativ hochwertige Bildungsangebote zugänglich" gemacht werden sollen (Europäische Kommission 2001, S. 11). Es ist weder im wissenschaftlichen noch im bildungspolitischen Diskurs eindeutig definiert. Es kennzeichnet auf einer allgemeinen Ebene die Diskussion über veränderte individuelle Einstellungen zum Lernen sowie zur Veränderung der Bildungssysteme – orientiert an der Vorstellung der Ausdehnung von Lern- und Bildungsprozessen auf den gesamten Lebenslauf. Die Diskussion um lebenslanges Lernen bezieht sich auf eine Diskussion über Bildungssysteme, wobei in der Regel auch das informelle Lernen eingeschlossen wird. Die Konzepte betonen insbesondere das selbstgesteuerte Lernen. Die Blickrichtungen und Schwerpunktsetzungen divergieren durchaus. Im Vergleich zu der frühen Diskussion in den siebziger Jahren des letzten Jahrhunderts rückt die wieder aufgeflammte Diskussion in den neunziger Jahren stärker den Aspekt der Umsetzung in den Vordergrund. Auch das bildungspolitisch verortete Konzept lebenslangen Lernens impliziert eine Abkehr vom klassischen Bildungsbegriff hin zum Lernbegriff. Damit wird zum einen die Öffnung in Richtung der non-formalen und informellen Lernprozesse signalisiert und zum anderen die propagierte Kontinuität der Lernprozesse über die gesamte Lebensspanne hinweg.

3 Veränderte Lernarrangements/Neue Lernkultur

▼ **Zusammenfassung**

Wie einleitend erwähnt, soll in dieser Publikation nicht der Versuch unternommen werden, einen vollständigen Überblick über alle Aspekte der beruflichen Weiterbildung zu geben. Vielmehr sollen aktuelle Veränderungsprozesse beleuchtet werden. Aus diesem Grund konzentriert sich das folgende Kapitel, dass sich der methodisch-didaktischen Ausgestaltung berufsbezogener Lernprozesse widmet, auf ‚neue' Lernkontexte jenseits von Kursen und Seminaren. Gleichwohl sei einleitend hervorgehoben, dass damit keineswegs ausgesagt werden soll, formalisierte Weiterbildung sei künftig überflüssig (s. dazu auch Kapitel 2.2). Vielmehr besteht die zukünftige Herausforderung in einer intelligenten Verknüpfung formaler und informeller Lernkontexte.

Im ersten Abschnitt dieses Kapitels wird die aktuell viel diskutierte Chiffre der Selbststeuerung von Lernprozessen reflektiert, die in besonderem Maße als Ausdruck einer neuen Lernkultur interpretiert werden kann (Kapitel 3.1). Dazu werden vor dem Hintergrund einer sehr disparaten theoretischen Diskussion drei unterschiedliche konzeptionelle Zugänge ausdifferenziert. Anschließend wird das arbeitsbegleitende Lernen genauer betrachtet (Kapitel 3.2) sowie das Lernen mit neuen Medien (Kapitel 3.3).

3.1 Selbststeuerung von Lernprozessen

Die aktuelle Diskussion um lebenslanges Lernen (s. Kapitel 2.4) geht einher mit der programmatischen Forderung nach der Selbststeuerung von Lernprozessen Erwachsener (vgl. Schiersmann 2004; Schiersmann/Remmele 2002). Die damit verbundene Umorientierung wird vielfach bereits als Paradigmenwechsel beschrieben. Begründet wird die Notwendigkeit der Selbststeuerung von Lernprozessen mit den bereits beschriebenen Veränderungen in der Arbeitswelt, dem beschleunigten gesellschaftlichen Wandel, insbesondere dem raschen Wissensverfall und der Globalisierung. Selbstgesteuertes Lernen kann als eine logische Folge der in Kapitel 2 beschriebenen Megatrends unserer Zeit angesehen werden. Durch die starke Entwicklungsdynamik in den hoch entwickelten Gesellschaften nimmt die Komplexität von Handlungskontexten zu. Wissen und Können müssen daher permanent aktualisiert werden. Der hohe anfallende Lernaufwand ist durch klassisches angeleitetes Lernen nicht zu bewältigen.

Die auf einer allgemeinen Ebene zu beobachtende hohe Übereinstimmung in Bezug auf diese Perspektive verdeckt jedoch, dass im Einzelnen keineswegs immer klar ist, was genau gemeint ist. Die Begriffe selbstgesteuertes, selbstorganisiertes, autonomes, selbstreguliertes, eigenverantwortliches, selbstinitiiertes Lernen, Selbstlernen, self-directed, self-regulated, self-guided learning u.ä. werden häufig synonym gebraucht, teilweise aber auch dezidiert voneinander abgegrenzt. In dieser Publikation wird in der Regel von selbstgesteuertem Lernen gesprochen. Die Begründungen für selbstgesteuertes Lernen verbleiben vielfach auf einer Plausibilitätsebene. Es hat bislang keine theoriebezogene Verständigung über diese Begrifflichkeit stattgefunden. Dazu trägt die Tatsache bei, dass unterschiedliche Wissenschaftsdisziplinen sich mit dieser Frage auseinander setzen. So werden u.a. allgemeinpsychologische Theorien, z. B. Handlungstheorien, Motivationstheorien, Emotionstheorien, Informationsverarbeitungstheorien, Selbstkonzepttheorien sowie differentialpsychologische Theorien, Lerntheorien bis hin zu Gesellschaftsmodellen herangezogen, um Komponenten selbstgesteuerten Lernens und deren Zusammenspiel zu beschreiben (vgl. Friedrich/Mandl 1995, S. 5). Weber (1996, S. 178) geht davon aus, dass das Konzept des selbstgesteuerten Lernens nicht zuletzt deswegen so attraktiv sei, weil es unscharf gefasst ist und je nach Situation und Interessenlage definiert und konkretisiert werden kann.

Gleichwohl lassen sich trotz der Heterogenität der Ansätze die folgenden drei Begründungen und damit verbundenen konzeptionellen Varianten des Konzeptes der Selbststeuerung zumindest analytisch trennen:

- Der Lernprozess als Selbststeuerungsprozess
- Selbststeuerung als pädagogisch-didaktische Dimension
- Selbststeuerung als Selbstmanagement der Lernenden

Diese Varianten markieren zugleich unterschiedliche Perspektiven, und zwar eine lerntheoretische, eine didaktische und eine gesellschaftspolitische. Diese drei Zugänge bzw. Blicke auf die Selbststeuerung werden im Folgenden näher erläutert.

3.1.1 Der Lernprozess als Selbststeuerungsprozess

Eine zentrale Rolle spielt das Konzept der Selbststeuerung im Rahmen konstruktivistischer Lerntheorien (vgl. Friedrich/Mandl 1995; Siebert 2003). Diese Konzeptionalisierung des selbstgesteuerten Lernens kann als psychologischer oder erkenntnistheoretischer Zugriff charakterisiert werden. Sie wird auch durch die neueren Ergebnisse der Hirnforschung unterstützt (vgl. u.a. Spitzer 2002). Dabei wird davon ausgegangen, dass die Lernenden nicht einfach Wissen rezipieren, sondern im Lernprozess ihr Wissen konstruieren, d.h. in ihr Vorwissen einbauen. Die aus konstruktivistischer Sicht betonte Aktivität der Lernenden basiert auf einer mentalen und kognitiven Eigenaktivität. Aus konstruktivistischer

Sicht ist Lernen eine selbstgesteuerte, biografisch geprägte, kognitive und emotionale Tätigkeit.

▼ **Definition**

„Komplexe Lernvorgänge setzen sich aus unterschiedlichen Aktivitäten zusammen: Aus sinnlichen Wahrnehmungen des Sehens, Hörens, Riechens, aus Kognitionen, Emotionen und psychomotorischen Fertigkeiten. Erkennen erfolgt weitgehend autopoietisch, das heißt selbsttätig, und ist keine bloße fotografische Abbildung der Umwelt, sondern das Gehirn ist mit der Umwelt lediglich ‚strukturell gekoppelt'. Erkennend nehmen wir die Welt nicht wahr, wie sie wirklich ist, sondern wir erzeugen in unserem Kopf Wirklichkeiten, die erfolgreiche lebensdienliche Handlungen ermöglichen." Siebert 2003, S. 13

Ein zentraler Schlüsselbegriff des systemisch-konstruktivistischen Paradigmas ist der der Beobachtung. Damit wird unterstrichen, das unsere Wirklichkeit beobachtungsrelativ ist. Beobachten heißt unterscheiden. Dies trägt dazu bei, Komplexität zu reduzieren.

Bei dieser Ausgestaltung des Konzepts der Selbststeuerung stehen Eigenschaften und Verhaltensweisen von Personen als wesentliche Variablen im Vordergrund, die auf ein konstruiertes ‚Idealbild' von den selbstgesteuert Lernenden hinauslaufen: Diese zeichnen sich vor allem dadurch aus, dass sie aktiv sind bezogen auf verschiedene Aspekte des Lernens (vgl. Kraft 1999, S. 836):

- *Lernzielbestimmung und Inhaltsauswahl:* Die Lernenden wählen die Lerninhalte selbst aus und legen ihre Lernziele fest, selbst wenn dies in der Praxis häufig nur eine Entscheidung über die eigenen Reaktionen auf Anstöße, Anforderungen und Angebote von außen ist.
- *Lernkoordination:* Die Lernenden übernehmen die Abstimmung des Lernens mit anderen Tätigkeiten/Anforderungen aus der Berufs- und Lebenswelt.
- *Lernorganisation:* Die Lernenden treffen Entscheidungen über Lernorte, Lernzeitpunkte, Lerntempo, Lernstrategien, Ressourcen, Verteilung und Gliederung des Lernstoffs sowie über Lernpartner.
- *Lern(erfolgs)kontrolle:* Die Lernenden kontrollieren selbst den Fortschritt ihres Lernens und ihren Lernerfolg.
- *Reflexion der Lernsituation:* Die Lernenden sehen, definieren und empfinden sich als selbstständig im Lernprozess.

Die insbesondere mit der zuletzt genannten Dimension einhergehende Selbstreflexivität der Lernprozesse – auch als Lernen des Lernens oder Metakognition bezeichnet – macht den Kern der Neuakzentuierung des Blicks auf Lernprozesse aus. Die Betonung der kognitiven Eigenaktivität der Lernenden beim Wissenserwerb korrespondiert jedoch nicht – wie irrtümlich manchmal dargestellt – mit der Präferenz eines konkreten Lernkontextes, z.B. einer informellen Lernumgebung oder der Benutzung neuer Medien. Lernende können durchaus in einem formalen Lernkontext, beispielsweise einem Vortrag, an dem sie – von außen betrachtet – passiv teilnehmen, Wissen erwerben, das aktiv und konstruktiv verarbeitet, d.h. in das jeweilige Vorwissen eingebaut wird und in neuen komplexen Problemsituationen angewendet werden kann (vgl. Kraft 1999, S. 838). Umgekehrt ist nicht gewährleistet, dass informelle Lernprozesse einer bewussten Selbststeuerung unterliegen.

Die genannten Dimensionen der Selbststeuerung machen deutlich, dass selbstgesteuertes Lernen nicht voraussetzungslos ist. Es erfordert weit reichende Kompetenzen im Hinblick auf die Planung, Gestaltung und insbesondere die Reflexion der Lernprozesse. Diese lassen sich ausdifferenzieren in individuumsbezogene (insbesondere kognitive und motivationale) sowie situative Komponenten (vgl. Friedrich/Mandl 1995):

- Persönlichkeitsfaktoren: Hierzu zählen u.a. Lernmotivation, Vorkenntnisse, Verfügung über Lern- und Problemlösestrategien, Autonomieerleben und Selbstwirksamkeitsüberzeugungen.
- Situative Faktoren: Hierzu zählen Lerninhalte, Verwendungssituationen, situationale und soziale Support-Systeme (Bezugspersonen, mediale Informationsquellen, individuelle Beratungen).

Die Auflistung dieser Voraussetzungen für erfolgreiches selbstgesteuertes Lernen verdeutlicht, dass unterschiedliche Gruppen eine unterschiedliche Nähe bzw. Kompetenz für selbstgesteuertes Lernen aufweisen dürften. Verschiedene Untersuchungen (vgl. Arnold/Lehmann 1998) belegen bereits, dass die Forderung nach selbstgesteuertem Lernen bestehende Bildungsbenachteiligungen eher verschärfen als aufheben dürfte, wenn nicht gezielt Unterstützung und Beratung zur Verfügung gestellt wird. In einer eigenen, für die Erwerbspersonen in Deutschland repräsentativen empirischen Erhebung[1] (vgl. Schiersmann 2006a) wurde diese lerntheoretische bzw. personenbezogene Variante des theoretischen Konstrukts der Selbststeuerung näher analysiert. Dem empirischen Vorgehen lag die Hypothese zugrunde, dass zwischen dem Grad der erlebten Selbststeuerung und den für selbstgesteuertes Lernen mehr oder weniger notwendigen kognitiven Lernkompetenzen ein wechselseitiger Zusammenhang besteht. In Anlehnung an Konrad (2000) lag der Erhebung eine Systematik zu Grunde, welche die für

---

1 S. Näheres zu dieser Erhebung in Kapitel 4.1 unter dem Stichwort ‚Studie zum Weiterbildungsbewusstsein'.

selbstgesteuertes Lernen notwendigen kognitiven und motivationalen Faktoren benennt, die als gegenwärtige Manifestationen der Lern- und Bildungsbiografie verstehbar sind und über das Bild des Selbst und der Umwelt Einfluss auf die Ausprägung des individuellen Handelns nehmen (vgl. Zink 1997). Ob und gegebenenfalls wie die den Einzelnen im Kontext des selbstgesteuerten Lernens eröffneten Möglichkeiten bewusst und damit handlungsrelevant zu werden vermögen, ist letztlich von der inhaltlichen Ausprägung dieser Faktoren bestimmt (vgl. Zink 1997; Konrad 1999).

Dieses Verständnis von Selbststeuerung wurde anhand der Merkmale Selbstkonzept, Motivation und kognitive Steuerung operationalisiert. [2]

Auf der Basis einer Faktorenanalyse wurden die folgenden sieben Items zur Bildung eines Indexes zur Selbststeuerung ausgewählt:

- Ich eigne mir lieber neue Kenntnisse an, als mich mit Dingen zu beschäftigen, die ich schon beherrsche.
- Beim Lernen bin ich in der Regel sehr erfolgreich.
- Einen großen Teil meiner Zeit verbringe ich damit, Neues zu lernen.
- Ich kann eine Vielzahl von Weiterbildungen nachweisen, zu denen mich niemand verpflichtet hat.
- Wenn ich beim Lernen nicht weiterkomme, besorge ich mir so viel Hilfe, wie ich brauche.
- Ich bin beim Lernen auch dann bei der Sache, wenn ich wenig Anerkennung von anderen dafür bekomme.
- Ich verfolge regelmäßig die Fachzeitschriften in meinem Arbeitsgebiet.

Es muss bei der Interpretation der Ergebnisse im Auge behalten werden, dass die Antworten auf die genannten Items nicht ganz frei sein dürften von einer Tendenz zur positiven Selbstattribuierung, denn die Aussage, dass man nicht selbstgesteuert lerne, lässt sich möglicherweise nur schwer in das eigene Selbstbild integrieren. Um so interessanter ist, dass sich – trotz dieser möglichen Tendenz einer zu positiven Selbsteinschätzung – markante Unterschiede zwischen Teilgruppen konstatieren lassen. Als vom Erklärungswert her bedeutend erweisen sich die signifikanten eindimensionalen Effekte Familiale Förderung[3], Berufs-

---

2 Sechs der elf Items, die vorgegeben wurden, um die personenbezogene Dimension der Selbststeuerung zu erfassen, werden im Rahmen eines Leistungsmotivationsinventars eingesetzt, das an Studierenden, Berufstätigen und Berufsschülern erprobt wurde (vgl. Schuler/Prohaska 2001). Sie können als valide und geeicht angesehen werden. Einige eher erwachsenenspezifische Items wurden hinzugefügt (vgl. Näheres zum methodischen Design bei Schiersmann 2006a).
3 Dazu wurden auf der Basis von fünf Items Sozialisationserfahrungen erfasst:
   • Ich habe von meinen Eltern viele Anregungen erhalten.
   • Meine Eltern waren schon immer sehr stolz auf mich.

bildungsniveau und Erwerbsstatus sowie die Interaktion Familiale Förderung mit dem Erwerbsstatuts. Dabei hat die Ausprägung der Familialen Förderung den höchsten Einfluss unter allen geprüften Effekten auf die Ausprägung der Variable Selbststeuerung: Je ausgeprägter die Variable Familiale Förderung, desto höher der Grad der Selbststeuerung. Dieses Ergebnis ist vor allem insofern von Brisanz, als es einmal mehr verdeutlicht, dass die Förderung des selbstgesteuerten Lernens sehr früh beginnt (bzw. beginnen muss) und die Kompensationschancen im Rahmen von Weiterbildung nicht überbewertet werden dürfen.

Den zweiten Rang unter den Einflussgrößen nimmt bei den geprüften Variablen auf die Ausprägung der Selbststeuerung das Niveau der Berufsausbildung ein: Je höher das Berufsbildungsniveau, desto stärker ausgeprägt ist die Selbststeuerung. Dieses Ergebnis zeigt, dass es den (weiterführenden) Schulen offenbar doch – allen PISA-Ergebnissen zum Trotz – gelingt, die Selbststeuerung von Lernprozessen oder das Lernen des Lernens zu fördern.

Ebenso erweist sich die Variable Erwerbsstatus als einflussreich: Bei den Erwerbstätigen ist die Selbststeuerung deutlich ausgeprägter als bei der Gruppe der Erwerbslosen. Dieses Ergebnis lässt sich dahingehend interpretieren, dass die motivationale Komponente und das Selbstkonzept vermutlich durch die Erfahrung von Arbeitslosigkeit erheblich beeinträchtigt werden. Allerdings muss auch in Rechnung gestellt werden, dass die Gruppe der Erwerbslosen sich durch einen durchschnittlich niedrigeren Bildungs- und Ausbildungsabschluss auszeichnet als die der Erwerbstätigen.

Betrachtet man das theoretisch und empirisch bedeutsame Zusammenspiel der Einflussfaktoren Familiale Förderung und Erwerbsstatus (s. Abbildung 3-1), so sind folgende Ergebnisse hervorzuheben: Bei jeder Ausprägung des Grades an Familialer Förderung ist der Selbststeuerungsgrad der Gruppe der Erwerbslosen niedriger als der der Erwerbstätigen. Besonders krass fällt die Differenz bei den Arbeitslosen mit unterdurchschnittlich ausgeprägter Familialer Förderung aus: Der Grad der Selbststeuerung dieser Gruppe liegt extrem unter dem Mittelwert und weist eine besonders große Differenz zu der Gruppe der Erwerbslosen mit überdurchschnittlich ausgeprägter familialer Förderung auf. Hierbei handelt es sich folglich um eine Gruppe, die nur sehr wenige Kompetenzen für die Selbststeuerung ihrer Lernprozesse aufweist und die auf entsprechende Appelle, sich verstärkt selbst um ihre Weiterbildung zu kümmern, kaum reagieren dürfte.

• Bei uns zu Hause wurde viel diskutiert.
• Meine Eltern haben immer darauf geachtet, was ich mache.
• Auf gute Leistungen in der Schule wurde bei uns sehr viel Wert gelegt.

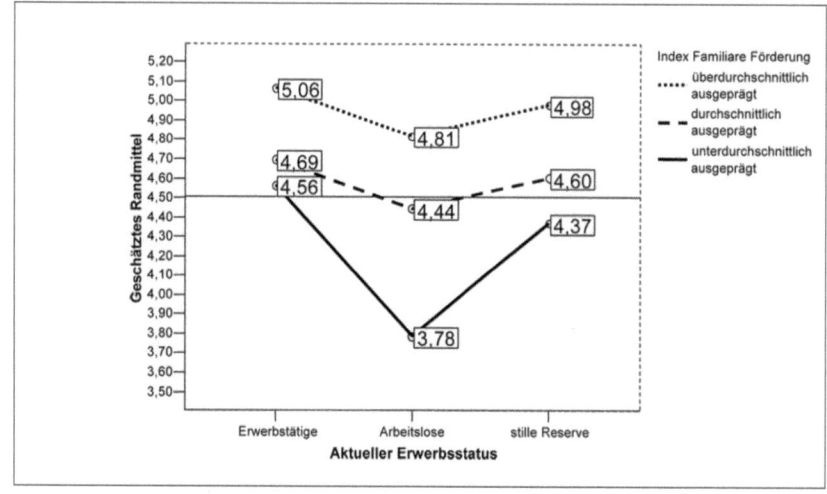

Abbildung 3-1: Interaktion der Variablen Erwerbsstatus und Familiale Förderung in Bezug auf den Selbststeuerungsindex (Quelle: Schiersmann 2006a, S. 21)

Zusammenfassend ist festzuhalten, dass die Variablen Familiale Förderung, Bildungsabschluss, Niveau der Berufsausbildung sowie Erwerbsstatus die Ausprägung der Selbststeuerung im Sinne einer personenbezogenen kognitiven Variable nachhaltig beeinflussen. Diese Ergebnisse belegen auf einer breiten empirischen Basis die Vermutung, dass das Gelingen selbstgesteuerten Lernens an eine Reihe von Voraussetzungen gebunden ist und diese sich in der Bevölkerung recht unterschiedlich verteilen. Die Ergebnisse unterstreichen, dass bei der Ausgestaltung von Weiterbildung auf diese unterschiedlichen Voraussetzungen Bezug genommen und weiter intensiv darüber nachgedacht werden muss, wie die Ausprägung der Selbststeuerung im Erwachsenenalter gestärkt werden kann.

Es liegen nur wenige vergleichbare Ergebnisse zu dieser Untersuchung vor. Die Ergebnisse des Berichtssystems Weiterbildung (vgl. Bundesministerium für Bildung und Forschung 2003, S. 202 ff., s. Näheres dazu in Kapitel 4.1) erlauben einen groben Vergleich. In dieser alle drei Jahre wiederholten bundesweiten Befragung wurde auf Grund der aktuellen Diskussion um die Selbststeuerung von Lernprozessen im Erwachsenenalter im Jahr 2000 erstmals der Themenblock 'Selbstlernen' erhoben. Die gestellte Frage lautete: „Haben Sie sich im letzten Jahr einmal selbst etwas beigebracht, außerhalb von Lehrgängen/Kursen oder Seminaren?" Wenngleich diese Formulierung nicht so stark auf den kognitiven Lernprozess fokussiert wie in der eben diskutierten Untersuchung, sondern eine starke Nähe zum Begriff der informellen Lernkontexte aufweist (s. dazu Kapitel 2.2), so zeigt sich doch eine Parallelität dahingehend, dass auch diese Erhebung deutliche Differenzen bei der Beantwortung der Frage in Bezug auf sozio-demographische Merkmale konstatiert: Personen mit höherem Schulabschluss stimmten der gestellten Frage deutlich häufiger zu als Personen mit niedrigem Schulabschluss (55 % versus 26 %), Personen mit einem Hochschulabschluss häufiger als diejenigen ohne Berufsausbildung (56 % versus 18 %) und Erwerbstätige häufiger als Nichterwerbstätige (43 % versus 30 %).

Auch die an der Universität München durchgeführte Studie zu Weiterbildungsinteressen und Weiterbildungsverhalten, die auf dem Milieuansatz basiert (vgl. Barz/Tippelt 2004), signalisiert vergleichbare Ergebnisse. Wenngleich sich entsprechende Fragen in dieser Untersuchung eher auf das Lernverhalten allgemein und nicht im engeren Sinne auf selbstgesteuertes Lernen beziehen, so kommt doch auch diese Studie zu dem Ergebnis, dass z.B. Befragte mit Hauptschulabschluss häufiger als Personen mit Abitur angeben „beim Lernen einen Anstoß von außen (zu) brauchen" bzw. „ohne Aufmunterung von andern schnell die Lust am Lernen (zu) verlieren".

Für die Zukunft ist hinsichtlich der Auseinandersetzung um die Selbststeuerung als personenbezogene Dimension ein erheblicher Forschungsbedarf anzumelden, um die eher programmatische Diskussion auf solidere Füße zu stellen. In diesem Zusammenhang wird auch die Frage weiter zu vertiefen sein, wie groß der Einfluss die frühen Lernerfahrungen für die Ausprägung der Selbststeuerungskompetenz einzuschätzen ist und welche Möglichkeiten zur Nachsteuerung bzw. Erweiterung dieser Kompetenzen im weiteren Lebenslauf bestehen. Diese Diskussion wird zurzeit durchaus kontrovers geführt. Während einige Vertreter (vgl. Hasselhorn 2000) eher davon ausgehen, dass wesentliche Elemente der Metakompetenz, d.h. der Fähigkeit, das Lernen zu Lernen, bereits in der Kindheit abgeschlossen sind, setzt die Erwachsenenbildung verständlicher Weise auf die kompensatorischen Möglichkeiten in späteren Lebensphasen.

3.1.2 Selbststeuerung als pädagogisch-didaktische Dimension:
Gestaltung von Lernumgebungen zur Förderung der Selbststeuerung
Wenn im Sinne des Konstruktivismus das Bewusstsein ein geschlossenes System darstellt, das nach eigenen Regel neue Impulse verarbeitet, dann entzieht sich der Lernprozess der direkten Steuerung und Kontrolle des Lehrenden. Dies bedeutet gleichwohl nicht, dass die Umgebung keinen Einfluss auf die Lernprozesse nehmen kann. Vielmehr geht es um die aktive Gestaltung der Lernumgebungen.

Die bisher dargestellte Ausgestaltung des Konzepts der Selbststeuerung richtet den Blick auf den kognitiven Prozess der Aneignung von Wissen. Auch die Vertreter der kognitiven bzw. konstruktivistischen Lerntheorien gehen jedoch – mehr oder weniger explizit – davon aus, dass es sich beim Lernen um einen sozialen Prozess handelt, d.h. Lernprozesse in eine bestimmte Situation bzw. Lernumgebung eingebunden sind (vgl. u.a. Friedrich/Mandl 1995). Lernen ist eine selbstgesteuerte, d.h. autopoietische Konstruktion viabler Wirklichkeiten, die aber nicht isoliert, sondern in Kontexten stattfindet. Solche Kontexte können Seminare sein, aber auch informelle Lernkontexte, z.B. der Arbeitsplatz. Eine zweite Variante des Konzepts fragt dementsprechend stärker danach, wie selbstgesteuerte Prozesse durch eine angemessene Gestaltung der Lernumgebung unterstützt werden können. Im Sinne von Knowles (1980), aber auch Friedrich/Mandl (1995) kann selbstgesteuertes Lernen als Prozess beschrieben werden, bei dem die Lernenden – mit oder ohne Hilfe anderer – initiativ werden, um ihre Lernbedürfnisse festzustellen, ihre Lernziele zu formulieren, persönliche und sächliche Ressourcen für das Lernen zu identifizieren, angemessene Lernstrategien zu wählen und zu realisieren und die Lernprozesse zu evaluieren. Damit wird unterstrichen, dass die Selbststeuerung auch von Dritten, d.h. einer geeigneten Lernumgebung unterstützt werden kann, d. h. die Lernenden bei der Realisierung dieser Strategie nicht notwendig auf sich allein gestellt sind. Folglich handelt es sich hierbei um einen im klassischen Sinne pädagogischen Zugang, der sich an dem Ziel der Förderung der Mündigkeit des Menschen orientiert (vgl. Dohmen 1998, S. 65).

Die Ergebnisse der empirische Erhebung, die im vorigen Abschnitt referiert wurden, zeigen deutlich, dass verschiedene Bevölkerungsgruppen in unterschiedlichem Ausmaß auf Lernhilfen angewiesen sind, um ihre Selbststeuerungskompetenz realisieren bzw. optimieren zu können. Damit wird in Bezug auf die Didaktik auf den Perspektivwechsel von einer Vermittlungs- zu einer Aneignungs- bzw. einer Ermöglichungsdidaktik (vgl. Arnold/Schüssler 1998) Bezug genommen. Folglich wird Lehre auch in konstruktivistischem Zusammenhang keineswegs überflüssig. Sie kann eine Rolle spielen als Aufbereitung von Wissen, zur Komplexitätsreduktion und Strukturierung komplexer Zusammenhängen, als Visualisierung und Konkretisierung abstrakter Theorien, als Lernhilfe und Lernanregung (vgl. Siebert 2003, S. 23).

Es wird noch mehr Phantasie dahingehend zu entwickeln sein, wie die Erweiterung einer gering ausgeprägten Selbststeuerungskompetenz, die auf langjährigen biographischen Lernerfahrungen basiert, angeregt werden kann. In diesem Zusammenhang ist auch auf die in den letzten Jahren entwickelten Konzepte einer reflexiven Lernberatung (vgl. Klein/Reutter 2005; Siebert 2001) zu verweisen, die gerade die Selbstreflexivität der Lernprozesse in den Mittelpunkt rücken, d.h. die für die Selbststeuerungskompetenz entscheidende Variable.

Es ist ein qualitativer Unterschied, ob Wissen vermittelt wird – wie teilnehmerorientiert auch immer – oder ob Lehre als Gestaltung von Lernumgebungen und Lernsituationen verstanden wird (vgl. Siebert 2003, S. 20). Es geht darum, solche Lernumwelten aufzubauen bzw. zu inszenieren, in denen Lernen als in sozialen und situativen Kontexten stattfindendes Ko-Konstruieren und Rekonstruieren wahrscheinlicher wird (vgl. Terhart 1999, S. 636).

In diesem Zusammenhang ist auch die veränderte Rolle der Lehrenden von besonderer Bedeutung, deren Aufgabe sich von der Wissensvermittlung im engeren Sinne weg entwickelt hin zur Begleitung, Unterstützung und Beratung im Kontext von Lernprozessen (s. dazu auch Kapitel 6.3).

In diesem Argumentationszusammenhang wird davon ausgegangen, dass die Lernergebnisse besser sind,

- wenn die Lernprozesse aus der eigenen Initiative der Lernenden resultieren,
- wenn sie an die spezifischen Bedeutungskontexte der Teilnehmenden anknüpfen,
- wenn die Lernenden im Mittelpunkt des Lerngeschehens verortet werden,
- wenn sie ihre Vorstellungen und Lernbedürfnisse in den Lernprozess einbringen dürfen,
- wenn sie bei der Ausgestaltung der Inhalte beteiligt sind und diese selbstständig bearbeiten können (vgl. Kraft 1999).

In diesem Kontext wird auch argumentiert, dass das selbstgesteuerte Lernen in besonderem Maße erwachsenengerecht sei, weil Erwachsene das Lernen bereits gelernt haben und über Lernstrategien sowie intrinsische Motivation verfügen. Bei dieser Ausgestaltung des Konzepts selbstgesteuerten Lernens handelt es sich m. E. zu einem erheblichen Teil um ‚alten Wein in neuen Schläuchen‘, denn diese Aspekte werden in der Weiterbildung schon seit langem unter dem Stichwort der Teilnehmer- bzw. Adressatenorientierung diskutiert.

Gerade für diese didaktische Dimension von Selbststeuerung erweist es sich als nicht besonders sinnvoll und hilfreich, von einer Dichotomisierung zwischen Selbststeuerung und Fremdsteuerung auszugehen. Vielversprechender erscheint es, einzelne Merkmale und Dimensionen von Lernarrangements wie Lernziele und Lerninhalte, die Gestaltung des Lernprozesses, die Rolle der Lernenden oder institutionelle Rahmenbedingungen im Hinblick auf ihren jeweiligen Ausprägungsgrad an Selbst- und Fremdsteuerung zu beurteilen.

3.1.3 Selbststeuerung als Selbstmanagement der Lernenden

Eine dritte Ebene der Konzeptualisierung von Selbststeuerung ist eher auf einer bildungs- bzw. gesellschaftspolitischen Ebene angesiedelt. Sie fokussiert das Selbst-Management des Lernens. Die einleitend skizzierte Entwicklung der Betriebs- und Arbeitsorganisation führt zur Auflösung berufstypischer Aufgabenprofile und erhöht die Anforderungen an Flexibilität, Selbstständigkeit, Selbstorganisation sowie an Koordinierungs- und Kommunikationsfähigkeit erheblich. Die gesellschaftlichen und betrieblichen Veränderungsprozesse verlangen von den Erwerbstätigen ein hohes Maß an Flexibilität sowie die Bereitschaft, sich kurzfristig immer wieder weiter zu qualifizieren. Diese permanente Aktualisierung von Qualifikationen lässt sich aber nur in begrenzter Weise durch die traditionellen Formen der Weiterbildung einlösen. Den Individuen wird die Verantwortung für das (erfolgreiche) Lernen aufgebürdet. Es wird – ausgedrückt auch in dem Begriff der ‚employability' (Beschäftigungsfähigkeit) – zur individuellen Aufgabe, sich permanent um die Aktualisierung der eigenen Kompetenzen zu bemühen. Bei dieser Argumentation steht die Überlegung im Vordergrund, dass das Reagieren auf Lernangebote – z. B. durch Vorgesetzte – nicht mehr hinreichend ist, um den Anforderungen des lebenslangen Lernens gerecht zu werden, sondern vielmehr die Internalisierung der Eigeninitiative zur Entscheidung darüber notwendig, welche Lerninhalte in welcher beruflichen Situation erforderlich bzw. hilfreich sind.

Resümee

Festzuhalten ist, dass die Forderung nach Selbststeuerung des Lernens durch die Erwachsenen sich sowohl auf das planmäßig organisierte Lernen in Weiterbildungsinstitutionen als auch auf das informelle Lernen im Lebensvollzug bezieht. Kritisch ist zu reflektieren, inwiefern es sich bei dieser aktuellen Debatte um ein Aufwärmen alter Aspekte handelt. In jedem Falle gibt es viele Vorläufer. Gerade die Tradition der Erwachsenenbildung mit ihrem im Gedankengut der Aufklärung verankerten Selbstverständnis fühlte sich immer dem Ziel verpflichtet, selbstbestimmtes Lernen zu ermöglichen. Heute scheint der Begriff des selbstgesteuerten Lernens, soweit er sich auf die didaktische Ausgestaltung von Lernsituationen bezieht, den in der Erwachsenenbildung lange tradierten der Teilnehmerorientierung abzulösen. Der wirklich neue Aspekt besteht in der Übertragung der Verantwortung für die Weiterbildung an die Individuen. Die individuums- und gesellschaftsbezogenen Konsequenzen dieser Forderung werden genau im Auge zu behalten sein. Es ist davon auszugehen, dass die allseits proklamierte Eigenverantwortlichkeit für die Planung der Lernaktivitäten nicht ohne weiteres für alle Bevölkerungsgruppen vorausgesetzt werden kann. Werden nicht zuvor die dafür erforderlichen Fähigkeiten bei den Bevölkerungsgruppen ausgebaut, deren Selbststeuerungskompetenz gering ausgeprägt ist (s.o.), laufen entsprechende politische Appelle ins Leere bzw. tragen noch dazu bei, die bereits bestehende Segmentierung in der Weiterbildung zwischen den bildungsnahen und den bildungsfernen Gruppen zu verschärfen.

Bildungspolitisch kann diese Idee der Selbstorganisation und Selbstverantwortung des mündigen Bürgers auch dazu dienen, haushaltspolitische Einsparungsambitionen und eine ordnungspolitische Deregulierung zu legitimieren sowie eine Neuordnung der Verantwortlichkeit für die Weiterbildung zwischen Individuen, Wirtschaft, Gesellschaft und öffentlichen Händen umzusetzen. Die Diskussion kann die Tendenz befördern, die für Weiterbildung erforderlichen Ressourcen, insbesondere an Zeit und Geld zu individualisieren (s. dazu auch Kapitel 7). Selbstgesteuertes Lernen – dabei wird insbesondere auch an computerunterstützte Lernformen gedacht – gilt als kostengünstiger als organisierte Lehrveranstaltungen in Institutionen.

3.2   Arbeitsbegleitendes Lernen

▼ **Zusammenfassung**

Unter Rückbezug auf die wachsende Bedeutung des informellen Lernens (s. Kapitel 2.2) ist im Kontext der beruflichen Weiterbildung das arbeitsbegleitende Lernen von besonderer Bedeutung. Wie das informelle Lernen insgesamt, wird es mit den gesellschaftlichen Veränderungen begründet: Der schnelle Wandel einer wissensbasierten Arbeitswelt stellt so hohe Anforderungen an das berufliche Lernen, dass punktuelle Seminare alleine sich als nicht mehr hinreichend erweisen. Auch angesichts der Veränderungen von Arbeitsorganisation und Betriebspolitik, die sich mit dem Begriff der Prozessorientierung charakterisieren lassen (vgl. Baethge/Schiersmann 1998), erscheint es plausibel, auch Lernprozesse stärker prozessbezogen zu gestalten, d.h. sie enger mit Arbeitsprozessen zu verknüpfen. Dabei geht es im Sinne der Darstellung des vorigen Kapitels um informelle Lernprozesse. Bei der Betrachtung von Lernprozessen im Kontext von Erwerbsarbeit handelt es sich um eine Spezifikation des Lernortes, nämlich des Betriebs, an dem informelle Lernprozesse stattfinden – neben anderen Lernorten wie dem privaten (Familie, Freunde, Kinder etc.) oder öffentlichen Bereich (Selbsthilfeinitiativen, Vereine, Parteien etc.).

Nun handelt es sich bei dem Phänomen, dass im Prozess der Arbeit oder in enger Verknüpfung mit dieser auch Lernprozesse stattfinden bzw. gezielt gefördert werden, keineswegs um ein neues (vgl. Baethge/Schiersmann 1998, Kühnlein1999, Büchter 1999). Insbesondere die betriebliche Ausbildung wies mit ihrem Ursprung in der Handwerkerlehre schon immer hohe Anteile des Lernens im Arbeitsprozess auf. Insofern geht es zentral um die Frage, was daran neu ist, und ob sich eine Ausweitung entsprechender Lernprozesse nachweisen lässt.

Nachdem in den 1980er Jahren kurzfristige, arbeitsintegrale Lernprozesse als nicht mehr bedarfsgerecht gedeutet wurden, erleben sie – zumindest in der Fachdiskussion – seit den 1990er Jahren ein wahrhaftes Revival (vgl. Büchter 1999, S. 44 f.). Der Arbeitsplatz wird als geradezu idealer Lernort propagiert. Betriebliche Weiterbildung soll – bezogen auf Aspekte wie Inhalt, Ort und Zeit – immer stärker an die Arbeitssituation heranrücken.

Auffällig ist, dass auch dem arbeitsbegleitenden Lernen – wie dem informellen Lernen insgesamt – in der aktuellen Diskussion häufig eine hohe Wertschätzung ohne explizite Begründung zugewiesen wird. So postuliert Bergmann (2001), Lernen im Arbeitskontext sei nicht in erster Linie darauf angelegt, punktuell einzelne Qualifikationen zu verbessern, sondern solle weit umfassender die Kompetenz der Mitarbeiter erhöhen, ein Begriff, mit dem die höhere Qualität solcher Lernprozesse kenntlich gemacht werden soll.

Weiter ist bei der aktuellen Diskussion zu unterscheiden, ob es sich um Kontexte handelt, die gezielt im Interesse arbeitsnaher Lernprozesse initiiert wurden (z.b. Lernwerkstatt, Lerninsel, s. Näheres dazu weiter unten) oder um die Tatsache, dass die Arbeitsplätze dergestalt verändert wurden, dass sie höhere Lernpotentiale beinhalten. In diesem Kontext stellte in den 1990er Jahren die Einführung von Gruppenarbeit, die wie Projekt- oder Qualitätszirkelarbeit in unterschiedlichem Ausmaß Möglichkeiten zu arbeitsnahen Lernprozessen eröffnen, eine der wichtigsten Maßnahmen im Zuge von strukturinnovativen Dezentralisierungsbestrebungen vieler Unternehmen dar (vgl. hierzu u. a. Dybowski u.a. 1999, S. 175). Die Lernförderlichkeit bezieht sich dabei beispielsweise auf den Problemgehalt der Arbeit sowie auf reale Handlungsspielräume, denn: „Möglichkeiten, selbst zu planen, Varianten zur Lösung der Arbeitsaufgaben zu erproben, Kontrolle auszuüben, insgesamt Verantwortung für die Optimierung der Arbeit und für die Gestaltung humanverträglicher Arbeitsbedingungen zu haben, stimulieren das Lernen" (Trier 1999, S. 56). Durch die neuen Arbeitsformen soll eine bessere Passgenauigkeit von Lernprozessen erreicht werden, und die Lernziele werden bei arbeitsnahen bzw. -integrierten Lernprozessen zur unmittelbaren Bewältigung der Arbeit als nützlich erlebt. Motivationale und kognitive Aspekte spielen somit eine große Rolle (vgl. Bergmann 2000). Bei den tendenziell größeren Freiheitsgraden, der erweiterten Selbstorganisation und der kooperierenden Bewältigung von Problemen im Arbeitsprozess, erleichtert durch den Abbau von Hierarchieebenen, handelt es sich um Gesichtspunkte, die die skizzierten Lernkontexte von den konventionellen arbeitsnahen Lernformen aus hierarchischen Kontexten wie Unterweisung und Einarbeitung, unterscheiden. Übergreifend versprechen sich Betriebe durch arbeitsnahes Lernen und lernförderliche Arbeitsformen eine höhere Arbeits- und Produktqualität bei niedrigeren Produktionskosten. Neu scheint auch die Zielgerichtetheit sowie die bewusste Lenkung und Förderung dieser Maßnahmen zu sein, und eine direkte Orientierung an konkreten Lernbedarfen und damit an einem höheren Lerntransfer. Auch dabei richtet sich die Stoßrichtung der Kritik gegen herkömmliche formale, zumeist angebotsorientierte Weiterbildungskurse und -seminare, bei denen bezweifelt wird, ob sie durch die erforderliche hohe Planungs-, Organisations- und Zeitintensität angesichts des schnellen Wandels betriebliche Mitarbeiter in die Lage versetzen, komplexer werdende Anforderungen im Arbeitsalltag zu bewältigen.

3.2.1 Definitionsansätze

Trotz vieler in empirischen und theoretischen Studien unternommener Versuche, arbeitsplatznahes bzw. -integriertes Lernen systematisch darzustellen, konnte bislang keiner davon erschöpfend und zur Gänze nachvollziehbar die Vielfalt der so bezeichneten Lernprozesse untergliedern. Auch für diesen Teilbereich informellen Lernens bleibt die Schwierigkeit bestehen, zu einer sinnvollen Systematik zu gelangen.

Eine Hauptproblematik besteht darin, die Nähe zum Arbeitsprozess kategorial sauber zu differenzieren. Dehnbostel, der von dezentralem Lernen spricht unterteilt dieses beispielsweise (vgl. Dehnbostel 1998, S. 182) in drei Formen:

- *arbeitsgebundenes Lernen* (Lernort und Arbeitsplatz sind identisch, z. B. Lerninseln und betrieblichen Lernstationen)
- *arbeitsverbundenes Lernen* (räumliche und arbeitsorganisatorische Verbindung zwischen Lernort und Arbeitsplatz, z. B. Technikzentren und Musterausbildungsplätze)
- *arbeitsorientiertes Lernen* (Lernort und Arbeitsplatz sind räumlich und arbeitsorganisatorisch getrennt, z. B. Lernfabriken und Produktionswerkstätten in Bildungseinrichtungen).

Selbst mit Hilfe der angeführten Beispiele, die sich wie in vielen Projekten und Publikationen fast ausschließlich auf den gewerblichen Bereich beziehen und kaufmännische bzw. verwaltende Bereiche außer acht lassen, verschwimmen die Konturen dieser drei Begriffe ineinander.

Die vorliegenden Systematisierungen werfen u.a. die Frage auf, was das Konzept „Arbeitsplatz" überhaupt umfasst: Ist damit der Schreibtisch/die Werkbank gemeint oder auch die jeweilige Abteilung des Mitarbeiters? Was ist mit

Arbeitsplätzen, die sich durch große Mobilität auszeichnen? Ist der Arbeitsplatz der Ort, an dem die meiste Arbeitszeit verbracht wird oder an dem bestimmte Tätigkeiten durchgeführt werden?

Severing versucht mit seiner Darstellung der Dimensionen der Lernprozesse (Lernorte, Lernorganisation, Lernzeiten und Lerninhalte) das Verhältnis von Arbeiten und Lernen sichtbar zu machen (vgl. Severing 1994, S. 26). Abstufungen des Lernorts beispielsweise seien Arbeitsplatz, Umgebung des Arbeitsplatzes, betriebliche Bildungsstätten, überbetriebliche Bildungsstätten bzw. externe Seminare.

Auch die Differenzierung der *Lerninhalte,* die nach Severing (1994) entweder genau den Arbeitsanforderungen entsprechen *oder* auf diese bezogen *oder* lediglich berufs- und nicht arbeitsplatzbezogen *oder* aber völlig von den Arbeits- und Berufsanforderungen getrennt sind, bleibt verschwommen. Wie würde man z.B. mit Inhalten verfahren, die auf mittel- bis langfristige Anforderungen des Arbeitsplatzes vorbereiten anstatt auf unmittelbare? Auch hier kann die Differenzierung des Bezugs zu den Arbeitsanforderungen in Frage gestellt werden, weisen Lernprozesse in Betrieben zumeist doch immer irgendeine inhaltliche Verbindung zum Arbeitsplatz auf.

Eine weitere Schwierigkeit besteht darin, Lernen und Arbeiten systematisch zu trennen. Diese zeigt sich bei der weitgehend unentschiedenen Zuordnung einzelner Formen arbeitsnahen Lernens durch Betriebspraktiker: Qualitätszirkel und auch Einarbeitungsmaßnahmen wurden im Rahmen des Berichtssystems Weiterbildung VII jeweils mit ca. 50 % Zustimmung dem Lernen zugerechnet (vgl. Bundesministerium für Bildung und Forschung 1999, S. 62).

Grünewald u.a. (1998) nennen als Definitionskriterien der formalen Weiterbildung (bei ihnen als „off the job" bezeichnet) unter anderem die „deutliche Unterbrechung des Arbeitsvollzuges" sowie das „Vorhandensein expliziter Lernziele" und eine entsprechende „Planung, Organisiertheit, Systematik", während arbeitsintegriertes Lernen durch „Integration in den Arbeitsvollzug" und die „Erfüllung impliziter Lernziele" gekennzeichnet sei (Grünewald u.a. 1998, S. 90).

Von der ehemals umfassenden Kategorisierung von Personalentwicklungsmaßnahmen „into the job" (z. B. Ausbildungs-, Einführungs- und Traineeprogramme), „on the job" (z. B. Lernen am Arbeitsplatz, qualifikationsfördernde Arbeitsgestaltung, Coaching), „near the job" (Lernstatt, Qualitätszirkel, Projektgruppen, Workshops), „off the job" (z. B. klassische Weiterbildungsseminare) und „out of the job" (z. B. zur Vorbereitung auf den Ruhestand) (Breisig 1997, S. 79-99), die Breisig zufolge in den 1980er Jahren von Conradi (1983) in Deutschland eingeführt wurde, werden größtenteils nur noch – mit in der Regel eigener Schwerpunktsetzung – die Formen „on the job" und „off the job" gebraucht.

Als eine fast schon klassisch zu nennende, überblicksartige Unterscheidung verschiedener Formen der betrieblichen Weiterbildung sei das Schaubild aus der FORCE-Untersuchung angeführt, auf das viele Beiträge von Bildungsfachleuten rekurrieren. Im Sinne der obigen Argumentation ist dabei hilfreich, dass sie bei den arbeitsplatznahen Weiterbildungsformen „konventionelle" und „neue" Formen unterscheiden.

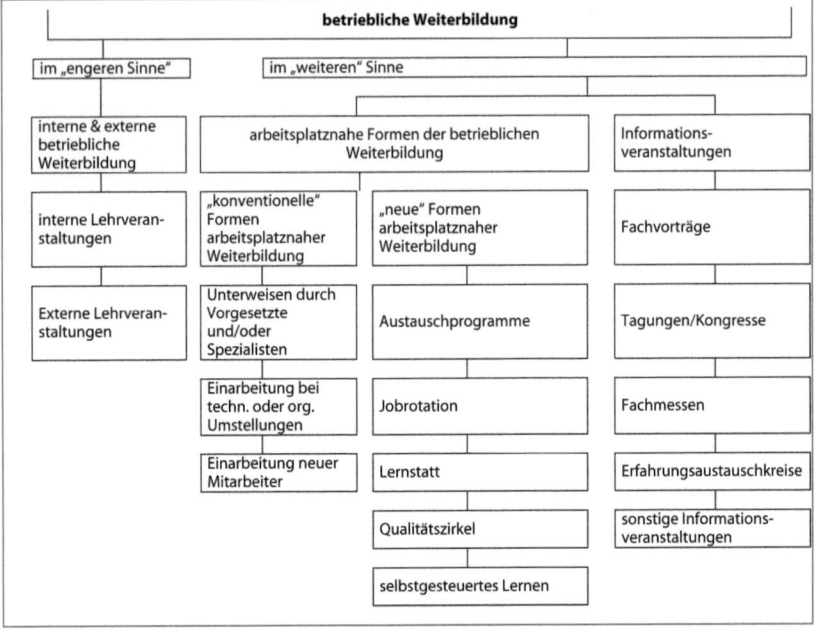

Abbildung 3-2: Arbeitsdefinition der betrieblichen Weiterbildung (Quelle: Grünewald/ Moraal 1996, S. 12)

Grünewald u.a. (1998) haben auf der Grundlage ihrer Ergebnisse zu vorfindbaren „Formen arbeitsintegrierten Lernens" versucht, diese Einteilung weiter zu differenzieren, um die Grenzen und Verbindungen von Arbeiten und Lernen sowie Quer- und Anschlussverbindungen zwischen den einzelnen Formen (durch gestrichelte Linien gekennzeichnet) anhand der folgenden Übersicht aufzuzeigen (Grünewald u.a. 1998, S. 35).

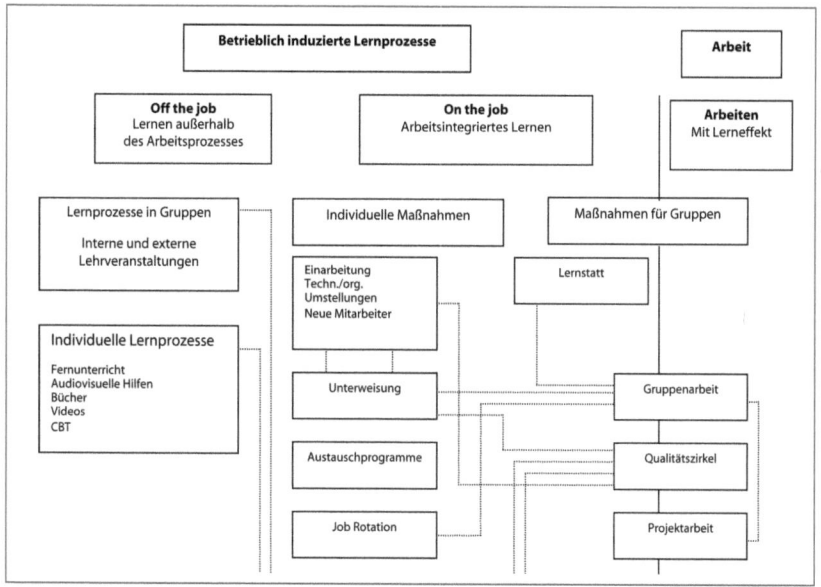

Abbildung 3-3: Neueinteilung der Unterformen arbeitsintegrierten Lernens (Quelle: Grünewald u.a. 1998, S. 35)

Arbeitsintegriertes Lernen (on the job) wird hier als Zwischenform von „off-the-job"-Weiterbildungsmaßnahmen und „Arbeiten mit Lerneffekt" betrachtet, das weiter in individuelle Maßnahmen und solche für Gruppen unterteilt wird. Da es sich um „betrieblich induzierte Lernprozesse" (Grünewald u.a. 1998, S. 35) handelt, sind davon unabhängig stattfindende Lehr- und Lernprozesse wie gegenseitiges Beibringen unter Kollegen nicht erfasst, auch von Lerninseln ist hier beispielsweise nicht die Rede. Zwar weist auch diese Darstellung Schwächen auf, z. B. in Bezug auf eine nicht ganz nachvollziehbare Zuordnung von Job Rotation zu individuellen Maßnahmen oder die generelle Verortung von Lernen mittels audiovisuellen Hilfen außerhalb des Arbeitsplatzes, gerade deshalb bietet sie aber ein gutes Beispiel, um die Schwierigkeit jeglicher Einteilungsraster abschließend zu veranschaulichen.

Im Folgenden wird ein breites Verständnis des Lernens im Kontext von Arbeit zu grunde gelegt, das „in relativer Nähe zum Arbeitsplatz und konkreten Arbeitsgeschehen mit inhaltlich größtmöglichem Praxisbezug realisiert wird" (Döring/Ritter-Mamczek 1998, S. 187). Es wird dafür der Begriff „arbeitsbegleitendes Lernen" gewählt und dabei *arbeitsnahe Lernkontexte*, die explizit als

Lerngelegenheiten gestaltet wurden, von den so genannten *lernförderlichen Arbeitsformen* unterschieden, die ein erhöhtes Maß an Lernmöglichkeiten bieten.

3.2.2 Arbeitsnahe Lernformen

Lernstatt

Die ersten Lernstätten entstanden Anfang der 1970er Jahre bei der Hoechst AG und der BMW AG mit dem Ziel, die fachliche und soziale Kompetenz sowie die sprachliche Qualifizierung und betriebliche Integration von ausländischen Mitarbeitern zu fördern (vgl. Severing 1994, S. 134). Wurden zunächst vor allem untere Qualifikationsebenen und lernungewohnte Mitarbeiter angesprochen, versuchte man im Laufe der Zeit, alle Beschäftigten einer Fachabteilung themenspezifisch zu integrieren. Einige Lernstatt-Konzeptionen gehen von einer temporären Ausrichtung aus, während anderenorts die Kontinuität der Lernstätten als konstitutives Merkmal betont wird. Dem Erfahrungslernen sowie dem Voneinander-Lernen wird jeweils ein hoher Stellenwert eingeräumt (vgl. Severing 1994, S. 129).

Schon die begriffliche Zusammensetzung der Bezeichnung Lernstatt aus „Lernen" und „Werkstatt" verweist auf den doppelten Charakter: Weiterbildung soll in direktem Bezug zu konkreten Arbeitsplatzanforderungen stehen. Als konzeptionelle Kennzeichen von Lernstätten gelten regelmäßige (zumeist von Mitarbeitern) moderierte Treffen, teilweise Prozessbegleitung durch Experten und zentrale Anleitung und Organisation (vgl. Severing 1994, S. 134). Ähnlich wie bei Qualitätszirkeln (siehe dazu weiter unten) liegen wesentliche Ziele in einer höheren Motivation und Qualifikation, einer verbesserten Zusammenarbeit sowie in einer höheren Produktqualität (vgl. Breisig 1990, S. 75). In Einzelfällen lassen sich daher durchaus Konvergenzeffekte zu Qualitätszirkeln aufzeigen (vgl. Antoni 1994, S. 30). Die Unterschiede liegen vor allem in den Ursprüngen der Konzepte begründet.

Die Absicht, Lernstätten auf alle Hierarchiestufen auszudehnen, wurde nicht umgesetzt (vgl. Severing 1994, S. 134). Der Verbreitungsgrad von Lernstätten ist relativ gering: Nach der CVTS I-Erhebung[4] sind sie mit einem Verbreitungsgrad von 2 % die seltenste Form arbeitsplatznaher Weiterbildung dieser Erhebung (vgl. Grünewald/Moraal 1996, S. 90). Der Schwerpunkt liegt dabei bei Großunternehmen aus dem produzierenden Gewerbe (vgl. Grünewald/Moraal 1996, S. 119 f.). Ein Grund für die mangelnde Verbreitung könnte in der immer noch vorherrschenden Orientierung an niedrig Qualifizierten liegen. Lernstattkonzepte gerieten zum Teil auch deshalb in den Hintergrund, weil die Möglichkeit erkannt wurde, diese in Kleingruppen für betriebliche Problemlösungsprozesse zu inte-

---

4 S. Näheres zu dieser Untersuchung in Kapitel 4.1.

grieren: „Entsprechend wurde das Lernstatt-Modell zu einer Form betrieblicher Kleingruppenarbeit weiterentwickelt, in der sich Mitarbeiter wie in Qualitätszirkeln auf freiwilliger Basis zur Bearbeitung selbstgewählter arbeitsbezogener Themen zusammensetzen" (Antoni 1994, S. 30). Der Anwendungsbereich für Lernstatt-Konzepte scheint somit generell eher eingeschränkt zu sein.

Lerninseln

Zur Vorbereitung auf veränderte Arbeitsformen wie Gruppen- oder Qualitätszirkelarbeit wurden weitere neue Lern- und Ausbildungskonzepte installiert. In diesem Kontext wurden ab Beginn der 1990er Jahre so genannte Lerninseln für Auszubildende in den Fertigungsbereichen im Rahmen von Modellprojekten installiert (vgl. Dybowski u.a. 1999, S. 94, 142; Döring 1998, S. 172). Bei Lerninseln wird Dehnbostel (1998, S. 278) zufolge eine ‚Arbeitsinfrastruktur' an eine ‚Lerninfrastruktur' gekoppelt, wodurch Erfahrungslernen mit intentionalen Lernprozessen verknüpft werden soll. Die Auszubildenden, die jeweils ca. einen halben Monat bis mehrere Monate auf der Lerninsel verweilen, bearbeiten in der Gruppe zumeist innerhalb fester Zeitvorgaben eigenständig komplexe Arbeitsaufträge aus Teilen des Werks. Begleitet werden sie dabei durch Fachausbilder, die als Berater und Moderatoren bei Schwierigkeiten zur Seite stehen (vgl. Döring 1998, Dehnbostel 1998). Die Qualifizierungsziele von Lerninseln sind auf die erhöhten Arbeitsanforderungen durch Arbeitsintegration gestützt: „Fach- und Methodenkompetenz, Selbststeuerung und Eigenverantwortlichkeit, Kooperation und Teamarbeit, Qualitätsbewußtsein, ganzheitliches Denken und Gestaltungsfähigkeit, Engagement für kontinuierliche Verbesserung, Verantwortung im Umgang mit Ressourcen" (Derriks 1998, S. 146).

Seit ihrem ersten Auftauchen haben sich Lerninseln in deutschen Betrieben jedoch noch nicht sehr stark verbreitet und sind – wenn überhaupt – eher in der Aus- als in der Weiterbildung anzutreffen: Dehnbostel sprach 1998 von lediglich 50 Unternehmen, in denen Lerninseln implementiert wurden (vgl. Dehnbostel 1998, S. 277). In den fünf untersuchten Unternehmen mit Lerninseln innerhalb des BILSTRAT-Projekts wurden Lehrlinge der Fertigung aufgrund der komplexen Anforderungen hauptsächlich ab der zweiten Ausbildungshälfte dort eingesetzt (vgl. Dybowski u.a. 1999).

Durch die Ausführung „echter" Aufträge wird die Ausbildung an den Wertschöpfungsprozess angebunden, wodurch den Ergebnissen der BILSTRAT-Studie zufolge zum Teil Kostenerleichterungen entstehen (vgl. Dybowski u.a. 1999, S. 155). Weitere günstige Effekte bestehen unter anderem in einer Verbesserung der Ausbildungsqualität sowie in der Förderung der Kooperation zwischen Ausbildung und Betriebseinheiten (vgl. Derriks 1998, S. 146). Als Probleme werden beispielsweise anfängliche Skepsis und geringe Akzeptanz von Betriebsangehörigen oder erhöhter Flächenbedarf wie auch der hohe Zeitbedarf genannt (vgl. Dybowski u.a. 1999, S. 151).

3.2.3 Lernförderliche Arbeitsformen
Gruppenarbeit
Bei der Gruppenarbeit, ursprünglich in den siebziger und achtziger Jahren des letzten Jahrhunderts zur Humanisierung der Arbeit eingeführt, handelt es sich um eine Arbeitsform, die von betrieblichen Praktikern nicht vorrangig mit Lernen in Verbindung gebracht wird (vgl. Grünewald u.a. 1998, S. 36). Diskutiert wird das Konzept vor allem vor dem Hintergrund der industriellen Produktion, obgleich es auch im beratenden und lehrenden wie auch pflegerischen/heilenden Bereich eine große Rolle spielt (vgl. Nordhause-Janz/Pekruhl 2000, S. 56 f.).

Mit Gruppenarbeit ist in der Regel ein breiteres Aufgabenspektrum durch Aufgabenintegration verbunden: Dies umfasst bei produktionsnahen Bereichen Tätigkeiten wie Materialdisposition, Arbeitsplanung, Qualitätssicherung, Instandhaltung, Urlaubsplanung, teilweise sogar Qualifizierungsplanung. Dadurch steigen die Anforderungen an die Gruppenmitglieder; angeführt werden hierzu meistens erweiterte Fachkenntnisse, Prozesskenntnisse über den gesamten Produktionsverlauf einschließlich vor- und nachgelagerter Bereiche, Problemlösefähigkeit, Selbständigkeit, Flexibilität, erhöhte soziale Kompetenzen (Kooperations-, Kommunikations- und Kritikfähigkeit), Fähigkeit zur Selbstreflexion, teilweise auch Marketingkompetenzen und kaufmännische Qualifikationen (vgl. Dybowski u.a. 1999, S. 86). Aufgrund der damit verbundenen Lernprozesse erscheint die Zuordnung von Gruppenarbeit als „Arbeiten mit Lerneffekt" durchaus als gerechtfertigt.

Unter der Bezeichnung Gruppenarbeit existieren mittlerweile eine Vielzahl lernförderlicher Arbeitsformen mit verschiedener Ausprägungen hinsichtlich des Grads an Selbststeuerung, der Arbeitsteilung und der Qualität der Kooperation (vgl. Dybowski u.a. 1999). Je nach Typus fallen auch Mitsprachemöglichkeiten unterschiedlich aus, z.B. im Hinblick darauf, Gruppensprecher selbst zu wählen versus ihrer Ernennung durch Vorgesetzte, so dass eine differenzierte Betrachtung dieses Konzepts erforderlich ist. Basierend auf Ergebnissen der Studie des Instituts Arbeit und Technik des Wissenschaftszentrums Nordrhein-Westfalen waren 1998 insgesamt aber nur 11,8 % der Beschäftigten in Gruppenarbeitsstrukturen tätig (1993: 6,9 %) (vgl. Nordhause-Janz/Pekruhl 2000, S. 42).[5] Da-

---

5   Diese Angabe ist, da bei der vorliegenden Erhebung 56, 6 % der Betriebe unter 50 Beschäftigte hatten, aber vermutlich etwas irreführend, da Gruppenarbeit erst ab einer bestimmten Betriebsgröße installiert werden kann (vgl. Nordhause-Janz/Pekruhl 2000, S. 16).

bei wurden vier verschiedene Arten von Gruppenarbeit eruiert: „Zwangsläufige Gruppenarbeit" (mit einer festgestellten Verbreitung von 3 % im Jahr 1998, 1993: 1,9 %; vgl. Nordhause-Janz/Pekruhl 2000, S. 49ff.) war geprägt durch eine enge Kooperation mit Arbeitskollegen bei geringen Partizipations- und Autonomiemöglichkeiten,[6] typischerweise vorkommend z. B. bei Beschäftigten in der Baubranche oder bei Polizeibeamten (vgl. Nordhause-Janz/Pekruhl 2000, S. 52). Bei der „kontrollierten Gruppenarbeit" (1998: 2,5 %; 1993: 1,3 %) war das Maß an Partizipation und Kooperation hoch, während Autonomiemöglichkeiten eingeschränkt waren (z. B. unter Kundendiensttechnikern und Programmierern). Bei der „teilautonomen" oder „selbstbestimmten Gruppenarbeit" (1998: 3,2 %; 1993: 2,2 %) verfügten die Beschäftigten dagegen über beträchtliche Autonomie und Beteiligung (z.b. Anlagenmonteure und Konstrukteure). Bei der „einflusslosen Gruppenarbeit" (1998: 3 %; 1993: 1,4 %) schließlich wurde nur der begrenzte Rahmen der unmittelbaren Arbeitsorganisation von den Gruppenmitgliedern ohne weitere Autonomie- und Partizipationsmöglichkeiten selbstständig ausgefüllt.

Sind die für Gruppenarbeit erforderlichen Qualifikationen nicht ohnehin schon vorhanden,[7] können sie theoretisch durch die ganze Bandbreite formalisierter Lernprozesse bis hin zu höchst informellen Lernprozessen erworben werden. Die Einführung von Gruppenarbeit wird beispielsweise oft durch Seminare zum Thema Teamtraining, Konfliktmanagement oder Coaching begleitet, teilweise auch ergänzt durch interne Beratungskonzepte (vgl. Dybowski u.a. 1999, S. 106). Als zentrale Lernform haben Dybowski et al. bei Gruppenarbeit gegenseitiges Beibringen, d. h. „interpersoneller Transfer von Know-how" (Dybowski u.a. 1999, S. 190) unter Kollegen ausgemacht. Es dominiert „anwendungsorientiertes Lernen im Vollzug der Arbeit" (Dybowski u.a. 1999, S. 180), oft innerhalb wechselnder Arbeitsplätze, auch über Job Rotation, um die Flexibilität der Mitarbeiter zu erhöhen, neben den bereits erwähnten konventionellen Formen arbeitsnahen Lernens wie Einarbeitung und Unterweisung. Teilweise fungieren auch Gruppensprecher, die zusätzliche Weiterbildungsmaßnahmen absolvieren, als Multiplikatoren, indem sie im „Schneeballeffekt" (Dybowski u.a. 1999, S. 79, 119) ihren Kollegen relevante Inhalte nach absolviertem Seminar oder Kurs

---

6 Die Autoren charakterisieren die Dimension *Kooperation* u. a. durch die „objektbezogene Zusammenarbeit der betrieblichen Akteure" mit ganzheitlichen Arbeitsaufgaben (Nordhause-Janz/ Pekruhl 2000, S. 18), *Partizipation* als Einbeziehung der Beschäftigten an der Gestaltung von Arbeits- und Veränderungsprozessen, während *Autonomie* bei ihnen für die „Abflachung von Hierarchien und die Dezentralisierung betrieblicher Entscheidungen" (Nordhause-Janz/Pekruhl 2000, S. 19) bei weiten Handlungsspielräumen steht.

7 Beispielsweise können dispositive und planerische Aufgaben von vielen Arbeitsgruppen oft ohne zusätzliche Qualifizierung übernommen werden (vgl. Dybowski u.a. 1999, S. 152).

weitergeben, wodurch eine Verknüpfung formeller und eher informellerer Lernformen entsteht.

Die Einführung von Gruppenarbeit ist in den meisten Fällen mit positiven wie auch negativen Begleiterscheinungen verbunden. Als vorteilhafte Auswirkungen wurden in Untersuchungen bereits eine höhere Motivation durch Eigenverantwortlichkeit und größere Gestaltungsmöglichkeiten, bessere Kooperation unter den Mitarbeitern sowie gesteigerte Arbeits- und Produktqualität hervorgehoben (vgl. z. B. Dybowski u.a. 1999, S. 94). Gruppenarbeit eröffnet daneben auch vielfältige Möglichkeiten zu Erfahrungslernen. Als kritisch werden in der Praxis beispielsweise eine zu schnelle Einführung bei ungenügender Begleitung, zu lange Anlaufphasen, Beharrlichkeit konservativer Strukturen, Enttäuschung der Mitarbeiter durch Verschlechterung des Lohn-/Leistungsverhältnisses, mangelnder Einfluss auf benachbarte Bereiche, eine den Erfahrungsaustausch behindernde Konkurrenzsituation zwischen den Arbeitsgruppen, Einbuße der Vorrangstellung einzelner Beschäftigter (z. B. Meister oder Vorarbeiter), Unsicherheit durch Wegfall fester Strukturen, Nicht-Thematisierung zwischenmenschlicher Konflikte und Kommunikationsstrukturen oder Scheinpartizipation erachtet (vgl. Dybowski et al. 1999, Markert 1997). Gerade die zumeist nicht offen zu Tage tretende, sondern eher tabuisierte Rivalität unter Arbeitnehmern ist ein Aspekt, der bei der Analyse von Lernprozessen häufig sogar ganz ausgeblendet wird: „Die positive Konnotation ... kooperativer Lernformen im Betrieb ignoriert, dass Lernen (und Arbeiten) gerade im betrieblichen Kontext immer (auch) unter Konkurrenzbedingungen und innerhalb betrieblicher Hierarchien stattfindet, welche die gemeinsamen Lern- (und Arbeits-) Prozesse doch erheblich beeinflussen" (Kraft 2000, S. 136). In diesem Zusammenhang stellt sich auch die Frage, ob bzw. unter welchen Bedingungen Mitarbeiter bereit sind, ihren vollen Beitrag zur Erlangung von Gruppenzielen zu leisten, kann doch statt des Drucks durch den Vorgesetzten ein Gruppendruck entstehen, dem einzelne Mitarbeiter sich kaum entziehen können.

Nicht alle Mitarbeiter scheinen die für Gruppenarbeitsstrukturen notwendigen Voraussetzungen mitzubringen: Probleme wurden in Verbindung mit angelernten Arbeitskräften sowie bei Arbeitnehmern ohne ausreichende Sprachkenntnisse berichtet (vgl. Dybowski u.a. 1999, S. 115). Auch scheint sich eine Kluft aufzutun zwischen der verordneten Selbstorganisation mit der Übernahme dispositiver Aufgaben und der eingeschränkten Verhandlungsautonomie hinsichtlich Arbeitsmenge, Erreichen von Kennzahlen und Gestaltung der Kontextfaktoren (vgl. Moldaschl 2001). Wenngleich offenbar viele Mitarbeiter mit dieser Arbeitsform gute Erfahrungen gemacht haben, ist mit Moldaschl (2001) zu fragen, ob sich alle Beschäftigten gleichermaßen als den gestiegenen „Ansprüchen an Handlungs- und Verhandlungsfähigkeit gewachsen zu sein" (Moldaschl

2001, S. 137) erweisen. Darüber hinaus lässt die in einigen Betrieben beobachtete Retaylorisierung (beispielsweise im Werk Rastatt von DaimlerChrysler; vgl. Kempe 2000) gehörige Zweifel am Erreichen der mit Gruppenarbeit ursprünglich verbundenen Zielen, Arbeitern mehr Autonomie- und Mitsprachemöglichkeiten zu verleihen, aufkommen.

Als Fazit lässt sich daher festhalten, dass kaum übergreifende Aussagen über die faktischen Lernprozesse gemacht werden können, die im Rahmen von Gruppenarbeit stattfinden, sondern konkrete Aussagen immer nur zu Einzelfällen möglich sind, damit dann vorsichtig nach Parallelen, Unterschieden und verallgemeinerbaren Erfahrungen Ausschau gehalten werden kann.

Projektarbeit (und -methode)

Bei der Projektarbeit werden – anders als bei der Gruppenarbeit – die Mitglieder von Projektgruppen aus ihren Arbeitsprozessen herausgenommen, um tatsächliche oder fiktive Probleme aus der Praxis mittels selbstorganisierter Lernprozesse zu bearbeiten. In der Fachliteratur nicht immer hinreichend unterschieden werden Projektlernen bzw. Projektmethode als betrieblich initiierte arbeitsnahe Lernform im Vergleich zu Projektarbeit als Arbeitsorganisationsform. Projektlernen und die Projektmethode sind vorrangig in der betrieblichen Ausbildung angesiedelt und bezeichnen „in der Regel Lernaufgaben ..., die aus der Berufspraxis entlehnt oder entnommen sind, und die in der Planung und Ausführung von den Lernenden selbständig und in Gruppen bearbeitet werden" (Severing 1994, S. 112 f.). Projektgruppenarbeit firmiert dagegen als „innovatives Gestaltungsmerkmal der Arbeitsorganisation" (Dybowski u.a. 1999, S. 177), sie nimmt ihren Ausgang oft von konkreten Problemen des Arbeitsalltags bzw. bezieht sich auf zeitlich befristete Arbeitsaufträge. Mitglieder von Projektgruppen sind zumeist Vertreter verschiedener Funktionsbereiche oder Abteilungen des Unternehmens (vgl. Dybowski u.a. 1999).

Grünewald u.a. (1998, S. 51) vermuten, dass nur in ca. 5 % der Betriebe in Deutschland „Maßnahmen, die der Projektmethode zuzuordnen sind, im Rahmen ihrer betrieblichen Weiterbildung" angeboten werden. Anzumerken ist wiederum, dass Projektarbeit nur bei Betrieben ab einer bestimmten Mitarbeiterzahl als Arbeitsform möglich ist und das Vorkommen von Projektarbeit in Mittel- und Großbetrieben erheblich über dem in Kleinbetrieben liegen dürfte. In ca. der Hälfte der im Rahmen des QUEM-Projekts „Formen arbeitsintegrierten Lernens" befragten Unternehmen waren Projektgruppen vorhanden oder wurde die Projektmethode angewandt (Grünewald u.a. 1998, S. 51), was für die tatsächliche Verbreitung allerdings insofern keinen Aussagewert besitzt, als die Unternehmen nicht repräsentativ ausgewählt wurden. Nach den Ergebnissen der Untersuchung von Bungard u.a. (1992) war Anfang bzw. Mitte der 1990er Jahre die Projektgruppenarbeit in den von ihnen befragten 100 umsatzstärksten Unternehmen in Deutschland mit 50 % das mit am weitesten verbreitete Konzept der Gruppenarbeit (vgl. Lehnert 1994, S. 291). Dies legt die Vermutung nahe, dass in mittleren und Großbetrieben ihr Stellenwert doch recht bedeutsam ist.

Als Vorteile von Projektgruppenarbeit werden in der Praxis z.B. die interdisziplinäre Zusammenarbeit von Betriebsexperten, die Möglichkeit zu betrieblichen Entscheidungsfindungen bei komplexen Problemlagen und deren dadurch höhere Akzeptanz positiv betont (vgl. Dybowski u.a. 1999, S. 178). Durch Externalisierung impliziten Wissens mittels der gegenseitigen Darlegung individueller Sicht- und Handlungsweisen sollen Wissensdifferenzen bewusst gemacht und korrigiert werden (vgl. Unger 1998, S. 118), was auch eine Voraussetzung für organisationales Lernen darstellt. Dadurch, dass es sich beim Projektlernen bzw. der Projektmethode im Unterschied zur Projektarbeit um „der Arbeitswirklichkeit entsprechende Aufgaben" (Severing 1994, S. 113) handelt, besteht für die Gruppe die Möglichkeit, handlungsorientiert zu lernen, was mit einem hohen Grad an Selbststeuerung verbunden ist, da die Lernprozesse größtenteils eigenständig geplant, durchgeführt und evaluiert werden können (vgl. Trier 1999). Probleme betreffen zumeist die Konstanz von Projektgruppen aufgrund hohen Arbeitsdrucks einerseits und einem Übermaß an Komplexität andererseits, wodurch ein Abgleiten ins Chaos droht (vgl. Böhm 2000, S. 81 f.). Eine systematische Evaluation steht auch in Bezug auf diesen Lernkontext noch aus.

Qualitätszirkel

Qualitätszirkel, auch unter dem Namen KVP (Kontinuierlicher Verbesserungsprozess) oder Kaizen in Unternehmen implementiert (vgl. Antoni 1996, S. 191), entstanden in der Bundesrepublik Ende der 1970er Jahre nach japanischem Vorbild, um die Konkurrenzfähigkeit der westlichen Industrie sicher zu stellen. Zunächst im Produktionsbereich eingeführt, fanden sie zunehmend auch in Vertrieb, Forschung und Entwicklung und in Verwaltungsbereichen Verbreitung. Aufgrund der Heterogenität empirisch vorfindbarer Qualitätszirkelvarianten[8] verzichten die meisten Autoren auf eine explizite Definition und führen stattdessen einige als konstitutiv erachtete, idealtypische Merkmale an (vgl. Antoni 1996, S. 194), wobei als kleinster gemeinsamer Nenner die folgende Beschreibung gilt: In Qualitätszirkeln treffen sich Mitarbeiter zumeist der unteren Hie-

---

8 Zum Teil werden folgende Begriffe synonym verwendet: Qualitätsausschüsse, -(gesprächs)kreise, -gruppen, -kontrollgruppen; Hütten-, Innovations-, Kreativitäts-, Mitarbeiter-, Werkstattzirkel; Aktionsgruppen, Arbeitskreise etc. (vgl. Deppe 1988, S. 173).

rarchieebenen regelmäßig in Kleingruppen auf freiwilliger Basis[9], um Probleme ihres Arbeitsbereichs zu erörtern (vgl. Antoni 1994, S. 30). Je nach Schwerpunktsetzung werden als weitere Merkmale die Moderation der Gruppen oder die Existenz einer Steuergruppe genannt, darüber hinaus werden Angaben zu Teilnehmerzahl, Zyklus oder Dauer gemacht (vgl. Deppe 1988, Severing 1994, Antoni 1996). Diese Variationen bilden innerbetrieblich erwünschte Spielarten ab, um verschiedenen Bedarfen gerecht werden zu können (vgl. Antoni 1996, S. 194).

Den CVTS-Erhebungen zu Folge hat sich der Anteil der Qualitätszirkel zwischen 1993 und 1999 stark erhöht, und zwar von 5 % der Betriebe auf 15 %, die ein solches Angebot machen (vgl. Grünewald u.a. 2003, S. 130).[10] Bei der Untersuchung von Bungard/Antoni/Lehnert der 100 umsatzstärksten Unternehmen in Deutschland lag 1990 der Anteil bei 50 % (vgl. Lehnert 1994, S. 293).

Als positive Effekte der Qualitätszirkel werden eine Reihe von Faktoren ins Feld geführt: erhöhte Mitarbeitermotivation und -zufriedenheit durch die Gewährleistung von Freiräumen, eine verbesserte Arbeitseinstellung und positivere Identifikation mit dem Betrieb sowie direkte und indirekte Lerneffekte, die die Kommunikation und Zusammenarbeit verbessern und zu einer höheren Produkt- und Prozessqualität[11] führen (vgl. Bungard 1991, S. 7 f.; Severing 1994, S. 127 f.).[12] Nicht immer ist dabei ersichtlich, wie diese positiven Bewertungen zustande kommen.[13]

---

9 Freiwilligkeit ist bei der Betrachtung des Gesamtsystems eines Unternehmens keine einfach zu fassende Kategorie, gibt es doch häufig auch Formen verordneter Freiwilligkeit, wo nicht erwartungsgemäßes Verhalten zu negativen Konsequenzen führen kann und somit indirekte Zwänge vorhanden sind.

10 Hierbei gilt zu berücksichtigen, dass diese Befragung die Gesamtkategorie „Qualitätszirkel" abfragt und dabei in Kauf genommen wird, dass möglicherweise heterogene Vorstellungen davon bestehen, was unter Qualitätszirkel verstanden wird.

11 Die vorherrschende Ausrichtung bei Qualitätszirkeln auf die Produktqualität wird als wesentliches Differenzierungsmerkmal zur oben erörterten Lernstatt gesehen (vgl. Breisig 1990, S. 75).

12 Als weitere Vorteile seien beispielhaft genannt: Senkung des Ausschussanteils und der Nacharbeitungszeiten (vgl. Severing 1994, S. 127), Fehlerreduzierung, Montagezeiten, Arbeitsplatzgestaltung, Marketing-Strategie, Verbesserungen bei Qualitätskontrolle, Produktinnovationen, Fehlzeiten, Fluktuation, Verbesserungsvorschläge, Unfallzahlen, horizontale und vertikale Kommunikation, Trainingseffekte.

13 Dies kritisiert auch Bungard (1991, S. 53) in Bezug darauf, ob und welche Wissenschaftskriterien jeweils zugrunde liegen. Auch wird die Beziehung der Faktoren untereinander nicht oder nur selten thematisiert. So kommt Bungard zu dem Vorwurf, dass die „Autoren durchgehend aus den korrelativen Beziehungen vorschnell unzulässige Kausalschlüsse ziehen, obwohl in vielen Fällen auch eine andere Interpretation der Befunde durchaus möglich wäre" (Bungard 1991, S. 54). Dies gründet in vielen Fällen möglicherweise in der fehlenden Neutralität der Autoren. So handelt es sich häufig um die verantwortlichen Promotoren bzw. Sponsoren des Konzepts innerhalb des Unternehmens oder um die mit der Einführung betrauten externen Berater (vgl.

Qualitätszirkel haben offenbar mit Konstanzproblemen zu kämpfen, da anfängliche Euphorie der Teilnehmer in ein kontinuierliches Arbeiten überführt werden muss, sich jedoch „mit zunehmendem Zeitablauf immer mehr ‚Abschlaffungs'- und Routinisierungstendenzen einstellen" (Breisig 1990, S. 93). Schon vor über 15 Jahren vertraten Lawler/Mohrman (1985, zit. nach Breisig) zugespitzt die These, Qualitätszirkel hätten eine „labile Struktur und neigten zur Selbstzerstörung", seien daher „höchstens als Einstieg geeignet und müssten langfristig auf begrenztere Konzepte (z. B. Werkstattzirkel, Projektgruppen) ‚zurückgefahren' oder aber zu festen teilautonomen Arbeitsgruppen weiterentwickelt werden" (Breisig 1990, S. 93).

Offene Widerstände gegen Qualitätszirkel kamen gleich zu Beginn ihrer Einführung von Gewerkschaftsseite (DGB), sah sie diese doch „als Instrument einer Sozialtechnologie, (das) keine echte Mitbestimmung am Arbeitsplatz bedeute und nur die Ausbeutung der intellektuellen Fähigkeiten der Arbeitnehmer mit sich bringe" (Deppe 1988, S. 172). Arbeitnehmer und Betriebsräte betrachteten sie jedoch als Chance, „die gewünschte Mitentscheidung und Mitbestimmung über die eigene Arbeitswelt teilweise zu erhalten" (Deppe 1988, S. 172). Innerbetriebliche Widerstände gegen Qualitätszirkel-Aktivitäten kamen zum Teil aus dem Bereich des mittleren Managements (vgl. Breisig 1990, S. 95 f.). Oft scheinen Meister Schwierigkeiten zu haben, zuvor autoritäre Führungsstile zugunsten kooperativer Kommunikationsformen in Qualitätszirkeln abzulegen. Der von Seiten der Mitarbeiter entstehende Veränderungsdruck im Sinne eines formal freiwilligen „Einlassungszwangs" (Breisig 1990, S. 97) kann ebenfalls zu Widerstand führen. Neben Vorgesetzten erfasst dieser Druck auch Mitarbeiter gleicher Ebene, die sich nicht für eine Zirkelmitarbeit entschließen können: Ein „Insider-Outsider-Verhältnis" (Lawler/Mohrman 1985, S. 36, zit. in Breisig 1990, S. 95 ff.) entsteht, welches zu offener oder versteckter Ablehnung führen kann.

Fasst man die Erfahrungen mit den verschiedenen arbeitsbegleitenden Lernformen zusammen, so ist die Diskrepanz zwischen der Bedeutung, die Formen arbeitsnahen und -integrierten Lernens in der Bildungsdiskussion zugeschrieben wird, und ihrer noch weitgehend geringen zahlenmäßigen Verbreitung auffällig (s. dazu auch Kapitel 4.3). Einzelne Lernformen wie z. B. Lerninseln oder Lern-

---

Bungard 1991, S. 55). Unternehmenspolitik oder persönliche Marketingstrategien können hierbei mit einer objektiven Auswertung konkurrieren. Es besteht die Gefahr, dass Schwierigkeiten, vor allem, wenn es sich um keine Untersuchung von ‚unabhängiger Seite' handelt, nur wenig thematisiert oder aber beschönigt werden.

stätten scheinen im Vergleich zu ihrer praktischen Bedeutung ungebührlich viel Aufmerksamkeit in der Fachdiskussion zu erhalten.

Bei der Bewertung einzelner Maßnahmen ist zu gewichten, ob die Lernprozesse explizit als Weiterbildung intendiert sind, ob sie in den unmittelbaren Arbeitsvollzug eingebettet sind oder außerhalb stattfinden, inwiefern sie durch Personen oder Lehrmedien unterstützt werden und von wem die Initiative dazu basierend auf welchen Motivations- und Interessenlagen ausgeht.

Ein kritischer, noch nicht hinreichend untersuchter Punkt richtet sich auf die Beteiligungsstruktur von Mitarbeitern an einzelnen Lernformen. Mit Diesler/ Nittel (2001) kann angenommen werden, „dass mit dem Abstand von Lern- und Arbeitsort beim organisierten Lernen die Kosten steigen und die Wahrscheinlichkeit höher ist, dass Führungspersonen daran teilnehmen" (Diesler/Nittel 2001, S. 68). Pointiert formuliert könnten die arbeitsbegleitenden Lernkontexte auch als billige Weiterbildungsform für die niedrig qualifizierten Arbeitskräfte angesehen werden, während die Führungskräfte nach wie vor das teure Tagungshotel aufsuchen.

Ein weiterer Aspekt richtet sich auf die Rahmenbedingungen für arbeitsnahe bzw. -integrierte Lernprozesse. Beispielsweise dürften die für elaborierte Lern- und Experimentierungsprozesse notwendigen zeitlichen Freiräume in der Praxis nur in Ausnahmefällen vorhanden sein; ein Begriff wie Muße, die Arnold/Gieseke (1999) für effiziente Lernprozesse als nötig erachten, wirkt im Kontext einer durchrationalisierten und ökonomisierten Arbeitswelt merkwürdig deplaziert.

Die Vorstellung von höherwertiger Arbeit ist immer noch mit der Bewältigung theoretischen Wissens und abstraktem Denken verknüpft, während bei den so genannten einfachen, vielfach manuellen Arbeiten Erfahrungswissen und ‚learning by doing' eine größere Rolle zu spielen scheint (vgl. Böhle 2001). Dies nährt nebenbei die von Böhle (2001) geäußerte Vermutung, dass die Neuentdeckung arbeitsnaher Lernformen nicht zuletzt als „ideologische Legitimation" innerhalb des Gesamtrahmens „eines schicht- und klassenorientierten Bildungssystems" (Böhle 2001, S. 7) dienen soll.

Es ist verstärkt danach zu fragen, wie Arbeitsplätze bzw. -umgebungen beschaffen sein müssen, um Lernprozesse zu unterstützen, und welche hinderlichen und förderlichen Faktoren sich dabei festmachen lassen. Dabei ist darauf zu achten, inwieweit Mitarbeitern echte Partizipationschancen eingeräumt werden und ob in Betrieben wirklich den Beschäftigten in einer dafür notwendigen Kultur der Wertschätzung und des Vertrauens Freiräume zur eigenständigen Gestaltung des Arbeitens und des Lernens eröffnet werden (vgl. Bergmann 1996). Daneben ist zu fragen, in welchem Ausmaß Lernen im Arbeitskontext durch betriebliches Bildungspersonal unterstützt wird und welche neuen Rollenverständnisse und

Aufgabenfelder sich in Bezug auf die erforderliche Umsetzung von dezentralisierten Lernformen ergeben. Findet kaum Unterstützung statt, liegt die Vermutung nahe, dass sich betriebliche Verantwortliche mit der Betonung einiger weniger Vorzeigeprojekte einen innovativen Anstrich verleihen wollen und sich die Selbstorganisation bei arbeitsnahem Lernen lediglich auf den „Rückzug betriebspädagogischer Unterstützung" (Severing 1998, S. 195) bezieht. Nicht nur *ob*, sondern vor allem auch *wie* im einzelnen die stärkere Integration von Lernen und Arbeiten vollzogen wird und wie deren Umsetzung im Betrieb gelingt, lautet daher die Kernfrage.

Arbeitsbegleitendes Lernen in Kontext von lernenden Organisationen
Über den Einsatz der eben geschilderten einzelnen Formen arbeitsbegleitenden Lernens geht eine Strategie in den letzten Jahren auch dahin, arbeitsbegleitendes Lernen stärker in organisationale Veränderungsstrategien einzubauen, insbesondere innerhalb des Konzeptes der lernenden Organisation. Dabei wird davon ausgegangen, dass sich Organisationen angesichts des raschen Wandels und des steigenden Außendrucks permanent verändern müssen und dieser Veränderungsprozess wird als Lernprozess gesehen. Diesen Konzepten liegt zudem die Einschätzung zu Grunde, dass sich die Aktionsfelder Weiterbildung, Personalentwicklung und Organisationsentwicklung nicht mehr systematisch trennen lassen. Bislang sind derartige Vorgehensweise allerdings in erster Linie im Rahmen von Modellprojekten dokumentiert (vgl. Bauer u.a. 2004; Dietzen/Latniak 2004).

Resümee
Nach einer terminologischen Annäherung an den Komplex Lernen im Arbeitskontext wurden unterschiedliche Formen arbeitsbegleitenden Lernens bzw. lernförderlicher Arbeitsformen wie Lernstatt, Lerninsel, Gruppen-, Qualitätszirkel- und Projektgruppenarbeit vorgestellt. Trotz nicht zu vernachlässigender positiver Aspekte des Lernens im Arbeitskontext wie höhere Praxisnähe und Gestaltungsflexibilität, besserer Lerntransfer, stärkere Bedarfsorientierung oder Einsparmöglichkeiten, die bei der Evaluation einzelner Formen zum Teil durchaus nachgewiesen wurden, scheint es angebracht, einzelne Aspekte kritisch zu hinterfragen. Neben dem Ausbau intentional gestalteter Lernformen wird für die zukünftigen Lernprozesse im Arbeitskontext auch ausschlaggebend sein, inwieweit es gelingt, die Arbeitsplätze so zu gestalten, dass sie Lernprozesse anregen (vgl. Baethge/Baethge-Kinsky 2004).

Das Lernen im Arbeitskontext vollzieht sich zudem unter besonderen Anforderungen. Es ist geprägt durch ein Spannungsfeld pädagogischer und betriebswirtschaftlicher Rationalität. Eine Didaktik zur Integration von Arbeiten und Lernen entsteht erst in Ansätzen.

Literatur

Grünewald, U./Moraal, D./Draus, F./Weiß, R./Gnahs, D. (1998): Formen arbeitsintegrierten Lernens – Möglichkeiten und Grenzen der Erfaßbarkeit informeller Formen der betrieblichen Weiterbildung. (QUEM–report. 53). Berlin: QUEM
Diese Publikation reflektiert unterschiedliche Definitionsansätze und Implikationen arbeitsbegleitenden Lernens und enthält vor allem eine Reihe von Fallstudien dazu, die einen konkreten Einblick in die Umsetzung geben.

3.3 Lernen mit neuen Medien (E-Learning)

▼ Zusammenfassung

Unter dem Lernen mit neuen Medien wird die Unterstützung von Lernprozessen durch elektronische Medien beschrieben. Es umfasst computer- bzw. netzgestützte Lernarrangements und wird häufig auch als E-Learning bezeichnet. Als Vorteile des Lernens mit neuen Medien bzw. des E-Learnings werden in der Regel die Orts- und Zeitunabhängigkeit der Lernprozesse sowie die Wahl eines individuellen Lerntempos hervorgehoben. Auch eine vermutete Kostengünstigkeit im Vergleich zu Präsenzveranstaltungen wurde lange Zeit als Argument für die Nutzung von E-Learning benannt. Auch als Unterstützung für selbstgesteuertes Lernen stehen computer- und netzbasierte Lernangebote gegenwärtig im Zentrum der Aufmerksamkeit. Als Ausgangspunkt der folgenden Überlegungen ist zu konstatieren, dass die noch vor wenigen Jahren vorherrschende Euphorie hinsichtlich der Potentiale und positiven Wirkungen des E-Learning einer wesentlich nüchterneren Betrachtung und Bewertung gewichen ist. Gleichwohl ist davon auszugehen, dass der Einsatz der neuen Medien Lernkontexte mittelfristig insbesondere im Sinne des blended learning, d.h. der Verknüpfung von E-learning-Anteilen mit Präsenzphasen nachhaltig verändern wird.

3.3.1 Definition und Einsatzmöglichkeiten

Der Begriff E-Learning stellt einen Sammelbegriff für die Unterstützung von Lernprozessen durch elektronische Medien dar, die häufig auch als ‚neue' Medien oder Informations- und Kommunikationstechnologien bezeichnet werden. Das, was mit dem Begriff des ‚E-Learning' gefasst wird, wird von den einzelnen Autoren sehr unterschiedlich definiert. Döring (2002, S. 247) definiert E-Learning als Lernprozesse, die sich hinsichtlich medialer Realisation ganz oder teilweise auf das Internet bzw. andere Computernetzwerke wie Online-Dienste oder Intranets stützen. Bei dieser Definition steht der Zugang zu einem elektronischen Netz im Vordergrund. Breitere Definitionen beziehen den Begriff sowohl auf den Einsatz einzelner Computer als auch netzbasierter Lernkontexte. So bezeichnen z.B. Dichanz/Ernst (2002, S. 48) als E-Learning solche Lernprozesse, die in Lernumgebungen stattfinden, die mit Hilfe elektronischer Medien gestaltet werden. Im Folgenden werden darunter computer- bzw. netzgestützte Lernarrangements sowie Strategien des Einsatzes elektronischer Medien zur Planung, Organisation und Evaluation von Lernprozessen gefasst. Der zuletzt genannte Aspekte wird vielfach nicht explizit benannt.

Bei den computergestützten Lernkontexten, die zu Beginn der Diskussion um das Lernen mit neuen Medien im Vordergrund standen, spielen computer based trainings (CBT) eine zentrale Rolle. In der Regel finden sich die Lernprogramme dann auf einer CD. Hieraus sind die web based trainings entstanden (WBT).

Entwickelt werden darüber hinaus kollektive Formen des Computer-Supported Cooperative/Collaborative Learnings (CSCL) zur zeitgleichen bzw. zeitversetzten Team- und Community-Unterstützung, z. B. Plattformen, die als Kommunikations-, Wissens- und Informationssysteme dienen, in denen Mitarbeiter Wissen und Erfahrungen austauschen können. Anzutreffen sind in vielen Firmen bereits Intranet-Plattformen, die als Wissensbasen mit Hilfe von Wissens- und Skill-Datenbanken, aber auch zur Unterstützung der Kommunikationsstrukturen dienen. Unternehmensinterne Newsgroups scheinen z. B. in der Hard- und Softwareindustrie bereits recht gut zu funktionieren (vgl. Köhler 1998, S. 344), beispielsweise um sich gegenseitig über Probleme zu verständigen oder nützliche Hinweise auszutauschen. Individuelles Expertenwissen kann dadurch allen davon betroffenen Mitarbeitern zur Verfügung gestellt werden.

E-Learning kann individuell gestaltet werden. Es ist aber auch in unterschiedliche organisationale Kontexte eingebettet (vgl. Kerres/Gorhan 1998), etwa in mit entsprechendem Equipment ausgestattete Selbstlernzentren in Unternehmen, in dezentral organisierte Bereiche in der Nähe der Arbeitsplätze (teils auch als Lerninseln bezeichnet), in Konzepte wie Tele-Teaching, z. B. mittels Videoschaltung, Telelernen oder betreutes Teletutoring. Soweit das Lernen mit neuen Medien im Betrieb angesiedelt ist, handelt es sich um eine spezifische Form des arbeitsbegleitenden Lernens. Die Bandbreite der Einsatzmöglichkeiten scheint unerschöpflich und auf den ersten Blick auch universale Lösungen für jegliche Lernbedürfnisse und -bedarfe zu ermöglichen. Sie reicht von einfachen integrierten Hilfs- und Nachschlagefunktionen einzelner Anwendungsprogramme über spezielle Lernsoftware, Wissenserschließung via Internet, Intranet oder Datenbanken, Newsgroups und Kommunikationsformen bis hin zu Telelernen mit tutorieller Unterstützung (vgl. Reglin 2000a, S. 40). In Bezug auf die organisationale Einbettung lassen sich die folgenden Szenarien unterscheiden:

Selbstlernzentren

Hierbei handelt es sich um Zentren, ähnlich Klassenräumen, die mit Mediensystemen für die Bearbeitung digitaler Lehr-Lernmedien ausgestattet sind. In diesem Fall sucht man einen speziellen Ort auf, an dem zu einem bestimmten Zeitpunkt Lernen stattfindet. Der Zugang zu diesen Programmen lässt sich auch durch Ausleihe aus einer Mediothek organisieren. Dazu muss eine genügend große Auswahl an Lernangeboten vorhanden sein, die professionelle innerbetriebliche Vermarktung des Bildungsangebots gewährleistet sein und die innerbetriebliche Akzeptanz und die Unterstützung der Arbeit des Selbstlernzentrums einschließlich präzise Vereinbarungen, die den Besuch und die Verrechnung des Lernverhaltens regeln.

Beispielsweise hat die Volkswagen AG 1992 ein solches Selbstlernzentrum eingerichtet, in dem Mitarbeiter während und außerhalb ihrer Arbeitszeit kostenfrei Lernprogramme zu den Themen EDV, Betriebswirtschaft, Sprachen, Technik (z.b. Hydraulik, Pneumatik) sowie zu allgemeinen Themen (z.b. Zeitmanagement oder Lernmethodik) bearbeiten können. Insgesamt standen den Beschäftigten Mitte der 1990er Jahre des letzten Jahrhunderts ca. 110 Programme – überwiegend Standardprogramme – zur Verfügung. In Zukunft sollen die Mitarbeiter auch die Möglichkeit erhalten, auf einzelne Programme von zu Hause aus zuzugreifen (vgl. Hartge u.a 1996).

Aktuell erscheinen Selbstlernzentren nicht nur aus pädagogischen Erwägungen, sondern auch aus Kostengründen zunehmend weniger attraktiv, weil dafür nicht geringe räumliche, sachliche und personelle Ressourcen vorzuhalten sind. Die Auslastung der Ressourcen und der spontane Zugang stellen sich als Problem dar und Intranets erlauben einen direkten Zugriff vom Arbeitsplatz.

Dezentral organisierte Lernangebote

Dezentral organisierte Lernangebote bieten Lerninseln, die in räumlicher Nähe des Arbeitsplatzes – jedoch abgeschirmt – eingerichtet werden. Der Betrieb einer solchen Lerninsel ist weniger verwaltungsintensiv als der eines Selbstlernzentrums und kann flexibler, z.B. in Zeiten geringeren Arbeitsanfalls, genutzt werden. Durch die zunehmende Vernetzung von Rechnern am Arbeitsplatz wird der Betrieb zudem vereinfacht. Lernende können sich bei einem Server anmelden und die von ihnen gewünschten Anwendungen abrufen. Dennoch ist auch bei dieser Lösung der Serviceaufwand nicht zu unterschätzen. Ebenso ist eine zentrale Betreuung sowohl für technische als auch für inhaltliche Fragen erforderlich, um den Erfolg dieses Lernarrangements sicherzustellen.

Der Vorteil dieses Settings besteht darin, dass die Kommunikation vor Ort und damit der Austausch der Lernenden mit Kollegen wahrscheinlicher wird als in einem entfernten Selbstlernzentrum. Nachteilig wirken sich demgegenüber die Ablenkung durch Kollegen, Kunden oder Telefonate aus, die eine konzentrierte Bearbeitung der Lernaufgaben beeinträchtigen können.

Gerade für kleinere und mittelständische Unternehmen wird die Einrichtung einer solchen dezentralen Organisation durch strategische Partnerschaften zwischen Betrieben und CBT-Entwicklungsfirmen erleichtert. So hat z.B. die Robert-Bosch GmbH kein Selbstlernzentrum errichtet, sondern wickelt einen Teil ihrer Weiterbildung über derartige CBT-Partnerschaften ab. Sie greift dabei nach wie vor auf eine zentrale Aus- und Weiterbildungsstelle als koordinierende und qualitätssichernde Instanz zurück. Von einer Bildungsbedarfserfassung ausgehend wird der CBT-Markt geprüft und den Firmen der für gut befundenen Produkte ein Partnervertrag angeboten. Dieser beinhaltet den exklusiven Zugang der jeweiligen Anbieterfirma zum unternehmensinternen Weiterbildungsmarkt in diesem Themensegment, fordert dafür aber besonders günstige Preise. So wurden z.B. bei der Robert-Bosch GmbH innerhalb von zwei Jahren über 20 000 CBTs für 5800 Mitarbeitern bestellt. 70 % davon wurden in der Freizeit bearbeitet. Seit Anfang 1996 wird dieses Konzept schrittweise um telemediale Komponenten erweitert. Das Ziel besteht darin, die Mitarbeiter durch ein transparentes Angebot dazu anzuregen, sich verstärkt sowohl am Arbeitsplatz als auch in der Freizeit zu qualifizieren.

Tele-Teaching

Bei Tele-Teaching handelt es sich um eine zeitgleiche (synchrone) Kommunikation zwischen räumlich entfernten Lehrenden und Lernenden. Dabei steht die Wissensvermittlung durch Dozierende im Vordergrund, während die Lernenden in erster Linie rezipierend am Lernprozess beteiligt sind. Sie haben allerdings die Möglichkeit, mit dem Dozierenden oder untereinander zu kommunizieren. Typische Anwendungsbeispiele sind die Übertragung einer Vorlesung, eines Vortrags oder einer Präsentation aus einer Hochschule oder zwischen verschiedenen Standorten eines Unternehmens oder einer Weiterbildungseinrichtung (vgl. Kerres/Gorhan 1998, S. 149).

Ein Beispiel für das Szenario des Tele-teaching stellt das AKUBIS (Automobilkundenorientiertes Breitband-Informationssystem) der Mercedes Benz AG dar. Es ist TV-Magazinen vergleichbar, in denen ein Moderator den Zuschauern sachliche Informationen vermittelt. Darüber hinaus können die Zuschauer Fragen an den Moderator stellen. Dadurch wird AKUBIS zum interaktiven Fernsehen. Mit Hilfe dieses Arrangements wird ein großer Teil der Schulungssendungen zu den Bereichen Technik, Verkauf und Marketing bei der Mercedes Benz AG durchgeführt.

Das Potential einer solchen standortübergreifenden direktiven Kommunikation reduziert sich Kerres/Gorhan (1998, S. 150) zufolge häufig auf eine einseitige Kommunikation von Seiten der Lehrenden zu entfernten Zuhörern bzw. Zuschauern (Broadcasting). Ist keine wechselseitige Kommunikation möglich bzw. in der Praxis nicht realisierbar, so stellt sich der hohe Aufwand für die Einrichtung und Durchführung eines solchen Szenarios als fragwürdig dar. Alternativen (z.b. der Versand von Video-Kassetten oder CDs) könnten den gleichen Zweck erfüllen. Aus diesen Gründen (sowie der hohen Telekommunikationskosten), hat sich das Lernszenario des Tele-Teaching – auch in der betrieblichen Weiterbildung – bislang nicht in größerem Umfang durchgesetzt.

Offenes Tele-Lernen

Das offene Tele-Lernen (open distance learning) in Netzen basiert auf Lernmaterialien, die (gegen Gebühr oder kostenfrei) für den individuellen Abruf (am Arbeitsplatz oder in der Freizeit) auf Servern hinterlegt werden. Als offen kann das Angebot insofern charakterisiert werden, als die Person je nach ihren zeitlichen und inhaltlichen Interessen auf dieses Angebot zugreifen kann. Sie definiert damit selbständig Lehrinhalte und -ziele, Lernwege und -zeiten. Die in diesem Rahmen angebotenen Inhalte beziehen sich in der Regel auf fest umrissene, knappe und möglichst modular aufgebaute Lerninhalte (statt ganzer Lehrgänge), die in strukturierten, gegebenenfalls multimedial aufbereiteten Lern- und Informationsdatenbanken im Netz vorgehalten werden.

Eine Kommunikation zwischen Lehrenden und Tutoren ist hierbei per elektronischer Post möglich, findet in der Praxis aber eher selten statt. Der Flexibilität des Abrufs der Lernmaterialien steht der Nachteil gegenüber, dass eine mögliche Kommunikation nicht systematisch geplant und nicht auf bestimmte Lehr-Lernziele ausgerichtet ist und damit eher unwahrscheinlich bleibt. Dieses Arrangement wird zur Zeit vielfach erprobt, zumal es mit weltweit großen Umsatzerwartungen verknüpft wird. Beispielsweise stellt die Deutsche Telekom AG ab Winter 1998 mit dem Angebot „Global learning" einen Dienst zur Verfügung, mit dem sich der Abruf solcher offenen Lernangebote über das Netz abrechnen lässt.

Betreutes Tele-Lernen

Beim Teletutoring handelt es sich um ein betreutes Fernstudium unter Nutzung von Werkzeugen der Telekommunikation (vgl. Kerres 1997). Auf der Basis unterschiedlicher Medien (Print, CD, Video etc) setzt sich der Lernende mit den Inhalten auseinander und wird bei der Bearbeitung von Tutoren per e-mail betreut. Bei einer Ausweitung dieses Konzepts zum kooperativen Lernen wird das

Lernen in kleinen Gruppen (4 bis 8 Personen) organisiert, die über das Netz an entfernten Orten gemeinsam Lernaufgaben bearbeiten.

Dieses Szenario erfordert jedoch eine umfassende Organisation der Lernaktivitäten. Es akzentuiert kommunikative Aktivitäten und eignet sich damit für Lerninhalte und umfangreichere Kursprogramme, die einer stärkeren Betreuung und diskursiven Auseinandersetzung, auch in Lerngruppen, bedürfen (vgl. Kerres/Gorhan 1998).

Die Einführung mediengestützter Lehr-/Lernverfahren in der Weiterbildung erhöht die Flexibilität didaktisch-methodischer Arrangements, stellt aber auch zunehmende Anforderungen an das Bildungsmanagement und verstärkt die Bedeutung von Bildungsberatung, Förderung und Kontrolle individueller und kooperativer Lernaktivitäten und macht die Schaffung einer lernförderlichen Unternehmenskultur im Sinne einer lernenden Organisation notwendig. Der Zusammenhang zwischen Medieneinsatz und organisatorischen (Rahmen-)Bedingungen des Lernens wird in der Praxis betrieblicher Weiterbildung bislang wenig reflektiert (vgl. Iller/Kamrad 2003).

3.3.2 Didaktische Überlegungen

Bislang stand bei der Entwicklung von E-Learning-Angeboten die Technik im Mittelpunkt. Sie ist inzwischen weitgehend ausgereift. In der Weiterbildungsszene kursieren bereits Sprüche wie „entwickelt nicht die 185. Lernplattform, davon gibt es bereits genug, kümmert euch um die didaktischen Konzepte".

Allerdings ist umstritten, ob das Lernen mit neuen Medien eine neue Didaktik erfordert. So geht z.B. Baumgartner (2003) davon aus, dass die vorliegenden Didaktikansätze auch ihre Relevanz für das Lernen mit neuen Medien besitzen. Er sieht daher keinen Bedarf für grundsätzliche Neuerungen. Demgegenüber plädiert Severing (2003) für eine eigene Didaktik des E-Learning und bezieht sich dabei vorrangig auf die betriebliche Weiterbildung. Er argumentiert, dass das E-Learning neue Fragen an die herkömmliche Unterrichtsdidaktik stelle. Dazu gehören für ihn die folgenden Fragen:

- In welcher Lernumgebung soll E-Learning zum Einsatz kommen?
- Wie müssen Probleme des Lernens am Arbeitsplatz behandelt werden?
- Wie soll der Medieneinsatz gestaltet werden?

Severing (2003, S. 27ff.) stellt zur Didaktik des E-learning vier zentrale Leitlinien auf:

- „E-learning sollte problemorientiertes Lernen ermöglichen
    - Didaktischer Vorschlag: Problem- und transferorientierter, modularer Aufbau von Lernprogrammen

- E-learning sollte den Dialog zwischen den Lernenden über das Medium fördern
  - Didaktische Vorschläge: Interaktive Lernprogramme mit kommunikativen Schnittstellen sowie betriebliche Experten als Teletutoren
- E-learning sollte adaptiv sein
  - Didaktischer Vorschlag: Einfache Adaptierbarkeit von Lernmedien, z.B. leichte Aufnahme von betrieblichen Echtdaten in das Programm
- Lernprogramme sollten auf dem eigenen Betriebscomputer laufen, damit Lern- und Arbeitsprozesse verschmelzen
  - Didaktischer Vorschlag: Lernprogramme sollten Echtdaten aus dem Betrieb übernehmen können."

Es lassen sich in Bezug auf die zu Grunde liegenden Lerntheorien drei grundsätzliche Varianten zur didaktischen Strukturierung multi- und telemedialer Lernangebote benennen (vgl. Kerres/Gorhan 1998, S. 146):

1. Der klassischen Variante liegen Instruktionsansätze zu Grunde, die zum Teil auf behavioristischen Lehr-Lerntheorien basieren. Es handelt sich um eine lineare Form der Präsentation der Lehrinhalte.
2. Explorative Ansätze verzichten weitgehend auf die Vorgabe von Lernwegen. Die Lernenden können einen individuellen Weg wählen, wenngleich das Medium die Lerninhalte logisch angemessen strukturieren soll. Hierbei handelt es sich Hypertext/Hyper Media, Computersimulation und virtuelle Handlungswelten. Diese Konzepte basieren auf kognitiven bzw. konstruktivistisch-systemische Lerntheorien.
3. Als weiterer Ansatz hat sich die Nutzung der Medien als Werkzeug etabliert. Hierbei werden die Medien zur Erzeugung, Bearbeitung, Speicherung, Publikation und Distribution von Medien in der Hand von Lernenden genutzt. Im Mittelpunkt steht hier die Konstruktion anstelle der Rezeption von Wissen, sei es durch Text-, Bild- oder Tonbearbeitung, die Erstellung von CD-Roms oder die Publikation im Internet. Dabei ist zu beachten, dass auch das Werkzeug selbst mögliche Lernerfahrungen durch seine implizite Struktur präformiert.

Es erscheint nicht sinnvoll, einen bestimmten Ansatz zu präferieren. Vielmehr kommt es auf einen situationsangemessenen Einsatz der jeweiligen didaktischen Konzeption an. Dazu sind die Bedingungen des didaktischen Feldes wie Zielgruppe, Lehrinhalte und -ziele, Lernorganisation zu analysieren und unter ökonomischen ebenso wie pädagogischen Kriterien das geeignete didaktische Design auszuwählen (vgl. Kerres 2001).

Computer- und netzbasiertes Lernen wird häufig eng mit selbstgesteuerten Lernen in Verbindung gebracht, weil diese Lernform in der Tat eine hohe Eigenaktivität erfordert. Online-Medien sind aufgrund ihrer potentiell sehr hohen Interaktivität von herausragender Bedeutung für selbstgesteuertes Lernen.

Die Ergebnisse von Forschungsprojekten wie „Lernen in Netzen – Nutzung von Computernetzen als Lehr-/Lernmittel in der Berufsbildung" im Auftrag des BIBB haben gezeigt, dass das selbstgesteuerte und selbstverantwortete Lernen ohne pädagogische Begleitung Mängel aufweist und es selbst bei WBT-Formen einer angemessenen Lernumgebung, einer personellen Unterstützung durch betriebliches Bildungspersonal sowie einer sozialen Verankerung des Lernprozesses bedarf (vgl. Albert 2000, S. 23).

Die vorliegenden Erfahrungen zeigen, dass der Einsatz des E-Learning Präsenzanteile keineswegs überflüssig macht. Daher wird häufig dazu übergegangen, neue Kombinationen zwischen Präsenzlernen und mediengestütztem Lernen zu entwickeln. Dies wird mit dem Begriff des ‚blended learning' gefasst.

3.3.3 Verbreitung

Die hohen Erwartungen in Bezug auf erhöhte Effektivität bzw. Effizienz durch Verkürzung der Lerndauer, didaktische Innovationen, individuelle Ausgestaltung von Lernzeit und -tempo, Erschließung neuer Zielgruppen oder alternative Lehr-/Lernmethoden, vereinfachte Zugänglichkeit, Steigerung der Lernmotivation, Unterstützung kognitiver Funktionen und Imagegewinne haben sich nur zum Teil erfüllt (vgl. Kerres 2001, S. 93 f.).

Wenngleich das E-Learning in der Fachöffentlichkeit zur Zeit hohe Aufmerksamkeit erfährt, ist dessen Verbreitung jedoch bislang weit hinter den ursprünglichen Erwartungen zurückgeblieben. Im Bereich der beruflichen Weiterbildung überwiegt der Einsatz in Großbetrieben, insbesondere bei Banken und Versicherungen sowie bei IT-nahen Branchen. Eine Erhebung bei den 350 größten deutschen Unternehmen ergab, dass von diesen 90 % E-Learning einsetzen (vgl. Schüle 2002). Die Inhalte des E-Learning konzentrieren sich auf die Vermittlung theoretischen Wissens und technischen Know-hows sowie auf den Bereich der EDV- und des Sprachtrainings (vgl. Kailer 1998, S. 36). Primäre Zielgruppen sind Mitglieder der Verwaltung, des mittleren Managements sowie Techniker; Arbeiter rangieren erst an vierter Stelle (vgl. Kailer 1998, S. 39). Eine Unternehmensbefragung des Bundesinstituts für Berufsbildung (vgl. Bundesministerium für Bildung und Forschung 2002, S. 245) zur Sondierung der Bereitschaft von Unternehmen zur Einführung von E-Learning hat ergeben, dass es keine typischen E-Learning-Unternehmen gibt. Entscheidungen zum Einsatz von E-Learning hängen bisher weniger von objektiven Kriterien wie einem bestehenden Qualifikationsbedarf ab, sondern eher von der subjektiven Einstellung der Entscheider.

Eine neuere repräsentative Erhebung (vgl. zu den folgenden Daten: Bertelsmann-Stiftung/Deutscher Volkshochschulverband 2002) zeigte, dass bislang lediglich 11 % der 1000 befragten Personen Telelernangebote wahrgenommen hatten. 44 % der Befragten hielten eine zukünftige Teilnahme für sehr wahrscheinlich oder wahrscheinlich. Personen, die sich zukünftig Telelernen vorstellen können, denken dabei in erster Linie an den Bereich EDV (70 %), danach an Sprachen (50 %).

Nur 15 % der Personen mit Hauptschulabschluss können als Telelern-Interessierte charakterisiert werden gegenüber 41 % derjenigen mit Abitur. Auch interessieren sich nach wie vor etwas mehr Männer (33 %) als Frauen (26 %) für Telelernen. Aufschlussreich ist auch das Ergebnis, dass etwa die Hälfte der Telelern-Nutzer diese Medien am Arbeitsplatz nutzt, die andere Hälfte zu Hause.

Gerade die von Anbietern in Aussicht gestellte Kostenreduzierung für Weiterbildung durch den Einsatz von E-Learning hat sich in der Praxis vielfach als trügerisch erwiesen: Zum einen veraltet das Wissen heutzutage sehr schnell, so dass in rascher Folge Aktualisierungen nötig werden. Folglich rechnet sich das E-Learning häufig nur für Themen (wie eben Sprache oder EDV), wenn genügend große Umsätze damit zu erwarten sind. Zum anderen ist der Betreuungsaufwand sowohl hinsichtlich der technischen Seite als auch der Lernenden nachhaltig unterschätzt worden. Auch dies trägt dazu bei, dass es sich beim E-Learning keineswegs um eine billige Lernform handelt.

Eine der Kernfragen richtet sich auf die tatsächliche Effizienz von CBT und WBT-Formen. Die Hoffnung auf Kostenersparnis gegenüber seminarförmiger Weiterbildung durch Wegfall von Aufwendungen für Raummieten, Reisekosten, Honorare oder Lehrgangsgebühren, ebenso hinsichtlich weiter zu zahlender Löhne und Gehälter der teilnehmenden Mitarbeiter (vgl. Reglin 2000a, S. 44) scheint einer der Hauptgründe für das große Interesse an CBT und WBT zu sein, und „nicht, weil ihre didaktische Qualität bereits gesichert wäre oder weil ihr Einsatz zu höherer Lerneffizienz führen würde" (Severing 2000, S. 169). Nach Kerres (2001, S. 24) werden allerdings die Folgekosten mediengestützten Lernens im Hinblick auf den Betreuungsaufwand, notwendige Upgrades, Anpassungen an neue Betriebssysteme etc. in der Regel unterschätzt. Ihre Überlegenheit, aber auch Unterlegenheit bezüglich Didaktik und Lerntransfer ist gegenüber herkömmlichen Lernarrangements im betrieblichen Kontext bislang noch nicht hinreichend empirisch belegt. Mitarbeiter scheinen jedoch Aspekte wie freie Wahl der Lernzeit, des Lerntempos und die Möglichkeiten zu Wiederholungen durchaus zu schätzen (vgl. Kraft 2000a).

Resümee

Die bisherigen Erfahrungen mit den Einsatz von E-Learning haben gezeigt, dass das bloße Bereitstellen neuer Medien – sei es lokal in Selbstlernzentren oder über Tele-Medien – als nicht hinreichend für einen erfolgreichen Einsatz computer- bzw. netzgestützter Lernkontexte anzusehen ist. Der Einsatz mediengestützter Lernangebote und die Auswahl und Konzeption entsprechender Lernszenarien ist immer in Relation zu einer Gesamtkonzeption von Lernkontexten – sowohl in Betrieben als auch in Weiterbildungseinrichtungen – zu diskutieren. Erfolgreiche Lernszenarien zeichnen sich m.E. vor allem durch Verbundlösungen aus: Der Einsatz verschiedener Medien und Methoden kann personale Lernprozesse nicht ersetzen, sondern muss in Kombination mit verschiedenen Maßnahmen personaler Betreuung gesehen werden. Als Trends können festgehalten werden, dass die pädagogischen Konzepte in Projekten zum E-Learning an Bedeutung gewinnen, während in den ersten euphorischen Jahren der Schwerpunkt auf die Erprobung technischer Möglichkeiten gelegt wurde. Dies geht einher mit einer Orientierung an Konzepten des Blended Learning anstelle der alleinigen Orientierung auf netzbasierten Lernformen.

4 Beteiligungsstrukturen

▼ **Zusammenfassung**

Nachdem im Kapitel 2 u.a. geklärt wurde, was mit dem Begriff der Weiterbildung gefasst wird und an welchen konzeptionellen Bezugspunkten sich die Weiterbildung orientiert und in Kapitel 3 erörtert wurde, welche nicht-formalisierten Lernformen in der aktuellen Diskussion von Bedeutung sind, wird in diesem Kapitel analysiert, welche Personengruppen in welchem Umfang an welcher Form von beruflicher Weiterbildung teilnehmen.
Einleitend werden dafür verfügbaren Datenquellen erläutert (Kapitel 4.1). Dies ist erforderlich, weil verschiedene Erhebungen mit unterschiedlichen Kategorien arbeiten und sich auf divergierende Erhebungszeiträume beziehen. Dies führt zu auf den ersten Blick unterschiedlichen Ergebnissen. Anschließend wird die Beteiligung an formaler beruflicher Weiterbildung unter sozio-demographischen und sozio-strukturellen Aspekten analysiert. Da – wie bereits in den vorangegangenen Kapiteln erläutert – zur Zeit die Rolle informeller Lernprozesse besonders intensiv diskutiert wird, setzt sich Kapitel 4.3 mit deren quantitativer Bedeutung für die Lernprozesse Erwachsener noch einmal gesondert auseinander. Als Hintergrund für die Analyse der Beteiligungsstrukturen stellt sich die Frage nach den Motiven bzw. dem erwarteten Nutzen von Weiterbildung auf der einen Seite bzw. den Zugangsbarrieren für die Beteiligung an Weiterbildung auf der anderen Seite (Kapitel 4.4).

4.1 Datenquellen für die Analyse der beruflichen Weiterbildung

▼ **Zusammenfassung**

Es ist nicht ganz leicht, einen quantitativen Überblick über die Beteiligung an beruflicher Weiterbildung zu gewinnen. In Deutschland gibt es für den Bereich der Weiterbildung keine umfassende Statistik. Da es sich um einen sehr heterogenen Teilbereich des Bildungssystems handelt und ein großer Teil der Anbieter nicht zu einer öffentlichen Darlegung von Teilnahmedaten verpflichtet ist, können differenzierte Daten nur über gezielte empirische Erhebungen gewonnen werden. Dabei lassen sich personenbezogene und betriebsbezogene Erhebungen, Träger- bzw. Anbieterstatistiken sowie die Daten der Bundesagentur für Arbeit unterscheiden. Zudem ist zwischen Einthemen- und Mehrthemenbefragungen zu differenzieren. Einthemenbefragen können detaillierte Informationen zum Weiterbildungsverhalten bereitstellen, während die vorliegenden Mehrthemenbefragungen es erlauben, individuelle und betriebliche Kontextfaktoren stärker auszuleuchten. Erschwerend kommt

111

für die Vergleichbarkeit der erhobenen Daten hinzu, dass in den einzelnen Untersuchungen unterschiedliche Weiterbildungsbegriffe (s. zur Definition von Weiterbildung Kapitel 2.2) verwandt werden und die zugrunde gelegten Untersuchungseinheiten sowie Untersuchungszeiträume differieren. Die relevanten Erhebungen werden im Folgenden kurz in Bezug auf ihre methodische Vorgehensweise und die zugrunde gelegten Definitionen von beruflicher Weiterbildung vorgestellt. Dabei werden zunächst Studien beschrieben, die wiederholt durchgeführt werden, und anschließend neuere Einzeluntersuchungen, die für die Auseinandersetzung mit den Teilnahmestrukturen relevant sind.

4.1.1 Amtliche Statistiken[1]

Es gibt nur wenige offizielle Daten, die Auskunft geben über die Beteiligung an beruflicher Weiterbildung. Hierzu ist der *Mikrozensus (MZ)* zu zählen. Dabei handelt es sich um eine jährlich vom Statistischen Bundesamt durchgeführte amtliche Repräsentativstatistik über die Bevölkerung und den Arbeitsmarkt. Einbezogen wird ein Prozent aller in Deutschland lebenden Haushalte. Das Grundprogramm umfasst u.a. sozio-demographische Merkmale (Alter, Geschlecht, Staatsangehörigkeit, Familien- und Haushaltszusammenhang sowie Erwerbsstatus und Einkommen). Von 1970 bis 1995 fanden im zweijährigen Rhythmus Zusatzbefragungen zur Beteiligung an beruflicher Weiterbildung statt, die die Weiterbildungsbeteiligung in den vorangegangenen zwei Jahren erhoben. Befragt wurden deutsche und ausländische Erwerbspersonen im Alter von mindestens 15 Jahren. Seit 1996 sind die Fragen zur beruflichen Weiterbildung und seit 1999 mehrere Fragen zur allgemeinen Weiterbildung jährlich im Ergänzungsprogramm des Mikrozensus enthalten und beziehen sich auf die Beteiligung im letzten Jahr. Im Rahmen dieser Befragung werden Daten zu Art und Dauer der besuchten Weiterbildungsmaßnahmen erhoben. Aufgrund von Veränderungen des Erhebungszeitraums und des Fragenkatalogs seit 1996 ist ein Trendvergleich mit den Vorjahren nicht mehr möglich. Beim Mikrozensus wurde bislang ein enger Begriff von Weiterbildung zugrunde gelegt (vgl. Bellmann 2003, S. 43), wobei die Kategorie berufliche Ausbildung, Fortbildung oder Umschulung den Kern der Abfrage darstellt. Im Jahr 2003 wurde im Rahmen des Mikrozensus das auf europäischer Ebene abgestimmte und an die nationalen Bedingungen angepasste Ad-hoc-Modul zum lebenslangen Lernen eingesetzt. Es umfasst sowohl formalisierte als auch informelle Lernkontexte sowie Mehrfachteilnahmen. Ein Teil der Fragen ist obligatorisch, ein Teil fakultativ.

---

1 Vgl. zu den unterschiedlichen Erhebungen auch: Bellmann 2003, S. 23-50; Bundesministerium für Bildung und Forschung 2006, S. I ff. (Glossar)

Die Bundesagentur für Arbeit erfasst die Beteiligung an Weiterbildung, die auf der Basis des Sozialgesetzbuches III (SGB III) (früher Arbeitsförderungsgesetz, AFG) erfolgt. Bis 1997 wurden Eintritte in Maßnahmen zur beruflichen Weiterbildung erfasst, deren Bestand und Austritte, darüber hinaus einige Daten zur Teilnehmerstruktur. Seit 1998 ist das Erhebungsverfahren umgestellt worden und in seiner Differenzierung deutlich eingeschränkt.

4.1.2 Personenbezogene Erhebungen

Für das *Berichtssystem Weiterbildung (BSW)* wird seit 1979 alle drei Jahre eine repräsentative Befragung der Bevölkerung in den alten Bundesländern und seit 1991 auch in den neuen Bundesländern durchgeführt (zuletzt 2003) (vgl. hierzu sowie zum Folgenden: Bundesministerium für Bildung und Forschung 2006). Die Grundgesamtheit bilden alle in Privathaushalten lebenden deutschsprachigen Personen im Alter von 19 bis 64 Jahren.[2] Bei dieser Befragung handelt es sich um eine Einthemenbefragung, die Auskunft über das Weiterbildungsverhalten der Bevölkerung geben soll. Den Bezugspunkt bildet jeweils das vorangegangene Jahr. Da sich die Befragung ausschließlich auf das Thema Weiterbildung konzentriert, besteht die Gefahr, dass Personen, die nicht an Weiterbildung teilgenommen haben, an den Fragen kein Interesse haben und daher die Teilnahme an der Befragung verweigern. Dies kann zu einer Verzerrung der Ergebnisse führen. Bei dem Fragenprogramm des BSW ist zu unterscheiden zwischen einem Standardprogramm mit im Wesentlichen gleichbleibenden Fragen einerseits und Zusatzmodulen andererseits, mit denen Informationen zu aktuellen Fragestellungen der Weiterbildung erhoben werden. In Bezug auf die berufliche Weiterbildung, die für dieses Buch im Mittelpunkt des Interesses steht, wird bei dieser Befragung untergliedert in die formelle und die informelle Weiterbildung. Zur formellen Weiterbildung werden die folgenden Angebotsformen gezählt: Umschulung in einen anderen Beruf, Lehrgänge/Kurse für den beruflichen Aufstieg, Lehrgänge/Kurse zur Einarbeitung, Lehrgänge/Kurse zur Anpassung an neue Aufgaben im Beruf sowie sonstige Lehrgänge/Kurse im Beruf. Zur informellen Weiterbildung werden der Besuch von Fachmessen oder Kongressen, die Unterweisung und das Anlernen am Arbeitsplatz sowie das selbstgesteuerte Lernen mit Hilfe von Medien gezählt. Die informelle Weiterbildung bildete – neben dem betrieblichen Lernumfeld – den Themenschwerpunkt der Erhebung im Jahr 2003.

---

2 Während in den ersten sechs Befragungen lediglich deutsche Staatsangehörige befragt wurden, werden seit 1997 auch deutsch sprechende ausländische Staatsangehörige befragt. In der Erhebung von 2003 wurde zudem erstmalig eine Differenzierung nach dem Migrationshintergrund vorgenommen (vgl. Bundesministerium für Bildung und Forschung 2006, S. 10).

Bei der Interpretation der Ergebnisse im Zeitvergleich ist zu beachten, dass 1988 eine Zielgruppenerweiterung und eine begriffliche Differenzierung vorgenommen wurden: Seit l988 wird die berufliche Weiterbildung für alle Deutschen im Alter von 19 bis 64 Jahren erhoben. Frühere Zahlen beziehen sich ausschließlich auf die Teilgruppe der zurzeit oder früher Erwerbstätigen. Dieser Effekt erhöhte die Teilnahmequote im Vergleich zu l985 um einen Prozentpunkt. Seit l988 wird die Kategorie der ‚Anpassungsweiterbildung' erhoben, während diese Maßnahmen zuvor der Kategorie ‚Sonstige Lehrgänge/Kurse' zugeordnet wurden.

Als Indikatoren für die Erfassung des Weiterbildungsverhaltens verwendet das BSW die folgenden drei Kenngrößen:

- Teilnahmequoten (d.h. der Anteil der sich weiterbildenden Personen)
- Teilnahmefälle (Belegungen) (ab 1988) sowie
- Zeitaufwand für Weiterbildung

Da das BSW zudem verschiedene sozio-demographische Variablen erfasst, ist es auf dieser Basis möglich, individuelle Charakteristika des Weiterbildungsverhaltens zu untersuchen.

Das *Sozio-ökonomische Panel (SOEP)* wird vom Deutschen Institut für Wirtschaftsforschung jährlich seit l984 in den alten und seit 1990 auch in den neuen Bundesländern durchgeführt. Die Basis bildet eine Haushaltsstichprobe, wobei in den zufällig ausgewählten Haushalten alle dort lebenden Personen im Alter von mindestens 16 Jahren befragen werden.[3] Einbezogen werden jeweils die gleichen Haushalte, beginnend 1984 mit 5.921 Haushalten und 12.290 Personen, diese hatten sich nach 15 Wellen 1998 auf 4.285 Haushalte mit 8.145 Personen reduziert. Für die neuen Bundesländer begann die Stichprobe mit 3.730 Personen in 1.886 Haushalten. 1998 wurde die Stichprobe erstmals um 1.957 Personen in 1079 Haushalten ergänzt.[4] Es handelt sich folglich – im Gegensatz zur Befragung für das Berichtssystem Weiterbildung – um eine Längsschnittuntersuchung.

Im Gegensatz zum BSW handelt es sich beim SOEP um eine Mehrthemenbefragung, d.h. es werden nicht nur Fragen zur Weiterbildung gestellt. Die Befragungen enthalten ein regelmäßiges Fragenprogramm zu den Bereichen Haushaltszusammensetzung, Erwerbs- und Familienbiografien sowie Einkommensverläufe. Daneben gibt es bei den Befragungen Schwerpunktthemen. Die Weiterbildung wurde als Schwerpunktthema bislang dreimal (1989, 1993 und

---

3   Die Erhebung erfasst sowohl deutsche als auch ausländische Personen. Haushalte mit Vorständen aus den Hauptanwerbeländern für Gastarbeiter sind überrepräsentiert.

4   1994/95 wurde darüber hinaus eine Zuwanderer-Stichprobe eingeführt (1998: 441 Haushalte mit 885 Personen).

2000) behandelt. Dazu wurden lediglich Personen aus dem Sample unter 65 Jahren befragt. Neben kursförmig organisierter Weiterbildung erfasst das SOEP auch weitere Lernformen wie den Besuch von Fachmessen oder das Lesen von Fachbüchern. Ebenso werden Dauer und Kosten der Weiterbildung, individuelle Motive zur Beteiligung sowie der Nutzen beruflicher Weiterbildung erhoben. Das SOEP erfasst auch sozio-demographische Merkmale und erlaubt damit ebenso wie die zuvor genannten Erhebungen eine Analyse individueller Merkmale der Weiterbildungsbeteiligung.

Das Bundesinstitut für Berufsbildung führt in Zusammenarbeit mit dem Institut für Arbeitsmarktforschung eine Repräsentativbefragung von Erwerbspersonen zu deren Ausbildung, Berufsweg, Weiterbildungsaktivitäten und aktuellen Arbeitsbedingungen durch *(BIBB/IAB-Erhebung)*. Diese Erhebung wurde 1979, l985/6, 1991/2 und 1998/99 durchgeführt. Seit der Erhebung von 1991/92 sind auch die neuen Bundesländer einbezogen. Befragt wurden jeweils 0,1 % der Erwerbstätigen, d.h. für 1998/99 über 34.000 repräsentativ ausgewählte Erwerbstätige. Einbezogen sind auch Ausländer, die gut genug Deutsch sprechen, um ein tragfähiges Interview zu ermöglichen. Die BIBB-IAB-Erhebung weist bei den einzelnen Befragungen unterschiedliche thematische Schwerpunkte auf. So lag der Schwerpunkt 1985/86 bei der Frage der Verbreitung neuer Technologien, 1991/92 beim Vergleich zwischen den alten und neuen Bundesländern. 1998/99 wurden der strukturelle Wandel der Arbeitswelt und seine Auswirkungen auf die Arbeitssituation in den Mittelpunkt gerückt. In Bezug auf die Weiterbildungsaktivitäten fragt die BIBB-IAB-Erhebung regelmäßig nach dem Besuch von Lehrgängen, Kursen und Seminaren. Der Bezugszeitraum liegt seit l998/99 bei zwei Jahren.

4.1.3 Betriebs- und Unternehmensbefragungen

Bei dem Betriebspanel des Instituts für Arbeitsmarkt- und Berufsforschung *(IAB-Betriebspanel)* handelt es sich um eine jährlich wiederholte Befragung, in der Regel auf der Basis mündlich durchgeführter Interviews, die seit 1993 in den alten und seit 1996 auch in den neuen Bundesländern durchgeführt wird. Befragt werden Betriebe aller Branchen und Größenklassen mit mindestens einem sozialversicherungspflichtig Beschäftigten. Die Stichprobe wird als geschichtete Zufallsauswahl aus der Betriebsdatei der Beschäftigtenstatistik der Bundesagentur für Arbeit gezogen (vgl. Bellmann 2003). Für das Jahr 2003 liegen auswertbare Interviews von ca. 16.000 Betrieben vor. Die mündliche Befragung wird zuvor bei Betriebs- und Geschäftsleitungen sowie Personalverantwortlichen schriftlich angekündigt, was die Mitwirkungsbereitschaft der Betriebe erhöht. Auch hier handelt es sich um eine Panel-Befragung. Die Antwortquoten lagen bei jeweils über 80 % der wiederholt befragten Betriebseinheiten (vgl. Bellmann/Leber 2006). Das IAB-Betriebspanel stellt eine Mehrthemenbefragung dar. Neben jährlichen Standardfragen u.a. zu Beschäftigungsstruktur, Umsatz oder Investition enthalten die Fragebögen periodisch wechselnde Schwerpunktthemen, zu denen jedes zweite Jahr (1997, 1999, 2001, 2003) die betriebliche Weiterbildung zählt. Es werden Informationen zum Angebot an Weiterbildung, zur Verbreitung verschiedener Weiterbildungsformen sowie zur qualifikations- und geschlechtsspezifischen Weiterbildungsbeteiligung erhoben. Zusätzlich zu diesen Grunddaten wurden in einzelnen Erhebungswellen weitere Informationen beispielsweise zu den Gründen für das Nicht-Engagement in der Weiterbildung, zur Aufteilung der Weiterbildungskosten zwischen Arbeitgeber und Arbeitnehmer oder zu den Weiterbildungsthemen erfragt (vgl. Bellmann/Leber 2005b). Den Bezugszeitraum bildet die erste Hälfte des Jahres, in dem die Befragung stattfindet, d.h. ein deutlich kürzerer Bezugsrahmen als in den anderen Erhebungen. Da es sich auch hier um eine Mehrthemenbefragung handelt, liegt der Nachteil wiederum darin, dass die erhobenen Informationen zur Weiterbildung nicht so stark in die Tiefe gehen können, der Vorteil demgegenüber in der möglichen Verknüpfung der Weiterbildungsdaten mit weiteren Betriebsmerkmalen. Als Panelbefragung ermöglicht das IAB-Betriebspanel ebenfalls Längsschnittanalysen.

Bei den *Erhebungen des Instituts der deutschen Wirtschaft (IW)* handelt es sich um eine im dreijährigen Turnus durchgeführte schriftliche Befragung von kammerzugehörigen Betrieben (vgl. Näheres dazu bei Weiß 2003; Werner 2006). Sie wurde erstmals 1992 durchgeführt und zuletzt 2004. Bei der letzten Befragung wurden insgesamt 1087 Betriebe angeschrieben, die Rücklaufquote betrug 15 %. Diese Befragungen stellen keine Panel-Erhebung dar, da die Stichprobe für jede Befragung neu gezogen wird. Den IW-Erhebungen liegt ein weites Verständnis von Weiterbildung zugrunde, dass neben internen und externen Lehrveranstaltungen auch die Teilnahme an Informationsveranstaltungen und Umschulungsmaßnahmen und das Lernen in der Arbeitssituation sowie das selbstgesteuerte Lernen mit Medien umfasst. Erfasst werden das Angebot an den einzelnen Weiterbildungsformen, der zeitliche Umfang und die Kosten der Weiterbildung sowie die Weiterbildungsbeteiligung der Mitarbeiter. Es werden Teilnahmefälle erfasst, nicht teilnehmende Personen, d.h. Mehrfachteilnahmen werden mehrfach gezählt, was aus methodischen Gründen zu einer höheren Weiterbildungsbeteiligung der Mitarbeiter führt als das Personenkonzept, das z.B. der CVTS-Erhebung (s. dazu weiter unten) oder dem IAB-Betriebspanel zugrunde liegt.

In den Betriebsbefragungen kann – da Betriebsvertreter und nicht Individuen nach deren Teilnahme befragt werden –, weniger intensiv nach sozio-demographischen Kriterien gefragt werden. Das IAB-Betriebspanel erhebt zwar Informationen zum Geschlecht und zum Qualifikationsniveaus der Teilnehmer an betrieblicher Weiterbildung, Abfragen nach dem Alter haben sich aber z.B. als schwierig erwiesen (vgl. Bellmann/Leber 2005b).

Die von der Europäischen Union (EU) initiierte europäische Weiterbildungserhebung (*Continuing Vocational Training Survey, CVTS*) wurde erstmals 1994/95 (bezogen auf das Jahr 1993) in den damals 12 Mitgliedsstaaten der EU durchgeführt (CVTS I). In den Jahren 2000/01 (bezogen auf das Jahr 1999) erfolgte die zweite Erhebung, an der 25 europäische Länder teilnahmen (vgl. Näheres dazu bei Grünewald u.a. 2003). Die Stichprobe von CVTS II umfasste in Deutschland 10.000 Betriebe, der Rücklauf betrug 32 %. Erhoben werden u.a. Informationen zum Angebot an Weiterbildung, zur Weiterbildungsbeteiligung der Mitarbeiter der befragten Betriebe, zur Zeitintensität sowie zu den Kosten der Weiterbildung. In die Erhebung werden Betriebe mit mindestens zehn Beschäftigten einbezogen. Diese Einschränkung der Stichprobe ist bei der Interpretation zu beachten, da verschiedene Hinweise darauf deuten, dass Kleinst- und Kleinbetriebe sich unterdurchschnittlich in der Weiterbildung engagieren. Außerdem basiert diese Erhebung auf dem Unternehmenskonzept, d.h. es werden Unternehmen und nicht Betriebe befragt. Diese Befragung öffnet zusätzlich zu anderen Aspekten eine Analyse im internationalen Vergleich. Als Einthemenbefragung ermöglicht sie eine detaillierte Analyse des Engagements der Betriebe für Weiterbildung. Da es sich wiederum um eine Einthemenbefragung handelt, besteht allerdings auch hier die Gefahr, dass nicht weiterbildende Betriebe oder Betriebe mit einem unterdurchschnittlichen Engagement für Weiterbildung eine geringere Teilnahmebereitschaft aufweisen, was die Repräsentativität der erhobenen Daten beeinträchtigt.

Die beiden CVTS-Erhebungen wurden für Deutschland durch eine Zusatzerhebung ergänzt. Dazu wurden knapp 500 Unternehmen, die bereits an der Haupterhebung partizipierten, telefonisch zu weiteren Aspekten der Weiterbildung befragt. Die in der Erhebung von 2000/2001 gestellten Zusatzfragen richteten sich auf die Auswirkungen der Globalisierung und des strukturellen Wandels, auf die betrieblichen Weiterbildungsstrategien sowie die Einstellungen der Unternehmen zum lebenslangen Lernen. Die dritte CVTS-Erhebung wird 2006 durchgeführt.[5]

---

5   Die Ergebnisse lagen zum Zeitpunkt der Manuskripterstellung noch nicht vor.

4.1.4 Aktuelle Einzelstudien

Im Folgenden werden einige in den letzten Jahren durchgeführte Einzelstudien, auf die im Weiteren häufiger zurückgegriffen wird, in ihrem methodischen Ansatz beschrieben.

Das Bundesinstitut für Berufsbildung (BIBB) führte 2002 eine Erhebung zu *Kosten und Nutzen der Weiterbildung für Individuen* (im Folgenden: Kosten-Nutzen-Untersuchung) durch (vgl. Beicht u.a. 2004), die an eine frühere themengleiche Erhebung von 1992 anknüpft (vgl. Bardeleben u.a. 1996). Mit Hilfe der neuen Studie wurden die direkten und indirekten Kosten der Weiterbildung für teilnehmende Personen und die individuellen Nutzenaspekte der Weiterbildung ermittelt (vgl. Beicht u.a. 2004, S. 5). Die bundesweite Erhebung umfasste deutschsprachige erwerbsnahe Personen im Alter von 19 bis 64 Jahren. In die Definition ‚erwerbsnah' wurden Erwerbstätige in Vollzeit-, Teilzeit- und geringfügiger Beschäftigung einbezogen, ebenso arbeitslose und arbeitssuchende Personen in Fortbildung und Umschulung sowie nicht erwerbstätige Personen, die beabsichtigten, in den nächsten zwei Jahren eine Erwerbstätigkeit aufzunehmen. Dabei wurde ein weiter Weiterbildungsbegriff zugrunde gelegt: Neben formalisierten Weiterbildungskontexten wurden auch arbeitsnahe Lernformen, selbstorganisiertes Lernen sowie die Teilnahme an Kongressen, Tagungen und Fachmessen einbezogen, soweit diese im Zusammenhang mit einer derzeit ausgeübten oder einer zukünftigen beruflichen Tätigkeit standen. Die Studie erfragte die Weiterbildungsbeteiligung bezogen auf den Zeitraum von September 2001 bis August 2002, d.h. auf ein Jahr (vgl. Beicht u.a. 2004, S. 6f.). Es lagen ca. 3.800 auswertbare Interviews vor (vgl. Schröder u.a. 2004, S. 23).

Ergänzend zu der Studie des BIBB gab die Expertenkommission Finanzierung Lebenslangen Lernens eine Studie in Auftrag, die *Nichtteilnehmer* in den Mittelpunkt rückte und im Hinblick auf sozialstrukturelle sowie individuelle Einflussfaktoren analysierte (im Folgenden: Nichtteilnehmer-Studie). Außerdem bestand ein Ziel darin, aktuelle Nichtteilnehmer – bezogen auf den Erhebungszeitraum – von ‚Nie-Teilnehmern' zu unterscheiden. Diese Studie übernahm die oben beschriebene Definition der BIBB-Untersuchung von beruflicher Weiterbildung. Es wurden 1264 Nicht-Teilnehmer – ebenfalls telefonisch – befragt (vgl. Schröder u.a. 2004, S. 18f.).

Neben den statistischen Erhebungen und Wiederholungsbefragungen liegen aus den letzten Jahren zwei umfangreiche quantitative Erhebungen vor, die in je spezifischer Weise eine vertiefende Analyse der Teilnehmerstrukturen vornehmen: So wurde an der Universität München der Ansatz der sozialen Milieus auf die Analyse von Teilnehmergruppen und Teilnahmemotive angewandt (vgl. Barz/Tippelt 2004) (im Folgenden: Milieustudie). Die Studie basiert zum einen auf einer repräsentativen Befragung und zum anderen auf qualitativen Interviews und Gruppendiskussionen.

Ein weitere Erhebung, die von einem Forschungsverbund des Soziologischen Forschungsinstituts Göttingen, dem Brandenburg-Berliner Institut für Sozialwissenschaftliche Studien sowie dem Lehrstuhl für Weiterbildung an der Universität Heidelberg durchgeführt wurde (vgl. Baethge/Baethge-Kinsky 2004; Schiersmann 2006a), hat den Zusammenhang von Lernerfahrungen und Weiterbildungsverhalten sowie den Einfluss von Arbeitsbedingungen und -erfahrungen auf das Lernen untersucht. Auch hier handelt es sich um eine für die Bundesrepublik Deutschland repräsentative Studie. Dabei haben die Kollegen in Göttingen insbesondere den Zusammenhang von Lern- und Arbeitserfahrungen untersucht (im Folgenden: Studie zum Weiterbildungsbewusstsein I), während das Heidelberger Team sich auf die persönliche Einstellungen zur Weiterbildung konzentrierte (im Folgenden: Studie zum Weiterbildungsbewusstsein II).

4.2 Analyse der Beteiligung an (formaler) beruflicher Weiterbildung

▼ Zusammenfassung

Im Folgenden werden die Strukturen der Teilnahme an formaler beruflicher Weiterbildung nach sozio-demographischen sowie weiteren strukturellen Merkmalen wie Betriebsgröße, Produktionsbereiche und Branche analysiert. Dies geschieht, um heraus zu finden, welche individuellen Faktoren wie Bildungsniveau, Geschlecht, Alter, Ethnie sowie Kontextfaktoren wie die Betriebsstruktur die Chancen zur Beteiligung an Weiterbildung beeinflussen. Dem Konzept lebenslangen Lernens entsprechend besteht der Anspruch darin, dass alle Bevölkerungsgruppen gleiche Zugangschancen zur Weiterbildung haben.

4.2.1 Allgemeine Beteiligungsquoten

Eine Analyse der Individualbefragungen weist zwischen 1980 und dem Ende der 1990er Jahre einen deutlichen Anstieg der Teilnahme an formaler Weiterbildung insgesamt sowie an beruflicher Weiterbildung aus (s. Abbildung 4-1).

Laut dem Berichtssystem Weiterbildung stieg die Teilnahmequote an beruflicher Weiterbildung von 10 % im Jahr 1979 auf 30 % im Jahr 1997 (s. hierzu Abbildung 4-1). Damit hat sich die Teilnahmequote in diesem Zeitraum verdreifacht. Diese Entwicklung spiegelt beeindruckend den gestiegenen Stellenwert beruflicher Weiterbildung wider. Seit 1997 ist ein bemerkenswerter Rückgang auf 29 % im Jahr 2000 und 26 % im Jahr 2003 zu konstatieren, für den noch keine verlässlichen Erklärungen vorliegen. Ein Einflussfaktor dürfte darin zu suchen sein, dass die Teilnahme von Personen aus den neuen Bundesländern, die seit 1991 deutlich über der von Personen aus den alten Bundesländern lag, seit 1997 deutlich (um 11 %) gefallen ist und sich 2003 nicht mehr von der in den alten Bundesländern unterscheidet. Daraus lässt sich schlussfolgern, dass ein gewisser Nachholbedarf in den neuen Bundesländern gedeckt ist. Generell wird mit den jüngsten Befunden die Frage aufgeworfen, ob im Hinblick auf die Weiterbildungsbeteiligung ein Plateau erreicht worden ist und zukünftig nicht mehr mit einer weiteren linearen Steigerung der Beteiligungsquoten zu rechnen ist – was Konsequenzen für die Konzeption eines lebenslangen Lernens für alle mit sich brächte – oder ob der Einbruch temporär begrenzt ist.

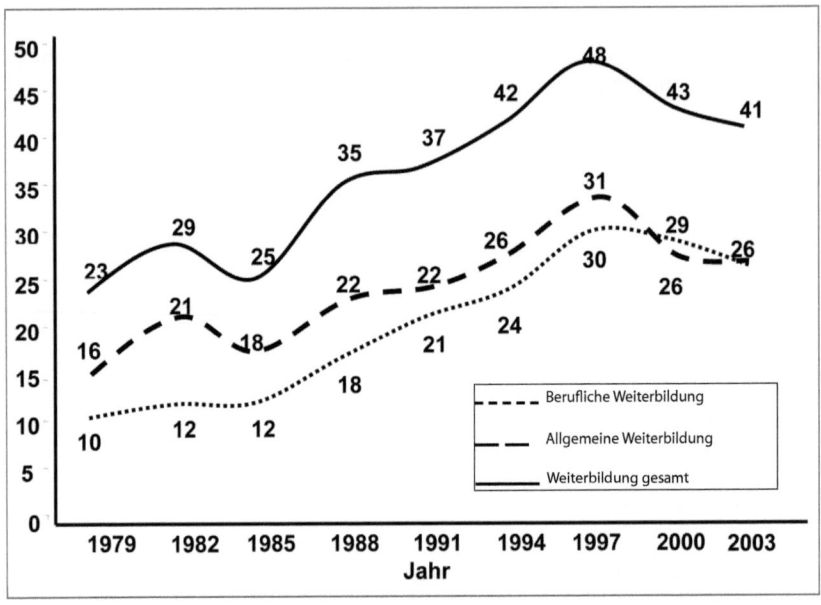

Abbildung 4-1: Teilnahme an Weiterbildung insgesamt sowie an beruflicher und allgemeiner Weiterbildung 1979-2003 (BSW)
(Quelle: Darstellung nach: Bundesministerium für Bildung und Forschung 2006, S. 19)

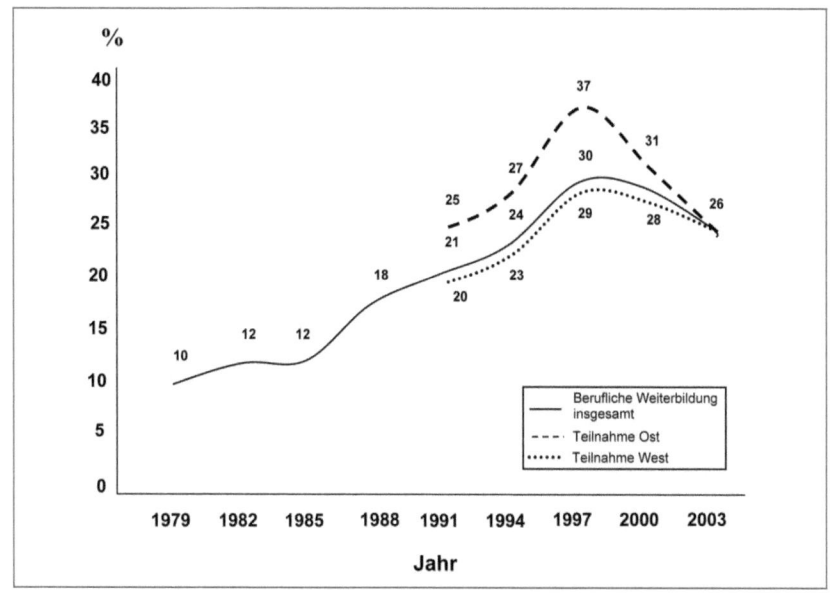

Abbildung 4-2: Teilnahme an beruflicher Weiterbildung im Ost-West-Vergleich
1979-2003 (BSW)
(Quelle: Darstellung nach: Bundesministerium für Bildung und Forschung 2006, S. 40)

Der Erhebung des BIBB zu Kosten und Nutzen beruflicher Weiterbildung
kommt für 2002 zu einer Teilnahmequote an formalisierter beruflicher Weiterbildung von 39 % (vgl. Beicht u.a. 2004, S. 6) und damit zu einer deutlich höhere Beteiligungsquote. Dies erklärt sich daraus, dass in dieser Untersuchung
ausschließlich erwerbsnahe Personen befragt wurden. Diese Zahl ist daher am
ehesten mit dem Ergebnis des BSW für die formale berufliche Weiterbildung
von Erwerbstätigen vergleichbar: Für diese Gruppe wurde dort für das Jahr 2003
eine Teilnahmequote von 34 % konstatiert (vgl. Bundesministerium für Bildung
und Forschung 2006, S. 73). Die BIBB-IAB-Erhebung ermittelte 1998/1999 bezogen auf die Weiterbildung in den letzten zwei Jahren eine Beteiligungsquote
von 28 % bei Erwerbspersonen (vgl. Ulrich 2000, S. 26).

4.2.2 Weiterbildungsbeteiligung nach sozio-demographischen Kriterien

Die allgemeinen Beteiligungsquoten für die Weiterbildung sind nur begrenzt
aussagefähig, da es nahe liegt, dass sich verschiedene Gruppen in unterschiedlichen Umfang an beruflicher Weiterbildung beteiligen. Daher werden im Folgenden unterschiedliche sozio-demographische Kriterien betrachtet.

Weiterbildungsbeteiligung nach Qualifikationsniveau

Vorab sei generell angemerkt, dass alle Datenquellen übereinstimmend zu dem Ergebnis gelangen, dass die Weiterbildungsbeteiligung um so niedriger ausfällt, je geringer das *schulische bzw. berufliche Qualifikationsniveau oder die berufliche Stellung* ist. Dies wird im Folgenden exemplarisch anhand einiger Einzelergebnisse belegt.

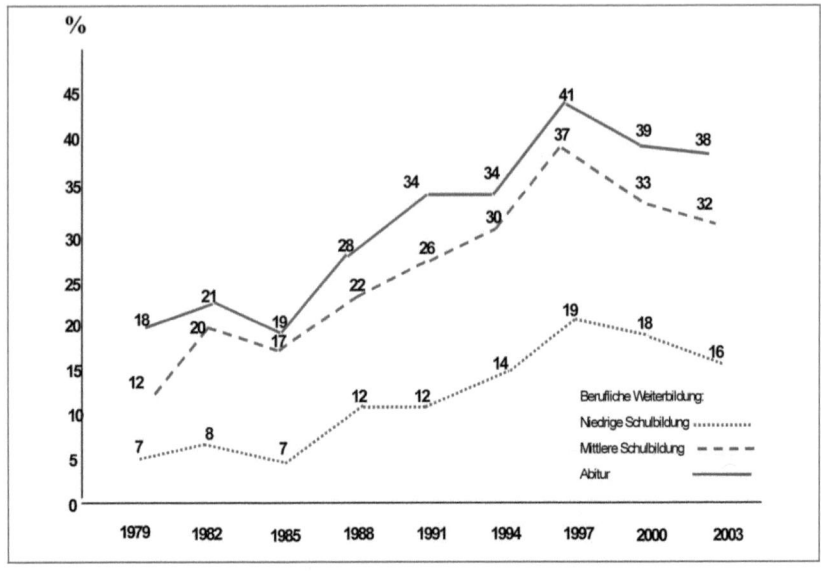

Abbildung 4-3: Teilnahme an beruflicher Weiterbildung nach Schulniveau 1979-2003 (BSW)
(Quelle: Darstellung nach: Bundesministerium für Bildung und Forschung 2006, S. 105)

Das BSW ermittelte für das Jahr 2003 in Bezug auf die Schulbildung, dass Personen mit Abitur mit 38 % die höchste und Personen mit niedriger Schulbildung mit 16 % die geringste Teilnahmequote an formaler beruflicher Weiterbildung aufweisen. Die Teilnahmequote von Personen mit mittlerer Schulbildung lag bei 32 % (s. Abbildung 4-3). Über den Zeitraum von 1979 bis 1997 hat sich die Teilnahme von Personen mit einem niedrigen oder mittleren Schulabschluss verdreifacht, die derjenigen mit einem hohen Bildungsabschluss mehr als verdoppelt. Seit 1997 spiegelt sich in den jeweils zurückgehenden Quoten bei allen Schulabschlussniveaus die allgemein zurückgegangene Teilnahmequote wider.

Zu korrespondierenden Ergebnissen gelangt die von der Expertenkommission Finanzierung Lebenslangen Lernens in Auftrag gegebene Zusatzstudie, die den Blick vorrangig auf die Nichtteilnehmer richtet. So zeigt sich, dass in der Gruppe der Nichtteilnehmer der Anteil der Volks- und Hauptschulabgänger (sowie Polytechnische Oberschule 8. Klasse) mit 46 % doppelt so hoch ist wie in der Gruppe der Teilnehmer. Dieser Zusammenhang kehrt sich bei Personen mit (Fach-)Hochschulreife um: Sie sind in der Teilnehmergruppe mit 34 % dreimal so häufig vertreten wie in der Gruppe der Nichtteilnehmer. In der Gruppe mit einem mittleren Schulabschluss lassen sich keine nennenswerten Differenzen feststellen (vgl. Schröder u.a. 2004, S. 35f.).

Die beschriebenen Differenzen setzen sich bei der Betrachtung der *Berufsabschlüsse* fort: So ergibt das BSW, dass im Jahr 2003 11 % der Personen ohne Berufsausbildung an beruflicher Weiterbildung teilgenommen haben gegenüber 24 % mit einer Lehre bzw. Berufsfachschulausbildung, 38 % mit dem Abschluss Meister oder einer anderen Fachschule und 44 % der Personen mit einem Hochschulabschluss (s. Abbildung 4-4).

Zu vergleichbaren Ergebnissen gelangt wiederum auch die Studie im Auftrag der Expertenkommission Finanzierung Lebenslangen Lernens: Personen ohne Berufsausbildung sind mit 14 % dreimal so häufig bei den Nichtteilnehmern vertreten wie bei den Teilnehmern (5 %). Eine vergleichbare Tendenz besteht für Personen mit einer (über)betrieblichen Ausbildung (62 % zu 45 %). Personen mit einer schulischen Berufsausbildung, einem Fortbildungsabschluss (Meister, Techniker, Fachwirt) oder einer Beamtenausbildung sind mit 26 % häufiger bei den Teilnehmern als bei den Nichtteilnehmern (18 %) vertreten. Besonders hoch fällt die Differenz bei einem (Fach-)Hochschulabschluss aus: Mit 24 % ist dieser Personenkreis in der Gruppe der Teilnehmer viermal häufiger vertreten als in der Gruppe der Nichtteilnehmer (6 %) (vgl. Schröder u.a. 2004, S. 36f.).

Eine multivariate Analyse (Regressionsanalyse) der zuletzt genannten Studie (vgl. Schröder u.a. 2004, S. 52) zeigt, dass der Einfluss der Variable beruflicher Bildungsabschluss deutlich höher ist als der der allgemeinen Bildung.

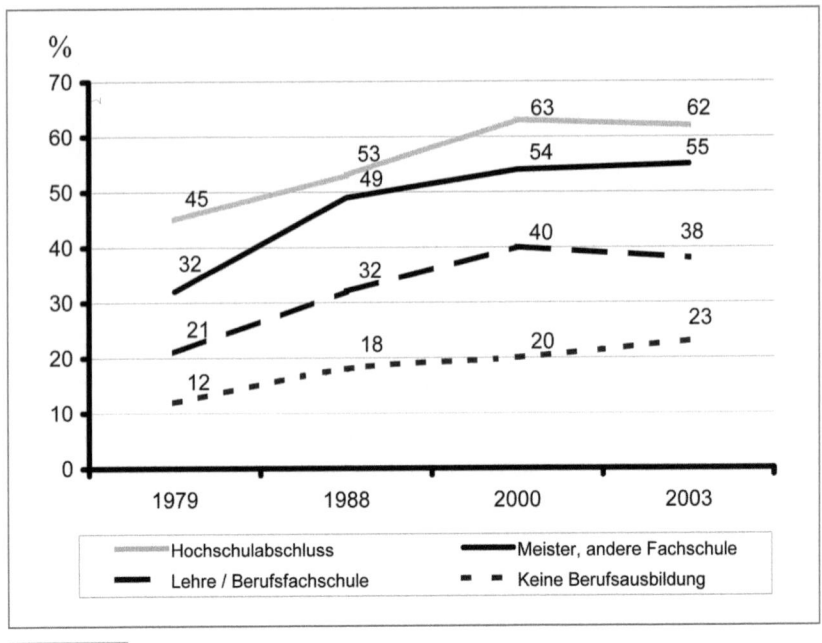

%
70
63   62
60
53   54   55
50   45   49
32
40   32   40   38
30   21   23
18   20
20   12
10
0

1979   1988   2000   2003

Hochschulabschluss   Meister, andere Fachschule
Lehre / Berufsfachschule   - - Keine Berufsausbildung

Abbildung 4-4: Teilnahme an beruflicher Weiterbildung nach Berufsabschluss 1979-
2003 (BSW)
(Quelle: Darstellung nach: Bundesministerium für Bildung und Forschung 2006, S. 110)

Teilnahme an beruflicher Weiterbildung nach Erwerbsstatus und beruflicher Stellung

In Bezug auf das Kriterium des *Erwerbsstatus* ist es nicht verwunderlich, dass die Erwerbstätigen häufiger an beruflicher Weiterbildung teilnehmen als die Nicht-Erwerbstätigen im Alter von 19 - 65 Jahren. Der Schwerpunkt der Teilnahme an Weiterbildung bei den Nicht-Erwerbstätigen liegt in der allgemeinen Weiterbildung (vgl. hierzu sowie zu den folgenden Daten: Bundesministerium für Bildung und Forschung 2006, S. 73). Die Differenz der Beteiligung zwischen Erwerbstätigen und Nicht-Erwerbstätigen lag im Jahr 2000 bei 40 % gegenüber 9 % und 2003 bei 34 % gegenüber 8 %. Dabei ist auffällig, dass im Vergleich der Jahre 2000 und 2003 die Beteiligung der Erwerbstätigen an beruflicher Weiterbildung recht stark – um 6 Prozentpunkte – zurückgegangen ist gegenüber nur 1 Prozentpunkt bei den Nicht-Erwerbstätigen. Bei der Beteiligung der Nicht-Erwerbstätigen an beruflicher Weiterbildung spielt die Frage eine ausschlaggebende Rolle, ob die Personen möglichst bald wieder erwerbstätig werden wollen: 18 % von diesen im Vergleich zu den 1 % von jenen, die angaben, nicht wieder erwerbstätig werden zu wollen, nahmen an Weiterbildung teil (vgl. Bundesministerium für Bildung und Forschung 2006, S. 74).

Weiter ist darauf hinzuweisen, dass sich Personen, die Vollzeit erwerbstätig sind, mit 36 % am häufigsten an Kursen und Lehrgängen zur beruflichen Weiterbildung beteiligten gegenüber Teilzeit Erwerbstätigen mit 29 %. Arbeitslose nahmen noch zu 19 % an beruflicher Weiterbildung teil und Personen in Elternzeit mit 5 % (vgl. Bundesministerium für Bildung und Forschung 2006, S. 74).

Tabelle 4-1: Teilnahme an Weiterbildung nach Erwerbsstatus 2000-2003 im Bundesgebiet (BSW)
(Quelle: Bundesministerium für Bildung und Forschung 2006, S. 74)

	Teilnahmequoten in %	
Erwerbsstatus	2000	2003
Berufliche Weiterbildung		
Voll erwerbstätig	42	36
Teilweise erwerbstätig	35	29
In Kurzarbeit	- 1)	- 1)
Schüler, Auszubildender, Student, sonstige Ausbildung	25	20
Arbeitslos	17	16
Elternzeit	- 2)	5
Sonst nicht erwerbstätig	4	3

1) Basis: weniger als 40 Fälle
2) Die Kategorie „Elternzeit" wurde erstmals für das Jahr 2003 erfasst

Ein Ost-West-Vergleich zeigt, dass sich für das Jahr 2003 keine nennenswerten Differenzen an der Beteiligung an beruflicher Weiterbildung in Bezug auf dieses Kriterium ergeben (vgl. Bundesministerium für Bildung und Forschung 2006, S. 75). Dies bedeutet, dass sich bezüglich des Erwerbsstatus die Beteiligung an beruflicher Weiterbildung in West- und Ostdeutschland weitgehend angenähert hat.

Aufschlussreich ist der quantitative Vergleich in Bezug auf den Erwerbsstatus zwischen den Teilnahmefällen und dem Teilnahmevolumen: Das Teilnahmevolumen unterscheidet sich zwischen Erwerbstätigen und Nicht-Erwerbstätigen nicht so stark wie die Teilnahmefälle (vgl. Bundesministerium für Bildung und Forschung 2006, S. 76). Dies bedeutet, dass die Nicht-Erwerbstätigen – sicherlich insbesondere diejenigen, die bald wieder erwerbstätig werden möchten, offenbar an vergleichsweise längeren Kurse teilnehmen. So liegt der Anteil der Nicht-Erwerbstätigen, die einen Umschulungskurs besuchten, mit einem guten Fünftel (22 %) außerordentlich hoch.

Die Ergebnisse des Mikrozensus (vgl. Bundesministerium für Bildung und Forschung 2006, S. 7) und der Kosten-Nutzen-Untersuchung (vgl. Beicht u.a. 2004, S. 8) sowie der SOEP-Auswertungen (vgl. Büchel/Pannenberg 2004, S. 90) weisen im wesentlichen in die gleiche Richtung wie die des BSW.

Die Unterschiede in der Beteiligung an beruflicher Weiterbildung nach sozio-demographischen Kriterien lassen sich auch in Bezug auf *den Berufsstatus bzw. die berufliche Stellung.*[6] belegen. So haben sich dem BSW zu Folge im Jahr 2003 bundesweit 59 % der Beamten, aber nur 19 % der Arbeiter an beruflicher Weiterbildung beteiligt, die Teilnahmequoten der Angestellten (39 %) und der Selbständigen (34 %) liegen dazwischen (s. Abbildung 4-5, vgl. Bundesministerium für Bildung und Forschung 2006, S. 82).

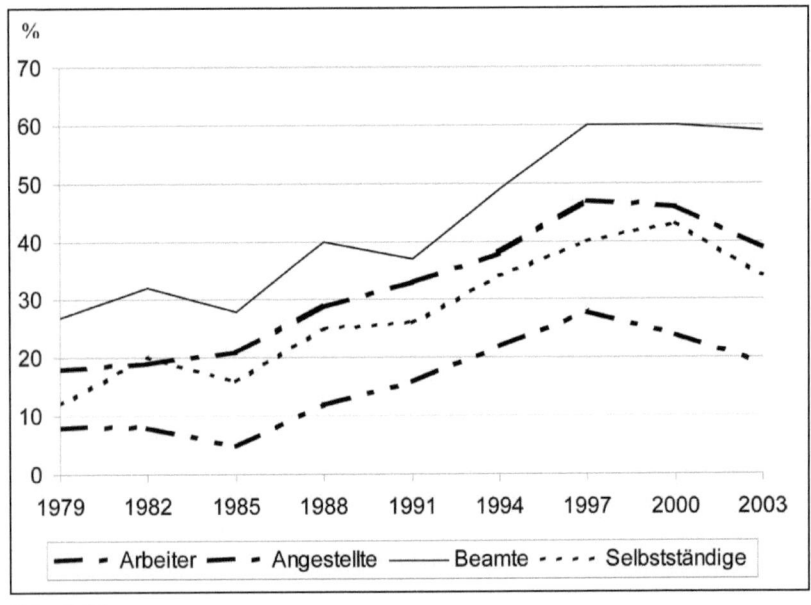

Abbildung 4-5: Teilnahme an beruflicher Weiterbildung bei Erwerbstätigen nach Berufsstatusgruppen 1979-2003 (BSW)
(Quelle: Darstellung nach: Bundesministerium für Bildung und Forschung 2006, S. 82)

---

6 Unter den Begriff Berufsstatus wird die Differenz zwischen Abeitern, Angestellten, Beamten und Selbstständigen gefasst, mit Hilfe des Begriffs berufliche Stellung werden diese weiter ausdifferenziert, z.A. an- und ungelernte Arbeiter, Facharbeiter.

Betrachtet man die Entwicklung seit der ersten BSW-Erhebung für das Jahr 1979, so zeigt sich, dass in allen Gruppen die Beteiligung an beruflicher Weiterbildung gestiegen ist, sich die strukturellen Unterschiede dabei aber erhalten haben.

Bei der Betrachtung des Weiterbildungsvolumens nach Statusgruppen ergibt sich, dass die teilnehmenden Arbeiter überdurchschnittlich viel Zeit für Weiterbildung aufwenden: Mit 20 % liegt ihr Weiterbildungsvolumen höher als ihre Teilnahmefälle (14 %) (vgl. Bundesministerium für Bildung und Forschung 2006, S. 84).

Bestätigen lässt sich die niedrigere Weiterbildungsbeteiligung Geringqualifizierter auch auf Basis der Betriebs- bzw. Unternehmensbefragungen – hier bezogen auf den Teilbereich der betrieblichen Weiterbildung. Das IAB-Betriebspanel z.b. ermittelte die besten Zugangschancen zur betrieblichen Weiterbildung für qualifizierte Angestellte (im 1. Halbjahr 2001 lag diese im Westen bei 28 % und im Osten bei 32 %). Als nur noch halb so hoch stellt sich die Weiterbildungsbeteiligung der Facharbeiter und die der einfachen Angestellten dar. Deren Teilnahmequoten bewegen sich mit knapp 15 % in etwa auf dem gleichen Niveau. Deutlich am geringsten ist die Beteiligungsquote bei den un- und angelernten Arbeitern mit 5 % in Westdeutschland und 8 % in Ostdeutschland (s. Abbildung 4-6). Ein Vergleich der Daten 2001 mit denen von 1999 ergibt bei den un- und angelernten Arbeitern in den neuen Bundesländern einen besonders deutlichen Rückgang von 14 % auf 6 %.

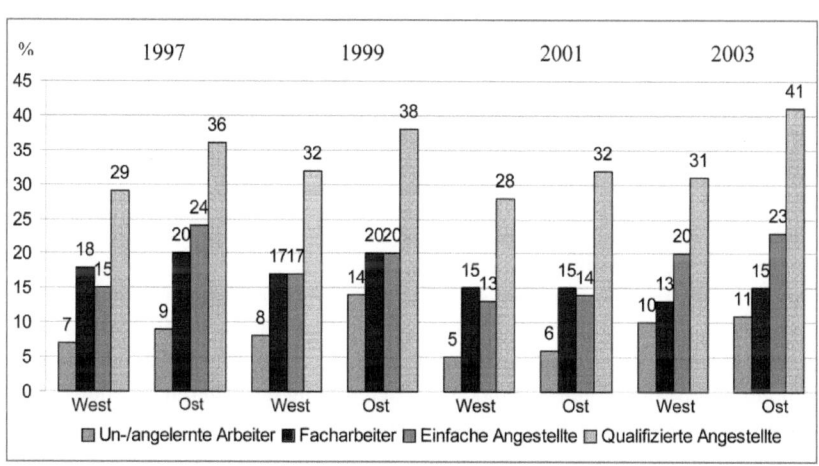

Abbildung 4-6: Beteiligung an betrieblicher Weiterbildung nach beruflicher Stellung 1997-2003 (IAB-Betriebspanel)
(Quelle: Ergebnisse des IAB-Betriebspanels, zit. nach: Bundesministerium für Bildung und Forschung 2006, S. 89)

In Bezug auf die berufliche Stellung belegt auch die im Auftrag der Expertenkommission Finanzierung Lebenslangen Lernens erstellte Untersuchung eine extrem unterschiedliche Weiterbildungsbeteiligung. So ist beispielsweise der Anteil der Arbeiter unter den Nichtteilnehmern doppelt so hoch wie bei den Teilnehmern. Angestellte, Beamte und Selbstständige sind demgegenüber jeweils bei den Teilnehmern weit stärker vertreten als bei den Nichtteilnehmern. Differenziert man die berufliche Stellung weiter, so zeigt sich, dass un- und angelernte Arbeiter viermal so häufig unter den Nichtteilnehmern als unter den Teilnehmern zu finden sind. Auch Angestellte mit einfacher Tätigkeit weisen unter den Nichtteilnehmern einen doppelt so hohen Anteil auf wie bei den Teilnehmern. Einen gleich hohen Anteil in beiden Gruppen weisen u.a. Vorarbeiter, Meister und ausführende Angestellten auf. Angestellte mit verantwortungsvollen Aufgaben, Beamtengruppen ab dem mittleren Dienst sowie Selbständige haben bei den Teilnehmern einen deutlich höheren Anteil als bei den Nichtteilnehmern (vgl. zu diesen Daten: Schröder u.a. 2004, S. 38f.)

Fasst man die beruflichen Stellungen nach Qualifizierungsgraden, Autonomie bzw. Weisungsbefugnis zusammen, so bestätigen sich die Differenzen: Personen mit ausführenden Tätigkeiten machen 20 % unter den Teilnehmern aus, aber mehr als doppelt so viel bei den Nichtteilnehmern. Personen mit Führungsaufgaben sind mit 9% mehr als viermal so häufig bei den Teilnehmern als den Nichtteilnehmern (vgl. Schröder u.a. 2004, S. 39f.).

Erwartungsgemäß sind Vollzeitbeschäftigte bei den Teilnehmern an beruflicher Weiterbildung mit 75 % deutlich häufiger vertreten als bei den Nichtteilnehmern (57 %). Demgegenüber unterscheidet sich der Anteil der Teilzeitbeschäftigten bei den Teilnehmern mit 14 % und den Nichtteilnehmern (18 %) nicht gravierend. Der Anteil der Arbeitslosen ist demgegenüber bei den Nichtteilnehmern doppelt so hoch wie bei den Teilnehmern (vgl. Schröder u.a. 2004, S. 37f.).

Weiterbildungsbeteiligung nach Alter

Auch eine Betrachtung der Beteiligung an beruflicher Weiterbildung nach Altersgruppen weist deutliche Unterschiede aus: Wenngleich in allen Altersgruppen die Beteiligung an beruflicher Weiterbildung in den letzten 25 Jahren deutlich gestiegen ist, so bleibt dennoch die Beteiligung der Älteren deutlich hinter der der Jüngeren zurück (s. Abbildung 4-7).

Die altersspezifische Weiterbildungsbeteiligung folgt einer U-Kurve. Sie steigt zunächst an und nimmt danach wieder ab.

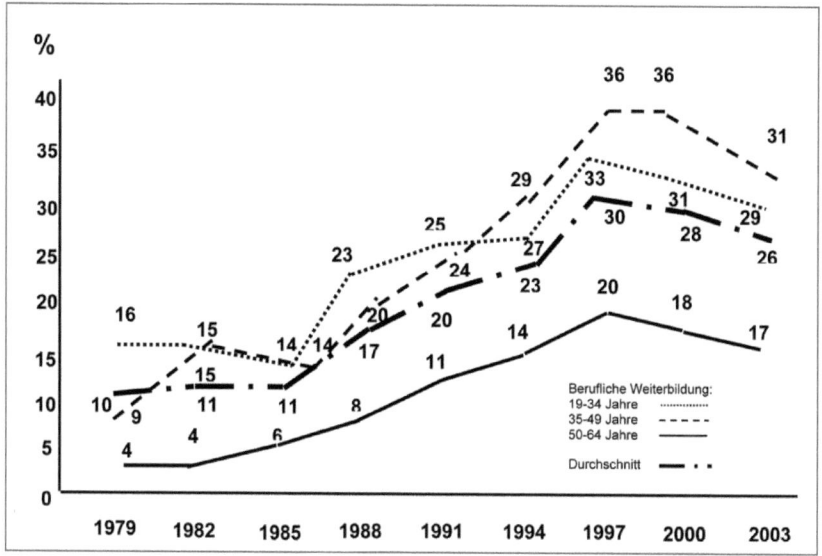

Abbildung 4-7: Teilnahme an beruflicher Weiterbildung nach Alter 1979-2003 (BSW)
(Quelle: Darstellung nach: Bundesministerium für Bildung und Forschung 2006, S. 90)

Allerdings ist bei der Interpretation der Daten zu berücksichtigen, dass der Anteil der Erwerbstätigen unter den Älteren niedriger liegt als in den jüngeren Altersgruppen und dass die Beteiligung an beruflicher Weiterbildung naheliegender Weise in einem engen Zusammenhang mit der Erwerbstätigkeit steht. Vergleicht man lediglich die Teilnahme von Erwerbspersonen nach Altersgruppen, so reduziert sich die Differenz erheblich (z.B. auf 6 % zwischen den 39-49Jährigen und den über 49-Jährigen (s. Grafik 4-8). Folglich spielt die Variable Erwerbstätigkeit eine große Rolle für die Weiterbildungsbeteiligung Älterer.

Vor dem Hintergrund dieser Differenzierung verwundert es nicht, dass in der Erhebung im Rahmen der Expertenkommission Finanzierung Lebenslangen Lernens, die lediglich erwerbsnahe Personen befragt hat, keine signifikanten Differenzen zwischen der Gruppe der Teilnehmer und der Nichtteilnehmer in Bezug auf die Variable Alter ermittelt wurden (vgl. Schröder u.a. 2004, S. 31). Bestätigt werden diese Ergebnisse durch die BIBB-IAB-Erhebung von 1998/99, die ebenfalls nur einen sehr kleinen Einschnitt bei der Beteiligung von älteren Erwerbspersonen sowohl bei formaler als auch bei informeller Bildung aufweist (vgl. Schröder u.a. 2004, S. 33). Diese Ergebnisse zeigen, dass Erwerbstätige durchaus auch in fortgeschrittenem Alter noch weiterbildungsaktiv sind.

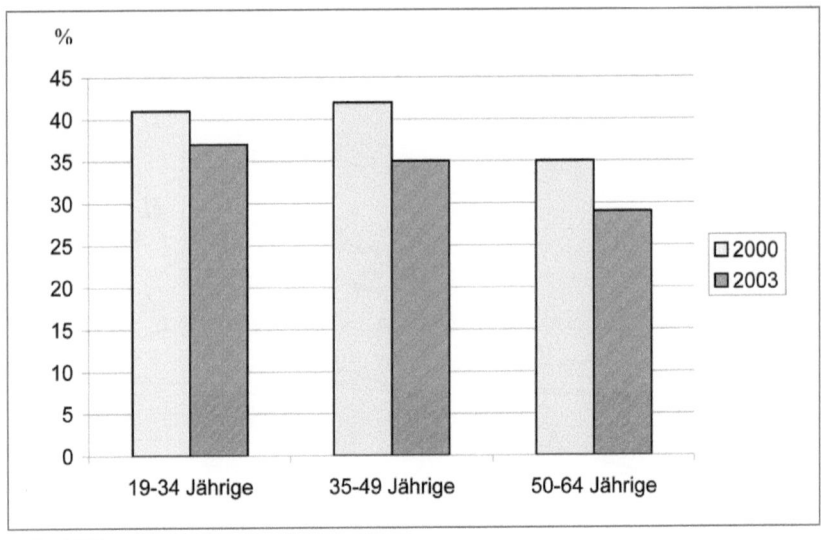

Abbildung 4-8: Teilnahme an beruflicher Weiterbildung bei Erwerbstätigen nach Altersgruppen 2000 und 2003 (BSW)
(Quelle: Darstellung nach: Bundesministerium für Bildung und Forschung 2006, S. 91)

Bei der Analyse der Daten zur Weiterbildungsbeteiligung Älterer ist zudem der Kohorteneffekt zu berücksichtigen: Es rücken Jahrgänge nach, deren durchschnittliches Qualifikationsniveau höher liegt als das der früheren Kohorten. Dies könnte für eine höhere Weiterbildungsbeteiligung den Ausschlag geben, da – wie bereits gezeigt wurde – die Weiterbildungsbeteiligung mit dem Bildungsniveau steigt. Auch Schröder u.a. (2004, S. 114) erklären die leicht abnehmende Weiterbildungsbeteiligung bei den ab 40Jährigen mit Kohorteneffekten: In dieser Altersgruppe liegt das durchschnittliche Bildungsniveau noch niedriger als bei den jüngeren Altersgruppen. Multivariate Analysen zeigen, dass die vorfindlichen Unterschiede nicht unmittelbar mit dem Alter zusammenhängen, sondern sich bei der Kontrolle der genannten Merkmale keine Alterseffekte auf die Beteiligung an Weiterbildung nachweisen lassen.

Naheliegend ist vor dem Hintergrund von Berufsbiographien, dass sich Unterschiede bei der Art der beruflichen Weiterbildung nach Alter feststellen lassen. So liegt die höchste Beteiligung an Umschulungen bei den 30-34Jährigen. Weiterbildungsmaßnahmen, die dem beruflichen Aufstieg dienen, werden am ehesten von Personen im Alter zwischen 25 und 29 Jahren besucht, Einarbeitungskurse am häufigsten von den erwerbstätigen 19-24 Jährigen (vgl. Bundesministerium für Bildung und Forschung 2006. S. 92).

Eine Analyse der Weiterbildungsbeteiligung nach Alter zeigt zudem, dass der oben konstatierte Rückgang der Teilnahme an beruflicher Weiterbildung insbesondere auf die Erwerbstätigen der mittleren Altersgruppe zurück zu führen ist (35-49Jährige).

Diese Ergebnisse sind zu berücksichtigen bei der vor dem Hintergrund der demographischen Entwicklung aktuellen Diskussion um die Weiterbildung Älterer.

Teilnahme an beruflicher Weiterbildung nach Geschlecht

In Bezug auf geschlechtsspezifische Differenzen ermittelt das BSW seit 1979 durchgängig eine gewisse Differenz zwischen der Weiterbildungsbeteiligung von Frauen und Männern. Die Differenz unterlag gewissen Schwankungen, hat in der Tendenz aber leicht abgenommen. Bezogen auf das Jahr 2003 wurde eine Teilnahme von Männern an beruflicher Weiterbildung von 28 % und von Frauen von 24 % ermittelt (s. Abbildung 4-9). Die Erhebung im Auftrag der Expertenkommission Finanzierung Lebenslangen Lernens ergab, dass die Teilnehmenden zu 59 % aus Männern und zu 41 % aus Frauen bestehen. Dementsprechend sind die Frauen bei den Nichtteilnehmern mit 54 % häufiger vertreten als die Männer (vgl. Schröder u.a. 2004, S. 31).

Allerdings ist näher zu überprüfen, ob alleine die Variable Geschlecht für diese Unterschiede ausschlaggebend ist. So zeigt sich, dass dem Erwerbsstatus eine große Bedeutung zukommt, was plausibel ist, da Frauen nach wie vor seltener erwerbstätig sind als Männer: Vergleicht man die Beteiligung erwerbstätiger Frauen und Männer an beruflicher Weiterbildung, so nahmen Frauen 2003 sogar etwas häufiger (35 %) als Männer (34 %) an beruflicher Weiterbildung teil (vgl. dazu und zum Folgenden: Bundesministerium für Bildung und Forschung 2006, S. 121). Diese Entwicklung ist neu, in den vorangegangen Erhebungen des BSW wurde auch eine etwas geringere Beteiligung erwerbstätiger Frauen im Vergleich zu erwerbstätigen Männern festgestellt. Auch die Nichtteilnehmer-Studie von Schröder u.a. (2004, S. 57) zeigt, dass die geschlechtsspezifische Differenz sinkt, wenn man erwerbstätige Frauen und Männer vergleicht.

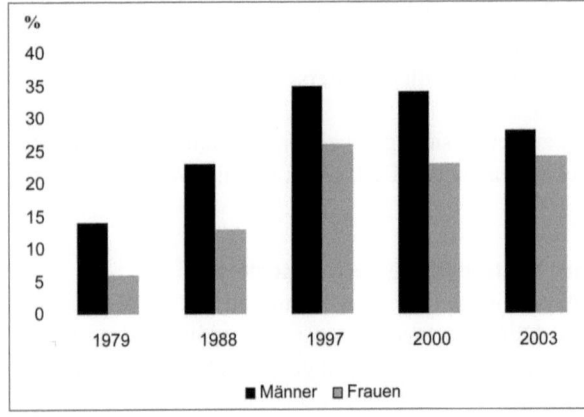

Abbildung 4-9: Teilnahme an beruflicher Weiterbildung nach Geschlecht 1979-2003 (BSW) (Quelle: Darstellung nach: Bundesministerium für Bildung und Forschung 2006, S. 121)

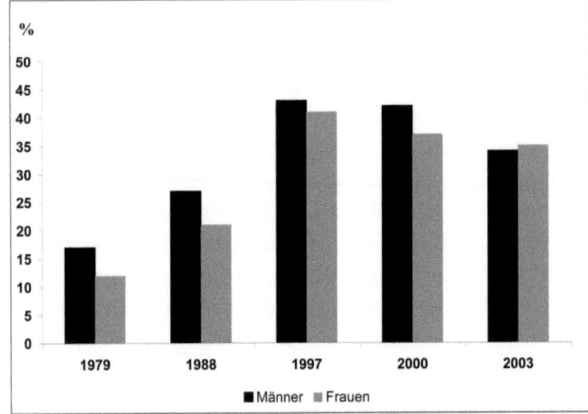

Abbildung 4-10: Teilnahme von Erwerbspersonen an beruflicher Weiterbildung nach Geschlecht 1979-2003 (BSW) (Quelle: Darstellung nach: Bundesministerium für Bildung und Forschung 2006, S. 121)

Frauen nehmen dem BSW zu Folge seltener als Männer an betrieblichen und häufiger an außerbetrieblichen Weiterbildungsmaßnahmen teil (vgl. Bundesministerium für Bildung und Forschung 2006, S. 335). Dies könnte sich aus dem hohen Teil von Frauen an den Teilzeitbeschäftigten erklären, die nicht im Vordergrund der betrieblichen Personalentwicklungsstrategien stehen, und weist auf das dezidierte Interesse an (außerbetrieblicher) Weiterbildung von Frauen hin. Da Frauen in der ehemaligen DDR deutlich häufiger als Frauen in Westdeutschland erwerbstätig waren, interessiert in Bezug auf diese Variable auch der Ost-West-Vergleich: So zeigt sich, dass die Differenz der Teilnahmequote von Frauen und Männern an beruflicher Weiterbildung in Westdeutschland etwas höher ist als in Ostdeutschland. Die Differenz hat sich in 2003 im Vergleich zum Jahr 2000 allerdings deutlich reduziert.

Betrachtet man ergänzend zur Teilnahmequote die Teilnahmefälle auf der Basis des BSW, so zeigt sich, dass im Jahr 2003 46 % aller Teilnahmefälle der beruflichen Weiterbildung auf die Frauen fallen. Damit ist ihr Anteil gegenüber 2000 (38 %) deutlich gestiegen. Folglich nähert sich die Teilnahme an beruflicher Weiterbildung zwischen Männern und Frauen auch unter diesem Aspekt an.

Neben dem Geschlecht sei an dieser Stelle auch auf den Einfluss der Haushaltskonstellation verwiesen. So zeigt die Erhebung der Expertenkommission Finanzierung, dass Frauen, die mit Partner und Kindern zusammen leben, seltener an beruflicher Weiterbildung teilnehmen. Demgegenüber spielt es für die Weiterbildungsbeteiligung von Männern keine Rolle, ob Kinder in dem Haushalt leben. Die Differenz wird noch deutlicher, wenn man die Zahl der Kinder betrachtet: Mit der Zahl der im Haushalt lebenden Kinder nimmt die Teilnahmewahrscheinlichkeit von Frauen deutlich ab, während ein solcher Effekt bei Männern nicht zu beobachten ist (vgl. zu diesen Daten: Schröder u.a. 2004, S. 34f.). Damit zeigt sich, dass die Versorgung von Kindern ein zentrales Teilnahmehemmnis für Frauen darstellt.

Die CVTS II-Erhebung weist für die Beteiligung von Frauen an Lehrveranstaltungen für das Jahr 1999 mit 33 % eine Unterrepräsentanz gegenüber den Männern mit 38 % aus (vgl. Grünewald u.a. 2003, S. 78). Betrachtet man die geschlechtsspezifische Teilnahmequote in Abhängigkeit von der Größenklasse des Unternehmens, so ist in kleinen Unternehmen kein Unterschied in der Teilnahmequote nach Geschlechtern erkennbar, während die Quote der teilnehmenden Frauen in Großbetrieben deutlich unter der von Männern liegt: Bei 1000 und mehr Beschäftigten liegt die Teilnahmequote von Männern bei 41 %, die der Frauen lediglich bei 33 %.

Diese Untersuchung ergibt hohe branchenspezifische Unterschiede bei der Beteiligung der Geschlechter an Weiterbildung: Nur im Baugewerbe liegt die Teilnahmequote von Frauen an Lehrgängen, Kursen oder Seminaren über der der Männer, in allen anderen Wirtschaftsbereichen ist es umgekehrt. Selbst in Branchen mit einem hohen Anteil weiblicher Beschäftigter, z.B. im Handel (52 %), bei Kreditinstituten und Versicherungen (51 %) oder im Gastgewerbe (65 %), liegen die Teilnahmequoten der Frauen unter denen der Männer (vgl. Grünewald u.a. 2003, S. 78ff.)

In der Erhebung des IW wurde für das Jahr 2001 erstmalig der Frauenanteil unter den Teilnehmern erfasst. Dieser Untersuchung zu Folge ergibt sich ebenfalls eine leicht unterdurchschnittliche Beteiligung weiblicher Mitarbeiter. Die befragten Unternehmen wiesen einen Anteil von 31 % weiblicher Beschäftigter aus. Bei den externen Lehrveranstaltungen liegt die Teilnahmequote von Frauen mit 33 % leicht über ihrem Beschäftigtenanteil, bei den Informationsveranstaltungen mit 29 % und bei den internen Lehrveranstaltungen mit 28 % leicht darunter.

Entgegen dem Ergebnis des BSW, dass Frauen bei der Partizipation an betrieblicher Weiterbildung schlechtere Chancen hätten, ergibt das IAB-Betriebspanel für 2001 eine stärkere Weiterbildungsbeteiligung der Frauen (vgl. Bellmann/Leber 2005b). Insbesondere in den neuen Bundesländern liegt die Weiterbildungsbeteiligung von Frauen mit 22 % deutlich über der von Männern mit 16 %. In Westdeutschland ist die geschlechtsspezifische Differenz mit 1 % gering und daher zu vernachlässigen. Der Vergleich mit den Daten von 1999 zeigt, dass zu diesem Zeitpunkt in Ostdeutschland bereits eine höhere Weiterbildungsbeteiligung der Frauen zu konstatieren war, während die Frauen in Westdeutschland damals dagegen noch schlechtere Teilnahmechancen als Männer hatten.

Bei den von der Bundesagentur für Arbeit auf der Basis des SGB III geförderten Weiterbildungsmaßnahmen, die sich an Arbeitslose richten, entsprach der Anteil der Frauen im Jahr 2003 mit 46 % in etwa ihrem Anteil an den Erwerbspersonen (44 %) (vgl. Bundesministerium für Bildung und Forschung 2006, S. 133). Folglich sind Frauen in diesem Weiterbildungssegment angemessen vertreten. Dieser Befund schreibt eine seit längerem zu beobachtende Tendenz fort.

Weiterbildungsbeteiligung nach Einkommenssituation
Die Gruppe der Weiterbildungsteilnehmer unterscheidet sich von den Nichtteilnehmern der Untersuchung im Auftrag der Expertenkommission Finanzierung auch deutlich in Bezug auf das jeweilige Haushaltseinkommen: In der Gruppe der Nichtteilnehmer sind die einkommensschwächeren Gruppen signifikant stärker vertreten (vgl. Schröder u.a. 2004, S. 47f.). Bei einer direkten Frage nach der Bereitschaft zur finanziellen Investition in Weiterbildung zeigt sich eine deutliche Zurückhaltung bei den Nichtteilnehmern. Ein Viertel der Nichtteilnehmer ist überhaupt nicht bereit, einen eigenen finanziellen Beitrag zu leisten – im Vergleich zu 7 % der Teilnehmer. Auch das SOEP und die BIBB-IAB-Erhebung konstatieren einen Zusammenhang zwischen Weiterbildungsbeteiligung und Arbeitseinkommen (vgl. Bellmann 2003).

Teilnahme an beruflicher Weiterbildung nach Nationalität
Die vorliegenden Studien zeigen übereinstimmend, dass Ausländer bei der Beteiligung an beruflicher Weiterbildung unterrepräsentiert sind. Das BSW ergibt,

dass Deutsche 2003 mit 27 % doppelt so häufig an beruflicher Weiterbildung teilnahmen wie Ausländer (13 %) (vgl. Bundesministerium für Bildung und Forschung 2006). Die Nichtteilnehmer-Studie bestätigt diesen Befund mit dem Ergebnis, dass die Zahl der Ausländer in der Gruppe der Nichtteilnehmer doppelt so hoch ist wie bei den Teilnehmern (vgl. Schröder u.a. 2004, S. 33f.). Zu untersuchen wäre, ob dabei ein niedriges Bildungsniveau der Ausländer als wichtiger Faktor eine Rolle spielt. Dazu geben die Untersuchungen keine Auskunft.

Teilnahme an beruflicher Weiterbildung nach Wirtschaftssektoren und Branchen

Betrachtet man die Wirtschaftssektoren, so zeigen sich ebenfalls erhebliche Diskrepanzen in Bezug auf die Weiterbildungsbeteiligung. In der Erhebung der Expertenkommission Finanzierung Lebenslangen Lernens waren die im primären Sektor (Landwirtschaft) Tätigen unter den Nichtteilnehmern doppelt so häufig vertreten wie unter den Teilnehmern. Im Produzierenden Gewerbe fiel der Unterschied nicht ganz so groß aus – es waren insbesondere im Handwerk und im Baugewerbe Beschäftigte nicht so häufig unter den Teilnehmern wie unter den Nichtteilnehmern. Der Dienstleistungsbereich ergibt ein in sich differenziertes Bild: Während der Anteil der Nichtteilnehmenden im Bereich Handel deutlich größer ist als bei den Teilnehmenden, sind die Bereiche öffentliche Verwaltung, Verkehr, Nachrichtenübermittlung, Kredit- und Versicherungsgewerbe sowie Unternehmensdienstleistungen weit häufiger bei den Teilnehmenden anzutreffen als bei den Nichtteilnehmenden (vgl. Schröder u.a. 2004, S. 41f.)

Betrachtet man nur die Beschäftigten aus Dienstleistungs- und kaufmännischen Berufen, so zeigen sich interessante Differenzen:

- „Bank- und Versicherungs- und sonstige Dienstleistungskaufleute sind dreimal so häufig unter den Teilnehmern wie unter den Nichtteilnehmern vertreten (21 % zu 7 %).
- Auch Medien- und geisteswissenschaftliche Berufe sowie Ordnungs- und Sicherheitsberufe sind jeweils viermal so häufig in der Gruppe der Teilnehmer abgebildet wie bei den Nichtteilnehmern.
- Dagegen sind Groß- und Einzelhandelskaufleute und Verkäufer doppelt so häufig unter den Nichtteilnehmer zu finden (34 % zu 17 %).
- Auch im Bereich der Körperpflege, Gästebetreuung, Hauswirtschafts- und Reinigungsberufe findet offensichtlich seltener Weiterbildung statt (9 % der Nichtteilnehmer, 3 % der Teilnehmer)." Schröder u.a. 2004, S. 44

Diese Ergebnisse zeigen, dass der Dienstleistungsbereich durchaus differenziert zu betrachten ist. Insbesondere Berufsbereiche mit einem durchschnittlich geringeren Qualifikationsniveau partizipieren weniger an Weiterbildung. Es ist davon auszugehen, dass die berufsspezifischen Differenzen mit den Tätigkeitsanforderungen im Berufsalltag korrespondieren. Teilnehmer an Weiterbildung sagen doppelt so häufig wie Nichtteilnehmer, dass ihre Arbeit sehr wissensintensiv ist (82 % der Teilnehmer, 44 % Nichtteilnehmer). Weiterbildungsteilnehmer geben auch eher an, eine Tätigkeit auszuüben, die gute Möglichkeiten zur Qualifizierung bietet, wenn dies erforderlich ist (76 % gegenüber 44 % der Nichtteilnehmer). Auch Gruppen- oder Projektarbeit hat offensichtlich einen Einfluss auf die Weiterbildungsbeteiligung: Teilnehmer arbeiten wesentlich häufiger als Nichtteilnehmer in solchen Arbeitsorganisationen (57 % der Teilnehmer, 41 % der Nichtteilnehmer (vgl. Schröder u.a. S. 45f.).

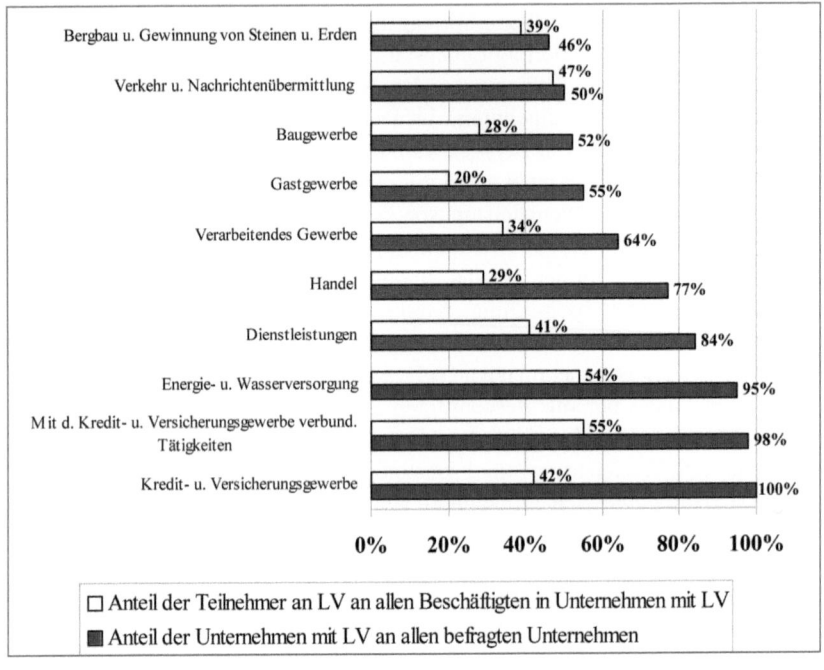

Abbildung 4-11: Angebot und Nutzung von Lehrveranstaltungen in Unternehmen nach Wirtschaftsbereichen
(Quelle: Grünewald u.a. 2003, S. 77)

Das IAB-Betriebspanel (vgl. Bellmann u.a. 2001, S. 107) sowie die europäische Erhebung CVTS-II (vgl. Grünewald u.a. 2003, S. 77) ermöglichen ebenfalls eine Ausdifferenzierung der Beteiligung an betrieblicher Weiterbildung nach

Branchen. Wenngleich die Ergebnisse im Einzelnen differieren, so kann doch konstatiert werden, dass z.B. das Versicherungs- und Kreditgewerbe eine hohe Weiterbildungsbeteiligung aufweist, während im Baugewerbe, im Handel und im Gastgewerbe eine vergleichsweise geringe Weiterbildungsbeteiligung zu konstatieren ist. Es wäre der Frage näher nachzugehen, ob diese Differenzen auf unterschiedliche Politiken der jeweiligen Betriebe zurückzuführen sind oder eher eine Konsequenz eines differierenden Qualifikationsniveaus der Belegschaften darstellen.

Teilnahme nach Betriebsgröße
Erwerbstätige aus Betrieben mit weniger als 100 Beschäftigten nehmen seltener an betrieblicher Weiterbildung im Vergleich zu außerbetrieblichen Angeboten teil als Beschäftigte aus größeren Betrieben (vgl. Bundesministerium für Bildung und Forschung 2006, S. 335). Diese Differenz hat sich gegenüber 2000 vergrößert. Der Anteil der Beschäftigten aus Kleinbetrieben an betrieblicher Weiterbildung ist weiter zurück gegangen, während sich der von Großbetrieben erhöht hat (vgl. Bundesministerium für Bildung und Forschung 2006, S. 336).

Fast jeder zweite Nichtteilnehmer (47 %) ist in einem Unternehmen mit bis zu 50 Mitarbeitern beschäftigt, unter den Teilnehmern dagegen lediglich 38 %. Im Vergleich dazu ist bei Personen, die in einem Unternehmen mit über 500 Beschäftigten arbeiten, die Zahl der Teilnehmenden mit 37 % wesentlich höher als die der Nichtteilnehmer (23 %) (vgl. Schröder u.a. 2004, S. 40f.).

Zeitlicher Umfang der Beteiligung an beruflicher Weiterbildung
Die Untersuchung des IW gibt Auskunft über den zeitlichen Umfang der Weiterbildungsteilnahme. Für das Jahr 2001 ergibt die Erhebung, dass im Durchschnitt aller Befragten jeder Mitarbeiter 13,6 Stunden an Weiterbildung teilnahm. Im Vergleich zur letzten Erhebung zeigt sich damit ein deutlicher Rückgang um 6 Stunden (vgl. Weiss 2003). Differenziert man den Zeitaufwand nach dem Veranstaltungstypus, so zeigt sich, dass insbesondere der Umfang der internen Lehrveranstaltungen von 1992 auf 2001 erheblich gesunken ist, und zwar um 4,8 Stunden. Es lässt sich die Vermutung formulieren, dass in konjunkturell angespannten Zeiten gerade bei den internen Veranstaltungen gespart wird.

Die Weiterbildungsstunden je Teilnehmer können als Indikator für die Dauer einer Maßnahme herangezogen werden. Naheliegenderweise haben die Umschulungsmaßnahmen mit über 490 Stunden je Teilnehmer den größten Umfang. Demgegenüber handelt es sich bei den Informationsveranstaltungen um kurzzeitige Maßnahmen von etwas mehr als 4 Stunden je Teilnehmer. Externe

Lehrveranstaltungen sind mit 34 Stunden je Teilnehmer fast dreimal zeitintensiver als interne Lernveranstaltungen mit 14 Stunden.

Die CVTS-II Erhebung ermittelte für 1999 eine Zahl von durchschnittlich 27 Stunden pro Teilnehmer (vgl. Grünewald u.a. 2003, S. 81). Diese Untersuchung zeigt, dass auch der Umfang der Beteiligung nach Branchen stark differiert: Am höchsten liegt die Stundenzahl pro Teilnehmer mit 38 Stunden bei den mit dem Kredit- und Versicherungsgewerbe verbundenen Tätigkeiten, im Mittelfeld liegen das Verarbeitende Gewerbe mit 29 Stunden und der Handel mit 21, am unteren Ende liegen das Gastgewerbe mit 15 und der Bergbau mit 10 Stunden (vgl. Grünewald u.a. 2003, S. 82).

Berufliche Weiterbildung auf der Basis des Sozialgesetzbuches III (SGB III)
In den vorangegangen Abschnitten wurde in der Regel die Beteiligung an beruflicher Weiterbildung insgesamt bzw. an betrieblicher Weiterbildung als äußerst relevantem Teilbereich der Weiterbildung unter verschiedenen Aspekten analysiert. Im Folgenden soll noch ein Blick auf den Teilbereich der beruflichen Weiterbildung geworfen werden, der auf der Basis des SGB III realisiert wird und der sich gegenwärtig fast ausschließlich an Arbeitslose richtet.

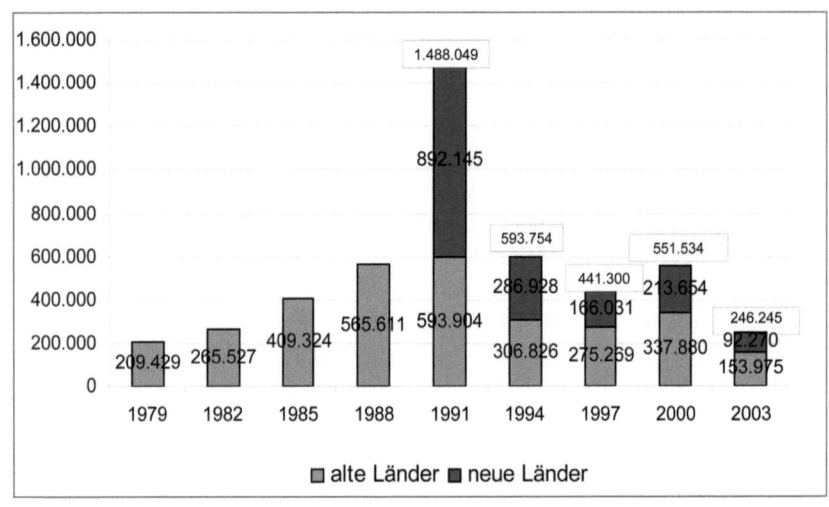

Abbildung 4-12: Eintritte in AFG- bzw. SGB III-geförderte Weiterbildung im Ost-West-Vergleich 1979-2003
(Quelle: Bundesministerium für Bildung und Forschung 2006, S. 52)

Die Grafik verdeutlicht starke Schwankungen der Eintritte in die Maßnahmen, die auf der Basis der AFG bzw. des späteren SGB III gefördert werden. Wichtig für die Interpretation dieser Daten ist der Sachverhalt, dass die Veränderungen der Teilnehmerzahlen nicht auf ein schwankendes Interesse potentieller Interessenten zurückzuführen sind, sondern vielmehr ein Ergebnis politischer Steuerung darstellen. Nachdem insbesondere zu Beginn der neunziger Jahre des letzten Jahrhunderts, d.h. nach der Wiedervereinigung Deutschlands, derartige Maßnahmen ausgebaut wurden, um die qualifikatorischen Anpassungsprobleme der Bürger aus den neuen Bundesländern zu bewältigen, aber sicher auch, um ein noch höheres Ausmaß an Arbeitslosigkeit zu verhindern, wurden diese nachhaltig zurückgefahren, seit die Zielperspektiven der Bundesagentur für Arbeit stärker auf schnelle Vermittlung als auf nachhaltige Qualifizierung ausgerichtet sind.

Berufliche Weiterbildung in Deutschland im internationalen Vergleich
In dem Maße, in dem die europäische Dimension Einfluss auch auf die berufliche Weiterbildung gewinnt, ist auch der Vergleich mit anderen europäischen Ländern von Interesse. Die CVTS- sowie die Eurostat Arbeitskräfte-Erhebung geben Auskunft dazu. Exemplarisch wird hier die zuletzt genannte Erhebung in der Abbildung 4-13 vorgestellt.

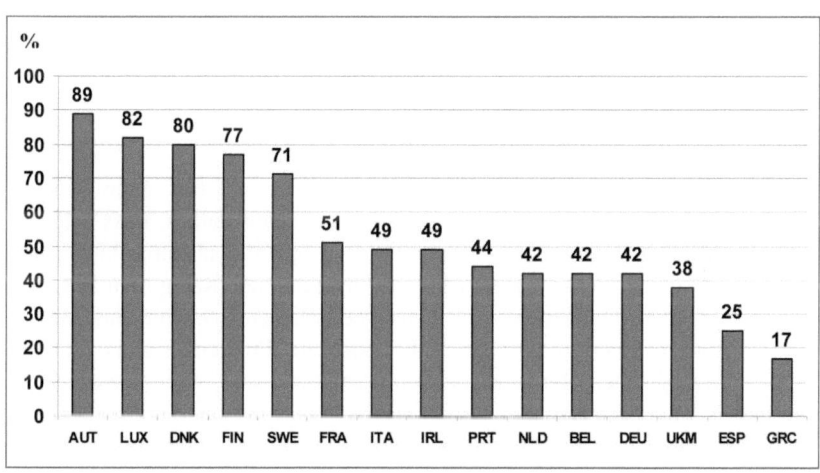

Abbildung 4-13: Teilnahmequote an allen Formen des Lernens im Erwachsenenalter in den EU-Staaten 2003.
(Quelle: Eurostat Arbeitskräfteerhebung, Ad-hoc-Modul 2003 über lebenslanges Lernen, zit. nach Konsortium Bildungsberichterstattung 2006, S. 126)

Die Ergebnisse zeigen, dass Deutschland bei der beruflichen Weiterbildung im europäischen Vergleich mit einer in dieser Erhebung ermittelten Teilnahmequote von 42 % eher im unteren Mittelfeld angesiedelt ist: Österreich erreicht mit 89 % die höchste Teilnahmequote. Diese liegt damit mehr als doppelt so hoch wie Deutschland.

4.3   Teilnahme an informeller beruflicher Weiterbildung

▼ Zusammenfassung

Wie bereits in den Kapiteln 2.2 und 3.2 erläutert, spielen informelle Lernkontexte in der aktuellen Weiterbildungsdiskussion eine zentrale Rolle. Daher soll in diesem Abschnitt der Frage nachgegangen werden, welche quantitative Bedeutung diesen Lernkontexten zuzumessen ist. Zunächst wird dazu auf der Basis der Studie zum Weiterbildungsbewusstsein die subjektive Bedeutung informeller Weiterbildung im Verhältnis zur formalen Weiterbildung analysiert (Kapitel 4.3.1). Anschließend werden weitere quantifizierende Untersuchungsergebnisse vorgestellt, die die unterschiedlichen arbeitsbegleitenden Lernkontexte ausdifferenzieren (Kapitel 4.3.2). Bei der Auseinandersetzung mit den vorliegenden Befunden ist insbesondere auch die Frage von Interesse, ob die Beteiligung an informellen Lernkontexten die im vorigen Abschnitt konstatierte Segmentierung in Bezug auf sozio-demografische sowie beschäftigungsbezogene Merkmale bei der formalen beruflichen Weiterbildung kompensiert oder ob die Beteiligungsstruktur eher korrespondiert.

4.3.1 Subjektive Bedeutung informeller Lernkontexte
Einleitend ist auf die generelle Schwierigkeit der exakten Erfassung informeller Lernkontexte hinzuweisen. Diese resultiert zum einen daraus, dass sich die jeweils gewählten Kategorien nur schwer exakt operationalisieren lassen und auch in den verschiedenen Untersuchungen divergierende Kategorien zu Grunde gelegt werden. Die Problematik einer verlässlichen Erfassung informeller Lernkontexte resultiert zum anderen aber auch aus Problemen einer präzisen Rückerinnerung seitens der befragten Personen. Diese sind höher einzuschätzen als bei der Frage nach formalen Lernkontexten wie Kursen und Lehrgängen.

In der Studie zum Weiterbildungsbewusstsein II (vgl. Schiersmann 2006a) wurden informelle Lernkontexte anhand der folgenden drei Kategorien operationalisiert:

Definition informeller Lernkontexte
* Lernen im Arbeitskontext
* Lernen im privaten und gesellschaftlichen Umfeld
* Lernen mit (traditionellen und neuen) Medien.

Die Auswertung bezieht sich auf Erwerbspersonen, d.h. Erwerbstätige, Arbeitslose und die Stille Reserve. Die Befragten wurden gebeten, Auskunft darüber zu geben, welchen Lernkontexten sie besonders große bzw. geringe Bedeutung für ihre berufliche Entwicklung zuweisen. Die Intention dieser Frage zielte auf die individuelle Bewertung der unterschiedlichen Lernkontexte.

Folgende Items wurden zum Index Formales Lernen kombiniert:
* Besuch von betrieblichen Weiterbildungskursen
* Besuch von Kursen und Seminaren in Bildungseinrichtungen

Folgende Items bildeten den Index Arbeitsbegleitendes Lernen[1]:
* Erfahrungsaustausch mit Berufskollegen
* Einweisung/Einarbeitung am Arbeitsplatz
* meine alltägliche Arbeit

Die folgenden Items gingen in den Index Lernen im gesellschaftlichen und privaten Umfeld ein:
* Beschäftigung mit Haus und Garten,
* Umgang mit Kindern in der Familie
* Erfahrungsaustausch mit Freunden, Partner
* Reisen

Die folgenden Items bilden den Index Mediales Lernen:
* Eigenes Experimentieren am PC
* Surfen im Internet
* Lesen von Fachbüchern und Fachzeitschriften
* Anschauen von Magazinen/Informationssendungen im Fernsehen

Es wurden die beiden Aspekte des Lernens mit ‚alten' und mit ‚neuen' Medien zusammengefasst, weil der Anteil derjenigen, die dem Lernen mit neuen Medien einen hohen Stellenwert zuwiesen, noch recht gering war.

---

1 Spezielle arbeitsbegleitende Lernformen wie Qualitätszirkel oder Projektgruppen wurden nicht als Items vorgegeben, weil ihre Verbreitung – bezogen auf die gesamte Erwerbsbevölkerung – zu gering ist, um gruppenspezifische Auswertungen vorzunehmen.

In einem weiteren Schritt wurde untersucht, inwieweit die Indexwerte für die entsprechenden Lernkontexte wechselseitig voneinander abhängig sind. Es zeigt sich, dass die Wertungen der Lernkontexte in unterschiedlicher Intensität miteinander korrelieren. Besonders ausgeprägt sind die Korrelationen zwischen dem formalen Lernen und dem arbeitsbegleitenden Lernen bzw. dem medialen Lernen. Dies bedeutet, dass diejenigen Personen, die formales Lernen positiv bewerten, auch das arbeitsbegleitende Lernen eher positiv bewerten.

Abhängigkeit der subjektiven Bedeutung unterschiedlicher Lernkontexte von personalen und sozialstrukturellen Merkmalen

In einem weiteren Auswertungsschritt wurde die Abhängigkeit der einzelnen Lernkontext-Indices von den für Bildungsprozesse relevanten Variablen Familiale Förderung, Schulabschluss, Ausbildungsniveau, Alter und Geschlecht mit multivariaten Varianzanalysen unter Einbeziehung der Kategorie der Selbststeuerung untersucht.

Das im Prozess der Auswertung um die nichtsignifikanten Effekte reduzierte und vereinfachte Modell enthält folgende erklärende Effekte für Formale Lernkontexte:

- Selbststeuerung (18 %)
- Geschlecht (< 1 %)
- Interaktion Altersgruppe mit dem Ausbildungsniveau (2 %)
- Interaktion Altersgruppe, familiale Förderung und Erwerbsstatus (2 %).

Das Gesamtmodell erklärt ca. 23 %, was für eine sozialwissenschaftliche Untersuchung einen hohen Wert darstellt. Dies bedeutet, dass die artikulierte subjektive Bedeutung dieses Lernkontextes in dem genannten Maße durch diese Faktoren erklärt wird. Die mit 18 % höchste Bedeutung hat dabei der Faktor der Selbststeuerung. Damit wird erneut dessen Bedeutung für das lebenslange Lernen unterstrichen.

Die Variable Alter hat im Rahmen dieser Interaktionen überwiegend den wenig überraschenden Effekt, dass die Gruppe der 50- bis 64-Jährigen die Bedeutung des formalen Lernens niedriger einschätzt als die Gruppe der 19- bis 34-Jährigen. Die Zwei-Weg-Interaktion Altersgruppe mit dem Ausbildungsniveau zeigt einen interessanten Einzeleffekt: Die 19- bis 34-jährigen Erwerbstätigen mit Meister- oder Technikerqualifikation bewerten das formale Lernen positiver als ihre Altersgenossen mit Fachhochschul- oder Hochschulabschluss.

Für das arbeitsbegleitende Lernen hat das konstruierte Modell nur einen geringeren Erklärungswert von ca. 12 %. Es enthält folgende signifikante Effekte:

- Selbststeuerung (6 %),
- Familiale Förderung (< 1 %)
- Interaktion Altersgruppe mit Schulabschluss mit Geschlecht (2 %)
- Interaktion Ausbildungsniveau, Erwerbsstatus und Geschlecht (2 %).

Dabei ist wiederum der Faktor Selbststeuerung am bedeutendsten, wenngleich weniger einflussreich als beim formalen Lernen.
Die dem medialen Lernen zugeschriebenen subjektive Bedeutung kann zu ca. 23% aus personalen und sozialen Variablen erklärt werden. Das Modell subsumiert folgende signifikante Effekte:

- Selbststeuerung (18 %)
- Alter (1 %)
- Interaktion Schulabschlussniveau mit Erwerbsstatus (1 %)
- Alter mit Geschlecht (< 1 %).

Auch hier wird die Bedeutung der kognitiven Komponente von Selbststeuerung deutlich, was auch aus inhaltlichen Gründen naheliegend ist: Der Zugang zu medialen Lernkontexten und die Gestaltung der Lernprozesse in diesen erfordert in der Regel eine hohe Eigenaktivität. Ich muss mir das Fachbuch besorgen und geeignete Zeithorizonte finden, um es zu lesen. Ebenso erfordert der Umgang mit einer Lernsoftware eine hohe Eigenaktivität.

Wichtigster Lernkontext in subjektiver Wertung
Zusätzlich zu der Frage nach der Bedeutung der unterschiedlichen Lernkontexte für die berufliche Entwicklung wurden die Befragten um die Aussage gebeten, in welchen Lernkontexten sie am meisten bzw. am zweitmeisten gelernt haben. Dadurch ist es möglich, weitere bivariate Auswertungen durchzuführen und insbesondere Beziehungen zu den realen Lernaktivitäten herzustellen.

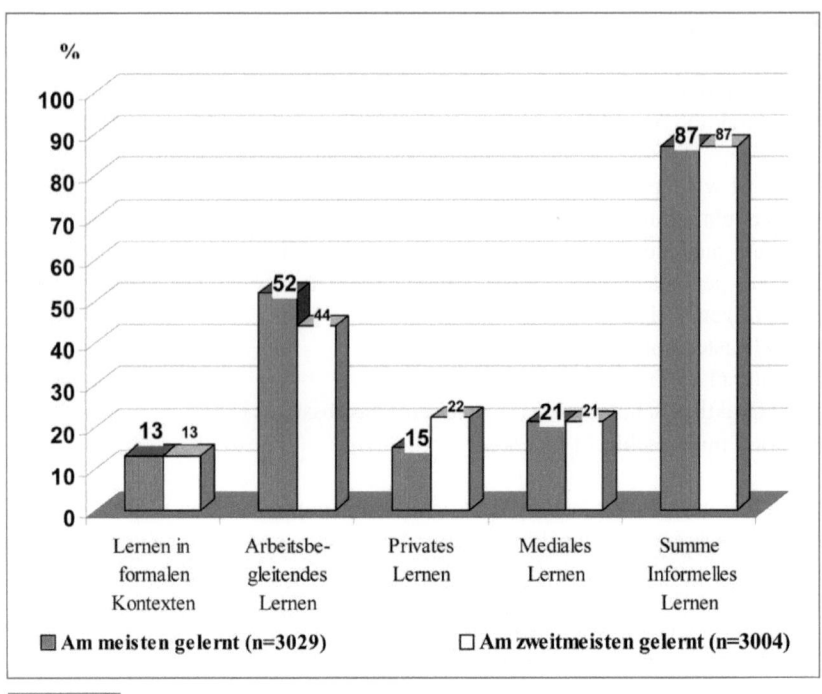

Abbildung 4-14: Wichtigster und zweitwichtigster Lernkontext (Studie zum Weiterbildungsbewusstsein II)
(Quelle: Schiersmann 2006a, S. 35)

Als Ergebnis ist hervorzuheben, dass das arbeitsbegleitende Lernen von Erwerbspersonen als wichtigster Lernkontext für deren berufliche Entwicklung angesehen wird (52 %). Es folgen das mediale Lernen (20 %) und das Lernen im privaten und gesellschaftlichen Umfeld (15 %). 13 % der Befragten gaben an, in formalen Lernkontexten am meisten gelernt zu haben. Differenziert man an dieser Stelle einmal das Mediale Lernen in das mit ‚alten' und ‚neuen' Medien, so zeigt sich, dass das Lernen am Computer bzw. im Internet für 5 % den wichtigsten Lernkontext darstellt. Vermutlich differenziert sich dieses Ergebnis stark unter altersspezifischen Gesichtspunkten.[2]

Dichotomisiert man die Lernerfahrungen nach formalen und informellen Lernkontexten, so ergibt sich, dass 87 % der Befragten aussagten, in informellen Lernkontexten am meisten gelernt zu haben gegenüber 13 %, die diese Bewer-

---

2   Die Teilstichprobe war zu klein, um dies verlässlich auswerten zu können.

tung den formalen Lernkontexten zuwiesen. Dieses Ergebnis mag auf den ersten Blick sehr überraschend erscheinen. Allerdings ist noch einmal auf den einleitend zu diesem Kapitel bereits dargestellten Sachverhalt hinzuweisen, dass sich die fachliche Diskussion in Theorie und Praxis der Erwachsenenbildung bislang auf die formalen Lernkontexte konzentriert und sich eher auf ein darauf fokussiertes Bildungsverständnis ausgerichtet hat. Selbstverständlich lernen wir bei vielen Gelegenheiten im beruflichen und privaten Bereich. Vermutlich haben die informellen Lernprozesse ,schon immer' eine hohe subjektive Bedeutung für die individuellen Lernerfahrungen besessen, nur hat sich kaum einer dafür interessiert. Eine Zunahme der informellen Lernprozesse in den vergangenen Jahren lässt sich aus diesem Ergebnis aufgrund der Fragestellung nicht ableiten. In jedem Fall ist das Ergebnis der subjektiven Zuschreibung einer hohen Bedeutung informeller Lernprozesse für die berufliche Entwicklung sehr ernst zu nehmen. Es macht es dringend erforderlich, in der Forschung der Frage nach der Ausgestaltung und Qualität informeller Lernkontexte näher nachzugehen und zu prüfen, wie diese sinnvoll mit formalen verknüpft werden können. Es relativiert sich auch die Bedeutung der Weiterbildungsinstitutionen für das Konzept lebenslangen Lernens, macht diese jedoch keineswegs überflüssig.

Erwartungsgemäß sind sozio-demographische Kriterien relevant für die Differenzierung der Ergebnisse. Im Folgenden werden einige, auf einem hohen Niveau signifikante Ergebnisse bezüglich des Ausbildungsniveaus und des Erwerbsstatus dargestellt, da diese Kriterien sich im Rahmen der bivariaten Analysen als am aussagekräftigsten erwiesen haben. Ergänzend werden die Variablen Alter und Geschlecht geprüft.

Bei einer Gruppierung nach dem Ausbildungsniveau zeigen sich in Bezug auf den bedeutendsten Lernkontext folgende Zusammenhänge: Formale Lernkontexte haben für Erwerbspersonen ohne qualifizierten Ausbildungsabschluss mit 7 % der Nennungen die geringste Bedeutung. Demgegenüber nennen Erwerbspersonen mit Meister-, Techniker- oder einem vergleichbaren Abschluss formale Lernarrangements mit ca. 20 % häufiger als der Durchschnitt. Umgekehrt hat arbeitsbegleitendes Lernen für Erwerbspersonen mit (Fach-)Hochschulabschluss mit 42 % eine eher unterdurchschnittliche Bedeutung.

Erwerbspersonen mit (Fach-)Hochschulabschluss weisen auch dem medialen Lernen eine überdurchschnittliche Bedeutung (34 %) zu – im Vergleich zu den Erwerbstätigen ohne qualifizierten Ausbildungsabschluss (16 %). Lernen im privaten und gesellschaftlichen Umfeld wird von Erwerbspersonen ohne qualifizierten Ausbildungsabschluss überdurchschnittlich häufig (23 %) als wichtigster beruflicher Lernkontext genannt. Eher unterdurchschnittlich sind die entsprechenden Häufigkeitsaussagen für die Gruppen der Meister, Techniker (7 %) und der Erwerbspersonen mit (Fach-)Hochschulabschluss (9 %). Diese Ergebnisse unterstreichen die hohe Bedeutung des Bildungsniveaus für die subjektive Bewertung von Lernkontexten.

Dies erklärt sich zum Teil sicher daraus, dass diese Gruppen im Laufe ihres Lebens häufiger bzw. länger an formalen Lernkontexten partizipiert haben. Dennoch ist es wichtig festzuhalten, dass implizit die Erfahrung mit formalen Lernkontexten damit auch wertgeschätzt wird. Offenbar sind die formalen Lernerfahrungen der Gruppen mit hohem Bildungsniveau nicht negativ und der Ertrag dieser Lernkontexte wird hoch und positiv bewertet. Betrachtet man die Gruppe mit einem eher niedrigen Ausbildungsniveau, so könnten in deren Bewertung neben der geringeren objektiven Beteiligung an formalen Lernkontexten auch negative Erfahrungen in denselben zu Buche schlagen: Der Lernertrag wird jedenfalls vorrangig in den wenig formalisierten Lernkontexten arbeitsbegleitenden und privaten Lernens gesehen.

Bei der Gruppierung nach dem aktuellen Erwerbsstatus lassen sich folgende Teilergebnisse festhalten: Formales Lernen wird von der Gruppe der Erwerbstätigen als wichtigster Lernkontext überdurchschnittlich häufig (14 %) genannt. Die Gruppen der Arbeitslosen bzw. der Stillen Reserve nennen diesen Lernkontext (mit 7 % bzw. 8 %) unterdurchschnittlich häufig. Dieses Ergebnis überrascht nicht angesichts der Tatsache, dass Arbeitslose überdurchschnittlich häufig niedrige formale (Aus-)Bildungsabschlüsse aufweisen und sich seltener an formaler beruflicher Weiterbildung beteiligen.

Arbeitsbegleitendes Lernen stellt für die Erwerbstätigen (60 %) überdurchschnittlich häufig den wichtigsten Lernkontext dar. Für die Gruppe Arbeitslose (39 %) und die Gruppe Stille Reserve (22 %) ergeben sich deutlich unterdurchschnittliche Einschätzungen. Dieses Ergebnis erscheint angesichts der Tatsache, dass diese Gruppe zum Befragungszeitpunkt keinen Zugang zum arbeitsbegleitenden Lernen hat, plausibel.

Lernen im privaten und gesellschaftlichen Umfeld wird von den Erwerbstätigen deutlich unterdurchschnittlich mit 7 % als wichtigster Lernkontext genannt. Hier ließe sich mit aller Vorsicht die These formulieren, dass diese Lernform der Gruppe der Erwerbstätigen angesichts vielfältiger anderer Lernmöglichkeiten nicht so stark im Bewusstsein ist bzw. die Bedeutung der anderen informellen Lernkontexte überwiegt, denn es wurde ja nach dem wichtigsten bzw. zweitwichtigsten Lernkontext für die berufliche Entwicklung gefragt. Für die Gruppe der Arbeitslosen ist das private und gesellschaftliche Umfeld als informeller Lernkontext von überdurchschnittlicher Bedeutung (28 %); noch größer (47 %) ist die Bedeutung dieses Lernkontextes für die Gruppe der Stillen Reserve. Diese Befunde dürften sich – wie oben bereits erläutert – daraus erklären, dass diese beiden Gruppen nur in geringem Umfang Zugang zu den anderen Lernkontexten besitzen.

Lernen mit Medien ist für die Gruppe der Arbeitslosen (26 %) von überdurchschnittlicher Bedeutung. Dieses Ergebnis überrascht. Offenbar nutzen Arbeitslose gezielt diese Lernmöglichkeit, die ihnen ohne größere Zugangsprobleme offen steht. Dies lässt auf eine durchaus vorhandene Lernmotivation dieser Gruppe schließen.

Differenziert man die Ergebnisse zum wichtigsten Lernkontext hinsichtlich der drei definierten Altersgruppen, so ergeben sich folgende Zusammenhänge: Formales Lernen hat für die Gruppe der 50- bis 64-Jährigen mit 10 % eine eher unterdurchschnittliche Bedeutung. Dieses Ergebnis dürfte daraus resultieren, dass Erfahrungen mit schulischen Lernkontexten bei dieser Gruppe schon recht lange zurückliegen und daher nicht mehr als so relevant für die berufliche Entwicklung bewertet werden. Es korrespondiert zudem mit der Beobachtung, dass Ältere seltener an formaler Weiterbildung teilnehmen (s. Kapitel 4.2). Deshalb ist es naheliegend, dass für Ältere das informelle Lernen im privaten und gesellschaftlichen Kontext von größerer Bedeutung ist. Für die Gruppe der 35- bis 49-Jährigen gibt es eine gegenläufige Tendenz. Das arbeitsbegleitende Lernen hat für die Gruppe der 19- bis 34-Jährigen eine überdurchschnittliche Bedeutung (56 %). Dieses Ergebnis könnte u. a. darauf zurückzuführen sein, dass ein Teil dieser Altersgruppe sich noch in einer dualen Ausbildung befindet. Außerdem könnte es auf intensive Lernprozesse im Arbeitskontext in der Phase des beruflichen Einstiegs verweisen. Auffällig ist, dass sich in Bezug auf das mediale Lernen keine altersspezifischen Differenzen nachweisen lassen. Insgesamt ist hervorzuheben, dass die altersspezifischen Unterschiede im Vergleich zum Einfluss anderer personaler und sozialstruktureller Faktoren als gering zu bezeichnen sind.

Bei einer Gruppierung nach der Variablen Geschlecht lassen sich folgende Teilergebnisse feststellen: Das arbeitsbegleitende Lernen wird von Männern häufiger (55 %) als wichtigster beruflicher Lernkontext genannt als von Frauen (49 %), während von Frauen das Lernen im privaten und gesellschaftlichen Umfeld (20 %) deutlich häufiger als von Männern (9 %) als wichtigster Lernkontext genannt wird. In diesem Ergebnis spiegelt sich die unabhängig von der Erwerbstätigkeit stärkere Verantwortung der Frauen für den Bereich der Familie wider.

Um die Bedeutung des wichtigsten Lernkontextes in Zusammenhang mit der Variable Selbststeuerung interpretieren zu können, wurde die Ausprägung der Selbststeuerung zu drei Gruppen mit überdurchschnittlicher, mittlerer und unterdurchschnittlicher Selbststeuerung zusammen gefasst. Es zeigt sich, dass diejenigen mit überdurchschnittlicher Selbststeuerung dem formalen Lernen sowie dem medialen Lernen eine überdurchschnittlich hohe Bedeutung zuweisen, Personen mit einer mittleren bzw. unterdurchschnittlichen Selbststeuerung demgegenüber den arbeitsbegleitenden Lernkontexten. Ebenso sagten die Personen, die sich eine unterdurchschnittliche Selbststeuerung ihrer Lernprozesse zuschreiben, deutlich häufiger, dass das Lernen im privaten und gesellschaftlichen Umfeld für sie den wichtigsten Lernkontext bildet. Diese bivariaten Auswertungen stützen die Aussagen hinsichtlich der hohen Bedeutung der Kategorie der Selbststeuerung.

Zusammenfassend ist in Bezug auf die Bedeutung personaler und sozialstruktureller Einflussfaktoren auf die subjektive Bewertung unterschiedlicher Lernkontexte für die berufliche Entwicklung festzuhalten, dass den Variablen Ausbildungsniveau, Erwerbsstatus und Ausprägung der Selbststeuerung eine hohe Bedeutung zukommt, den Variablen Alter und Geschlecht eher nicht. Die Relevanz der ersten beiden bedeutsamen Variablen stimmt mit anderen Untersuchungsergebnissen überein (s. dazu weiter unten). In vorliegenden Untersuchungen bisher nicht berücksichtigt wurde demgegenüber die Variable der Selbststeuerung, der ein sehr hoher Stellenwert zukommt. Allerdings sind dabei Wechselwirkungen nicht auszuschließen, denn ein hohes Bildungsniveau sowie der Status als Erwerbstätiger dürften zumindest das Selbstbewusstsein und die Ausprägung der Selbstwirksamkeitsüberzeugung stärken.

Weiterbildungsaktivitäten der vergangenen drei Jahre

Es liegt nahe, dass die subjektive Wahrnehmung der Bedeutung unterschiedlicher Lerngelegenheiten in einem engen Zusammenhang mit den realen Weiterbildungserfahrungen zu sehen ist. Daher wurde auch nach den realen Weiterbildungsaktivitäten gefragt. Da diese ein durchaus breites Spektrum aufweisen können, wurde für die folgenden Auswertungen lediglich die Zusatzfrage nach der häufigsten Gelegenheit der Weiterbildung in den letzten drei Jahren zu Grunde gelegt. Die Auswertung erfolgte dabei wiederum anhand der Kategorien formale Lernkontexte, arbeitsbegleitende Lernformen und Lernen mit Medien. Allerdings wurde das informelle Lernen im privaten und gesellschaftlichen Bereich bei der Frage zu dieser Variable nicht erfasst, weil der berufliche Bezug bei der Befragung insgesamt im Mittelpunkt stand.

Wenn man die Gruppe derjenigen ausklammert, die angaben, nicht über Erfahrungen mit berufsbezogener Weiterbildung – oder nicht mit den im Erhebungsbogen aufgelisteten Formen – zu verfügen, dann wird das arbeitsbegleitende Lernen als häufigste faktische Lerngelegenheit der letzten drei Jahre benannt (29 %), gefolgt von formalisierten Lernkontexten (20 %) und dem medialen Lernen (17 %).

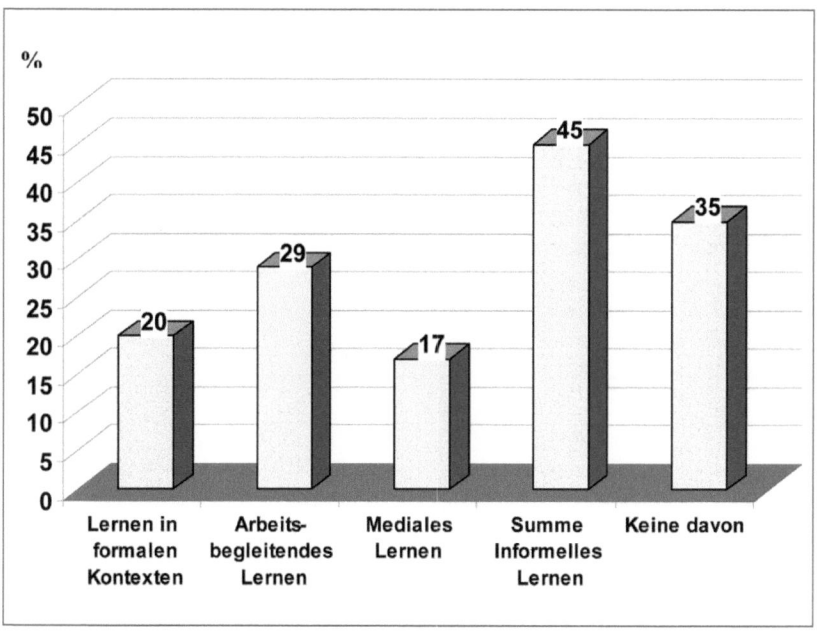

Abbildung 4-15: Lernaktivitäten in unterschiedlichen Lernkontexten (Studie zum Weiterbildungsbewusstsein II) (Quelle: Schiersmann 2006a, S. 39)

Bei der Gruppierung nach dem Ausbildungsniveau bestätigen sich die Tendenzen, die bereits in Bezug auf die subjektiv wahrgenommenen Lernerfahrungen benannt wurden. Vergleichbares gilt auch für die übrigen sozio-demographischen Dimensionen, die für den subjektiv bedeutsamsten Lernkontext ausgewertet wurden, sowie für die Dimension der Selbststeuerung.

Die Ergebnisse legen nahe, dass ein enger Zusammenhang besteht zwischen den Aussagen zu den subjektiv bedeutsamen Lernkontexten (am meisten gelernt) und der realen Weiterbildungserfahrung (häufigste Gelegenheit zur Weiterbildung in den letzten drei Jahren), da davon auszugehen ist, dass die subjektive Bewertung der Bedeutung bestimmter Lernkontexte auf der Folie realer Erfahrungen erfolgt. Dementsprechend zeigt sich – wie Abbildung 4-16 ausweist –, dass die Gruppe derjenigen, die einem bestimmten Lernkontext eine hohe Bedeutung zuweist, in diesem Setting auch am häufigsten reale Weiterbildungserfahrungen aufweist. Diese Zusammenhänge seien lediglich exemplarisch erläutert: 48 % derjenigen, die das formale Lernen als wichtigsten Lernkontext benannt haben, gaben an, dass sie in den letzten drei Jahren auch am häufigsten in diesem Lernkontext gelernt haben. Nur 22 % dieser Personen sagten aus, in den letzten drei Jahren am häufigsten arbeitsbegleitend gelernt zu haben. Von der Gruppe, die angab, dass sie am meisten für ihre berufliche Entwicklung beim arbeitsbegleitenden Lernen gelernt hat, gaben nur 16 % an, dass das formale Lernen für sie in den letzten drei Jahren den wichtigsten Lernkontext dargestellt hat. Für diese Gruppe spielt demgegenüber das arbeitsbegleitende Lernen (38 %) eine herausragende Rolle als wichtigste reale Lernerfahrung. Für die Gruppe, die von sich sagt, dass sie beim medialen Lernen am meisten gelernt hat, steht auch das faktische Lernen mit Medien mit 30 % im Vordergrund.

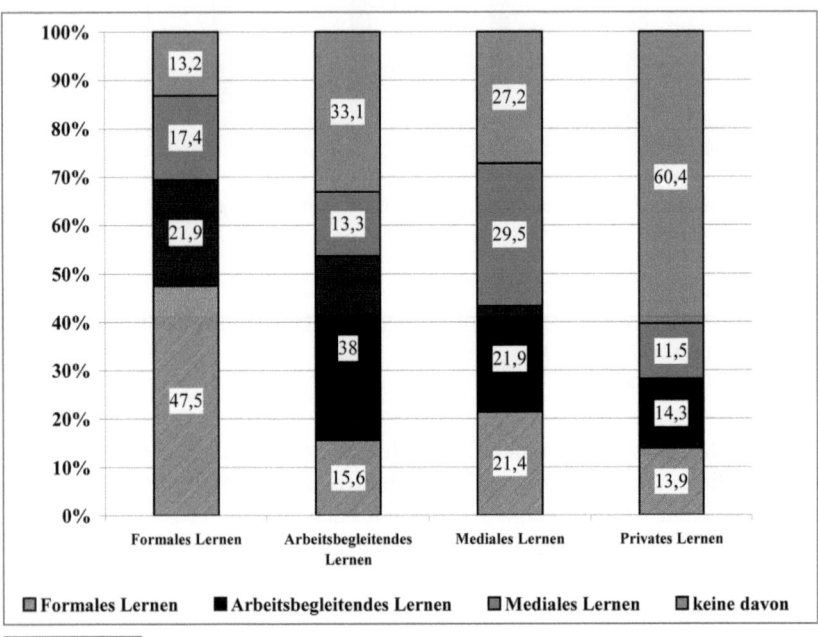

Abbildung 4-16: Lernaktivitäten in Abhängigkeit von den subjektiv bedeutsamen Lernkontexten (Studie zum Weiterbildungsbewusstsein II) (Quelle: Schiersmann 2006a, S. 41)

Insgesamt zeigt diese Studie, dass dem informellen, insbesondere dem arbeitsbegleitenden Lernen, aus der subjektiven Sicht der Befragten eine hohe Bedeutung für die berufliche Lernbiographie zugeschrieben wird. Allerdings kompensiert die Beteiligung an arbeitsbegleitender Weiterbildung nicht mögliche Defizite beim Lernen in formalen Kontexten, sondern die Entwicklung ist gleichgerichtet: Je höher die Bedeutung formaler Weiterbildung, desto höher ist auch die der informellen.

4.3.2 Beteiligung an unterschiedlichen Formen arbeitsbegleitender Weiterbildung

Seit einiger Zeit erhebt auch das BSW die Beteiligung an informellen Lernkontexten und ermöglicht eine Betrachtung unterschiedlicher Formen arbeitsbegleitenden Lernens. Als Teilnehmer an informeller beruflicher Weiterbildung gelten im BSW analog zur Teilnahme an Lehrgängen bzw. Kursen Personen, die eine oder mehrere der genannten Arten des Kenntniserwerbs wahrgenommen haben. Die Fragen zur informellen beruflichen Weiterbildung im BSW richteten sich nur an zur Zeit der Befragung oder früher Erwerbstätige.

Dem BSW zu Folge waren 2003 ca. 61 % der Erwerbstätigen an einer oder mehreren Formen des informellen Lernens beteiligt. Damit belegt auch diese Untersuchung, dass die Beteiligung an den unterschiedlichen Formen informellen Lernens deutlich höher als die Teilnahmequote an formalisierter Weiterbildung (mit 41 %) ausfällt.

Erfasst wurden durch das BSW die folgenden Arten informellen Lernens:

▼ Definition Informelles Lernen nach dem BSW*

- Lernen durch Beobachten, Ausprobieren
- Lesen berufsbezogener Fachliteratur
- Unterweisung, Anlernen am Arbeitsplatz durch Kollegen
- Unterweisung, Anlernen am Arbeitsplatz durch Vorgesetzte
- Berufsbezogener Besuch von Fachmessen/Kongressen
- Unterweisung, Anlernen durch außerbetriebliche Personen
- Betrieblich organisierte Fachbesuche in anderen Abteilungen
- Computergestützte Selbstlernprogramme usw.
- Qualitäts-, Werkstattzirkel, Beteiligungsgruppe
- Lernangebote u.ä. im Internet am Arbeitsplatz
- Supervision am Arbeitsplatz oder Coaching
- Systematischer Arbeitsplatzwechsel (z.B. Jobrotation)
- Austauschprogramme mit anderen Firmen

(* vgl. Bundesministerium für Bildung und Forschung 2006, S. 189)

Am häufigsten wurde das Lernen durch Beobachten bzw. Ausprobieren mit 38 % genannt gefolgt vom Lesen berufsbezogener Fachliteratur mit 35 % (s. Abbildung 4-17). Die Unterweisung bzw. das Anlernen durch Kollegen (25 %) sowie durch Vorgesetzte (22 %) folgen an dritter und vierter Stelle. 17 % der Erwerbstätigen nahmen an Fachmessen bzw. Kongressen teil. Interessant ist, dass die (in Kapitel 3.2 diskutierten) neueren Formen informellen Lernens wie Qualitäts-, Werkstattzirkel, Beteiligungsgruppen (8 %), Jobrotation (4 %) oder Austauschprogramme mit anderen Firmen (3 %) eine quantitativ deutlich geringere Bedeutung aufweisen.

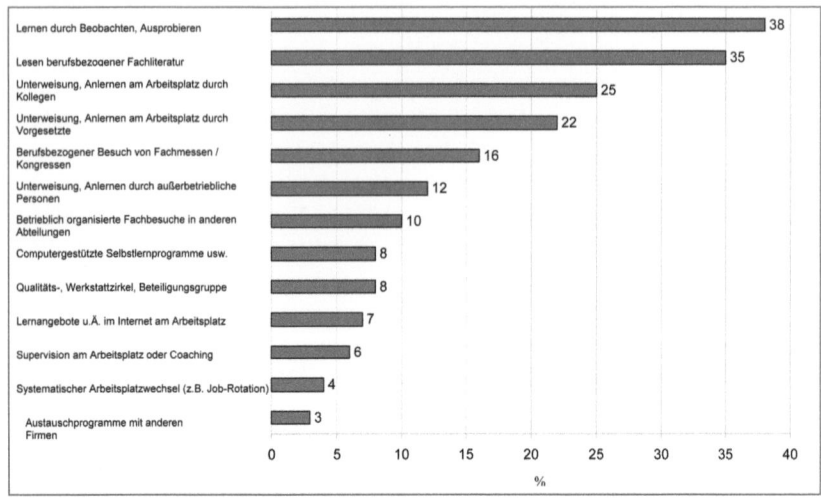

Abbildung 4-17: Beteiligung Erwerbstätiger am informellen beruflichen Lernen im Bundesgebiet 2003 (BSW) (Quelle: Darstellung nach: Bundesministerium für Bildung und Forschung 2006, S. 191)

Da im BSW die Erhebungskategorien für die Erfassung informellen Lernens geändert wurden, lassen sich nur für ausgewählte Formen Entwicklungen nachzeichnen. Diese ergeben, dass sich bei den ‚neuen' Formen arbeitsbegleitenden Lernens nur ein sehr geringfügiger Anstieg seit 1997 beobachten lässt (s. Abbildung 4-18). Dieses Ergebnis nährt die Vermutung, dass es sich zumindest zum Teil bei der dem informellen Lernen aktuell zugeschriebenen Bedeutung eher um eine verstärkte Aufmerksamkeit für diesen Bereich denn eine wirklich deutliche Zunahme dieser Lernkontexte handelt.

Die Erwerbstätigen in den neuen Bundesländern beteiligen sich mit 66 % häufiger als die in den westlichen Bundesländern (60 %) an informellem beruflichen Lernen. Diese Differenzen beziehen sich auf ‚traditionelle' Formen informellen Lernens, nämlich das Lernen durch Beobachten und Ausprobieren am Arbeitsplatz (Differenz: 7 Prozentpunkte) und die Unterweisung oder dem Anlernen am Arbeitsplatz durch Vorgesetzte (5 Prozentpunkte).

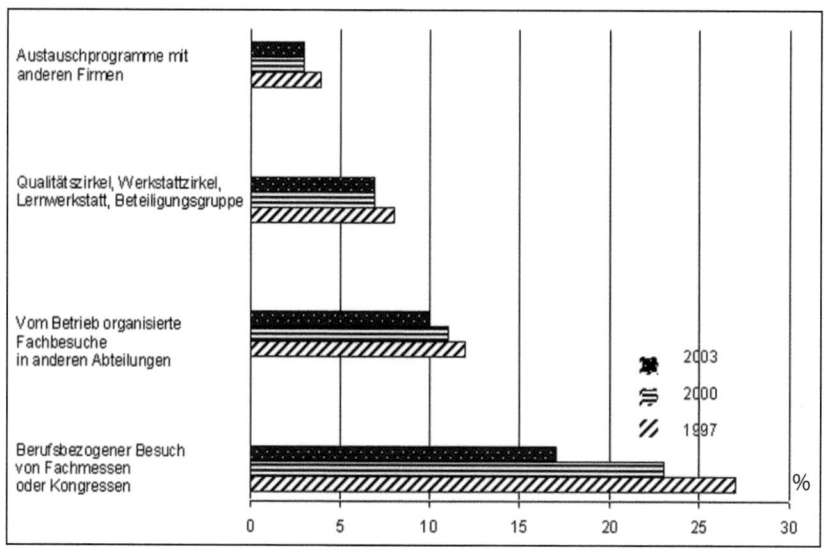

Abbildung 4-18: Beteiligung Erwerbstätiger an einzelnen Arten informellen Lernens 1997-2003 (BSW) (Quelle: Darstellung nach: Bundesministerium für Bildung und Forschung 2000, S. 186; 2003, S. 191, 2006, S. 192)

Auch diese Untersuchung konstatiert bei der Teilnahme an informeller beruflicher Weiterbildung vergleichbare gruppenspezifische Unterschiede wie sie für die formale berufliche Weiterbildung bereits beschrieben wurden (s. Kapitel 4. 2). Unterrepräsentiert sind auch beim informellen Lernen v.a. Erwerbstätige ohne abgeschlossene Berufsausbildung, Arbeiter und ausländische Erwerbstätige. Frauen sind mit 58 % beim informellen beruflichen Kenntniserwerb gegenüber Männern (63 %) leicht unterrepräsentiert (vgl. Bundesministerium für Bildung und Forschung 2006, S. 193). Besonders deutliche Unterschiede zeigen sich in Bezug auf die Variable der beruflichen Stellung (s. Tabelle 4-3). So nahmen im Jahr 2003 bundesweit lediglich 43 % der un- oder angelernten Arbeiter gegenüber 79 % der leitenden Angestellten an informeller beruflicher Weiterbildung teil.

Tabelle 4-2: Beteiligung Erwerbstätiger an beruflicher Weiterbildung und informellem beruflichen Lernen nach beruflicher Stellung 2003 (BSW)
(Quelle: Bundesministerium für Bildung und Forschung 2006, S. 84 und 194)

Berufliche Stellung	Berufliche Weiterbildung	Informelles berufliches Lernen
	in %	
Un-, angelernte Arbeiter	13	43
Facharbeiter	35	56
Ausführende Angestellte	20	47
Qualifizierte Angestellte	45	66
Leitende Angestellte	47	79
Beamte/Beamtinnen (Einfacher, Mittlerer, Gehobener Dienst)	59	73
Beamte/Beamtinnen (Höherer Dienst)	(59)[1]	(60)[1]
Selbstständige	34	68

1) Basis: 40 bis 90 Fälle

Neben sozio-demographischen Faktoren spielen beschäftigungsbezogene Rahmenbedingungen auch beim informellen beruflichen Kenntniserwerb eine zentrale Rolle. Bezogen auf Betriebsgrößen nehmen Erwerbstätige in Großbetrieben häufiger an informeller beruflicher Weiterbildung teil als Beschäftigte in Klein- und Mittelbetrieben. Bezogen auf Wirtschaftssektoren sind Erwerbstätige im Öffentlichen Dienst häufiger an diesen Lernformen beteiligt als Beschäftigte in der Privatwirtschaft (vgl. Bundesministerium für Bildung und Forschung 2006, S. 192).

Ebenfalls lassen sich erhebliche branchenspezifische Unterschiede erkennen, die weitgehend mit den Ergebnissen beim formalen beruflichen Lernen korrespondieren: Eine überdurchschnittliche Beteiligung an informeller beruflicher Weiterbildung ist in den Branchen ‚Chemie, Kunststoff' (71 %), ‚Medizin-Gesundheitswesen' (69 %), ‚Banken/Versicherungen' (67 %) sowie in den ‚sonstigen Dienstleistungen' (66 %) zu konstatieren. Die Teilnahmequoten der Erwerbstätigen in den Branchen ‚Leder/Textil/Nahrung' bilden das Schlusslicht mit 49 % (s. Abbildung 4-19, vgl. auch Bundesministerium für Bildung und Forschung 2006, S. 192).

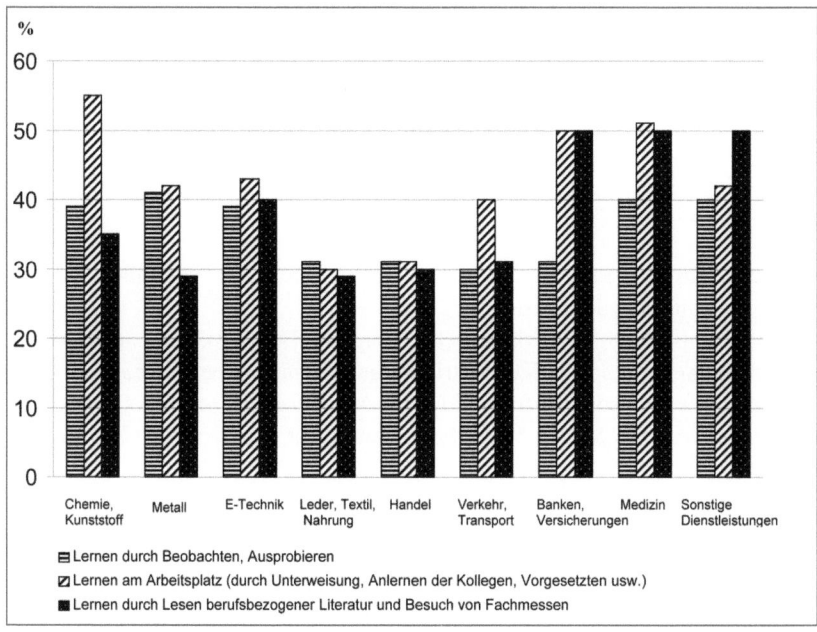

Abbildung 4-19: Informelle Lernaktivitäten nach Branchen 2003 (BSW)
Quelle: Bundesministerium für Bildung und Forschung 2006, S.131

Folgende Einzelergebnisse zu den unterschiedlichen Formen informellen Lernens sind hervorzuheben (vgl. dazu: Bundesministerium für Bildung und Forschung 2006, S. 194 f.):

- Die Differenz nach beruflichem Abschluss fällt besonders deutlich aus beim Lesen berufsbezogener Fachliteratur: Dies kommt bei Erwerbstätigen mit Hochschulabschluss über fünf mal so häufig vor wie bei denjenigen ohne Berufsausbildung (61 % vs. 11%).

- Junge Erwerbstätige im Alter von 19 bis 24 Jahren nehmen sehr viel häufiger als 60- bis 64-jährige Erwerbstätige an einer Unterweisung oder dem Anlernen am Arbeitsplatz durch Kollegen teil (50 % vs. 10 %). Vergleichbares gilt für die Unterweisung oder das Anlernen am Arbeitsplatz durch Vorgesetzte. Dieses Ergebnis erklärt sich sicherlich u.a. aus dem häufigeren Einstieg der jungen Erwerbstätigen in eine neue Arbeitssituation. Interessanterweise zeigen sich im Hinblick auf die Nutzung von Lernangeboten im Internet kaum Unterschiede in Bezug auf diese beiden Altersgruppen.

- Das Lernen am Arbeitsplatz mit Selbstlernprogrammen oder durch die Nutzung des Internets kommt bei leitenden Angestellten sehr viel häufiger vor als bei un- oder angelernten Arbeitern (11 % vs. 1 % bzw. 11 % vs. 0 %).
- Erwerbstätige Männer nehmen etwas häufiger als erwerbstätige Frauen an berufsbezogenen Fachmessen oder Kongressen teil. Abgesehen von diesen Einzelergebnissen unterscheidet sich die Beteiligung an den verschiedenen Arten des informellen beruflichen Kenntniserwerbs nach Geschlecht nur wenig.
- Ebenso lassen sich keine generellen Differenzen in Bezug auf die alten und neuen Bundesländer feststellen.
- Die bereits erwähnte stärkere Beteiligung von Erwerbstätigen aus Großbetrieben im Vergleich zu Kleinbetrieben an informellen beruflichen Lernkontexten gilt insbesondere für Lernformen wie Coaching (13 % vs. 4 %) oder Qualitätszirkel (16 % vs. 5 %). Dies unterstreicht, dass derartige Lernformen eher in Großbetrieben verbreitet sind.

Die Kosten-Nutzen-Erhebung des BIBB (vgl. Beicht u.a. 2004) unterscheidet insgesamt vier Lernkontexte: neben der formalisierten Weiterbildung arbeitsnahe, selbstorganisierte Lernformen sowie den Besuch von Kongressen, Tagungen und Fachmessen.

▼ **Definition arbeitsnaher und selbstorganisierter Formen der beruflichen Weiterbildung in der Kosten-Nutzen-Erhebung**

Zu den *arbeitsnahen* Formen werden die folgenden gerechnet:
- Organisierte Einarbeitungsmaßnahmen oder Unterweisung am Arbeitsplatz (einschließlich Traineeprogramme)
- Betriebliche Fördermaßnahmen der Qualifikation (Lernstatt)
- Betriebliche Austauschmaßnahmen (z.B. mit anderen Unternehmen)
- Maßnahmen der beruflichen Orientierung (z.B. Coaching)

Zu den *selbst organisierten* Lernformen zählen:
- Selbst organisierte Weiterbildung mittels Lehrbüchern bzw. Fachliteratur
- Selbst organisierte Weiterbildung mithilfe eines Computers (z.B. PC-Lernprogramme
- Selbst organisierte Weiterbildung mittels Fernsehen
- Fernunterrichtslehrgänge

(vgl. Beicht u.a. 2004)

Die Kategorie Besuch von Kongressen, Tagungen und Fachmessen wird nicht weiter ausdifferenziert. Dieser Erhebung zu Folge, die sich auf erwerbsnahe

Personen konzentrierte, haben 26 % der Befragten berufsbezogene Kongresse, Tagungen und Fachmessen besucht. 23 % haben sich in selbst organisierten und 17 % in arbeitsnahen Lernprozessen weitergebildet. Im Rahmen der Kategorie der selbst organisierten Weiterbildung hatte das Lernen mittels Lehrbüchern oder Fachliteratur den höchsten Stellenwert, während das Lernen mit Hilfe von Computern eine geringere Rolle spielte. Fernlehrgänge sowie Teilnahme an Fernsehen, Hörfunk oder Video stellen die am wenigsten verbreitete Lernform dar (vgl. Beicht u.a. 2004, S. 6). Diese Erhebung weist deutliche geschlechtsspezifische Unterschiede auf: Frauen nehmen etwas häufiger an arbeitsnahen Weiterbildungsformen teil, während Männer deutlich häufiger als Frauen Kongresse, Tagungen und Fachmessen besuchen. Die Geschlechterdifferenz weist ein zusätzliches Ost-West-Gefälle auf: Frauen in den östlichen Bundesländern nehmen erheblich öfter als ihre männlichen Kollegen an arbeitsnahen Weiterbildungsformen teil, aber vergleichsweise seltener an Kongressen, Tagungen und Fachmessen (vgl. Bericht 2005, S. 21).

Bei der Bewertung dieser Ergebnisse ist zu berücksichtigen, dass zusätzlich zu den Erwerbstätigen nach der Definition des BSW in der Kosten-Nutzen-Erhebung auch solche Personen befragt wurden, die beabsichtigen, in den nächsten zwei Jahren erwerbstätig zu werden sowie in Fortbildung oder Umschulung befindliche Personen. Außerdem wurde die laut BSW bedeutsamste Form des informellen Kenntniserwerbs, das Lernen durch Beobachten und Ausprobieren im Rahmen der Kosten-Nutzen-Erhebung nicht erfasst. Dennoch decken sich die Ergebnisse in der Tendenz: Selbst organisierte Weiterbildung mittels Fachliteratur und Lehrbüchern kommt ein hoher, betrieblichen Austauschmaßnahmen und Maßnahmen der beruflichen Orientierung wie Coaching oder Mentoren- und Patensystem ein eher geringer Stellenwert zu.

Die CVTS II-Erhebung unterscheidet fünf ‚andere‘ Formen der betrieblichen Weiterbildung, wobei „andere" mit informell gleichzusetzen ist:

▼ **Definition anderer Formen der betrieblichen Weiterbildung in der CVTS II-Erhebung**

- Geplante Phasen des Trainings, der Unterweisung oder der praktischen Arbeitserfahrung bei Nutzung der normalen Arbeitsmittel entweder am Arbeitsplatz oder arbeitsintegriert
- Geplantes Lernen durch Job-Rotation oder Austauschprogramme mit anderen Unternehmen
- Teilnahme an Lern- und Qualitätszirkeln
- Selbst gesteuertes Lernen durch Fernunterricht
- Informationsveranstaltungen (vgl. Grünewald u.a. 2003, S. 128f.)

In gewissem Gegensatz zum BSW kommt die CVTS II-Untersuchung zu einer erheblichen Expansion zumindest einiger Formen informellen Lernens[3] (s. Abbildung 4-20). Dabei ist aber auch der Unterschied in der Erhebungsmethode zu berücksichtigen. Während im BSW Personen dahingehend befragt werden, ob sie an der jeweiligen Form der informellen Weiterbildung teilgenommen haben, wird bei den CVTS-Erhebungen der Experte aus dem Unternehmen gefragt, ob eine entsprechende Lernform im Unternehmen vorkommt. Außerdem konstatieren die Autoren selbst (vgl. Grünewald u.a. 2003, S. 130), dass nicht klar ist, ob der zu beobachtende Anstieg real ist oder darauf zurückzuführen ist, dass bestimmte betriebliche Lernprozesse aufgrund der Befragung erst in den Blick gerückt sind. Besonders gravierend ist der Anstieg zwischen 1994 und 1999 bei den Lern- und Qualitätszirkeln (von 5 % auf 15 %).

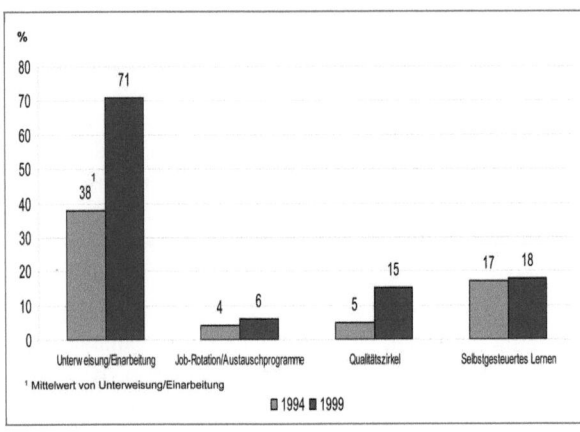

Abbildung 4-20: Vergleich des Angebots „anderer" Formen der Weiterbildung 1994 und 1999 (CVTS I und II) (Quelle: Grünewald u.a. 2003, S. 130)

4.3.3 E-Learning

Abschließend soll noch kurz das E-learning bzw. das Lernen mit neuen Medien als eine informelle Form der beruflichen Weiterbildung betrachtet werden, das in den letzten Jahren ebenfalls lebhaft diskutiert wurde. Im BSW wird das E-Learning mit zwei Kategorien beim informellen Lernen erfasst: Bei den beiden informellen Formen der beruflichen Weiterbildung ‚Lernen am Arbeitsplatz mit Hilfe von computergestützten Selbstlernprogrammen, berufsbezogenen Ton- und Videokassetten' sowie ‚Nutzung von Lernangeboten u.ä. im Internet am Arbeitsplatz' zusammen haben 9 % diese neuen Medien genutzt. 49 % der

---

3   Eine Problematik liegt darin, dass die Kategorien der zweiten Erhebung nicht vollständig mit der ersten übereinstimmen. Dies ist auf das Bemühen zurück zu führen, den schwer zu erfassenden Bereich noch präziser zu beschreiben (vgl. Grünewald u.a. 2003, S. 128f.).

Erwerbstätigen gaben zudem an, dass sie sich ‚wichtige Informationen für die Arbeit über das Internet, zumindest in geringem Umfang', beschaffen (vgl. Bundesministerium für Bildung und Forschung 2006, S. 211). Fasst man die beiden informellen Formen beruflicher Weiterbildung und die Beschaffung von Informationen über das Internet zusammen, so ergibt sich eine Quote von 35 % der Erwerbstätigen, die in berufsbezogenem Zusammenhang mit den neuen Medien lernen. Hinzu kommt noch die Nutzung der neuen Medien außerhalb der Arbeitszeit. Nimmt man diesen Bereich hinzu – wobei allerdings in der Publikation des BSW nicht deutlich ist, ob der Selbstlernprozess auch auf die berufliche Weiterbildung fokussiert ist, so kommt man zu einer Quote von 40 % aller 19- bis 64-Jährigen, die – bezogen auf das Jahr 2003 – mit neuen Medien lernten.

Auf der Basis des IAB-Betriebspanels lässt sich die Verbreitung von E-Learning in der betrieblichen Praxis untersuchen. So gab ein Viertel der befragten Betriebe 2003 an, dass sie den Einsatz von PC und Internet in der Weiterbildung fördern. Dabei lag der Anteil der Betriebe im Osten leicht über dem im Westen (29 % bzw. 24 %) (vgl. Leber/Zinke 2005). Auch die Verbreitung von E-Learning variiert nach Betriebsgröße: Während 60% der Betriebe mit über 500 Beschäftigten angaben, E-Learning in der beruflichen Weiterbildung zu fördern, waren das in Betrieben mit einem bis vier Beschäftigten lediglich 20 %, bei 5 bis 9 Beschäftigten 26 % und bei 10 bis 49 Beschäftigten 31 % (vgl. Leber/Zinke 2005).

Die Verbreitung des E-Learning schwankt nach Branchen - ebenso wie die berufliche Weiterbildung insgesamt. Besonders hoch liegt die Quote bei den Bereichen ‚Kredit/Versicherung' (53 %) sowie den ‚unternehmensbezogenen Dienstleistungen' (44 %). Unterdurchschnittlich engagieren sich Betriebe in den Bereichen der ‚Land- und Forstwirtschaft' (9 %) und ‚Verbrauchsgüter Industrie' (12 %) (vgl. hierzu und zum Folgenden Leber/Zinke 2005). Außerdem zeigt diese Erhebung, dass technisch innovative Betriebe PC und Internet häufiger für die Weiterbildung nutzen als weniger innovative Betriebe. So gaben 41 % der Betriebe, die in Informations- und Kommunikationstechnik/EDV investierten an, E-Learning zu fördern gegenüber 18% der Betriebe ohne diese Art der Investitionen. Während 36 % der Betriebe, die ihre Anlagen auf den neuesten Stand der Technik sehen, PC und Internet für die Weiterbildung nutzten, galt dies nur für 11 % der Betriebe, die ihre Ausstattung als eher veraltet beschrieben.

Interessant ist auch das Ergebnis, dass die Nutzung von E-Learning mit dem betrieblichen Engagement in der Erstausbildung korreliert. Ausbildende Betriebe bieten häufiger Maßnahmen des E-Learning an (35 %) als Betriebe, die nicht in der Erstausbildung aktiv sind (21 %).

Das E-Learning wird in den entsprechend aktiven Betrieben am häufigsten dadurch realisiert, dass Selbstlernmaterialien oder Lernplattformen (49 %) zur Verfügung gestellt werden.

Resümee

Festzuhalten ist zunächst, dass die Individuen den informellen Lernkontexten einer sehr hohe subjektive Bedeutung für ihre berufliche Entwicklung zuweisen. Die vorliegenden Untersuchungen zeigen auch, dass sich deutlich mehr Personen an mindestens einer Art des informellen beruflichen Lernens beteiligen als an formaler beruflicher Weiterbildung. In Bezug auf die unterschiedlichen Formen des beruflichen Kenntniserwerbs stehen nach der BSW-Erhebung das Selbstlernen durch Beobachten und Ausprobieren am Arbeitsplatz und das Lesen berufsbezogener Fach- oder Sachbücher bzw. Fachzeitschriften an erster Stelle. Mit erheblichem Abstand folgt die Unterweisung bzw. das Anlernen am Arbeitsplatz durch Kollegen oder Vorgesetzte. An anderen (neueren) Arten des informellen beruflichen Lernens wie Qualitätszirkel o.ä. beteiligen sich die Erwerbstätigen vergleichsweise selten.

Zusammenfassend ist dennoch zu betonen, dass sich - ebenso wie bei der formalen Weiterbildung - deutliche gruppenspezifische Unterschiede nach sozio-demographischen Merkmalen nachweisen lassen. Diese weisen in die gleiche Richtung wie bei der formalen Weiterbildung. In beiden Weiterbildungskontexten spielen sozio-demographische sowie auf das Beschäftigungssystem bezogene Faktoren eine große Rolle. Damit wird deutlich, dass den informellen Lernkontexten keine kompensatorische Funktion zukommt. Vielmehr lernen die Personen, die sich häufig formal weiterbilden, auch viel in informellen Lernkontexten und umgekehrt.

4.4 Einstellungen zur beruflichen Weiterbildung

Angesichts der intensiven Diskussion um die politische Forderung nach lebenslangem Lernen ist verstärkt die Frage in den Mittelpunkt gerückt, welche Einstellungen die Erwachsenen selbst zur Weiterbildung aufweisen, welche Motive sie für die Beteiligung anführen und welchen Nutzen sie sich davon versprechen (Kapitel 4.4.1). Während es sich dabei um eher generalisierte Haltungen handelt, zielen Fragen nach dem Weiterbildungsbedarf und den Weiterbildungsbarrieren auf eine konkretere Ebene. Es wird herausgearbeitet, warum welche Gruppen einen konkreten Bedarf an Weiterbildung formulieren, während sich andere auch über längere Zeiträume hinweg nicht daran beteiligen (Kapitel 4.4.2) sowie nach den Barrieren für die Weiterbildungsbeteiligung (Kapitel 4.4.3). Lassen sich typische Lernhindernisse für bestimmte Bevölkerungsgruppen ausmachen? Die Gegenüberstellung dieser Aspekte lässt auch Rückschlüsse darauf zu, ob die allgemeinen Einstellungen zur Weiterbildung sich in entsprechendem konkreten Handeln niederschlagen.

4.4.1 Subjektive Wahrnehmung von Weiterbildung

Das Konzept lebenslangen Lernens geht davon aus, dass die (berufliche) Weiterbildung in den letzten Jahren bzw. Jahrzehnten sowohl in ihrer Bedeutung für die Erwerbsbiographie als auch für betriebliche Strategien und die gesellschaftliche Entwicklung an Bedeutung gewonnen hat. Dieser Wandel resultiert – wie in Kapitel 1 näher ausgeführt – aus der zunehmenden Globalisierung der Wirtschaftsaktivitäten, der gestiegenen Bedeutung der Informations- und Kommunikationstechnologien sowie den Veränderungen der Betriebs- und Arbeitsorganisation. Diese Entwicklung impliziert u.a., dem Lernen lebenslang einen Stellenwert in der biographischen Entwicklung einzuräumen, die verstärkte Übernahme einer Eigenverantwortung der Individuen für ihre Lernwege, veränderte Lernkontexte (Einbezug informeller, arbeitsbegleitender Lernprozesse) sowie eine Erweiterung der Themen um sozial-kommunikative Dimensionen.

Die vorliegenden Untersuchungen belegen, dass die Individuen die gestiegene Bedeutung von Weiterbildung internalisiert haben. Sie zeigen übereinstimmend, dass die Weiterbildung ein sehr positives Image hat. So sagten dem BSW zu Folge 92 % der Befragten, dass jeder bereit sein sollte, sich ständig weiter zu bilden, 92 % stimmten dem Aspekt zu, dass man sich weiterbilden müsse, um beruflich erfolgreich zu sein (s. Tabelle 4-3).

Tabelle 4-3: Image von Weiterbildung im Bundesgebiet und im Ost-West-Vergleich 2003 (BSW) (Quelle: Bundesministerium für Bildung und Forschung 2006, S. 258)

	Angaben in %		
	Stimme voll und ganz /eher zu		
Aussagen zu Weiterbildungsimage[1]	Bund	Ost	West
Jeder sollte bereit sein, sich ständig weiterzubilden	94	96	94
Wer im Beruf erfolgreich sein will, muss sich weiterbilden	92	94	92
Durch Weiterbildung kann man nette Menschen kennen lernen	83	94	92
Weiterbildung ist eine wichtige Hilfe, um im Alltag besser zurechtzukommen	80	82	80
Weiterbildung macht Spaß	76	84	77

1) Die Aspekte wurden im Nachhinein in eine Rangfolge gebracht.

Differenziert man die Ergebnisse nach sozio-demographischen Merkmalen, so zeigen sich relevante Differenzen im Hinblick auf die Variablen Schulbildung, berufliche Bildung, Stellung im Beruf sowie Teilnahmeverhalten: Personen mit niedriger Schulbildung und niedrigem Berufsabschluss sehen das Image von Weiterbildung vergleichsweise weniger positiv. Gleiches gilt für Arbeiter im Vergleich z.B. zu Beamten sowie für Nichtteilnehmer gegenüber Teilnehmern an Weiterbildung (vgl. Bundesministerium für Bildung und Forschung 2006, S. 260).

Auch in der Studie zum Weiterbildungsbewusstsein II (vgl. Schiersmann 2006a) wurde untersucht, wie die Befragten den Stellenwert von Weiterbildung für ihre berufliche Entwicklung und ihre diesbezüglichen Aktivitäten bewerten. Dabei stand die Frage im Vordergrund, ob Veränderungen in Richtung einer stärkeren Selbstverantwortung und Eigenaktivität in Bezug auf das Weiterbildungsverhalten zu konstatieren sind. Der dazu gebildete Index basierte auf folgenden Items:

- Im Unterschied zu früher wird heute erwartet, dass jeder selbst entscheidet, ob und wie er sich weiterbildet.
- Anders als früher denkt man heute viel positiver über Menschen, die sich beruflich weiterbilden.
- Ohne Nachweis von Weiterbildungsaktivitäten sieht man heute bei einer Stellenbewerbung schlechter aus.
- Heute ist es viel wichtiger als früher, sich beruflich weiterzubilden.

Die Ergebnisse zeigen, dass 36 % einen Wandel in der beschriebenen Richtung konstatieren und dies für 57 % teilweise zutrifft. Fasst man diese beiden Antwortkategorien zusammen, wird deutlich, dass mehr als 90 % der Befragten und damit ein erstaunlich hoher Anteil der Erwerbspersonen eine stärkere Eigenverantwortung für die Gestaltung ihrer Weiterbildung wahrnimmt. Ebenfalls auffällig ist die Beobachtung, dass sich im Hinblick auf diesen Aspekt keine Differenzen in Bezug auf sozio-demographische Kriterien nachweisen lassen. Differenzierend wirkt demgegenüber der Grad der subjektiven Einschätzung der Selbststeuerungskompetenz: Die Gruppe, die sich eine überdurchschnittliche Selbststeuerung ihrer Lernprozesse zuschreibt, nimmt die skizzierten Veränderungen mit 47 % häufiger, die Gruppe mit unterdurchschnittlicher Selbststeuerung dagegen mit 25 % seltener als der Durchschnitt wahr. In der Gruppe, die formales Lernen als wichtigsten Lernkontext benennt, wird der veränderte Planungshorizont im Vergleich zur Erwartung mit 46 % häufiger konstatiert.

Die Befragten wurden in der Studie zum Weiterbildungsbewusstsein darüber hinaus auf einer konkreteren Ebene gebeten, Auskunft darüber zu geben, wer den Anstoß für ihre bisherigen Weiterbildungsaktivitäten gegeben habe, Kollegen, Vorgesetzte, Freunde/Familie, Arbeitsamt/Beratungsstelle oder ob die Entscheidung dazu aus eigenem Antrieb resultierte. Dabei zeigt sich, dass knapp zwei Drittel der Befragten angaben, sich aus eigenem Antrieb für Weiterbildungsaktivitäten entschieden zu haben. Dies ist ein überraschend großer Anteil, wenn man berücksichtigt, dass die Beteiligung an betrieblicher Weiterbildung häufig von den Zielvorgaben und Personalentwicklungskonzepten der Unternehmen abhängt. Eine Ausdifferenzierung dieses Ergebnisses zeigt in Bezug auf den Bildungsabschluss den erwartbaren Effekt, dass die Gruppen mit hohem Bildungsabschluss diese Aussage signifikant häufiger treffen als die übrigen. Interessant ist, dass immerhin noch über 50 % der Arbeitslosen ebenfalls angaben, Weiterbildungsaktivitäten aus eigenem Antrieb ergriffen zu haben.

Die Zunahme einer stärkeren Zuschreibung der Verantwortung für die Gestaltung der eigenen Weiterbildungsaktivitäten richtet sich nicht nur auf motivationale Aspekte und allgemeine Einstellungen bzw. Wertschätzungen, sondern auch auf praktisch relevante Aspekte, insbesondere das persönliche Engagement in Bezug auf die Ressourcen Zeit und Geld. Geld und Zeit stellen die wesentlichen Kontextfaktoren für einen leichten Zugang zu Weiterbildungsangeboten dar (s. dazu auch Kapitel 7). Dieser Sachverhalt wurde mit den folgenden Items erfasst, wobei die Zustimmung oder Ablehnung mittels einer vierstelligen Skala ausgedrückt werden konnte.[4]

- Ich gebe heute viel mehr Geld aus für die berufliche Weiterbildung als früher.
- Ich wende heute viel mehr freie Zeit für berufliche Weiterbildung auf als früher.

Gegenüber dem hohen Anteil derjenigen, die einen Wandel der Bedeutung von Weiterbildung wahrnehmen, überrascht das Ergebnis, dass der persönliche Aufwand für Weiterbildung für ca. 60 % der Erwerbspersonen ‚gleich geblieben' bzw. ‚eher gleich geblieben' ist. Bei einer Differenzierung nach sozio-demographischen Kriterien wiederholen sich die Tendenzen, die bereits in Bezug auf die beiden obigen Frageaspekte deutlich wurden (s. Näheres dazu bei Schiersmann 2006a).

Hervorzuheben sind folgende Ergebnisse der multivariaten Analyse:

- Es gibt eine sehr deutliche positive Korrelation der Bereitschaft zum persönlichen Beitrag an Zeit und Geld mit dem Selbststeuerungskonstrukt. Dieser Effekt scheint alle übrigen Effekte zu dominieren.

---

4 Die gleiche Skala wurde auch für die folgenden Items verwandt.

- Je jünger die Erwerbspersonen sind, desto eher werten sie einen persönlichen Beitrag an Geld und Zeit für Weiterbildung positiv.
- Männer schätzen ihren persönlichen Beitrag an Zeit und Geld höher als Frauen.
- Frauen mit hohem Ausbildungsniveau werten unabhängig vom Erwerbsstatus den persönlichen Beitrag an Zeit und Geld für Weiterbildung höher als Frauen mit niedrigerem Ausbildungsniveau.

Gefragt wurde weiter nach der Wahrnehmung der Veränderungen der betrieblichen Weiterbildung. Dazu wurde ein Index aus den folgenden Items gebildet:
- Heute findet viel mehr Weiterbildung direkt am Arbeitsplatz statt als früher.
- Heute ist es leichter, an beruflicher Weiterbildung teilzunehmen.
- Heute gehen die Betriebe stärker als früher auf die Weiterbildungswünsche von Frauen ein.
- Heute spielt der Umgang mit Kollegen und Vorgesetzten als Thema der Weiterbildung eine sehr viel größere Rolle als früher.

Diese Items zielten darauf ab, veränderte Weiterbildungsstrategien der Betriebe zu identifizieren, die eine stärkere Bedeutung der Weiterbildung im Sinne der Nutzung von Humanressourcen sowie die Veränderung betrieblicher Weiterbildung in Richtung arbeitsplatzbezogener Weiterbildung signalisieren. Auf eine Akzentuierung von Personalentwicklungsstrategien zielte auch die Frage nach der Berücksichtigung frauenspezifischer Interessen. Schließlich wurde mit dem zuletzt genannten Item der Sachverhalt aufgegriffen, dass sozialkommunikative Themen heute neben fachspezifischen eine größere Rolle spielen (s. zum letzten Aspekt Kapitel 5):

11 % der Befragten gaben an, Veränderungen der betrieblichen Weiterbildungsstrategien in der beschriebenen Richtung wahrzunehmen, 49 % gaben an, diese teilweise wahrzunehmen. Dies bedeutet, dass fast zwei Drittel der Befragten (60 %) und damit eine große Gruppe der Erwerbspersonen die skizzierten Veränderungen betrieblicher Weiterbildungsstrategien registrieren.

Bei einer Gruppierung nach dem Ausbildungsniveau zeigt sich, dass Personen mit einem qualifizierten Ausbildungsabschluss mit 51 % überdurchschnittlich häufig teilweise Veränderungen betrieblicher Weiterbildungsstrategien registrieren. Personen mit einem (Fach)-Hochschulabschluss haben überdurchschnittlich häufig (39 %) keine Veränderungen betrieblicher Weiterbildungsstrategien registriert. Dies lässt sich möglicherweise daraus erklären, dass diese Gruppe immer im Mittelpunkt betrieblicher Weiterbildungsbemühungen stand und sich schon immer intensiv an Weiterbildung beteiligt hat.

Beim Blick auf den Erwerbsstatus zeigt sich, dass Erwerbstätige mit 52 % im Vergleich zur Auswertungsstichprobe häufiger eine (teilweise) Veränderung betrieblicher Weiterbildungsstrategien konstatieren. Nicht verwunderlich ist das Ergebnis, dass Arbeitslose deutlich seltener wahrnehmen, dass betriebliche Weiterbildungsstrategien sich verändert haben (5 %) bzw. sich teilweise verändert haben (30 %), da sie in der jüngsten Zeit vermutlich weniger Erfahrungen mit beruflicher Weiterbildung im betrieblichen Kontext gesammelt haben.

Eine Gruppierung nach Altersgruppen ergibt, dass die Älteren (50-64 Jahre) im Vergleich zur durchschnittlichen Erwartung mit 14 % häufiger veränderte betriebliche Weiterbildungsstrategien wahrgenommen haben. Dies dürfte aus dem langen zeitlichen Horizont resultieren, auf den diese Gruppe zurückblickt. Die Gruppe der 19-34Jährigen hat im Vergleich zur durchschnittlichen Erwartung mit 55 % häufiger teilweise veränderte Strategien wahrgenommen. Für diese Gruppe dürfte es schwieriger sein, Veränderungen zu konstatieren, da sie noch nicht auf eine lange Weiterbildungs- bzw. Berufspraxis zurückblicken kann.

Es zeigt sich, dass die Gruppe der Personen, die formale Lernkontexte als wichtigste benennen, häufiger einen Wandel der betrieblichen Weiterbildungsstrategien wahrnehmen als der Durchschnitt. Dieses Ergebnis dürfte wiederum aus den allgemein hohen Weiterbildungsaktivitäten dieser Gruppe zu erklären sein, die einen besonders detaillierten Erfahrungshintergrund bieten.

Um die allgemeine Einstellung zur Weiterbildung noch einmal summarisch zu erfassen, wurden die Befragten in der Studie zum Weiterbildungsbewusstsein um eine spontane Äußerung zu ihrer ‚Persönlichen Empfindung beim Wort Weiterbildung' gebeten.

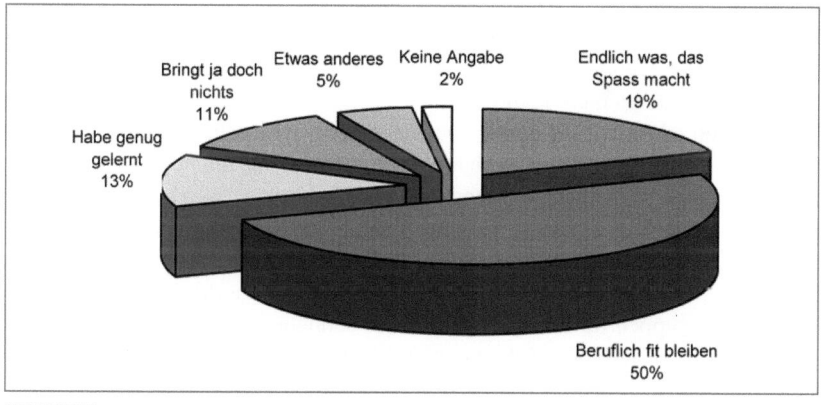

Abbildung 4-21: Assoziationen zum Begriff Weiterbildung (Studie zum Weiterbildungsbewusstsein)
Quelle: Schiersmann 2006a, S. 70

50 % antworteten darauf ‚muss ich machen, um beruflich fit zu bleiben', 13 % ‚habe genug gelernt', 11 % ‚bringt ja doch nichts'. 19 % kreuzten die Kategorie an ‚endlich was, das Spaß macht'. Dieses Ergebnis lässt sich dahingehend interpretieren, dass die Hälfte der befragten Erwerbspersonen Weiterbildung eher als notwendige Anforderung ansieht, etwa ein Viertel sich durch eine deutliche Weiterbildungsdistanz charakterisieren lässt und knapp 20 % eine ausdrücklich positive und spaßbetonte Einstellung zur Weiterbildung aufweisen. Dieses Ergebnis zeigt eine deutliche Diskrepanz zwischen der auf einer allgemeinen Ebene konstatierten positiven Einstellung zur Weiterbildung und der eher personenbezogenen Äußerung.

Differenziert man in Bezug auf diese Frage nach dem *Ausbildungsniveau*, so fällt auf, dass die Gruppe ohne Ausbildungsabschluss Weiterbildung mit 38 % unterdurchschnittlich häufig für notwendig hält, ‚um fit zu bleiben' und sehr viel häufiger die Einstellung vertritt, dass Weiterbildung ja doch nichts bringe (23 %). Umgekehrt fällt der Trend bei den Gruppen mit Meister-, Techniker-Abschluss bzw. mit (Fach-)Hochschulabschluss aus: Mit 66 % bzw. 61 % hält ein sehr großer Teil dieser Gruppen Weiterbildung für notwendig, um beruflich fit zu bleiben und nur 4 % bzw. 3 % weisen die Einstellung auf, dass Weiterbildung ja doch nichts bringe.

Der Blick auf den *Erwerbsstatus* zeigt – nicht überraschend –, dass Arbeitslose und die Stille Reserve Weiterbildung seltener als der Durchschnitt für notwendig halten, um beruflich fit zu bleiben. Besonders groß ist die Gruppe der Arbeitslosen mit 34 %, die der Überzeugung ist, Weiterbildung bringe ja doch nichts (Durchschnitt 12 %), während die Gruppe der Stillen Reserve diese Einschätzung nicht teilt (8 %). Die negative Einstellung der Arbeitslosen gegenüber Weiterbildung könnte entweder auf das faktisch wenig passgenaue Angebot oder aber auf einen fehlenden Nutzen zurückzuführen sein. Dies lässt sich anhand der Untersuchungsdaten nicht klären.

Eine Betrachtung nach *Altersgruppen* ergibt – erwartungsgemäß – dass die Jüngeren (19-34 Jahre) deutlich häufiger Weiterbildung für notwendig halten, um beruflich fit zu bleiben, während dies für die Älteren (50-64 Jahre) deutlich seltener zutrifft. Die Älteren sind demgegenüber häufiger der Auffassung, dass sie genug gelernt hätten, während dies für die Jüngern unterproportional häufig zutrifft. Dieses Ergebnis lässt auf eine prinzipielle Aufgeschlossenheit der jüngeren Altersgruppen für lebenslanges Lernen schließen.

Wiederum bestätigt wird die positive Einstellung derjenigen zur Weiterbildung, die angeben, am meisten in *formalen Lernkontexten* gelernt zu haben: Von ihnen halten 69 % Weiterbildung für notwendig, um beruflich fit zu bleiben.

Die große Gruppe, die arbeitsbegleitendes Lernen als wichtigsten Lernkontext benannt hat, bewegt sich auf der Ebene des Durchschnitts der Befragten. Auch in Bezug auf diesen Aspekt schlägt der Faktor der Selbststeuerung durch: Diejenigen, die eine hohe bzw. eine mittlere Selbststeuerung aufweisen, halten überdurchschnittlich häufig Weiterbildung für erforderlich, um beruflich fit zu bleiben. Diejenigen mit hoher Selbststeuerung stimmten zudem überdurchschnittlich dem Statement zu, dass Weiterbildung Spaß mache.

Auch in der Kosten-Nutzen-Erhebung des BIBB wurde nach Einstellungen zur Weiterbildung gefragt. Diese Studie ermöglicht insbesondere auch den Vergleich zwischen Teilnehmern und Nichtteilnehmern.

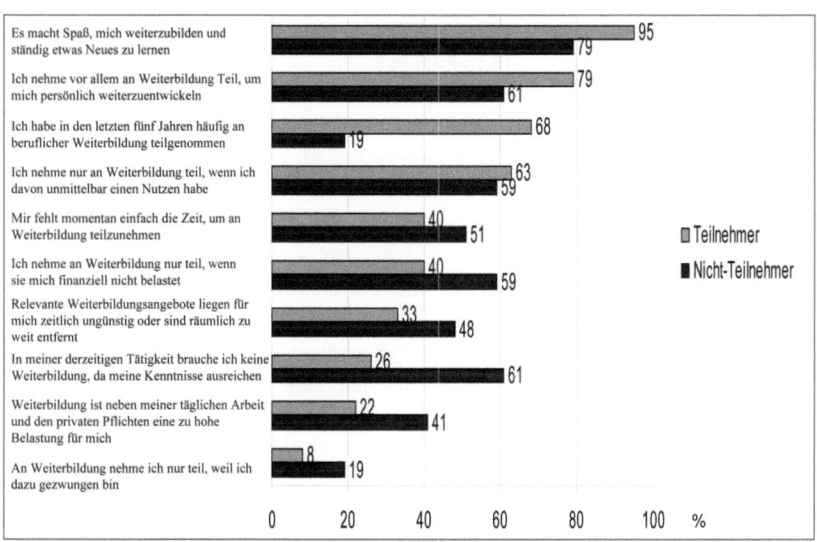

Abbildung 4-22: Einstellung zur beruflichen Weiterbildung von Teilnehmern und Nichtteilnehmern (2002) (Kosten-Nutzen-Erhebung) (Quelle: Beicht u.a. 2004, S. 9)

Im Gegensatz zur Studie zum Weiterbildungsbewusstsein erhält in dieser Untersuchung das Statement „es macht mir Spaß, mich weiterzubilden und ständig etwas Neues zu lernen' die höchste Zustimmung sowohl bei Teilnehmern als auch bei Nichtteilnehmern. Allerdings lässt die Formulierung der Frage darauf schließen, dass die Antwort eher auf eine allgemeine Einstellung zur Weiterbildung zielt und daher die soziale Erwünschtheit beim Antwortverhalten eine gewisse Rolle gespielt haben dürfte – wie auch die Autoren einräumen (vgl. Beicht u.a. 2004, S. 9).

Als Einzelergebnis ist weiter hervorzuheben, dass ähnlich viele Teilnehmer (63 %) wie Nichtteilnehmer (59 %) dem Statement zustimmen, dass sie nur an Weiterbildung teilnehmen, ‚wenn ich davon unmittelbar einen Nutzen habe'. Schließlich ist aufschlussreich, dass 61 % der Nicht-Teilnehmer gegenüber nur 26 % der Teilnehmer angeben, in ihrer derzeitigen Tätigkeit keine Weiterbildung zu benötigen, da die vorhandenen Kenntnisse ausreichen. Dies unterstreicht den engen Zusammenhang zwischen der Weiterbildungsbeteiligung und der Veränderung von beruflichen Anforderungen.

Die Nichtteilnehmer verweisen deutlich häufiger auf eine zu hohe zeitliche sowie finanzielle Belastung sowie zeitlich oder räumlich ungünstige Lage der Weiterbildungsangebote.

4.4.2 Zukünftiger Weiterbildungsbedarf

Vor dem Hintergrund der insgesamt positiven Einstellung der Bevölkerung in Deutschland zur beruflichen Weiterbildung stellt sich die Frage, wie sich dies in der Formulierung eines konkreten Weiterbildungsbedarfs niederschlägt.

Die Frage, ob sie in den nächsten Jahren für sich einen Bedarf an beruflicher Weiterbildung sähen, beantwortete in der Studie zum Weiterbildungsbewusstsein die Hälfte der Erwerbspersonen (51 %) mit ja, während ein Drittel (34 %) dies dezidiert verneinte und 15 % die Kategorie ‚weiß nicht' ankreuzten. Dabei ist davon auszugehen, dass die Befragten angesichts des tradierten Verständnisses von Weiterbildung an dieser Stelle eher formalisierte Weiterbildungsgelegenheiten assoziiert haben. Stellt man dies dem Ergebnis gegenüber, dass 34 % angegeben hatten, in den letzten drei Jahren an einem formalen Weiterbildungsangebot teilgenommen zu haben, so signalisiert dies Ergebnis zwar einen in Zukunft steigenden Bedarf an Weiterbildung, allerdings sind wir mit der Hälfte der Population von der Forderung nach lebenslangem Lernen für alle noch weit entfernt. Der Blick in die Zukunft wirft damit die Frage auf, ob wir auf einem Plateau der Weiterbildungsbeteiligung angekommen sind, nachdem auch die jüngsten Erhebungen einen leichten Rückgang der Beteiligung an formaler Weiterbildung gegenüber den Vorjahren konstatieren (s. dazu Kapitel 4.2).

Eine Differenzierung des Weiterbildungsbedarfs nach *Schulbildungsniveau* bestätigt die bekannten Segmentierungen: Während von den Befragten mit (Fach-)Hochschulniveau 70 % für die Zukunft einen Weiterbildungsbedarf formulierten, äußerten sich dementsprechend lediglich 54 % mit einem Realschul- oder vergleichbaren Abschluss und nur 36 % derjenigen, die einen Hauptschulabschluss oder ein darunter liegendes Allgemeinbildungsniveau aufwiesen.

Auch die Betrachtung nach dem *Ausbildungsniveau* bekräftigt die bekannten Probleme in der beruflichen Weiterbildung: Während ca. zwei Drittel der Personen mit einem Meister- oder Technikerabschluss (65 %) und mit (Fach-) Hochschulabschluss (69 %) einen Weiterbildungsbedarf für sich sehen, gilt dies nur für knapp die Hälfte (48 %) derjenigen mit einem mittleren Ausbildungsabschluss und nur für 43 % der Personen ohne qualifizierte Berufsausbildung.

Die Betrachtung nach *Altersgruppen* zeigt ebenfalls deutliche Differenzen: Während zwei Drittel der Personen in der Altersgruppe von 19-34 Jahren für sich einen Weiterbildungsbedarf sehen und immerhin noch 54 % der 35-49 Jährigen, so gilt dies nur für 31 % der 50-64 Jährigen. Die außerordentlich niedrige Bedarfsmeldung der 50-64 Jährigen ist auf der einen Seite plausibel, da sie vermutlich nicht mehr all zu viele berufliche Veränderungen erwarten, auf der anderen Seite jedoch auch nachdenkenswert: Da auch die Arbeitsplätze dieser Altersgruppe von dem schnellen Wandel betroffen sind und davon auszugehen ist, dass die Betriebe aufgrund der demographischen Entwicklung zukünftig wieder stärker auf diese Altersgruppe als Beschäftigte werden zurückgreifen müssen (wenngleich das Ausmaß dieses Arbeitskräftebedarfs umstritten ist), zeigt sich in Bezug auf die stärkere Aktivierung dieser Altersgruppe ein hoher Handlungsbedarf.

Bei Analyse des *Erwerbsstatus* zeigt sich für die Gruppe der Arbeitslosen, dass diese seltener als die anderen Gruppen und als der Durchschnitt einen Weiterbildungsbedarf für sich sehen. Offenbar besteht bei dieser Personengruppe keine große Hoffnung, ihre Erwerbschancen durch die Teilnahme an Weiterbildung verbessern zu können. Inwieweit dies auf (negative) Erfahrungen mit der Teilnahme an Weiterbildung auf der Basis des Sozialgesetzbuches (SGB) III zurückzuführen ist, kann auf der Basis des vorliegenden Datenmaterials nicht geklärt werden.

Aufschlussreich ist ebenso, dass in Bezug auf den Weiterbildungsbedarf offenbar die bisherigen *Lernerfahrungen* eine zentrale Rolle spielen: 72 % derjenigen, die formales Lernen als häufigste Lerngelegenheit in den letzten drei Jahren benannten, formulierten für die Zukunft einen Weiterbildungsbedarf gegenüber 59 %, die angaben, am häufigsten arbeitsbegleitend gelernt haben. Die Gruppe derjenigen, die mediales Lernen als häufigste Lerngelegenheit benennen, liegt mit 62 % in der Mitte. Diese Ergebnisse sind insofern plausibel, als – wie bereits erwähnt –, zu vermuten ist, dass bei der Frage nach dem Weiterbildungsbedarf eher die formale Weiterbildung assoziiert wurde: Dies vorausgesetzt, ist naheliegend, dass die Gruppen, deren häufigster Lernkontext die formale Weiterbildung darstellt, auch für die Zukunft einen entsprechenden Bedarf formulieren. Es deutet zugleich darauf hin, dass im Bewusstsein der Befragten eine Fortsetzung der bisherigen Lernstrategien dominant ist.

Fragt man, welcher Zusammenhang zwischen der Formulierung eines Weiterbildungsbedarfs für die nächsten Jahre und der Ausprägung der *Selbststeuerung* besteht, so zeigt sich folgender, statistisch sehr eindeutiger Zusammenhang: Von denjenigen Personen, die sich als überdurchschnittlich selbstgesteuert einstuften, artikulierten 69 % einen Weiterbildungsbedarf für die nächsten Jahre gegenüber nur 28 % derjenigen, die sich eine unterdurchschnittliche Selbststeuerung zuschreiben. Dieses Ergebnis bestätigt noch einmal die hohe Bedeutung dieser Variable für das lebenslange Lernen sowie die Befürchtung, dass sich Lernerprofile eher fortschreiben als verändern (vgl. dazu näher auch Schiersmann 2006a).

4.4.3 Weiterbildungsbarrieren

Die Tatsache, dass der Studie zum Weiterbildungsbewusstsein zu Folge (s.o.) nur von ca. der Hälfte der Erwerbspersonen ein zukünftiger Weiterbildungsbedarf formuliert wird, legt die Frage nach den Weiterbildungsbarrieren nahe: Was hindert die Befragten, Weiterbildung in Anspruch zu nehmen? Dabei sind auf der einen Seite die individuellen Rahmenbedingungen wie Geld und Zeit zu betrachten, auf der anderen Seite aber auch die Frage nach dem erwarteten Nutzen.

In der Studie zum Weiterbildungsbewusstsein wurden die verschiedenen Items des Fragebogens zur Erfassung von Weiterbildungsbarrieren zu folgenden fünf Kategorien zusammengefasst: ‚Belastung/Zeitmangel', ‚fehlender Nutzen', ‚Informations- bzw. Angebotsdefizit', ‚zu hohe Kosten' und ‚mangelnde Qualität der Weiterbildung'. Dabei wurde bei der Auswertung immer der persönlich wichtigste Grund betrachtet.

Es zeigt sich für die Gesamtgruppe, dass die hohe Belastung/Zeitmangel (37 %) den entscheidenden Hinderungsgrund für die Beteiligung an Weiterbildung darstellt, dicht gefolgt von der Kategorie ‚fehlender Nutzen' (31 %). Die übrigen Daten dieser Erhebung lassen darauf schließen, dass es sich dabei um zwei unterschiedliche Gruppen handelt: Die mangelnde Zeit wird als Hinderungsgrund für die Beteiligung an Weiterbildung vor allem von denjenigen genannt, die sich bereits aktiv an Weiterbildung beteiligen, der fehlende Nutzen eher von den weniger weiterbildungsaktiven Gruppen.

19 % aller Befragten sehen ein Informations- oder Angebotsdefizit. Diese Zahl ist angesichts der häufig konstatierten mangelnden Intransparenz des Weiterbildungsbereichs als nicht allzu hoch einzustufen.

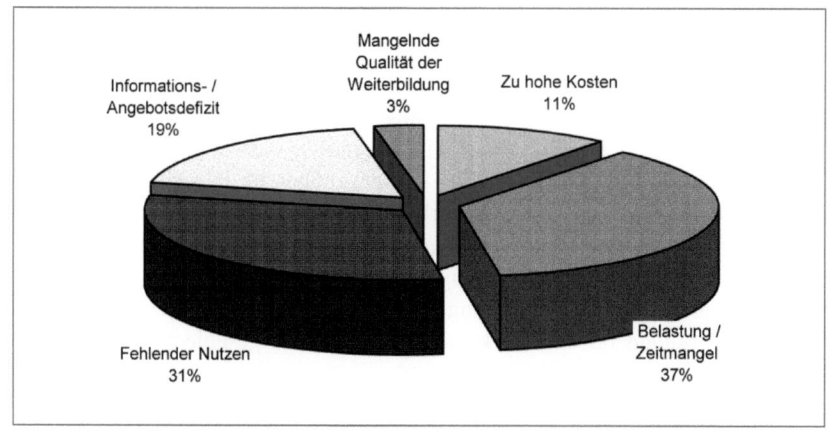

Abbildung 4-23: Weiterbildungsbarrieren (Studie zum Weiterbildungsbewusstsein) (Quelle: Schiersmann 2006a, S. 48)

Bemerkenswert ist, dass nur 11 % der Befragten zu hohe Kosten als Weiterbildungsbarriere angeben. Dieses Ergebnis ist bei der Interpretation dahingehend zu relativieren, dass sich vermutlich über hohe Kosten vorrangig die Gruppe äußert, die Erfahrungen mit formaler Weiterbildung besitzt, wenngleich hohe Kosten auch einen Abschreckungseffekt für potentielle Teilnehmende an formaler Weiterbildung aufweisen könnten.

Nur 3 % der Befragten verweisen auf mangelnde Qualität. Für diesen Einflussfaktor gilt in besonderem Maße, dass sich zum Aspekt der Qualität im Prinzip nur die Gruppe äußern kann, die reale Erfahrungen mit formaler Weiterbildung besitzt. Diese Personen sind offenbar mit der erfahrenen Ausgestaltung von Weiterbildung unter qualitativen Gesichtspunkten sehr zufrieden.

Betrachtet man genauer, welche Gruppen welche Barrieren benennen (vgl. Schiersmann 2006a, S. 47ff.), so sind die folgenden Ergebnisse hervorzuheben:

Die *hohe (zeitliche) Belastung* wird – vergleicht man die unterschiedlichen Ausbildungsabschlüsse – sehr häufig von Personen mit (Fach-)Hochschulabschluss genannt (43 %) gegenüber 29 % von Personen ohne qualifizierten Ausbildungsabschluss. Die anderen beiden Gruppen liegen dazwischen, allerdings in Richtung der Gruppe mit dem (Fach-)Hochschulabschluss. Vergleichbares gilt bei der Betrachtung des Schulbildungsniveaus. Über die Gründe für diese Differenzen gibt die Befragung keine Auskunft, es lässt sich jedoch vermuten, dass der Personenkreis mit hohem Bildungs- bzw. Ausbildungsniveau beruflich stark eingespannt ist, es sich um einen auch gesellschaftlich aktiven Kreis handelt, der zudem schon bislang in der Weiterbildung häufig aktiv war.

Diese Hypothese wird durch die Beobachtung unterstützt, dass die Gruppe, die sich eine überdurchschnittlich hohe Selbststeuerung zuschreibt, mit 45 % die (zeitliche) Belastung deutlich häufiger als Weiterbildungsbarriere angibt als die mit unterdurchschnittlicher Selbststeuerung.

Eine hohe (zeitliche) Belastung wird ebenfalls – erwartungsgemäß - sehr häufig von den Erwerbstätigen (39 %), demgegenüber nur in geringem Umfang von den Arbeitslosen (10 %) als Weiterbildungsbarriere genannt.

Die Differenzierung nach *Geschlecht* zeigt, dass bei Frauen mit 41 % die Belastung bzw. der Zeitmangel häufiger als bei Männern (32 %) eine Rolle als Hinderungsgrund für die Beteiligung an Weiterbildung spielt. Bei den übrigen Hinderungsgründen lassen sich keine nennenswerten geschlechtsspezifischen Differenzen erkennen.

Naheliegend ist ebenfalls das Ergebnis, dass die (zeitliche) Belastung überproportional häufig von den jüngeren Altersgruppen (43 % der 19-34 Jährigen und 41% der 35-49 Jährigen) genannt wird, nur halb so oft (20 %) von den 50-64 Jährigen. Hierfür könnte ausschlaggebend sein, dass die jüngeren Altersgruppen ihre Weiterbildungsaktivitäten stärker als die Älteren mit dem beruflichen Ein- bzw. Aufstieg und familialen Belastungen in Einklang bringen müssen.

Der *fehlende Nutzen* von Weiterbildung wird von Personen mit Hauptschulabschluss zu 40 % als Barriere benannt, aber lediglich von 21% der Personen mit (Fach-)Hochschulreife. Allerdings fällt die Differenz in Bezug auf diese Barriere nicht so hoch aus, wenn man den Ausbildungsabschluss statt des Schulabschlusses betrachtet: 25 % der Personen mit (Fach-)Hochschulabschluss äußern sich dahingehend gegenüber 31 % ohne Ausbildungsabschluss. In Bezug auf diese Barriere ist zu vermuten, dass sich bei dem Kreis der gering Qualifizierten die Arbeitsanforderungen nicht so schnell wandeln wie bei der Gruppe der Hochqualifizierten und vor diesem Hintergrund der Hinweis auf den fehlenden Nutzen durchaus auf einer rationalen Kosten-Nutzen-Abwägung basieren kann.

In Bezug auf die Kategorie ,fehlender Nutzen' ist wiederum der Altersunterschied maßgeblich: Während ,nur' 16 % der 19-34 Jährigen den fehlenden Nutzen als Weiterbildungsbarriere benennen, gilt dies für 27 % der 35-49 Jährigen und 60 % der 50-64 Jährigen. Dieses Ergebnis untermauert die Angaben zu dem Weiterbildungsbedarf. Die Gruppe der Älteren sieht offenbar nicht, das Weiterbildung einen nachhaltigen Einfluss auf ihre Erwerbssituation haben könnte.

Außerdem wird der fehlende Nutzen – betrachtet man den Erwerbsstatus – mit 44 % überproportional häufig von Arbeitslosen beklagt (Erwerbstätige: 30 %). Dies könnte als Indiz für die vielfach in der Öffentlichkeit beklagte mangelnde Passgenauigkeit von Weiterbildungsmaßnahmen für diese Gruppe interpretiert werden. Interessant ist die Tatsache, dass der fehlende Nutzen demgegenüber unterproportional häufig von der Stillen Reserve als Grund für die Nicht-Beteiligung an Weiterbildung benannt wird. Dies stärkt die oben bereits bei der Diskussion des zukünftigen Weiterbildungsbedarfs formulierte These, dass diese Gruppe offenbar der Weiterbildung eine hohe Bedeutung für die eigene berufliche Entwicklung zuschreibt.

Nach dem bisher bereits Gesagten verwundert es nicht mehr, dass die Gruppe mit überdurchschnittlicher Selbststeuerung, fehlenden Nutzen nur zu 21 % als Weiterbildungsbarriere benennen, während dies für 41 % der Gruppe mit unterdurchschnittlicher Selbststeuerung zutrifft. Der Befund lässt sich aus der schon hohen Aktivität dieser Gruppe auch in Bezug auf Weiterbildung erklären. Dies führt offenbar zu einer positiven Konnotierung der Wirkung von Weiterbildung.

Auch die Befragung zu den Nichtteilnehmern (vgl. Schröder u.a. 2004) sowie die Auswertungen des Sozio-Ökonomischen Panels (SOEP) (vgl. Büchel/Pannenberg 2002) sowie das BSW erheben Weiterbildungsbarrieren.

Die Auswertung von Gründen, die auf der Basis des SOEP gegen eine Beteiligung Erwerbstätiger an beruflicher Weiterbildung sprechen, ergibt eine sehr viele höhere Bedeutung des Kostenfaktors, der zudem dieser Studie zu Folge den bedeutendsten Hinderungsgrund darstellt: Knapp über 50 % der Ostdeutschen und etwas über 45 % der Westdeutschen nennen diesen Faktor als Hinderungsgrund für ihre Weiterbildungsbeteiligung (vgl. hierzu sowie zu den folgenden Ergebnissen: Büchel/Pannenberg 2002, S. 487). Die Differenz dieser Ergebnisse legt es nahe, in weiteren Untersuchungen dem Stellenwert der Kostenfrage differenzierter nachzugehen. Als weitere Hinderungsgründe (in der Rangfolge ihrer Bedeutung) nennt auch diese Untersuchung den Zeitfaktor, der kurz hinter dem Kostenfaktor rangiert, sowie die Kategorien ‚keine Verbesserung der Berufschance' und ‚generell kein Interesse'.

Die in der Nichtteilnehmer-Studie herausgearbeiteten Schwerpunkte in Bezug auf sozio-demographische Daten korrespondieren mit den bekannten Befunden zur Beteiligung. Interessant ist das Ergebnis, dass die Weiterbildungsabstinenz zumindest implizit von den Betroffenen auch als rationale Entscheidung gesehen wird, die auf einer Abwägung von Kosten und Nutzen basiert. Ergänzend zu Einzelanalysen wurden von Schröder u.a. (2004, S. 70ff.) die Einzelgründe auf der Basis einer Faktorenanalyse zu einer Motivstruktur für die Nicht-Teilnahme verdichtet. Dabei ergaben sich 10 Motive (s. die folgende Grafik).

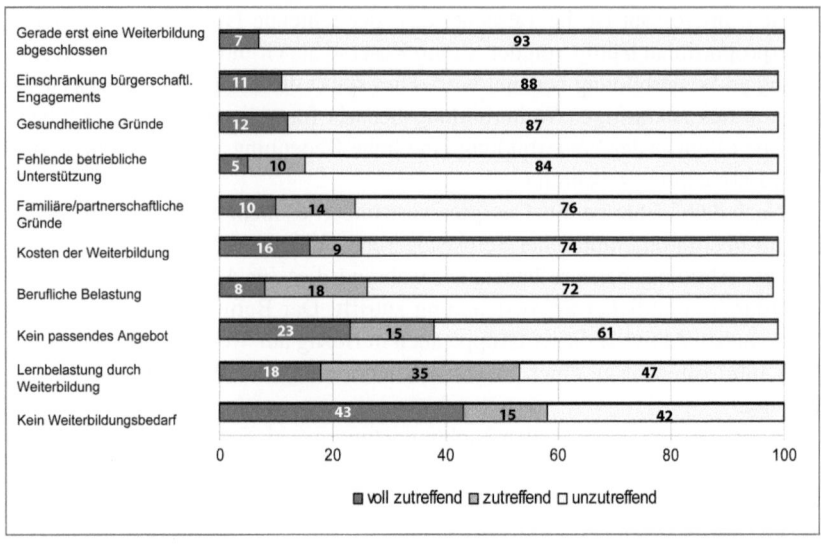

Gerade erst eine Weiterbildung abgeschlossen	7	93			
Einschränkung bürgerschaftl. Engagements	11	88			
Gesundheitliche Gründe	12	87			
Fehlende betriebliche Unterstützung	5 10	84			
Familiäre/partnerschaftliche Gründe	10 14	76			
Kosten der Weiterbildung	16 9	74			
Berufliche Belastung	8 18	72			
Kein passendes Angebot	23 15	61			
Lernbelastung durch Weiterbildung	18 35	47			
Kein Weiterbildungsbedarf	43 15	42			

■ voll zutreffend ▣ zutreffend □ unzutreffend

Abbildung 4-24: Motive für die Nichtteilnahme an Weiterbildung (Nichtteilnehmer-Studie)
(Quelle: Schröder u. a. 2004, S. 94)

Es zeigt sich dabei, dass am häufigsten der mangelnde Weiterbildungsbedarf (von 43 % der Nichtteilnehmer) genannt wurde. Weitere 15 % lassen eine Tendenz zur Zustimmung erkennen. Insbesondere die Altersgruppen ab Mitte vierzig, Arbeiter und Erwerbspersonen mit ausführenden Tätigkeiten teilen diese Grundhaltung. Gleiches gilt für Personen ohne Berufsausbildung und für Personen, deren Arbeitsanforderungen sich eher langsam verändern (vgl. Schröder u.a. 2004, S. 74). Als zweithäufigstes Motiv werden die Lernbelastungen genannt. Diese Motiv wird von Frauen häufiger genannt als von Männern und gewinnt mit sinkendem Grad der Berufsausbildung an Bedeutung. Es folgt das Motiv ‚kein passendes Angebot', das insbesondere bei Personen ohne Berufsausbildung eine Rolle spielt, während Personen mit einem (Fach-)Hochschulabschluss dies besonders häufig verneinen. Berufliche Belastungen werden als Hinderungsgrund besonders häufig von Vollzeitbeschäftigten im Vergleich zu Teilzeitbeschäftigten oder geringfügig Beschäftigten genannt. Kosten der Weiterbildung werden besonders häufig von Personen ohne Berufsausbildung als Hinderungsgrund genannt sowie von Arbeitern und Personen mit ausführenden Tätigkeiten. Keine signifikante Differenz hinsichtlich der Bedeutung der Kostenargumente gibt es in Bezug auf den Faktor Alter, d.h. das Kostenargument wird von Älteren nicht häufiger ins Feld geführt als von Jüngeren. Familiäre oder partnerschaftliche Gründe führen – erwartungsgemäß – vor allem Frauen an. In Bezug auf das Motiv ‚fehlende betriebliche Unterstützung bzw. Freistellung', das insgesamt von 15 % der Nichtteilnehmer genannt wird, zeigen sich keine großen Unterschiede in Bezug auf sozialstrukturelle Dimensionen.

Diese Daten verdeutlichen, dass es sich bei der Gruppe der Nichtteilnehmer keineswegs um eine einheitliche Gruppe handelt. Die Studie kommt zu dem Ergebnis, dass jede 8. erwerbsnahe Person noch nie an Weiterbildung teilgenommen hat. Differenziert man diesen Personenkreis in die Gruppen der Nie-Teilnehmer, in unregelmäßige und regelmäßige Teilnehmer[5], so ergibt sich, das folgende Bild: Bei 42 % der Erwerbspersonen, die im Befragungszeitraum nicht an Weiterbildung teilgenommen hatten, handelt es sich um Nie-Teilnehmer, ebenso groß ist die Gruppe derjenigen, die unregelmäßig an Weiterbildung teilnimmt und 16 % können als regelmäßige Weiterbildungsteilnehmer bezeichnet werden. Dabei beteiligen sich Frauen auch im längeren Betrachtungszeitraum seltener als Männer an Weiterbildung, demgegenüber spielt auch bei dieser Betrachtung das Alter keine Rolle. Von besonderer Bedeutung ist wiederum der berufliche Bildungsabschluss: Mit steigendem Ausbildungsniveau steigt die Weiterbildungsbeteiligung. Das gleiche gilt für den Umfang der Erwerbstätigkeit: Vollzeit Erwerbstätige aus der Gruppe der Nichtteilnehmer bilden sich häufiger weiter. Arbeiter haben überproportional häufig nie an Weiterbildung teilgenommen (vgl. Schröder u.a. 2004, S. 78ff.). In Bezug auf die Analyse der Motive bestätigen sich die Ergebnisse, die oben in Bezug auf die aktuelle Situation dargestellt wurden, auch für den längerfristigen Betrachtungszeitraum, d.h. diese Motive sind offenbar nicht nur situativer Natur, sondern können als langfristige Hindernisse für die Weiterbildungsbeteiligung interpretiert werden (vgl. Schröder u.a. 2004, S. 84).

Um Ansatzpunkte für eine Gewinnung der Nichtteilnehmer für Weiterbildung zu identifizieren, wurden diese in Bezug auf Handlungsbedingungen der Weiterbildungsbeteiligung befragt. Drei Viertel der Nicht-Teilnehmer sehen den Nutzen einer möglichen Weiterbildung höher oder gleich hoch wie den Aufwand an (vgl. Schröder u.a. 2004, S. 94). Folglich ist davon auszugehen, dass den Nichtteilnehmern prinzipiell die Bedeutung der Weiterbildung für ihre berufliche Position bewusst ist. Dabei spielt die verbesserte berufliche Qualifikation eine besondere Rolle, die bei einer Suche nach einer neuen Arbeitsstelle als hilfreich angesehen wird. Auch für eine bessere berufliche Platzierung sieht ein

---

5 Hier handelt es sich um die Gruppe, die eher zufällig im abgefragten Zeitraum von einem Jahr nicht an einer Weiterbildung teilgenommen hatte, aber angibt, dies im Prinzip regelmäßig zu tun.

großer Teil der Nichtteilnehmer eine positive Auswirkung einer Weiterbildungsteilnahme (vgl. Schröder u.a. 2004, S. 95).

Lediglich 6 % der Nichtteilnehmer fühlen sich sehr gut und 35 % gut über das
Weiterbildungsangebot informiert (vgl. Schröder u.a. 2004, S. 100). Dieses Ergebnis verdeutlicht ein großes Informationsdefizit und zeigt, dass es wichtig
wäre, dies im Interesse einer Teilnahme dieser Gruppe an beruflicher Weiterbildung zu schließen.

Die Erhebung von Schröder u.a. (2004, S. 101ff.) zeigt, dass auch die Nichtteilnehmer eine grundsätzlich positive Einstellung zum Lernen aufweisen. Allerdings geben 63 % von ihnen an, dass sie möglichst an konkreten Anwen-
dungsbeispielen lernen möchten und 60 %, dass sie am liebsten unter Anleitung
lernen. Ein ungefähr gleich großer Teil würde es vorziehen, ganz alleine etwas
Neues auszuprobieren. Die Angaben lassen sich als Wunsch nach Praxisorien-
tierung beim Lernen interpretieren. Knapp die Hälfte gibt an, das Lernen nicht
mehr gewohnt zu sein. Von ausgeprägt negativen Lernerfahrungen berichtet jedoch mit 15 % nur ein kleiner Teil der Nichtteilnehmer. Allerdings spielen wiederum für fast die Hälfte Ängste vor Prüfungen eine Rolle. Insbesondere Nie-
Teilnehmer weisen mehr Restriktionen als Ressourcen für Lernprozesse auf. So
geben diese auch deutlich häufiger Probleme mit den vorhandenen Lehrmate-
rialien wie Fachbücher oder Lernprogrammen an. In Bezug auf die Lernform
präferieren die Nichtteilnehmer arbeitsbegleitende Lernkontexte (vgl. Schröder
u.a. 2004, S. 103f.).

Resümee

Dieser Abschnitt hat gezeigt, dass der beruflichen Weiterbildung von den Sub-
jekten eine hohe Wertschätzung entgegen gebracht wird. Ebenso wird eine eigene Verantwortung für die Weiterbildung wahrgenommen. Fragt man nach der
Umsetzung dieser hohen Bewertung von Weiterbildung in aktuelles Weiterbildungsverhalten, so fällt die Bilanz etwas bescheidener aus: Der artikulierte Weiterbildungsbedarf geht nicht gravierend über die bisher zu beobachtende Weiterbildungsbeteiligung hinaus. Es ist nicht ohne weiteres damit zu rechnen, dass
zukünftig alle Erwerbspersonen für sich einen Weiterbildungsbedarf formulieren. Vielmehr dürfte sich den Ergebnissen zu Folge die bisherige Situation eher
fortschreiben lassen bei einer leicht steigenden Tendenz der Weiterbildungsbeteiligung. Dies bedeutet, dass wir von einer Realisierung des lebenslangen Lernens für alle noch ein ganzes Stück entfernt sind. In Bezug auf Hinderungsgründe für die Weiterbildungsteilnahme lassen sich zwei unterschiedliche Gruppen
identifizieren: Eine bereits weiterbildungsaktive Gruppe benennt Belastungen
und Zeitmangel als Grund für eine Weiterbildungsbeteiligung. Sie wird vermut-

lich aus diesen Gründen ihre schon bestehenden Weiterbildungsaktivitäten nicht stark ausweiten. Eine andere Gruppe, zu der eher die gering Qualifizierten, die Älteren sowie die Gruppe zählen, die sich eine unterdurchschnittliche Selbststeuerung zuschreibt, geben vorrangig den fehlenden Nutzen als Weiterbildungsbarriere an. Die Betrachtung der Faktoren, die eine Beteiligung an Weiterbildung verhindern, zeigte, dass die Skepsis gegenüber Weiterbildung nicht nur aus mangelndem Interesse oder unzureichender Motivation resultiert, sondern dass die Personen sehr klar den Aufwand und den Nutzen gegeneinander abwägen. In Bezug auf bildungspolitische Aktivitäten werden daher reine Motivierungsstrategien zu kurz greifen, vielmehr wird es notwendig sein, die Lernhaltigkeit der Arbeitsplätze zu erhöhen, um so auch eine Anwendbarkeit des Gelernten im beruflichen Alltag zu gewährleisten.

Es ist deutlich geworden, dass die Befragten sowohl bei den individuellen Weiterbildungsaktivitäten als auch bei der Wahrnehmung betrieblicher Strategien sehr wohl Veränderungen wahrnehmen. Dies bedeutet, dass die Diskussionen um einen nachhaltigen Bedeutungszuwachs der beruflichen Weiterbildung sowie die Neuakzentuierung in Bezug auf spezifische Lernkontexte wie das arbeitsbegleitende Lernen nicht nur einen fachpolitischen Diskurs darstellen, sondern in der Praxis durch die Beteiligten auch entsprechend wahrgenommen werden. Allerdings zeigen sich auch in Bezug auf diesen Aspekt die schon häufiger benannten Segmentierungen und sozialen unter personalen Aspekten.

Resümee zu Kapitel 4

In diesem Kapitel wurde die Frage diskutiert, wer aus welchen Motiven an welchen Formen von Weiterbildung teilnimmt. Zunächst ist positiv festzuhalten, dass die Beteiligung an formaler Weiterbildung in den letzten knapp dreißig Jahren enorm zugenommen, sich in etwa verdoppelt hat. Das übereinstimmende Ergebnis aller näher betrachteten Untersuchungen geht dennoch dahin, dass nach wie vor eine gravierende Segmentierung in Bezug auf die Weiterbildungsbeteiligung zu beobachten ist und dieses sowohl für die formale als auch für die informelle Weiterbildung gilt: Gut qualifizierte Bürger sind deutlich häufiger in den verschiedenen Lernkontexten in der Weiterbildung aktiv als weniger qualifizierte. Dies bezieht sich auf die Allgemeinbildung, insbesondere jedoch auf den Berufsbildungsabschluss. Auch haben Erwerbstätige bessere Chancen zur Beteiligung an Weiterbildung als nicht Erwerbstätige. Die Unterschiede hinsichtlich des Alters und des Geschlechts fallen demgegenüber vergleichsweise moderat aus. Neben den sozio-demographischen sind auch beschäftigungsbezogene Variablen ausschlaggebend für die Weiterbildungsteilnahme. Dies gilt wiederum in vergleichbarer Weise für die formale und die informelle Weiterbildung: Beschäftigte aus Großbetrieben und Beschäftigte aus bestimmten Branchen wie dem Kredit- und Versicherungsbereich nehmen deutlich häufiger an Weiterbildung teil als solche aus Klein- und Mittelbetrieben oder Branchen wie dem Baugewerbe. An der bereits seit Jahrzehnten in der beruflichen Weiterbildung tradierten – und zugleich beklagten – Segmentierung hat sich demzufolge auch in den letzten Jahren, in denen das Konzept des lebenslangen Lernens auf bildungspolitischer Ebene stark an Bedeutung gewonnen hat, kaum etwas geändert.

Wenngleich die verschiedenen neueren Untersuchungen nachweisen, dass die informelle Weiterbildung von großer Bedeutung für die individuellen Lernbiographien ist, so kompensiert sie jedoch keineswegs die Beteiligungsdifferenzen bei der formalen Weiterbildung. Über die hohe Bedeutung der informellen Lernprozesse für berufliche Entwicklung hinaus wurde eine enge Wechselwirkung zwischen den jeweiligen subjektiven Bewertungen einzelner Lernkontexte und den realen Lernerfahrungen in den entsprechenden Lernkontexten aufgezeigt. In diesem Zusammenhang wird deutlich, dass sich bestimmte Muster von Lernbiographien andeuten: Wer viel Erfahrung in einem Lernkontext (sei es der formale oder ein informeller) hat, bewertet diese subjektiv als positiv bzw. hoch. Dies dürfte wiederum dazu führen, die Weiterbildung auch auf entsprechende Lernkontexte zu konzentrieren. Derartige Muster bergen die Gefahr einer Vereinseitigung von Lernbiographien in sich, die nicht alle möglichen Optionen der Ausgestaltung von Lernprozessen im Erwachsenenalter ausschöpfen.

Literaturhinweis

Bundesministerium für Bildung und Forschung (2006): Berichtssystem Weiterbildung IX. Integrierter Bericht. Bonn: BMBF
  Diese Publikation stellt sowohl die Ergebnisse des Berichtssystems Weiterbildung dar als auch die von anderen empirischen Studien zur Beteiligung an Weiterbildung. Sie hat eher den Charakter eines Nachschlagewerkes, es ist weniger für eine Lektüre von Anfang bis Ende geeignet.

5　Inhalte beruflicher Weiterbildung

▼ **Zusammenfassung**

Über die Frage nach dem ‚Wie' des Lernens und der Frage, wer lernt, ist in den vergangenen Jahren die nach dem ‚Was' des Lernens fast in Vergessenheit geraten. Zudem kann (und will) Weiterbildung sich nicht wie die Schule oder die berufliche Erstausbildung an standardisierten und politisch vorgegebenen Inhalten orientieren. Sie muss sich vielmehr auf sich verändernde Anforderungen einstellen. Da keine umfassende Anbieterstatistik vorliegt, ist auch die Frage, wer welche Themen nachfragt, nicht leicht zu beantworten.

Generell ist festzuhalten, dass das Spektrum der Inhalte in der beruflichen Weiterbildung äußerst heterogen ist, da es sich auf ganz unterschiedliche Berufe und Arbeitskontexte bezieht. Es erweist sich auch als außerordentlich schwierig, eine wirklich überzeugende Systematik der Inhalte zu entwickeln. Einen Gesamtüberblick auf der allgemeinen Ebene gibt das BSW (vgl. Bundesministerium für Bildung und Forschung 2006, S. 316ff.). Daneben gibt es einige weitere Ergebnisse empirischer Untersuchungen und darüber hinaus lediglich einzelne Trägerstatistiken. Im BSW wurden die Themen der beruflichen Weiterbildung für 2003 anhand der in Tabelle 5-1 dargestellten differenzierten Systematik erfasst, die seit 1994 im Wesentlichen gleich geblieben ist.[1]

Das Ergebnis zeigt erwartungsgemäß eine breite Streuung über die Themenbereiche. Bei 12 der erfragten 17 Themenbereiche lag deren Anteil 2003 nicht über 5 %. In Tabelle 5-2 sind die Themenbereiche erfasst, deren Anteil über 5 % liegt. Im Vergleich zur Erhebung für das Jahr 2000 hat sich die Gewichtung der einzelnen Themen kaum verändert (vgl. Bundesministerium für Bildung und Forschung 2006, S. 316).

1　1994 hat das BSW die Kriterien für die Erhebung der Themen der beruflichen Weiterbildung verändert, um der Entwicklung der Weiterbildungspraxis besser gerecht werden zu können.

Tabelle 5-1: Themen der beruflichen Weiterbildung 2003 (BSW)
(Quelle: Bundesministerium für Bildung und Forschung 2006, S. 317)

Büroorganisation	Maschinen- und Anlagenbedienung (nicht CNC)
EDV-Anwendungen im kaufmännischen Bereich	Gewerblich-technische Weiterbildung (z.B. Schweißen und sonstige Fertigungstechnik, Prüf- und Messtechnik)
EDV-Anwendungen im gewerblich-technischen Bereich	Arbeitsschutz, Sicherheitstechnik
EDV-Programmierung	Führungstraining, Managementtraining, Selbstmanagement
Fremdsprachen	Altenpflege, Krankenpflege
Erziehung, Pädagogik, Psychologie, Sozialpädagogik	Medizin, Gesundheitsfragen
Rechts- und Steuerfragen	Qualitätssicherung, Qualitätsmanagement
Kaufmännische Weiterbildung (Personal-, Vertriebs-, Einkaufs-, Finanz- und Rechnungswesen)	Umweltschutz /Ökologie
Elektrotechnik, Elektronik, Energietechnik	Sonstiges < bitte angeben!>

Tabelle 5-2: Bedeutsamste Themen der beruflichen Weiterbildung 2003 (BSW)
(Quelle: Bundesministerium für Bildung und Forschung 2006, S. 316)

Erziehung, Pädagogik, Psychologie, Sozialpädagogik	10%
Medizin, Gesundheitsfragen	9%
EDV-Anwendungen im kaufmännischen Bereich	9%
Kaufmännische Weiterbildung (Personal-, Vertriebs,- Einkaufs-, Finanz- und Rechnungswesen)	8%
Führungstraining, Managementtraining, Selbstmanagement	7%

Betrachtet man das Weiterbildungsvolumen, so ergibt sich die folgende Reihung: Die kaufmännische Weiterbildung erweist sich als das Themengebiet mit dem höchsten Zeitaufwand, gefolgt von ‚EDV-Anwendungen im kaufmännischen Bereich', ‚Erziehung und Pädagogik' sowie ‚Führungs-/Managementtraining' (vgl. Bundesministerium für Bildung und Forschung 2006, S. 318). Dabei ist zu berücksichtigen, dass die ausgewiesenen EDV-Anteile sich lediglich auf Maßnahmen beziehen, bei denen die Vermittlung von EDV-Kenntnissen den Schwerpunkt bildet. EDV-Anteile finden sich auch in Weiterbildungsangeboten zu anderen Themenbereichen. Würde man diese hinzuziehen, so läge der Anteil des Themenbereichs EDV vermutlich noch deutlich höher.

Es zeigt sich, dass zu den bedeutsamsten Themen auch die überfachlichen aus dem Bereich Führungstraining, Managementtraining, Selbstmanagement zählen. Dies kann als ein Hinweis auf die hohe Bedeutung überfachlicher Themen gewertet werden.

Da differenzierte Auswertungsmöglichkeiten angesichts der breiten Palette an Themen aufgrund der dann bei den einzelnen Themenbereichen geringen Fallzahlen sehr begrenzt sind, wurden die Themenbereiche zu vier Gruppen zusammengefasst (vgl. Bundesministerium für Bildung und Forschung 2006, S. 318):

- Kaufmännische Weiterbildung (Nr. 1, 2, 7, 8)[2]
- Gewerblich-technische Weiterbildung (Nr. 3, 9 bis 12)
- Querschnittsbereiche (Nr. 4 bis 6, 13, 16, 17)
- Sonstige Themen: (Nr. 14, 15, 18)

Bei dieser Gruppierung ergibt sich das in Tabelle 5-3 sichtbare Bild: Bezogen auf die Teilnahmefälle steht der Querschnittsbereich an 1. Stelle (wie auch schon im Jahr 2000, vgl. Bundesministerium für Bildung und Forschung 2006, S. 319), bezogen auf den Anteil am Stundenvolumen an 2. Stelle. Dieses Ergebnis bestätigt den hohen Anteil fachübergreifender Qualifikationen. Die 2. Stelle bezogen auf die Teilnahmefälle und die 1. bezogen auf den Umfang nimmt der Bereich der kaufmännischen Weiterbildung ein. Dies dürfte auf den hohen Anteil an Erwerbstätigen im Dienstleistungsbereich zurückzuführen sein.

Betrachtet man das Weiterbildungsvolumen, so ist 2003 der durchschnittliche Zeitaufwand pro Teilnahmefall im Vergleich zu 2000 in der gewerblich-technischen Weiterbildung und in den Querschnittsbereichen deutlich zurückgegangen, bei den beiden anderen Themenbereichen ist ein leichter Rückgang zu konstatieren (vgl. Bundesministerium für Bildung und Forschung 2006, S. 320).

Betrachtet man alle EDV-Kurse, unabhängig von ihrer Einbindung in andere fachliche Inhalte, so machten sie 2003 jeden sechsten Teilnahmefall und etwa ein Sechstel des Weiterbildungsvolumens aus. Damit hat sich der Anteil dieses Bereichs gegenüber 2000 nicht nennenswert verändert (vgl. Bundesministerium für Bildung und Forschung 2006, S. 320).

Die Kosten-Nutzen-Erhebung des BIBB ergibt ebenfalls, dass die Weiterbildung im Gebiet EDV, Informations- und Kommunikationstechnik mit 30 % am weitesten verbreitet ist, gefolgt von technisch-naturwissenschaftlichen Inhalten mit 20 %. Darüber hinaus sind dieser Systematik zu Folge kaufmännisch-betriebswirtschaftliche Inhalte mit 16 %, der Bereich des Sozial-, Verhaltens-, Kommunikations- und Persönlichkeitstraining mit 15 % und Themen, die sich

---

2   Die Nummer beziehen sich auf die in Tabelle 5-1 dargestellten Themenbereiche.

auf Medizin, Gesundheit, Arbeitsschutz und Arbeitssicherheit beziehen (12 %) (vgl. Beicht 2005, S.23).

Tabelle 5-3: Themenbereiche der beruflichen Weiterbildung nach Teilnahmefällen 2003 (BSW) (Quelle: Bundesministerium für Bildung und Forschung 2006, S. 319)

	Anteile an den Teilnahme- fällen in %	Durchschnitt- liche Dauer pro Teilnahmefall in Stunden	Anteil am Volumen in %
Themenbereich			
Querschnittsbereiche	29	65	25
Kaufmännische Weiterbildung	26	86	30
Gewerblich-technische Weiterbildung	21	72	21
Sonstige Weiterbildung	20	82	22
Keine Angabe	3	53	2
Summe	99		100
Durchschnitt insgesamt	–	75	–
EDV-Kurs	17	78	18
Neue Basis: Alle EDV-Kurse = 100% (n= 409)			
EDV kaufmännisch	52	65	44
EDV gewerblich-technisch[1]	24	55	17
EDV-Programmierung[1]	23	130	39

1) Basis: 40-99 Fälle

Bei den im Folgenden benannten Themengebieten sind hochsignifikante Unterschiede zwischen Frauen und Männern zu konstatieren, die sich auf die geschlechtsspezifische Berufswahl zurückführen lassen. So nehmen Männer mehr als viermal so häufig an Weiterbildungsmaßnahmen mit technisch-naturwissenschaftlichen Themen teil (vgl. hierzu sowie zu den folgenden Daten: Beicht 2005). Frauen beteiligen sich demgegenüber doppelt so häufig wie Männer an Sozial-, Verhaltens-, Kommunikations- und Persönlichkeitstrainings sowie an Weiterbildungen auf dem Gebiet der Medizin, Gesundheit, dem Arbeitsschutz und der Arbeitssicherheit. Führungskräfte- und Managementtrainings sowie Themen der Umwelt und Ökologie spielen bei Männern eine etwas größere Rolle als bei Frauen.

Die Untersuchung des IW hat auch die thematischen Schwerpunkte der betrieblichen Weiterbildung erhoben und in vier große Blöcke zusammengefasst. Diesen Ergebnissen zufolge dominiert die Kategorie „Gewerbliche, naturwissenschaftlich-technische, gestalterische Themen" mit 34 % im Jahr 2001. Der Anteil dieses Themenbereichs hat sich seit 1992 leicht verringert. Kaufmännische Themen erweisen sich mit ca. 30 % über den untersuchten Zeitraum hinweg als relativ stabil. Dies gilt auch für die Informations- und Kommunikationstechnik, die von einem Spitzenwert von 24 % im Jahr 1998 bis 2001 leicht gesunken ist (auf 21 %). Dies lässt auf eine gewisse Sättigung mit Weiterbildung in diesem Themenbereich schließen. Insgesamt ist zu konstatieren, dass bei den thematischen Schwerpunkten der betrieblichen Weiterbildung über den genannten Zeitraum hinweg keine sehr großen Verschiebungen zu konstatieren sind.

Auch die CVTS II-Erhebung hat die betriebliche Weiterbildung nach Themen erhoben (s. Abbildung 5-1). Auch dieser Untersuchung zu Folge nimmt die EDV einen prominenten Platz ein. Dieser Themenbereich wird gefolgt von dem Bereich Managementtechniken/Arbeitstechniken, d.h. wiederum einem Bereich, der als überfachlich zu kennzeichnen ist, selbst wenn die einzelnen Kategorien der verschiedenen Erhebungen nicht übereinstimmen.

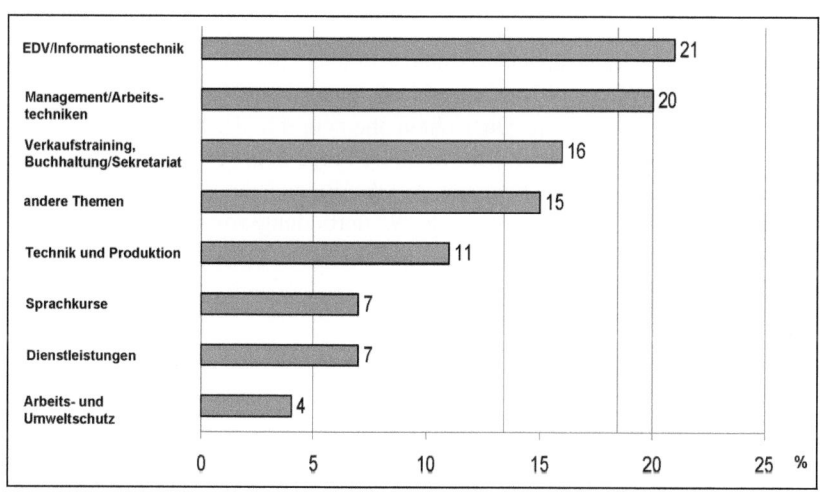

Abbildung 5-1: Anteil der Stunden nach Themenbereichen an den Teilnahmestunden insgesamt (CVTS II)
(Quelle: Grünewald et al. 2003, S. 85)

Neben der Gruppierung der beruflichen Weiterbildung nach Themengebieten lässt sich eine weitere inhaltliche Strukturbeschreibung durch die Unterscheidung zwischen Anpassungsfortbildung, Einarbeitung und Aufstiegsfortbildung oder sonstigen Lehrgängen vornehmen (vgl. Bundesministerium für Bildung und Forschung 2006, S. 328). Wenngleich auch hier die Kategorien nicht ganz trennscharf sein dürften, so ist doch allgemein zu konstatieren, dass die Anpassungsfortbildung (mit 38 %) und die ‚Sonstigen Lehrgänge/Kurse' (mit 32 %) den größten Anteil ausmachen, zusammen über zwei Drittel der Angebote. Aufstiegskurse liegen mit 8 % und Umschulungskurse mit 4 % deutlich darunter. Allerdings ist der durchschnittliche zeitliche Umfang bei den Umschulungsmaßnahmen mit 403 Stunden und 214 Stunden bei den Aufstiegskursen im Erhebungsjahr sehr hoch. Würde man den gesamten Umfang der Maßnahme betrachten, läge die Stundenzahl noch höher, da diese Kurse häufig länger als ein Jahr dauern. Demgegenüber beträgt der Umfang in Stunden bei den Anpassungskursen und sonstigen Lehrgänge bzw. Kursen durchschnittlich 58 Stunden (vgl. Bundesministerium für Bildung und Forschung 2006, S. 328). Dies bedeutet u.a., dass auf die Umschulungskurse als seltenster Veranstaltungsform ein fast ebenso großer Volumenanteil entfällt wie auf die Anpassungsweiterbildung.

Resümee

Leider fassen die verschiedenen Untersuchungen die Themenbereiche nach unterschiedlichen Kriterien zusammen, was einen Vergleich der vorliegenden Ergebnisse schwierig macht. Querschnittsthemen, d.h. Themen die fachübergreifend angelegt sind, spielen dem BSW zu Folge heute eine große Rolle mit etwa einem Viertel der Teilnahmefälle. Auf den Bereich der EDV entfällt jeweils ein Sechstel der Teilnahmefälle bzw. des Weiterbildungsvolumens.

6 Organisationale Strukturen der beruflichen Weiterbildung

▼ **Zusammenfassung**

In diesem Kapitel wird zunächst die Struktur der Anbieter beruflicher Weiterbildung beschrieben (Kapitel 6.1). Anschließend wird der Prozess der Erstellung von Dienstleistungen in einer Organisation betrachtet (Kapitel 6.2). Von besonderem Interesse ist im Zusammenhang mit der organisationalen Struktur die Frage nach der Zusammensetzung des Personals sowie nach der Professionalisierung bzw. Professionalität (Kapitel 6.3).

6.1 Struktur der Organisationen der Weiterbildung

Über lange Zeit hinweg stand in der Weiterbildungswissenschaft die Auseinandersetzung mit Lehr-/Lernprozessen im Vordergrund. In den letzten Jahren zeichnet sich eine Tendenz ab, sich intensiver auch mit den Institutionen bzw. Organisationen zu beschäftigen, die Weiterbildung anbieten bzw. durchführen. Dies ist u.a. deswegen zwingend notwendig geworden, weil auch diese Institutionen einen umfassenden Wandel bewältigen müssen, weil sich Teilnehmerinteressen rasch verändern und die Orientierung an einem Weiterbildungsmarkt bzw. die Kundenorientierung zunehmend an Bedeutung gewinnt.

Beim Weiterbildungsbereich handelt es sich mit Abstand um den am wenigsten strukturierten und am geringsten staatlich gesteuerten Teilbereich des Bildungssystems (s. dazu auch Kapitel 7.1). Im Gegensatz zur Schule und zur beruflichen Ausbildung gibt es eine große Heterogenität von Weiterbildungsanbietern mit unterschiedlicher Trägerschaft und divergierenden organisationalen Strukturen. Für das deutsche Bildungssystem untypisch ist beispielsweise auch, dass in der Weiterbildung neben öffentlich geförderten und gemeinnützig agierenden Einrichtungen auch kommerzielle Unternehmen zu finden sind.

Zunächst ist zu klären, was mit den Begriffen Institution und Organisation im Zusammenhang mit (beruflicher) Weiterbildung gemeint ist. Dabei ist Körber (2002, S. 1) zuzustimmen, dass in der Weiterbildung über lange Zeit hinweg ein enger verwaltungswissenschaftlicher Institutionenbegriff vorherrschend war (vgl. hierzu sowie zum Folgenden: Körber 2002). Diesem zu Folge wird mit dem Ausdruck Institution eine öffentliche, d.h. eine von Staat, Kirchen oder anderen gesellschaftlichen (Groß-)Verbänden getragene Einrichtung bezeichnet, die vornehmlich dem Wohl bzw. Nutzen der Allgemeinheit dient. Dieses Begriffsverständnis korrespondierte mit der Weiterbildungspolitik der 70er Jahre des letzten Jahrhunderts, die durch den Ausbau öffentlich geförderter Weiterbildung geprägt war. Dementsprechend wurden mit dem Begriff ‚Weiterbildungsinstitution' Organisationen gefasst, die auf Dauer eingerichtet und gesellschaftlich bzw. staatlich anerkannt waren und deren ausschließlicher Zweck die Durchführung von Weiterbildung war. Als Prototyp dieser Weiterbildungsinstitutionen kann die Volkshochschule angesehen werden.

Einem neueren sozialwissenschaftlichen Begriffsverständnis folgend sind Institutionen nicht mehr als identisch mit Organisationen anzusehen. Der Ausdruck Institution bezeichnet in diesem Kontext vielmehr dauerhafte gesellschaftliche Erwartungsstrukturen bzw. Handlungs- und Beziehungsmuster, die als kulturelle Selbstverständlichkeiten und implizites Wissen im Denken und Handeln der einzelnen Gesellschaftsmitglieder sowie in den Interaktionen und Beziehungen zwischen ihnen wirksam sind. Institutionen beeinflussen demzufolge die Strukturen, internen Operationen und Austauschbeziehungen von Organisationen erheblich. Institutionen entstehen im permanenten Prozess gesellschaftlicher Institutionalisierung durch Verdichtung und Verstätigung, Typisierung und Generalisierung von sozialen Erwartungen und normativen Vorstellungen, die in Bezug auf die soziale Wirklichkeit verallgemeinert und kulturell verbindlich gemacht werden. Damit werden Institutionen als vieldeutige und zum Teil widersprüchliche Umwelterwartungen an Organisationen konzipiert. Organisationen müssen sich folglich aktiv mit institutionellen Erwartungen auseinander setzen. Es liegt nahe, auch für den Bereich der Weiterbildung die Begriffe Institution und Organisation in diesem Sinne voneinander abzugrenzen.

Die Weiterbildung stellt gegenwärtig insofern eine Institution dar, als davon ausgegangen wird, dass Erwachsene auch mit fortschreitendem Lebensalter weiter zu lernen haben. Die Reaktion auf diese Erwartung kann sich in vielfältigen Organisations-, Angebots- und Lernformen niederschlagen, die über die klassische Form von Kursen und Seminaren hinausreichen. Die Differenzierung zwischen Organisation und Institution ermöglicht auch die Einbeziehung informeller, z.B. arbeitsbegleitender Lernprozesse, in den Institutionalisierungsprozess von Weiterbildung. Selbst das Lernen im Internet ist abhängig von Organisationen, die Vor- oder Zulieferleistungen übernehmen, und der Bereitstellung von Lernangeboten durch entsprechende Anbieter. Auch Schäffter (2003, S. 74) schlussfolgert, dass wachsende Anforderungen an Selbststeuerung von Lernprozessen mit der Veränderung organisationaler Strukturen einhergehen und mit Konzepten der Organisationsentwicklung in Weiterbildungseinrichtungen verbunden werden müssen.

Körber hat vor diesem Hintergrund Organisations- bzw. Anbietertypen identifiziert. Dabei nimmt er den Stellenwert der Weiterbildungsdienstleistungen sowie den Prozess der Leistungserstellung in den unterschiedlichen Organisationen als Parameter für seine Kategorisierung. Er kommt auf diese Weise zu folgenden acht Kategorien:

1. *Genuine Weiterbildungsanbieter*
Hierzu zählen Organisationen, deren Hauptfunktion Weiterbildungsdienstleistungen sind. Dabei kann es sich um staatlich anerkannte sowie staatlich nicht anerkannte Non-Profit-Organisationen sowie kommerzielle Weiterbildungseinrichtungen handeln.

2. *Anbieter von Weiterbildung*
Dabei handelt es sich um Organisationen, deren Hauptfunktion Weiterbildungsleistungen sind, die aber auch noch andere Kerndienstleistungen erbringen, z.B. privatwirtschaftliche Organisationen zur Gesundheitsbildung, -beratung und -förderung.

3. *Nebenanbieter von Weiterbildung*
Unter diese Kategorie werden Organisationen gefasst, die regelmäßig Weiterbildung anbieten, bei denen es sich dabei aber eher um eine Nebenleistung handelt, z.B. bei Beratungsfirmen, zu deren Dienstleistungen neben der Beratung im engeren Sinne Fortbildungsmaßnahmen zählen.

4. *Gelegenheitsanbieter von Weiterbildung*
Hierzu zählen Organisationen, die gelegentlich zusätzlich zu ihren sonstigen Leistungen Lernmöglichkeiten anbieten. Dazu zählen z.B. Rundfunk- oder Fernsehanstalten mit ihren Bildungsprogrammen.

5. *Anbieter von Weiterbildung als organisationsinterne Vor- und Zulieferleistung*
Insbesondere in Betrieben stellen Organisationseinheiten Lerngelegenheiten und Weiterbildungsdienstleistungen als Infrastruktur oder Vor- und Zulieferleistung für die Erbringung ihrer Kerndienstleistungen für die Gesamtorganisation bereit. Dazu zu zählen sind die Bildungs- bzw. Personalentwicklungsabteilungen sowie dezentrale Arbeitsgruppen bzw. Einheiten in Betrieben.

6. *Anbieter von Vorleistungen und Ressourcen für Weiterbildung*
Hiermit sind Organisationen gemeint, die Lernprogramme und Lernmaterialien in konventioneller oder multimedialer Form zur Unterstützung selbstgesteuerten Lernens anbieten. Verlage sind z.B. diesem Typ zuzurechnen.

7. *Anbieter von komplexen Lerngelegenheiten*
Hierzu zu rechnen sind Organisationen bzw. Organisationseinheiten, die multimediale Lernarrangements bereitstellen, z.B. Betreiber von Lernplattformen.

8. Weiterbildungsverwandte Anbieter

Bei diesen handelt es sich um Organisationen, die strukturell mit Weiterbildungsdienstleistungen vergleichbare personenbezogene und wissensbasierte Dienstleistungen anbieten, z.B. Therapie und u Beratungs- sowie Freizeiteinrichtungen.

Wenngleich sich möglicherweise eine weitere Zusammenfassung der aufgelisteten Weiterbildungstypen anböte, so ermöglicht diese Systematisierung doch eine Struktur für die Analyse von Organisationen der Weiterbildung. Leider arbeiten allerdings die vorliegenden empirischen Erhebungen nicht mit diesen Kategorien. Dennoch sollen zentrale Ergebnisse vorgestellt werden, um einen ungefähren Eindruck von der Organisationsstruktur in der beruflichen Weiterbildung zu ermöglichen.

Die Erhebung der Wirtschafts- und Sozialforschung (2005, S. 32) kommt zu dem Ergebnis, dass in Deutschland 18.800 Weiterbildungsanbieter existieren. Die Studie legt eine Unterscheidung zwischen Weiterbildung im engeren Sinn und Weiterbildung im weiteren Sinn zugrunde. Die Weiterbildung im engeren Sinn wird nur negativ definiert, d.h. sie umfasst Weiterbildungsmaßnahmen ohne Umschulung, außerbetriebliche Berufsausbildung, Berufsvorbereitung, Maßnahmen zur Eingliederung in den Arbeitsmarkt sowie berufliche Rehabilitation von Behinderten, das Verständnis von Weiterbildung im weiteren Sinne bezieht die genannten Felder ein. Die Zahl von 18.800 Weiterbildungsanbietern bezieht sich auf die weitere Definition von Weiterbildung.

Das BSW hat die Teilnahmefälle an beruflicher Weiterbildung nach Trägergruppen erhoben (s. Abbildung 6-1).

Bei der Interpretation dieser Daten ist hervorzuheben, dass die Hälfte der Teilnahmefälle auf die Betriebe bzw. Arbeitgeber entfällt. Damit wird deren große Bedeutung für die berufliche Weiterbildung unterstrichen. Es folgen private Institute mit 9 %. Der Rest der Träger streut recht breit. Dieses Ergebnis unterstreicht die Vielfalt der Anbieterlandschaft.

Auch in der CVTS II-Studie, die sich ausschließlich auf die betriebliche Weiterbildung bezieht, wurde der Anteil der externen Teilnahmestunden, d.h. die formale Weiterbildung, nach Anbietern erhoben (s. Abbildung 6-2). Hier zeigt sich die hohe Bedeutung privater Anbieter (mit 36 %) für die Fälle, in denen Betriebe externe Lehrveranstaltungen nachfragen, gefolgt von den Organisationen der Wirtschaft und deren Bildungseinrichtungen (21 %). Auch Hersteller bzw. Lieferanten (16 %) zählen zu den häufig nachgefragten Bildungsanbietern.

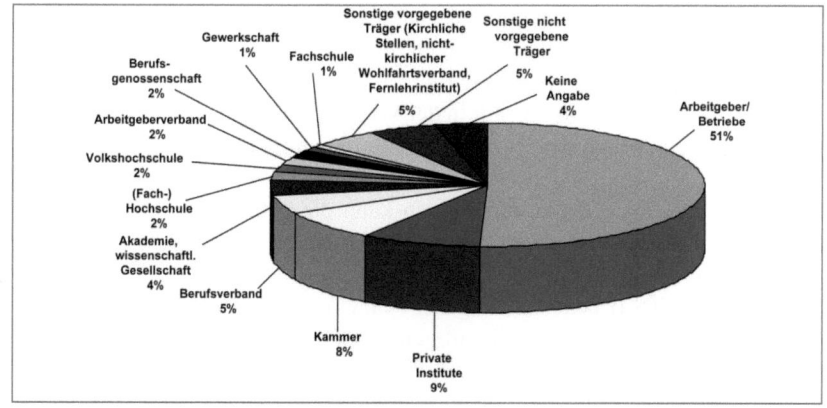

Abbildung 6-1: Teilnahmefälle der beruflichen Weiterbildung nach Trägergruppen im Bundesgebiet 2003 (BSW)
(Quelle: Bundesministerium für Bildung und Forschung 2006, S.297)

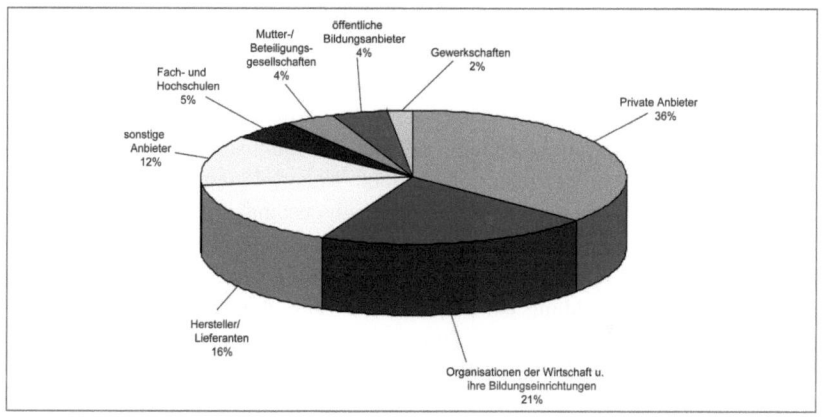

Abbildung 6-2: Anteil an den externen Teilnahmestunden nach Anbietern (CVTS II)
(Quelle: Grünewald u.a. 2003, S. 86)

Es ist bereits darauf hingewiesen worden, dass in Betrieben eine spezifische Organisationsform der Weiterbildung vorliegt. Es ist Grünewald u.a. (2003, S. 93) zuzustimmen, dass professionalisierte Bildungsarbeit (in Betrieben) sich in der Regel durch folgende Aspekte auszeichnet:

- das Vorliegen von Plänen oder Programmen
- die organisatorische Eigenständigkeit der Weiterbildung als Arbeitsbereich
- die Nutzung von Bedarfsanalysen
- das Vorhandensein von speziell in der Weiterbildung tätigen Personen
- das Vorhandensein eines speziellen Weiterbildungsbudgets.

Legt man diese Kriterien zu Grunde, so kann die betriebliche Weiterbildung bestenfalls als in Teilbereichen in festen Strukturen organisiert bzw. professionalisiert gelten.

Laut der CVTS II-Untersuchung führt ca. ein Viertel der befragten Betriebe (24 %) Analysen über den zukünftigen Personal- und Qualifikationsbedarf durch (vgl. Grünewald u.a. 2003, S. 93). Dabei ist dies um so häufiger der Fall, je größer das Unternehmen ist: Während nur 14 % der Unternehmen mit 10 bis 19 Beschäftigten dieses Instrument nutzen, sind es bei den Unternehmen mit 50 bis 249 Beschäftigen 43 % und bei den Unternehmen mit 1000 und mehr Beschäftigten 71 %. Den individuellen Qualifikationsbedarf einzelner Mitarbeiter ermittelten 42 % der Unternehmen. Dies galt bei 24 % der Unternehmen für alle Beschäftigtengruppen, bei 10 % lediglich für Führungskräfte und bei 8 % „nur für andere Beschäftigtengruppen". Auch diese individuumsbezogene Bedarfsermittlung erfolgt bei großen Unternehmen häufiger als bei kleinen. Gut ein Fünftel (22 %) der Unternehmen erstellen einen Weiterbildungsplan bzw. ein Weiterbildungsprogramm. Lediglich 17 % der befragten Unternehmen verfügen über ein spezielles Budget für die berufliche Weiterbildung der Beschäftigten und nur in 4 % der Unternehmen gibt es einen eigenständigen Arbeitsbereich für die berufliche Weiterbildung. Schließlich verwundert dann nicht mehr, dass nur 2 % der Unternehmen Mitarbeiter haben, deren Aufgabenbereich ausschließlich die berufliche Weiterbildung ist. Der CVTS I-Befragung zufolge hatten 1993 10 % der in Deutschland befragten Unternehmen ein eigenständiges Budget für Weiterbildung, 5 % der Unternehmen verfügten über einen eigenständigen Arbeitsbereich ‚Weiterbildung' und lediglich 3 % beschäftigten einen Mitarbeiter oder eine Mitarbeiterin, die ausschließlich für Weiterbildungsaufgaben zuständig ist (vgl. Grünewald/Moraal 1996). Der zeitliche Vergleich dokumentiert eine Zunahme der Betriebe, die ihre Weiterbildung organisatorisch strukturiert haben. Die Ergebnisse sind zudem nicht dahingehend zu interpretieren, dass in den anderen Unternehmen gar keine Organisation des Weiterbildungsbereichs existiert. Der Befragung lag ein hoch entwickeltes Organisationskonzept von Weiterbildung zu Grunde, das offensichtlich nur in sehr wenigen Unternehmen praktiziert wird. So stellten Pawlowsky/Bäumer (1996) in ihrer Untersuchung fest, dass die Weiterbildung in den befragten Unternehmen teils zentral, teils dezentral organisiert und nur in knapp 20 % der Fälle gar nicht institutionell organisiert ist. In eine ähnliche Richtung weisen die Ergebnisse von Littig (1996).

Auch das BSW hat den Institutionalisierungsgrad von Weiterbildung in den Betrieben erfasst. Diese Erhebung kommt für 2003 zu dem Ergebnis, dass in 24 % der Betriebe eine für Bildung zuständige Einheit besteht (vgl. Bundesministerium für Bildung und Forschung 2006, S. 228). Eine regelmäßige Planung der Weiterbildung erfolgte in 34 % der Betriebe. Aufschlussreich ist der in dieser Untersuchung konstatierte Zusammenhang zwischen dem Organisationsgrad betrieblicher Weiterbildung und den Teilnahmequoten (s. Tab 6-1): In den Betrieben, die über eine für Bildung zuständige Einheit verfügen, liegt die Teilnahmequote an beruflicher Weiterbildung mit 58 % genau doppelt so hoch wie bei den übrigen Betrieben. Auch die Teilnahmequote an informeller beruflicher Weiterbildung liegt in den Betrieben mit einer Organisationseinheit mit 74 % deutlich höher als bei den anderen (58 %). Allerdings dürfte dabei zu berücksichtigen sein, dass eine Organisationseinheit eher in größeren Betrieben vorhanden ist und – wie bereits in Kapitel 4 gezeigt wurde – die Teilnahmequote in den Großbetrieben über der in Klein- und Mittelbetrieben liegt. Berücksichtigt man diese Struktureffekte, so schwächen sich die benannten Zusammenhänge zwar etwas ab, bleiben aber immer noch recht ausgeprägt: So liegt z.B. bei der Teilgruppe der Erwerbstätigen aus Betrieben mit über 500 Beschäftigten die Differenz der Teilnahme an formaler Weiterbildung in Betrieben mit bzw. ohne betriebliche Einheit bei 30 Prozentpunkten (vgl. Bundesministerium für Bildung und Forschung 2006, S. 230). Folglich sind diese Ergebnisse dahingehend zu interpretieren, dass eine betriebliche organisatorische Struktur offenbar die Beteiligung an Weiterbildung unterstützt. Zu Recht heben die Autoren der Studie (vgl. Bundesministerium für Bildung und Forschung 2006, S. 230) hervor, dass die Ergebnisse zudem zeigen, dass eine unterdurchschnittliche Beteiligung an formaler Weiterbildung bei einem niedrigen oder fehlenden Institutionalisierungsgrad nicht durch eine höhere Teilnahmequote bei informeller Weiterbildung kompensiert wird.

Tabelle 6-1: Institutionalisierungsgrad betrieblicher Weiterbildung und Teilnahme an formal-organisierter Weiterbildung sowie an informeller beruflicher Weiterbildung im Jahr 2003 (BSW)
Quelle: Bundesministerium für Bildung und Forschung 2006, S. 230

	Teilnahmequoten in %	
Betriebliches Merkmal [1]	berufliche Weiterbildung	informelle berufliche Weiterbildung
Für Bildung zuständige betriebliche Einheit		
Ja	56	74
Nein	28	58
Vom Betrieb angebotene oder finanzierte Lehrgänge/Kurse		
Ja	52	73
Nein	21	54
Regelmäßige Weiterbildungsplanung		
Ja	52	70
Nein	26	58
Betriebsvereinbarung zur Weiterbildung		
Ja	49	69
Nein	28	59
Betriebliches Vorschlagswesen		
Ja	47	70
Nein	28	58

1 In der Tabelle nicht ausgewiesen sind Personen, die nicht wissen, ob das jeweilige Merkmal im Betrieb zu finden ist oder nicht, sowie Personen ohne Angabe zur jeweiligen Frage.

Literaturhinweis
Körber, K. (2002): Institution – Organisationen – Anbieter. Anmerkungen zur erwachsenenpädagogischen Organisationsforschung. In: Ambos, I. u.a. (Hrsg.): DIE-Workshop Forschung zur Erwachsenenbildung 11.-13. Januar 2001 in der Evangelischen Akademie Hofgeismar. Frankfurt am Main: DIE, S. 231-251
In diesem Text wird die oben dargestellte begriffliche Differenzierung zwischen Organisation und Institution und die Systematisierung der Anbieter von Weiterbildung genauer erläutert.

6.2 Weiterbildungsmanagement als Dienstleistungsprozess

Im vorigen Abschnitt ist die organisationale Struktur von Weiterbildung betrachtet worden. In diesem wird nun dargestellt, wie sich der Prozess der Erstellung eines Weiterbildungsangebots vollzieht. Dabei wird mit Schlutz (1997) davon ausgegangen, dass es sich dabei um ein Dienstleistungsangebot handelt.

Dienstleistungen zeichnen sich dadurch aus, dass sie nicht fertig sind, wenn sie angeboten werden und dass sie auch weniger standardisierbar sind als gewerbliche Produkte, d.h. sie können individueller zugeschnitten werden. Sie sind nicht lagerfähig, d.h. man kann sie nicht später als geplant verkaufen, und es findet kein Besitzerwechsel nach dem Verkauf statt. Während die Verantwortung in der Güterproduktion – abgesehen von Garantiefristen – mit dem Verkauf des fertigen Produktes endet, wird in der Weiterbildung nicht das Produkt, sondern das Angebot einer Veranstaltung und ein Leistungsversprechen verkauft. Nach der Bezahlung beginnt eine Art Produktionsprozess, bei dem der Konsument mitarbeiten muss, d.h. der Kunde wird in den Dienstleistungsprozess integriert, indem der Kunde z.B. dem Friseur seine Wünsche bezüglich der Haarlänge detailliert darlegt oder in der Weiterbildung seine Lerninteressen artikuliert. Für den Interessenten bedeutet der Erwerb einer Dienstleistung oft ein erhöhtes Risiko, da er das Gut nicht vorab sehen kann. Der entscheidende Unterschied zwischen gewerblichen Produkten und Dienstleistungen, insbesondere auch im Hinblick auf die Weiterbildung, besteht in der Tatsache, dass der Dienstleistungskunde kein fertiges Produkt kauft, sondern durch eigene Mitarbeit zum Gelingen der Dienstleistung beitragen muss. Beide Seiten, Anbieter sowie Nachfrager, bestimmen die Leistung gemeinsam, wenn auch nicht immer in der gleichen Gewichtung. Die unterschiedliche Produktionslogik hat auch Konsequenzen für das Marketing: Bei Produkten setzt das Marketing und der Kundenkontakt erst nach der Herstellung des Produktes an. Demgegenüber beginnt der Kundenkontakt und das darauf bezogene Marketing bei einer Dienstleistung weitaus früher, indem der Betrieb sein Potential und seine Leistungsbereitschaft in Form eines Programms demonstriert. Wenngleich sein Leistungsangebot eine Art Absatzobjekt darstellt, beginnt der eigentliche ‚Produktionsprozess' erst nach dem Kauf des Angebots bzw. bezogen auf die Weiterbildung nach der Anmeldung für die Veranstaltung. Das ‚Produkt' ist das Ergebnis des Dienstleistungsprozesses, d.h. bei der Weiterbildung das Lernergebnis.

Wenngleich alle Dienstleistungen in gewissem Umfang eine Beteiligung des Abnehmers erfordern, so lassen sich dennoch Unterschiede in der Beteiligung ausmachen:

- nach der Art: physisch – intellektuell – emotional
- nach dem Grad: eher passiv – eher aktiv

Der Teilnehmer an einer Weiterbildungsveranstaltung muss sich in der Regel für eine gewisse Zeit oder in bestimmten Intervallen in eine Weiterbildungseinrichtung begeben (d.h. physisch am Standort der Dienstleistungseinrichtung präsent sein, intellektuell und emotional (z.B. im Hinblick auf die gleichzeitig laufenden Gruppenprozesse) beteiligt sein und aktiv (z.B. im Gegensatz zum Fernsehen) am Prozess und im Hinblick auf das Lernergebnis mitarbeiten (vgl. Schlutz 1997, S. 10). Der potentielle Teilnehmer an einer Weiterbildungsveranstaltung weiß, dass der Erfolg zum großen Teil von seinem eigenen Potential und seinem eigenen Einsatz abhängt. Dies kann nicht nur den Erfolg ungewiss erscheinen lassen, sondern auch Furcht vor zu geringer Leistungsfähigkeit und selbstverschuldetem Misserfolg bis zur Beschämung aufkommen lassen. Betriebswirtschaftlich gesehen erhöht der Arbeitscharakter der Dienstleistung Weiterbildung noch einmal das Kaufrisiko.

Wenngleich es als Aufgabe der Lehrenden einer Bildungseinrichtung angesehen werden kann, entsprechende Sorgen zu dämpfen, die Arbeit zu erleichtern durch geeignete Hilfestellungen, so kann es dennoch nicht ihre Funktion sein, nur die Wünsche vieler Teilnehmer nach Anerkennung und angenehmer Atmosphäre zu befriedigen. Sie müssen vielmehr im Interesse des Erreichens der Lernziele und damit im wohlverstandenen Interesse der Teilnehmenden auch auf bestimmte Arbeitsanforderungen und Leistungen bestehen. Sie müssen diese Anforderungen zugleich sichtbar machen. Damit werden sie zu Repräsentanten der Anforderungen, die Widerstand hervorrufen gegen die Bequemlichkeitsbedürfnisse der Teilnehmenden. Weiterbildung ist also für beide Seiten wortwörtlich „Bildungsarbeit" (vgl. Schlutz 1997, S. 11).

Verschärfend ist davon auszugehen, dass bei potentiellen Interessenten an Weiterbildung eher Unkenntnis und Ungewissheit in Bezug auf die Frage vorhanden ist, ob ihr Problem überhaupt mit organisiertem Lernen zu lösen ist. Damit ist die Ungewissheit größer als bei vielen anderen Dienstleistungen. Häufig sind auch die eigenen Motive, die Fähigkeit, den Lernprozess zu bewältigen und die Verwertbarkeit der Lernergebnisse unsicher. Folglich handelt es sich sowohl bei dem Zustandekommen einer Weiterbildungsbeteiligung als auch bei der Ausführung der Dienstleistung um äußerst prekäre und fragile Prozesse.

Das Zustandekommen von Bildungsveranstaltungen bzw. Lernaktivitäten kann mit Tietgens (1986) als Resultat einer doppelten ‚Suchbewegung' angesehen werden: In dieser Suchbewegung bewegen sich zunächst Bildungsinteressenten einerseits und Anbieter andererseits aufeinander zu, anschließend Lehrkräfte und Teilnehmer, indem sie Bedingungen, Inhalte und Ziele der gemeinsamen Arbeit ratifizieren, präzisieren oder sogar erst noch entwickeln. Diese Suchbewegung von Seiten der Veranstalter zu unterstützen, ist das zentrale

Ziel von Organisation, Management und Marketing in der Erwachsenenbildung (vgl. Schlutz 1997, S. 12).

Für die Herstellung dieser Weiterbildungsdienstleistung resultieren aus Sicht des Anbieters Anforderungen, die auch mit dem Begriff des Managements gefasst werden, d.h. es geht um Gestaltung und Steuerung dieses Dienstleistungsprozesses. Von ‚*Bildungs*management' bzw. ‚Weiter*bildungs*management' zu sprechen, ist streng genommen falsch oder mindestens verkürzt (vgl. Faulstich 2003, S. 111). Gemanagt werden kann – im Sinne einer Strategie der direkten oder indirekten Beeinflussung von Organisationen – nicht die Bildung, sondern höchstens die Institution und das Personal, die Lernmöglichkeiten bereit stellen. Dessen ungeachtet hat sich diese Begrifflichkeit durchgesetzt.

Daraus lässt sich ein Managementzyklus ableiten (s. Abbildung 6-3), der an dieser Stelle nur in ausgewählten Punkten stichwortartig erläutert werden soll. Unter Vorgriff auf den nächsten Abschnitt sei bereits darauf verwiesen, dass die Tätigkeiten, die im Rahmen dieses Prozesses erforderlich sind, zugleich im Wesentlichen das Tätigkeitsspektrum des Personals darstellen, das in der Weiterbildung hauptberuflich disponierende Aufgaben wahrnimmt.

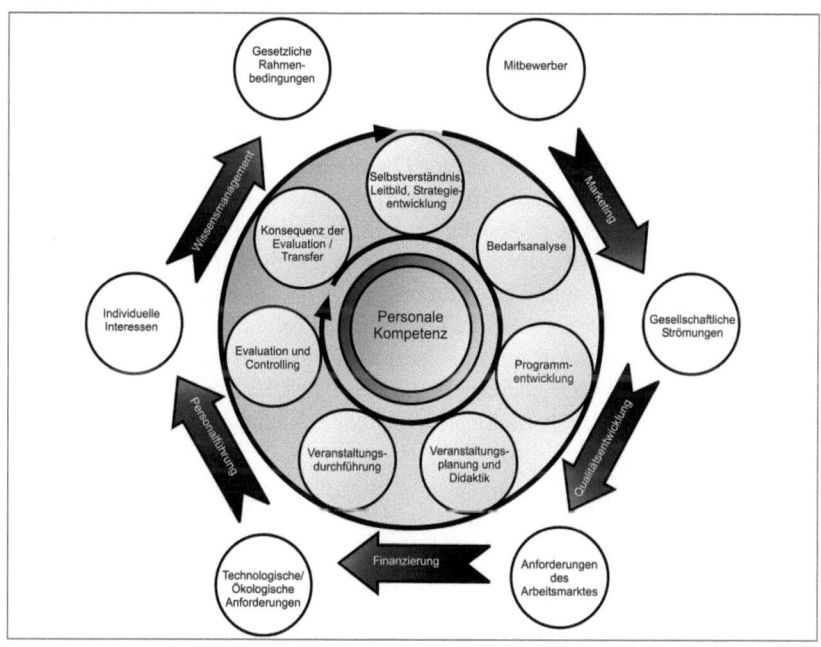

Abbildung 6-3: Erstellung einer Weiterbildungsdienstleistung als Managementzyklus

195

Um sich auf dem Weiterbildungsmarkt platzieren und profilieren zu können, ist es für Organisationen der Weiterbildung heute erforderlich, dass sie sich über ihr *Selbstverständnis* und ihre Identität verständigen. Hierzu werden häufig Prozesse der Leitbildentwicklung initiiert.

Als eine besondere Problematik für das Weiterbildungsmanagement stellt sich mit Blick auf die Zukunft die Frage, wie der *Bedarf an Weiterbildung* angesichts immer kürzer werdender Planungshorizonte angemessen ermittelt werden kann. Die systematische Bedarfsermittlung gilt als Ausgangspunkt jedes planvollen Weiterbildungsmanagements. Dies gilt gleichermaßen für außerbetriebliche Weiterbildungsanbieter wie für Betriebe. Dabei ist darauf hinzuweisen, dass es sich beim Bedarf keinesfalls um eine objektive Größe handelt. Vielmehr resultiert – insbesondere in Betrieben – der konstatierte Bedarf aus Aushandlungsprozessen und spezifischen Personalentwicklungsstrategien. So macht es einen Unterschied, ob ein Betrieb eher reaktiv einen bereits entstandenen Weiterbildungsbedarf deckt, z.B. nach der Anschaffung neuer Maschinen, oder Wert darauf legt, auch präventiv die Humanressourcen optimal zu qualifizieren.

Allerdings ist die Bedarfserhebung auch in methodischer Hinsicht keine leichte Aufgabe. Untersuchungen dazu haben gezeigt, dass der professionelle Methodeneinsatz oftmals mit den vorhandenen betrieblichen Ressourcen nicht zu realisieren ist (vgl. Baethge/Schiersmann 1998; Büchter 1999). Zur Ermittlung von mittelfristigen Bedarfen werden auch überbetriebliche Ansätze erprobt. So hat das Bundesministerium für Bildung und Forschung 1999 ein Forschungsnetz zur Früherkennung von Qualifikationserfordernissen ins Leben gerufen. Es soll dazu beitragen, Marktveränderungen besser zu erfassen, um schneller darauf reagieren zu können (vgl. Bundesminsiterium für Bildung und Forschung 2005, S. 264ff.). Es geht darum, Instrumente zur Dauerbeobachtung von Arbeitsmarkt, Aus- und Weiterbildung und Arbeitspraxis zu entwickeln, die Hinweise auf Qualifikationsentwicklungen und Professionalisierungsprozesse geben und dadurch ein frühzeitiges Eingreifen in die Arbeitsmarkt- und (Berufs-)Bildungspolitik ermöglichen. Dabei zeigt sich jedoch, dass weniger die Früherkennung als vielmehr die Beurteilung von relevanten Entwicklungstrends zum Problem wird (vgl. Meifort 2001).

Die Ergebnisse einer Bedarfsanalyse müssen – idealtypisch gesprochen, denn dieser Prozess wird natürlich nicht jedes Mal von Null begonnen – in ein *Weiterbildungsprogramm* überführt werden. Als Programm wird zum einen das systematisch beschriebene und geordnete Veranstaltungsangebot einer Weiterbildungseinrichtung bzw. eines Betriebes bezeichnet, zum anderen aber auch eine einzelne Veranstaltung. Gieseke (2003), die sich mit dem Entstehungsprozess derartiger Programme beschäftigt, beschreibt dies als Programmplanungshandeln. Kommunikation wird von Giesecke als entscheidende Handlungsform des Programmplaners betont. Hierzu zählen Außenkontakte, Kursleitergespräche, Moderationstätigkeiten, außerinstitutionelle Gremienarbeit und Abstimmungsprozesse in der hausinternen Organisation. Als Etappen des Planungshandelns lassen sich die folgenden beschreiben (vgl. Gieseke 2003):

- Themenfindung
- Konzeptionserarbeitung und Umsetzung
- Sicherung von Rahmenbedingungen
- Kursleitergewinnung und Zusammenarbeit
- Produktion von Ankündigungstexten
- Institutionelle Kooperationen
- Öffentlichkeitsarbeit und organisatorische Begleitung.

Auf die Programmplanung folgt die konkrete Umsetzung in Unterricht, die in der Regel von freiberuflichem Personal durchgeführt wird (s. Kapitel 6.3).

In Bezug auf die den eigentlichen Lernprozess vor- und nachbereitenden Aktivitäten spielt im Managementzyklus dann wieder die *Evaluation* oder das *Bildungscontrolling* eine Rolle, wobei letzteres in den vergangenen Jahren an Bedeutung gewonnen hat. Während sich die Evaluation im Sinne der Bewertung eines Programms in der Regel auf die pädagogischen Aspekte konzentriert, orientiert sich der Begriff des Bildungscontrollings eher an betriebswirtschaftlichen Gesichtspunkten, und entsprechende Instrumente werden auch vorrangig in Betrieben eingesetzt. In der Praxis werden umfassende Bildungscontrollingverfahren bisher eher selten und eher in Großbetrieben angewandt, der Einsatz beschränkt sich zudem häufig auf Teilinstrumente (vgl. Kailer u.a. 2001). Zum Teil werden unter dem Konzept des Bildungscontrollings auch alle hier erläuterten Phasen des Managementzyklus gefasst. Die Auswertungen von Betriebsdaten des Referenz-Betriebs-Systems (RBS) durch das BIBB und IES ergaben, dass vor allem die Erfassung der Weiterbildungskosten stark verbreitet ist, die Aufstellung eines jährlichen Weiterbildungsplans sowie die Weiterbildungsbedarfsermittlung häufig stattfinden; dagegen sind Maßnahmen der Transfersicherung und Nutzenanalysen kaum verbreitet (vgl. Krekel/Beicht 1998).

Aus den Ergebnissen der Evaluation bzw. des Bildungscontrollings werden schließlich im Sinne des *Transfers* Konsequenzen für die Optimierung des Weiterbildungsangebots abgeleitet.

Ergänzend zu diesem phasenspezifischen Ablauf sind weitere Elemente in ein Konzept von Weiterbildungsmanagement zu integrieren (s. auf der Abbildung die Pfeile): Hierzu zählen das Marketing, die Qualitätsentwicklung, die Personalführung, die Beschaffung von Finanzen. Schließlich ist das Managementhandeln eingebunden in gesellschaftliche Umweltfaktoren wie die Entwicklung des Weiterbildungsmarktes, des Arbeitsmarktes, gesetzlicher Regelungen, technologische Neuerungen etc.

Literaturhinweis

Schlutz, E. (1997): Erwachsenenbildung als Dienstleistung. In: Grundlagen der Weiterbildung. Praxishilfen, 10, S. 1-18.
In diesem Beitrag wird das Verständnis von Weiterbildung als Dienstleistungsangebot näher erläutert.

6.3 Struktur, Aufgabenprofil und Selbstverständnis des Weiterbildungspersonals

▼ Zusammenfassung

Angesichts der bereits in den beiden vorigen Abschnitten konstatierten vielfältigen Struktur der Weiterbildungsanbieter verwundert kaum noch, dass sich auch die Personalsituation sehr heterogen darstellt. Schon im Hinblick auf die verwendeten Berufsbezeichnungen herrscht eine verwirrende Vielfalt: So ist von hauptberuflichen Mitarbeitern, Dozenten, Trainern, Bildungsreferenten, Teamern, Kursleitern, Weiterbildungslehrern etc. die Rede. Als spezifische Struktur des Personals in der Weiterbildung ist zu konstatieren, dass sich dieses aus einer kleinen Anzahl hauptberuflich Tätiger und einer sehr großen Zahl neben- bzw. freiberuflich Tätiger zusammen setzt (Kapitel 6.2.1). In Bezug auf das Tätigkeitsspektrum ist typisch, dass erstere vor allem für planende und disponierende Tätigkeiten zuständig sind, letztere führen im Wesentlichen die Lehrangebote durch (Kapitel 6.2.2). Hieraus leiten sich unterschiedliche Anforderungen an die Kompetenzen ab und es stellt sich auch die Frage nach der Professionalität in diesem Handlungsfeld (Kapitel 6.2.3).

6.3.1 Struktur und Aufgabenprofil des Weiterbildungspersonals

Einleitend ist darauf hinzuweisen, dass die wissenschaftlich-empirischen Erkenntnisse über das in der beruflichen Weiterbildung tätige Personal, seine Aufgaben und Funktionen, sein Qualifikationsprofil und seine Beschäftigungsformen sehr lücken- und bruchstückhaft sind. Da eine bundesweite einheitliche Weiterbildungsstatistik fehlt und lediglich die Einrichtungen, die eine öffentliche Förderung erhalten, auch zur Offenlegung ihrer Personaldaten verpflichtet werden können, ist man weitgehend auf spezifische empirische Studien angewiesen. Lediglich der Deutsche Volkshochschulverband veröffentlicht seit den sechziger Jahren jährlich eine detaillierte Personalstatistik, auf deren Grundlage

198

sich für diesen Teilbereich verlässliche Aussagen über Beschäftigungsverhältnisse treffen lassen. Auch lässt sich Zusammensetzung des Personals nicht nach beruflicher und allgemeiner Bildung differenzieren. Hierzu trägt zum einen die bereits in Kapitel 2 erwähnte Schwierigkeit bei, die Inhalte sauber unter diesem Kriterium auseinander zu halten sowie die Tatsache, dass viele Institutionen, die in der Regel den Bezugspunkt für die Erfassung des Personals darstellen, sowohl berufliche als auch allgemeinbildende Angebote vorhalten.

Die Personalsituation im Weiterbildungsbereich unterscheidet sich gravierend von anderen Bereichen des Bildungswesens. Sie ist durch eine starke Heterogenität gekennzeichnet, die sich vor allem in der Gleichzeitigkeit unterschiedlicher Beschäftigungsverhältnisse niederschlägt. Neben der Wahrnehmung von Aufgaben durch hauptamtliche Mitarbeiter werden vor allem lehrende Tätigkeiten von Honorarkräften neben- bzw. freiberuflich ausgeübt. Es lassen sich mit Nittel (2001, S. 5f.) für die pädagogischen Aufgaben in Weiterbildungsinstitutionen vier Gruppen von Mitarbeitern ausdifferenzieren:

- hauptberufliche Leiter
- hauptberuflich tätige pädagogische Mitarbeiter
- hauptberuflich tätige Lehrende
- frei- und nebenberuflich tätige Mitarbeiter

Hinzuzufügen wären dieser Systematik noch die ehrenamtlich Tätigen, deren Zahl in einigen Bereichen gerade wieder im Steigen begriffen zu sein scheint, wenngleich hier nicht im engeren Sinne von einer Beruflichkeit gesprochen werden kann und ehrenamtliches Personal in der beruflichen Weiterbildung keine nennenswerte Rolle spielt.

Hauptberufliche Leiter

Zum Aufgabenprofil des leitenden Personals in Weiterbildungseinrichtungen gehören neben den repräsentativen Aufgaben die bildungspolitische Profilbildung, die Initiierung und Überwachung von Marketingstrategien, das Aufdecken und Formulieren neuer Bedarfsfelder, Personalauswahl und -führung sowie die Beschaffung und Kontrolle der Finanzressourcen. Die Verantwortung der Leitung für die Absicherung der Existenz der Bildungseinrichtung hat in den letzten Jahren in dem Maße zugenommen, in dem die Konkurrenz auf dem Weiterbildungsmarkt gewachsen ist, die öffentliche Förderung abnimmt und eine ständige Neuprofilierung erforderlich ist. Dieser Personenkreis hat es immer mehr mit Aufgaben zu tun, die eine Anwendung vorgegebener Lösungen auf eindeutig definierte Probleme ausschließen. Berufliche ‚Kernprobleme' in Verbindung mit ‚Paradoxien' werden nicht mehr als Defizit, sondern „als sicheres Zeichen für den Professionalisierungsbedarf der Weiterbildner" definiert (Nittel 2001, S. 7). Es ist davon auszugehen, dass Leitungskräfte im Weiterbildungsbereich heute fast ausnahmslos über eine akademische Ausbildung verfügen, deren fachliches Profil allerdings weit streut und sich keineswegs auf die Erziehungswissenschaft konzentriert. Aufgrund des skizzierten Aufgabenprofils kann eine betriebswirtschaftliche und pädagogische Doppelqualifikation vorteilhaft sein.

Hauptberuflich tätige pädagogische Mitarbeiter

Auch bei den hauptamtlichen Mitarbeitern stehen Organisations- und Managementtätigkeiten als Kernaufgaben im Mittelpunkt. Neben der Planung und Evaluation von Programmen gehören auch die Auswahl, Betreuung und didaktische Beratung des lehrenden Personals zu ihrem Aufgabenspektrum. Infolge der in früheren Kapiteln diskutierten zunehmenden Bedeutung informeller Lernformen kristallisieren sich neue Anforderungen an die professionellen Handlungsmuster der Berufsgruppe heraus. Obwohl sich die Tätigkeitsbereiche je nach Schwerpunkten der jeweiligen Institutionen und Träger unterscheiden, wird eine Angleichung der Tätigkeitsprofile vermutet. Das hauptberufliche pädagogische Personal steht in der alltäglichen Arbeit vor der Herausforderung, eine produktive Symbiose von pädagogischen und organisatorischen Handlungsanteilen herzustellen. Dies wurde zumindest in den zurückliegenden Jahrzehnten von den Stelleninhabern häufig als Übermacht des Organisatorischen beklagt (vgl. Gieseke 1989). Häufig besteht eine Diskrepanz zwischen den dezidiert pädagogischen Ansprüchen der Weiterbildner und den pragmatischen Orientierungen derer, die für den betrieblichen Ablauf verantwortlich sind. Interessen der (potentiellen) Teilnehmer sowie die bürokratische Rationalität des Verwaltungshandelns stellen weitere Eckpfeiler des Anforderungsprofils dar (vgl. Wittpoth 2003, S. 183).

Hauptberuflich tätige Lehrende

In geringem Umfang gibt es auch hauptberuflich tätige Lehrende, die als Weiterbildungslehrer oder als Trainer in einer Einrichtung fest angestellt sind. Dies ist vor allem dort der Fall, wo es um längerfristige Kursangebote mit einem eher standardisierten Curriculum geht, z.B. beim Nachholen von Bildungsabschlüssen oder Umschulungsmaßnahmen.

Frei- und nebenberuflich tätiges Personal

Kursleiter, Dozenten, Trainer oder Teamer sind in der Regel nicht fest angestellt und führen den überwiegenden Teil der Kurse bzw. Seminare durch. Sie waren lange Zeit nebenberuflich tätig in dem wörtlichen Sinne, dass die Tätigkeit in der Weiterbildung neben einem Hauptberuf ausgeübt wurde, sie sind heute aber

200

eher als Freiberufliche zu kennzeichnen, da sie häufig ihre Existenz durch diese Arbeit sichern, indem sie an verschiedenen Einrichtungen Kurse oder Seminare durchführen. Das Tätigkeitsprofil dieser Gruppe konzentriert sich auf den mikrodidaktischen Bereich, d.h. die Vorbereitung, Durchführung und Evaluation von Lehrveranstaltungen. Diese Gruppe weist den weitaus höchsten Anteil am pädagogischen Personal auf.

Eine aktuelle Studie (vgl. Wirtschafts- und Sozialforschung 2005), die allerdings nicht die soeben erläuterte Einteilung des Personals zu Grunde legt, sondern sich auf die Lehrenden – sowohl fest angestellte als auch freiberuflich tätige – in der Weiterbildung bezieht, kommt zu dem Ergebnis, dass im Bereich der Weiterbildung 185.000 sozialversicherungspflichtige Beschäftigungsverhältnisse bestehen, wobei es sich dabei natürlich keineswegs immer um Vollzeitstellen handeln muss und auch nicht um unbefristete Stellen. Dies macht 14 % aller Beschäftigungs- bzw. Tätigkeitsverhältnisse aus. Diese Erhebung konstatiert knapp eine Million Honorarkräfte bzw. Selbstständige, die damit knapp drei Viertel aller Beschäftigungs- bzw. Tätigkeitsverhältnisse ausmachen. Alle Beschäftigungs- und Tätigkeitsverhältnisse (einschließlich der Ehrenamtlichen, die 10 % ausmachen), werden von 650.000 Personen ausgeübt. Damit unterstreichen die Untersuchungsergebnisse, dass die Personen häufig mehr als eine Tätigkeit im Weiterbildungsbereich wahrnehmen.

37 % der in der Weiterbildung lehrenden Personen sind dieser Erhebung zu Folge hauptberuflich tätig, d.h. entweder in Weiterbildungseinrichtungen fest angestellt oder sie bestreiten ihren Lebensunterhalt durch die Tätigkeit in der Weiterbildung. Knapp ein Viertel der Lehrenden lebt als (hauptberufliche) Honorarkraft ausschließlich von dieser Lehrtätigkeit (vgl. Wirtschafts- und Sozialforschung 2005, S. 5). Dieser Personenkreis befindet sich hinsichtlich der sozialen Absicherung in einer besonders prekären Situation.

Die knapp Drei Viertel des Personals, die nebenberuflich in der Weiterbildung tätig sind, geben folgende ‚Hauptberufe' an (vgl. Wirtschafts- und Sozialforschung 2005, S. 5):

- 58 % sind außerhalb der Weiterbildung tätig
- 6 % befinden sich im Studium oder in der Ausbildung
- 12 % sind Rentner oder Pensionäre
- 14 % sind Hausfrau oder Hausmann

Bei den nebenberuflich Tätigen lassen sich erhebliche Unterschiede hinsichtlich der Kategorie Geschlecht bezogen auf den sozialen Status feststellen: Frauen sind seltener im Hauptberuf erwerbstätig als Männer, während sich unter den Männern mehr Rentner befinden als unter den Frauen.

Knapp drei Viertel des pädagogischen Personals weisen einen akademischen Abschluss auf, das übrige Viertel einen anderen beruflichen Abschluss. Die Lehrenden sind zudem überwiegend auch pädagogisch qualifiziert: Knapp drei Viertel haben ein einschlägiges Studium oder eine spezifische Fortbildung absolviert (vgl. Wirtschafts- und Sozialforschung 2005, S. 5).

Die folgenden Motive spielen eine zentrale Rolle für die Aufnahme der Lehrtätigkeit (vgl. Wirtschafts- und Sozialforschung 2005, S. 6):

- Weitergabe beruflicher Kenntnisse und Fertigkeiten   50 %
- Tätigkeit passt in die Lebensplanung   35 %
- Tätigkeit entspricht dem Berufswunsch   32 %
- Die Person suchte eine neue Herausforderung   29 %

Die Motive divergieren je nach beruflicher Stellung: Während für die Hauptberuflichen monetäre Gründe von Bedeutung sind, stehen bei den Neben- bzw. Freiberuflichen Motive der Selbstverwirklichung im Vordergrund. Die überwiegende Mehrzahl der Lehrenden bringt eine hohe pädagogische Motivation mit, d.h. es ist ihnen wichtig, eine pädagogische Tätigkeit auszuüben.

Zu den wichtigsten Rahmenbedingungen ihrer Arbeit zählen die Lehrenden die Möglichkeit zu selbständigem und eigenverantwortlichem Arbeiten, eine angenehme Atmosphäre in den Lehrveranstaltungen und in der Einrichtung sowie eine interessante und vielseitige Tätigkeit. Wirtschaftliche Aspekte wie leistungsgerechte Bezahlung, Sicherheit des Arbeitsverhältnisses, Verdienstmöglichkeiten und soziale Absicherung tauchen in dieser Skala erst in der zweiten Hälfte auf.

Für die zweite Hälfte der neunziger Jahre liegen zudem einige empirische Untersuchungen zum Personal in der *betrieblichen Weiterbildung* vor (vgl. Sorg-Barth 2000; Harteis/Prenzel 1998; Rottmann 1997; Frank 1996). Sie beziehen sich stärker auf Kompetenzen als auf Beschäftigungsverhältnisse. Übereinstimmend beklagen die Autoren zu Recht, dass bislang keine Systematik der Qualifikationsanforderungen vorliegt, auf die sich empirische Untersuchungen beziehen könnten und sehen ihre Arbeiten als Beitrag zu dem Versuch, ein (aktuelles) Professionsverständnis zu erarbeiten. Für die betriebliche Weiterbildung lässt sich – so Rottmann (1997) – kein einheitliches Handlungsfeld des Personals ausmachen. Bestätigt wird die bereits von Frank (1996) konstatierte Entwicklung, dass die Rolle der Weiterbildner sich vom Wissensvermittler in Richtung eines Beraters bzw. Prozessbegleiters verlagert. Harteis/Prenzel (1998) kommen – weitgehend übereinstimmend mit den anderen Arbeiten – zu dem Ergebnis, dass zukünftig die in einem engeren Sinne pädagogischen und didaktischen Kompetenzen nach wie vor von hoher Bedeutung sind, dass aber darüber hinaus soziale Kompetenzen, d.h. grundlegende Fertigkeiten und Fähigkeiten zur Kommunikation und zum Umgang mit Menschen (z.b. Gruppen) für das Personal in der betrieblichen Weiterbildung an Bedeutung gewinnen. Als weitere Kompetenzanforderungen werden die Orientierung am Kunden, am Unternehmen und am Markt benannt, die als Fähigkeiten zur Berücksichtigung ökonomischer Rahmenbedingungen und wirtschaftlicher Gesichtspunkte interpretiert werden. Als bedeutsam erachtet werden weiterhin Fähigkeiten zur Bedarfsermittlung, zum Qualitätsmanagement und zur Evaluation, die auf einen stärkeren Stellenwert der Managementfunktion verweisen.

Mit der Neuorganisation betrieblicher Bildungsarbeit ist ein neues Konzept für das Führungshandeln verbunden: Führungskräfte in den Fachabteilungen werden selbst in höherem Maße verantwortlich für Qualifizierungs- und berufliche Entwicklungsprozesse des Personals. Sie müssen in immer stärkerem Maße die Selbstorganisationskräfte ihrer Mitarbeiter fördern und entwickeln, sie müssen – ergänzend zu den Aktivitäten der professionellen Weiterbildner – das Lernen in ihrem Betrieb anregen und koordinieren. Die Weiterbildner können auch als pädagogisch motivierte 'change-agents' beschrieben werden (vgl. Rottmann 1997, S. 248 f.).

6.3.2 Profession, Professionalisierung und Professionalität

Die Auseinandersetzung mit der Beschäftigungssituation und der Qualifikation des Personals ist eng verknüpft mit der Frage nach der Professionalisierung. Gegenwärtig kann nicht von einer Profession Erwachsenenbildung gesprochen werden (vgl. Schiersmann 1999; Nittel 2001; Peters 2004). Dieser Feststellung liegen Kriterien eines klassischen (funktionalistischen) Professionsbegriff zugrunde wie eindeutiger Berufszugang, Existenz eines Fachverbandes, ethische Standards. Es spricht auch wenig dafür, dass sich die Erwachsenenbildung jemals zu einer Profession entwickeln wird – zumal insgesamt die Entwicklung neuer Professionen im Sinne eines sehr geschlossenen Berufsprofils eher unwahrscheinlich ist. Gleichwohl ist es für die Qualität der Erwachsenenbildung von ausschlaggebender Bedeutung, dass in diesem Bereich professionell gearbeitet wird. Ein Kennzeichen professionellen Handelns im Allgemeinen ist, dass es um geplantes, zielgerichtetes Handeln geht, das der ständigen Rücküberprüfung im Reflexionsprozess unterliegt (bzw. unterliegen sollte) (vgl. Schiersmann 1999). Nittel (2001, S. 17) bezeichnet Professionalität als „... Einheit von Wissen und Können sowie eine besonders ausgewiesene Form der Reflexivität". Aufgrund von Professionalität sind Akteure in der Lage zu beschreiben, warum und mit welchem Ziel sie handeln. Wittpoth (2003, S. 187) hat Kernpunkte pädagogischer Professionalität von Weiterbildnern identifiziert, von denen die beiden folgenden hervorgehoben werden sollen:

- Die Akteure verfügen über erziehungs- und sozialwissenschaftliches Wissen in Form technischer und analytischer Problemlösekompetenz sowie über Deutungswissen.
- Dieses Wissen geht einher mit einer Handlungskompetenz, die es ermöglicht, das allgemeine theoretische Wissen situationsspezifisch angemessen einzusetzen. Dieses Wissen wird angesichts der bisherigen, stark theoretisch ausgerichteten Ausbildungsstruktur an den Hochschulen im Wesentlichen im Zuge der beruflichen Sozialisation erworben.

Die zu beobachtenden bzw. zu prognostizierenden Veränderungen der Aufgaben und Funktionen des Weiterbildungspersonals zeigen im Hinblick auf den Gesichtspunkt der Stärkung oder Schwächung ihrer Professionalität in zwei stark divergierende Richtungen: Auf der einen Seite führt die in den Betrieben zu beobachtende (Rück-)Verlagerung eines Teils ihrer ursprünglichen Aufgaben in die Fachabteilungen zu einem Verlust an Eigenständigkeit der in diesen Einheiten Tätigen (vgl. Frank 1996, S. 375). Dies kann auch als Tendenz zur Deprofessionalisierung interpretiert werden und könnte unter quantitativen Gesichtspunkten zu einer Reduzierung des fest angestellten Weiterbildungspersonals führen (vgl. Frank 1996, S. 370). Auf der anderen Seite werden eher erhöhte Anforderungen an die Professionalität des Personals gestellt. Dies betrifft in Bezug auf die pädagogischen Aufgaben im engeren Sinne die geforderte diversifizierte Methodenkompetenz und Fähigkeit zur situationsangemessenen Gestaltung der Lernsituation; dies betrifft die unterschiedliche Gruppen und Ebenen betreffende Beratungskompetenz (s. dazu Kapitel 7.5) sowie die betriebs- und organisationsbezogenen Kompetenzen in Bezug auf die Integration von Weiterbildung in die Personal- und Organisationsentwicklung.

Für eine Tätigkeit in der Erwachsenenbildung gibt es keinen einheitlichen Ausbildungsweg. Die zu Beginn der 70er Jahre des letzten Jahrhunderts eingerichteten Diplom-Studiengänge mit einem Schwerpunkt in Erwachsenenbildung bzw. die in den folgenden Jahrzehnten in ähnliche Richtung ausgebauten Magisterstudiengänge haben sich nicht als dominierender Zugangsweg in eine hauptberufliche pädagogische Tätigkeit als Weiterbildner durchgesetzt. Nach wie vor spielt der fachliche Schwerpunkt eine große Rolle als Einstellungskriterium. Neben dem grundständigen Studienangebot existiert eine Vielzahl von Aufbau- und Kontaktstudiengängen sowie ein äußerst heterogenes Fortbildungsangebot der unterschiedlichsten Träger und Verbände. Wie sich die Situation angesichts der Einführung der neuen Studienstruktur mit Bachelor- und Masterstudiengängen entwickeln wird, ist derzeit noch nicht zu übersehen, da in diesem Kontext nebeneinander sehr unterschiedliche curriculare Profile realisiert werden.

Über die faktischen Ausbildungsgänge hauptamtlicher pädagogischer Mitarbeiter fehlen wesentliche Grundlagendaten, so dass vielfach nur Hypothesen hinsichtlich der faktischen Kompetenz bzw. des Bildungsniveaus formuliert werden können. Peters (vgl. 1997, S. 195) vermutet, dass die Anzahl der Diplom-Pädagogen der Studienrichtung Erwachsenenbildung unter den hauptberuflich Tätigen weniger als 10 % beträgt. Des weiteren besteht die Hypothese, dass die Diplompädagogen und Erziehungswissenschaftler sich das Terrain der beruflichen Weiterbildung mit den Diplom-Handels- und Berufsschullehrern, Betriebswirtschaftlern sowie Psychologen teilen.

Literaturhinweis
Peters, R. (2004): Erwachsenenbildungs-Professionalität.(Theorie und Praxis der Erwachsenenbildung). Bielefeld: W. Bertelsmann Verlag
In dieser Publikation wird der theoretische Diskussionsstand zur Professionalisierung und Professionalität in der Weiterbildung aufgearbeitet – ergänzt um eine kleinere empirische Erhebung.

7 Bildungspolitische Rahmenbedingungen

Im Folgenden wird der Frage nachgegangen, wie die Gesellschaft das berufsbezogene Lernen Erwachsener unterstützt. Dazu werden einleitend die allgemeinen rechtlichen Regelungen im Bereich der beruflichen Weiterbildung charakterisiert (Kapitel 7.1). Hierzu zählen einige wenige gesetzliche, außerdem
tarifvertragliche Regelungen sowie Betriebsvereinbarungen. Anschließend
werden zentrale gesellschaftliche Rahmenbedingungen für den individuellen
Zugang zur Weiterbildung erörtert, die teilweise auch in den Gesetzen eine Rolle spielen. Dies betrifft die Frage der Finanzierung der Weiterbildung (Kapitel
7.2): In welcher Weise greifen Finanzierungsanteile von Individuen, Betrieben
und öffentlicher Hand ineinander? Ebenso muss in diesem Zusammenhang die
Frage nach der Zeit für Weiterbildung gestellt werden (Kapitel 7.3). Welche Vorkehrungen sind notwendig, damit für alle Bevölkerungsgruppen der (zeitliche)
Zugang zu Weiterbildung gewährleistet wird? Insbesondere angesichts der gestiegenen Bedeutung informellen Lernens stellt sich verschärft die Frage, wie
die Lernbemühungen honoriert und für die weitere Berufsbiographie verwertbar
gemacht werden können (Kapitel 7.4). Schließlich liegt eine gesellschaftliche
Verantwortung für die Weiterbildung darin, ein geeignetes Informations- und
Beratungsangebot vorzuhalten (Kapitel 7.5).

7.1 Rechtliche Regelungen
7.1.1 Charta der Europäischen Union
Das Recht auf Bildung ist in der 2000 verabschiedeten Charta der Europäischen
Union (EU) im Art. 14 enthalten: „Jede Person hat das Recht auf Bildung sowie
auf Zugang zur beruflichen Ausbildung und Weiterbildung." Allerdings handelt
es sich bei der Charta der EU lediglich um eine Deklaration, die noch kein un-
mittelbares geltendes Recht darstellt, das im Wege einer Klage vor Gerichten
durchgesetzt werden könnte. Dennoch ist zu erwarten, dass der Europäische Ge-
richtshof die Bestimmungen der Grundrechtscharta allmählich in seine Rechts-
sprechung übernimmt (vgl. Nagel 2004, S. 6).

Von der Verankerung des Rechts auf Bildung in der EU-Grundrechtscharta
zu unterscheiden ist die Kompetenzverteilung zwischen der EU und den Mit-
gliedstaaten in Bezug auf die Rechtsetzung. Im Artikel 3 des EU-Vertrages ist
festgehalten, dass ein Ziel der EU darin besteht, einen qualitativ hochstehenden
Beitrag zur allgemeinen und beruflichen Bildung zu leisten. Damit hat die EU
aber keine inhaltliche Gestaltungskompetenz in Bezug auf die Mitgliedsländer.
Sie darf die Bildung lediglich ‚fördern'. Hierzu wird von der EU allerdings zu-

nehmend auch die Forschungs- und Technologiepolitik eingesetzt. Außerdem unterfüttert die EU ihre Politik mit bildungspolitischen Förderprogrammen, so für die Berufspolitik mit dem Programm Leonardo da Vinci oder Force explizit für die berufliche Weiterbildung (vgl. Näheres dazu bei Nagel 2004).

7.1.2 Bundesregelungen

Einleitend ist anzumerken, dass die rechtliche Situation in der Weiterbildung in Deutschland wesentlich durch die Orientierung am Subsidiaritätsprinzip gekennzeichnet ist. Dies bedeutet, dass sich der Staat sowohl bei der gesetzlichen Regelung der Weiterbildung als auch bei der Entwicklung öffentlicher Weiterbildungsangebote zurückhält. Er ‚überlässt' die Entwicklung den gesellschaftlichen Kräften und wird nur dann (z.B. als Finanzier) aktiv, wenn bestimmte Gruppen besonderer Förderung bedürfen (z.B. Langzeitarbeitslose) oder wenn es darum geht, Qualitätsstandards zu sichern (z.B. im Fernunterricht).

Grundgesetz

Ein Grundrecht auf Bildung lässt sich für den Bereich der Schule und Hochschule sowie der beruflichen Aus- und Weiterbildung aus Art. 12, Abs. 1 des Grundgesetzes (GG) ableiten. Dieses steht allerdings unter dem Vorbehalt des Möglichen, d.h. dessen, was der Einzelne vernünftigerweise vom Staat verlangen kann (vgl. Nagel 2004, S. 12). Diese Formulierung ist dahingehend zu interpretieren, dass der Staat nicht unbedingt eine bestimmte Maßnahme der beruflichen Weiterbildung finanzieren muss, wohl aber, dass er durch Gesetze, Verordnungen oder sonstige Maßnahmen ein System schaffen und aufrechterhalten muss, das den Bürgern angemessene Bildungsmöglichkeiten eröffnet. Dabei wird dem Staat allerdings ein weiter Ermessensspielraum zugestanden.

Die rechtlichen Zuständigkeiten für die berufliche Weiterbildung sind in Deutschland gemäß der im Grundgesetz vereinbarten Kompetenzverteilung zwischen Bund und Ländern (Art. 30 sowie Art. 72 in Verbindung mit 74 GG) geregelt.[1] Nach Art. 30, Abs. 1 GG haben die Länder die Gesetzgebungskompetenz, solange und soweit der Bund von seiner Gesetzgebungszuständigkeit nicht durch Gesetz Gebrauch macht. Der Bund hat in diesem Bereich die Gesetzgebungszuständigkeit, wenn und soweit die Herstellung gleichwertiger Lebensverhältnisse im Bundesgebiet oder die Wahrung der Rechts- oder Wirtschafteinheit im gesamtstaatlichen Interesse eine bundesgesetzliche Regelung erforderlich macht (Art. 72 GG, Abs. 2). In die konkurrierende Gesetzgebungskompetenz

---

1   Die Kompetenzverteilung wurde durch die Föderalismusreform 2006 in Bildungsfragen zu Gunsten der Länder geändert. Die einzelnen gesetzlichen Veränderungen standen zum Zeitpunkt der Drucklegung noch nicht fest.

des Bundes fallen die außerschulische berufliche Weiterbildung, die Entwicklung allgemeiner Grundsätze der wissenschaftlichen Weiterbildung, die Erforschung der Wirksamkeit von Weiterbildung und die Erschließung neuer Aufgabenbereiche durch Modellmaßnahmen (vgl. Nagel 2004, S. 4). Unter Art. 74 GG fällt die individuelle Ausbildungsförderung für alle Bildungsbereiche, auch für die Weiterbildung.

Für die berufliche Weiterbildung sind deshalb sowohl bundesgesetzliche als auch landesgesetzliche Regelungen relevant. Während der Bund die außerschulische berufliche Weiterbildung gesetzlich regelt, liegt die Gesetzgebungskompetenz für die schulische berufliche Weiterbildung bei den Ländern.

Berufsbildungsgesetz

Das Berufsbildungsgesetz (BBIG), das 1969 verabschiedet und seitdem mehrfach novelliert wurde, regelt Fragen der Ordnung und Durchführung der beruflichen Bildung und klärt Zuständigkeitsfragen. Es befasst sich überwiegend mit der beruflichen Erstausbildung, enthält jedoch auch einige Regelungen zur Weiterbildung, insbesondere im Hinblick auf abschlussbezogene Weiterbildung. Fragen der beruflichen Fortbildung und Umschulung sind in den §§46-49 geregelt. Ähnliche Regelungen finden sich für die handwerklichen Berufe in der Handwerksordnung (§42 ff.).

Nach den Bestimmungen des Berufsbildungsgesetzes sind zwei Typen von Fortbildungsregelungen zu unterscheiden: Nach §46, Abs. 1 BBiG kann die zuständige Stelle zum Nachweis von Kenntnissen, Fertigkeiten und Erfahrungen, die durch berufliche Fortbildung erworben werden, Prüfungen durchführen. Bei den zuständigen Stellen handelt es sich in der Regel um die Industrie- und Handels- bzw. Handwerkskammern. Die zuständige Stelle regelt den Inhalt, das Ziel, die Anforderungen, das Prüfungsverfahren, die Zulassungsvoraussetzungen und errichtet Prüfungsausschüsse. Diese Befugnis besteht nur, soweit nicht Rechtsverordnungen erlassen sind. Nach §46 Abs. 2 BBiG kann der Bundesminister für Bildung und Forschung im Einvernehmen mit dem Bundesminister für Wirtschaft oder dem sonst zuständigen Fachminister Rechtsverordnungen erlassen, die die Prüfungsanforderungen, das Prüfungsverfahren, die Zulassungsvoraussetzungen und die Bezeichnung des Abschlusses regeln. Diese Regelungen gelten dann bundeseinheitlich. Von dieser Möglichkeit hat der Staat bislang allerdings nur sehr zurückhaltend Gebrauch gemacht. Für das Handwerk gilt eine entsprechende Vorschrift in §42 der Handwerksordnung.

§47 BBiG regelt die berufliche Umschulung auf eine andere als die zuvor erlernte Tätigkeit. Im §47, Abs. 1 BBiG wird geregelt, dass die Maßnahmen der beruflichen Umschulung nach Inhalt, Art, Ziel und Dauer den besonderen Erfordernissen der beruflichen Erwachsenenbildung entsprechen müssen. Die

208

zuständige Stelle kann – wie nach §46 BBiG – diesbezügliche Regelungen treffen. Der Bundesminister für Bildung und Forschung kann – im Einvernehmen mit dem Bundesminister für Wirtschaft – Inhalt, Art, Ziel und Dauer der beruflichen Umschulung bestimmen. Dies ist immer dann relevant, wenn in einen anerkannten Ausbildungsberuf umgeschult wird (§47, Abs. 3). Für das Handwerk ist Entsprechendes wiederum in der Handwerksordnung geregelt.

Bundesausbildungsförderungsgesetz

Das Bundesausbildungsförderungsgesetz (BaföG) regelt Möglichkeiten der finanziellen Unterstützung für Schüler und Studierende. Für die Weiterbildung relevant ist es insofern, als nach §7 BaföG in bestimmten Fällen über die Erstausbildung hinaus ein weiteres Studium finanziert werden kann. Die Förderung wird zur Hälfte als Zuschuss, zur Hälfte als Darlehen gewährt.

Aufstiegsfortbildungsförderungsgesetz

Das Aufstiegsfortbildungsförderungsgesetz (AFBG, auch Meister-BAföG genannt) regelt die finanzielle Förderung von Maßnahmen der beruflichen Fortbildung. Im Wesentlichen werden solche Maßnahmen unterstützt, die auf einer abgeschlossenen beruflichen Erstausbildung aufbauen (z.B. Fortbildungen zum Handwerks- oder Industriemeister, zum staatlich geprüften Betriebswirt und Techniker oder zur Krankenpflege-Lehrkraft). Die Förderung wird als Darlehen gewährt.

Sozialgesetzbuch

Eine weitere wesentliche Rechtsgrundlage für die berufliche Weiterbildung auf Bundesebene stellt das Sozialgesetzbuch (SGB) dar, in dem die Aufgaben des Sozialversicherungsrechts geregelt sind. Das SGB I enthält in §3 ein soziales Recht auf berufliche Weiterbildung:

„Wer am Arbeitsleben teilnimmt oder teilnehmen will, hat ein Recht auf

1. Beratung bei der Wahl des Bildungsweges und des Berufs,
2. individuelle Förderung seiner beruflichen Weiterbildung,
3. Hilfe zur Erlangung und Erhaltung eines angemessenen Arbeitsplatzes und
4. wirtschaftliche Sicherung bei Arbeitslosigkeit und bei Zahlungsunfähigkeit des Arbeitgebers."

Allerdings können daraus nur insofern Ansprüche abgeleitet werden, als diese in den besonderen Teilen des SGB im einzelnen bestimmt sind (§2, Abs. 1).

Von besonderer Bedeutung für die berufliche Weiterbildung ist das SGB III, auf dessen Basis die Finanzierung von Fortbildungs- und Umschulungsmaßnahmen durch die Bundesagentur für Arbeit geregelt wird. Es geht auf das Arbeitsförderungsgesetz (AFG) zurück, das 1969 verabschiedet wurde. Es ist seither mehr als einhundertmal geändert (vgl. Nagel 2004, S. 15) und 1998 in das SGB III überführt worden. Ursprünglich war dieses Gesetz initiiert worden, um präventiv vorhandene Qualifikations- bzw. Kompetenzreserven zu mobilisieren. Es ist im Laufe der Zeit immer stärker zu einem kurativen Instrument geworden, das sich gegenwärtig nahezu ausschließlich an Arbeitslose richtet. Seit der Übernahme des AFG in das SGB ist die Differenzierung zwischen Fortbildung und Umschulung zu Gunsten eines einheitlichen Begriffes der Weiterbildung aufgegeben worden.

Die Agenturen für Arbeit führen die Weiterbildungsmaßnahmen, die sie auf der Basis des SGB III fördern, in der Regel nicht selbst durch, sondern beauftragen damit Weiterbildungseinrichtungen. In diesem Zusammenhang ist in den letzten Jahren immer wieder diskutiert und modifiziert worden, welche Weiterbildungsmaßnahmen als förderungswürdig angesehen werden. Eine Förderung setzt nach SGB III voraus, dass

- die Weiterbildung notwendig ist, um bei Arbeitslosigkeit eine Wiedereingliederung zu erreichen, eine drohende Arbeitslosigkeit abzuwenden oder bei Ausübung einer Teilzeitbeschäftigung eine Vollzeitbeschäftigung zu erlangen oder wegen des Fehlens eines Berufsabschlusses,
- die Vorbeschäftigungszeit erfüllt ist, d.h. der Beschäftigte innerhalb der letzten drei Jahre vor dem Beginn der Teilnahme mindestens zwölf Monate in einem versicherungspflichtigen Beschäftigungsverhältnis war (für Berufsrückkehrer gelten verlängerte Fristen),
- vor der Teilnahme eine Beratung durch die Arbeitsagentur erfolgt ist,
- die Maßnahme und der Träger der Maßnahme für die Förderung zugelassen sind.

Auf der Basis des SGB III können Weiterbildungskosten, Fahrtkosten, Kosten für eine auswärtige Unterbringung und bei längerfristigen Voll- oder Teilzeitmaßnahmen das Unterhaltsgeld von der Bundesagentur für Arbeit übernommen werden.

Im Zuge der Empfehlungen der Hartz-Kommission wurden Ende 2002 nach §77, Abs. 3 SGB III Bildungsgutscheine eingeführt. Diese erhält der Arbeitslose bei den Agenturen für Arbeit und löst sie bei einem von ihm gewählten Bildungsträger ein.

Job-AQtiv-Gesetz

Ende 2001 wurde als Novelle zum SGB III und zu angrenzenden Gesetzen das Job-AQtiv-Gesetz verabschiedet, bei dem das „Q" für Qualifizierung steht. Es soll präventive Arbeitsmarktpolitik dadurch ermöglichen, dass schon nach der

Kündigung ein konzentrierter Versuch der Arbeitsvermittlung und Beratung unternommen wird. Ist jemand mehr als sechs Monate arbeitslos, wird geprüft, ob die Wiedereingliederung in den Arbeitsmarkt durch die Beauftragung Dritter (neben dem Arbeitslosen und der Bundesagentur für Arbeit) erleichtert werden kann. Um Anreize zur Nachqualifizierung gering qualifizierter Arbeitnehmer im Rahmen eines bestehenden Arbeitsverhältnisses zu ermöglichen, können Arbeitgeber für die Dauer der Freistellung des Arbeitnehmers einen Zuschuss zu den Lohnkosten erhalten. Ebenso wird die Qualifizierung älterer Arbeitnehmer in Klein- und Mittelbetrieben gefördert. Weiter ermöglicht das Job-AQtiv-Gesetz die Job-Rotation. Dies bedeutet, dass Arbeitgeber, die einem beschäftigten Arbeitnehmer die Teilnahme an einer beruflichen Weiterbildungsmaßnahme ermöglichen und für diese Zeit einen zuvor arbeitslosen Arbeitnehmer als Vertreter einstellen, einen Zuschuss zwischen 50 % und 100 % des Arbeitsentgeltes des Vertreters bekommen.

Betriebsverfassungsgesetz

Das Betriebsverfassungsgesetzes (BetrVG) regelt in den §§ 96-98 die Mitbestimmungs- und Mitwirkungsrechte im Bereich der beruflichen Bildung. Nach § 96 Abs. 1 BetrVG hat der Arbeitgeber auf Verlangen des Betriebsrates Berufsbildungsfragen mit ihm zu beraten. Der Betriebsrat kann Vorschläge machen, z.B. in Bezug auf die Erhebung des Bildungsbedarfs oder die Einführung einer Bildungsplanung. §96 Abs. 2 zu Folge haben Arbeitgeber und Betriebsrat darauf zu achten, dass unter Berücksichtigung der betrieblichen Notwendigkeiten den Arbeitnehmern die Teilnahme an betrieblichen oder außerbetrieblichen Maßnahmen der Berufsbildung ermöglicht wird. Dabei sind auch die Belange von Teilzeitbeschäftigten, Arbeitnehmern mit Familienpflichten sowie älteren Arbeitnehmern zu berücksichtigen. Die Beteiligung des Betriebsrates beschränkt sich auf betriebliche Maßnahmen, d.h. der Arbeitgeber muss Träger bzw. Veranstalter sein.

Laut § 97 Abs. 1 Betr.VG muss sich der Arbeitgeber mit dem Betriebsrat über die Errichtung und Ausstattung betrieblicher Einrichtungen zur Berufsbildung beraten, ebenso über die Einführung betrieblicher Berufsbildungsmaßnahmen und die Teilnahme an außerbetrieblichen Berufsbildungsmaßnahmen. In diesen Fällen besteht eine Beratungspflicht unabhängig von einem entsprechenden Verlangen des Betriebsrats.

Ein echtes Mitbestimmungsrecht hat der Betriebsrat bei der Durchführung betrieblicher Weiterbildungsmaßnahmen nach §98 BetrVG. Der Betriebsrat hat ferner ein Vorschlagsrecht darüber, wer an der Bildungsmaßnahme teilnehmen soll. Allerdings trifft die Entscheidung über die Teilnehmerzahl der Arbeitgeber alleine. Können sich Arbeitgeber und Betriebsrat nicht über die Durchführung einer Maßnahme oder die Benennung der Teilnehmer einigen, so entscheidet eine Einigungsstelle (§98, Abs. 4). Der Betriebsrat kann zudem der Bestellung einer mit der Durchführung der betrieblichen Berufsbildung beauftragten Person widersprechen oder ihre Abberufung verlangen, sofern sie nicht geeignet ist oder ihre Aufgaben vernachlässigt (§98, Abs. 2).

Mit der Novelle des Betriebsverfassungsgesetztes von 2001 wurde ein Initiativrecht des Betriebsrates eingeführt, mit dessen Hilfe er präventiv betriebliche Weiterbildungsmaßnahmen für Arbeitnehmer durchsetzen kann, deren Tätigkeit sich durch Maßnahmen des Arbeitgebers derart verändert, dass ihre beruflichen Kenntnisse und Fähigkeiten für die Arbeitserledigung nicht mehr ausreichen. Dies Initiativrecht bezieht sich auch auf bereits durchgeführte Maßnahmen. In Streitfällen entscheidet wiederum eine Einigungsstelle. Dieses Initiativrecht könnte dazu beitragen, eine vorausschauende Personal- und Weiterbildungsplanung auch in Betrieben einzuführen, in denen ein solches strategisches Element bisher nicht vorhanden war (vgl. Nagel 2004, S. 27f.).

Die Erfahrung hat jedoch gezeigt, dass die betriebliche Weiterbildung im Rahmen der Tätigkeiten der Betriebsräte eine eher untergeordnete Stellung im Vergleich zu anderen Aufgaben wie Lohnsicherung etc. einnimmt.

Fernunterrichtsschutzgesetz

Das Fernunterrichtsschutzgesetz (FernUSG) von 1977 ist ein Verbraucherschutzgesetz, das vor allem eingeführt wurde, um die Teilnehmenden vor unseriösen Vertragsgestaltungen zu schützen (z.B. in Bezug auf Kündigungsrechte). Es schreibt vor allem die Schriftform eines Fernunterrichtsvertrages fest und definiert Mindestinhalte und Sollvorschriften.

Neben den bereits erörterten Bundesgesetzen enthalten weitere Gesetze Hinweise auf Weiterbildungsfragen. Dies betrifft das Arbeits-, Sozial- und Wirtschaftsrecht sowie das Gewerbe- und Verwaltungsrecht. Auf diese Gesetze wird an dieser Stelle jedoch nicht näher eingegangen. Hingewiesen werden soll jedoch auf den Sachverhalt, dass die Aufsplitterung des Weiterbildungsrechts in viele Einzelgesetze den Überblick und die Transparenz erschweren.

7.1.3 Landesgesetze

Bildung wird als staatliche Aufgabe in allen Landesverfassungen erwähnt. Einige Landesverfassungen haben auch explizit die Weiterbildung bzw. Erwachsenenbildung zur staatlichen Aufgabe erklärt (vgl. Nagel 2004, S. 30). In den 70er Jahren hat die Mehrzahl der westlichen Bundesländer und nach 1990 ebenso die

Mehrzahl der östlichen Bundesländer Ländergesetze zur Weiterbildung erlassen. Derzeit haben lediglich die Stadtstaaten Hamburg und Berlin kein derartiges Gesetz. Bei diesen Gesetzen handelt es sich im Wesentlichen um Finanzierungsgesetze. Auf diese wird hier nicht näher eingegangen, da sie überwiegend die allgemeine und politische Bildung betreffen.

Für die berufliche Weiterbildung relevant sind demgegenüber die Schul- bzw. Fachschulgesetze der Länder. In ihnen wird auch die berufliche Weiterbildung geregelt, die von den beruflichen Fachschulen durchgeführt wird. Diese Schulen bieten auf der Grundlage einer bereits vorhandenen beruflichen Erstausbildung sowie praktischer Berufserfahrung unterschiedliche Bildungsgänge an, deren wichtigste Fortbildungen zum Techniker oder Betriebswirt ('Staatlich geprüfter Techniker', 'Staatlich geprüfter Betriebswirt') sowie Fortbildungen zu Berufen des Gesundheitswesens sind. Wenngleich die Berufsschulen, d.h. der schulische Teil des dualen Systems, keinen ausdrücklichen Weiterbildungsauftrag haben, spielt auch dieser flächendeckend vorhandene Schultyp gerade in strukturschwachen Regionen eine zunehmende Rolle in der beruflichen Weiterbildung, da Berufsschulen dort häufig die einzigen Institutionen sind, die Kontakte zu den Betrieben haben und über gut ausgestattete Werkstätten und Labore verfügen, die auch für die Weiterbildung genutzt werden können.

Auch die Hochschulen bieten seit den 1980er Jahren verstärkt Einzelmaßnahmen zur wissenschaftlichen Weiterbildung sowie weiterbildende Studiengänge an, eine Tendenz, die sich in Zukunft noch intensivieren dürfte. Dieser Bereich wird in den Landeshochschulgesetzen geregelt.

Weiter sind auf der Länderebene für die berufliche Weiterbildung Bildungsurlaubs- bzw. Bildungsfreistellungsgesetze relevant. Sie wurden in den westlichen Bundesländern überwiegend in den siebziger Jahren abgeschlossen, in den östlichen in den neunziger Jahren. Sie existieren in der Mehrzahl der Bundesländer (außer in Baden-Württemberg, Bayern, Sachsen und Thüringen). Sie regeln die bezahlte Freistellung der Arbeitnehmer für Weiterbildungsmaßnahmen (s. Näheres dazu auch in Kapitel 7.3). Der individuelle Anspruch auf Weiterbildung umfasst in der Regel ca. 5 Tage pro Jahr bzw. 10 Arbeitstage in zwei Jahren. Während dieser Zeit ist der Arbeitgeber zur Lohnfortzahlung verpflichtet. Kann ein Bildungsurlaub wegen betrieblicher Belange nicht gewährt werden, ist er auf das nächste Jahr übertragbar. Bei den Inhalten der Veranstaltungen, für die die Freistellung beantragt wird, werden in einigen Gesetzen explizit Veranstaltungen mit Freizeitcharakter und allgemein bildende Veranstaltungen ausgeschlossen. Dabei sind die Abgrenzungen allerdings in manchen Fällen schwierig. Die Möglichkeiten, die diese Gesetze bieten, werden allerdings kaum wahrgenommen. Die Beteiligungsquote liegt bei ca. 1 % (s. dazu auch Kapitel 7.3).

7.1.4 Tarifverträge

Die Diskussion um die Einbeziehung von Qualifizierungsfragen in Tarifverträge begann bereits in den 60er Jahren und hat in letzter Zeit an Dynamik gewonnen. Tarifverträge, die zwischen den Sozialpartnern geschlossen werden, können als Ergänzung der bestehenden rechtlichen Regelungen angesehen werden. Sie gelten jedoch nicht für alle Arbeitnehmer, sondern jeweils nur für die Beschäftigten, die von den jeweiligen Tarifverträgen erfasst werden. In Tarifverträgen werden individuelle Weiterbildungsansprüche geregelt, die Mitbestimmungs- oder Mitwirkungsrechte der Betriebsräte gestärkt oder auch gemeinsame Einrichtungen der Tarifvertragsparteien geschaffen. In der frühen Phase wurden Qualifizierungskomponenten in Tarifverträgen vor allem im Zusammenhang von Rationalisierungsschutzabkommen aufgenommen. Dabei ging es vorrangig um Arbeitsplatz- und Verdienstabsicherung. In einer zweiten Phase der Diskussion in den achtziger Jahren traten stärker prophylaktische Aspekte hinzu unter der Devise ‚Qualifizieren statt Entlassen'. Häufig wird die Qualifikation im Zusammenhang mit anderen Regelungsanlässen in Tarifverträge aufgenommen wie Arbeits- und Umweltschutz, Personal- und Kompetenzentwicklung, Betriebs- bzw. Arbeitsorganisation, Entgeld- und Vergütungsregelungen, Leistungsbedingungen, Arbeitszeiten, Beschäftigungssicherung, Familien- oder Frauenförderung (vgl. Faulstich 2003, S. 46). Das Tarifarchiv des WSI dokumentiert für das Ende des letzten Jahrhunderts 200 Tarifverträge, die Regelungen zur Qualifizierung enthalten (vgl. Bisping 2000).

Als weiterreichendes tarifpolitisches Großprojekt sei die „Tarifreform 2000" der IG Metall genannt, die Ende der 80er Jahre eine qualifikationsförderliche Gestaltung der Arbeitsorganisation und der Entgeltsysteme durchsetzen sollte, aber im Kontext der deutschen Wiedervereinigung abgebrochen wurde (vgl. Faulstich 2003, S. 47). Bereits 1988 nahm der auch wegen seiner flächendeckenden Gültigkeit viel beachtete Lohn- und Gehaltsrahmentarifvertrag für die Metallindustrie Nordwürttemberg/Nordbaden Normen zur Qualifizierung der Beschäftigten auf. Diesem Tarifvertrag wird allerdings eher ein appellativer Charakter im Hinblick auf die betriebliche Weiterbildung zugesprochen (vgl. Auer 1994, S. 153).

Besondere Bedeutung in der Diskussion hat der Tarifvertrag zur Qualifizierung in der Metall- und Elektroindustrie Baden-Württemberg aus dem Jahr 2001 erlangt (vgl. Huber/Hoffmann 2001). Er unterscheidet zwischen betrieblicher und persönlicher Weiterbildung. Bei ersterer hat der Arbeitgeber alle Kosten zu tragen, bei der letzteren besteht ein Freistellungsanspruch bzw. ein Anspruch auf Teilzeitarbeit. Die betriebliche Weiterbildung umfasst nach § 2 die notwendigen Qualifizierungsmaßnahmen: die Erhaltungsqualifizierung, die der stän-

214

digen Fortentwicklung des fachlichen, methodischen und sozialen Wissens im Rahmen des eigenen Aufgabengebietes dient, die Anpassungsqualifikation, um die veränderten Anforderungen im eigenen Aufgabengebiet erfüllen zu können sowie die Qualifizierung für eine berufliche Entwicklung, d.h. um eine andere gleichwertige oder höherwertige Arbeitsaufgabe übernehmen zu können.

Kernpunkt dieses Tarifvertrages ist der Anspruch jedes Beschäftigten auf die Vereinbarung der notwendigen Qualifizierungsmaßnahmen mit seinem Vorgesetzen, wenn gemeinsam ein Qualifizierungsbedarf festgestellt wird (§ 3). Die Arbeitskräfte haben den Anspruch auf ein jährliches Gespräch zur Ermittlung des Qualifizierungsbedarfs, sofern nicht eine Betriebsvereinbarung etwas anderes festlegt. Der Betriebsrat ist über den im Mitarbeitergespräch vereinbarten Qualifizierungsbedarf bzw. über daraus erfolgende Qualifizierungsmaßnahmen durch den Arbeitgeber zu unterrichten. Über die Umsetzung der Maßnahmen haben beide mindestens einmal jährlich zu beraten. Eine paritätisch besetzte Kommission für Betriebe mit über 300 Beschäftigten, bei Betrieben mit weniger Beschäftigten zwischen Arbeitgeber und Betriebsrat soll mögliche Konflikte lösen (§ 4). § 5 legt fest, dass die Arbeitskräfte nach fünf Jahren Betriebszugehörigkeit einen Anspruch auf eine einmalige, bis zu drei Jahren befristete Qualifizierungsmaßnahme im Rahmen der persönlichen Weiterbildung bei gleichzeitiger Wiedereinstellungszusage haben. Vollzeitbeschäftigte können an Stelle der Freistellung einen Anspruch auf befristete Teilzeit geltend machen. § 6 bildet die Basis dafür, dass die Tarifparteien eine gemeinsame Agentur zur Förderung der beruflichen Weiterbildung schaffen. Zu deren Aufgaben gehört neben der allgemeinen Beratung der Betriebe und Betriebsräte, Anstöße für die Entwicklung von speziellen, auf die Branche abgestimmten Weiterbildungsmaßnahmen zu geben, z.B. für un- und angelernte sowie ältere Beschäftigte und den Betrieben durch eine Bewertung des Weiterbildungsangebots mehr Transparenz zu bieten. Diese Agentur soll ebenfalls Qualitätsstandards entwickeln sowie die Umsetzung des Tarifvertrags verfolgen.

Auch im Gerüstbaugewerbe (seit 1981) sowie in der Land- und Forstwirtschaft (seit 1991) bestehen Tarifverträge, die Regelungen zur Weiterbildung enthalten (vgl. Nagel 2004, S. 68f.). Die Tarifvertragsparteien des Gerüstbaugewerbes einigten sich auf ein Umlageverfahren zur Finanzierung der beruflichen Aus- und Weiterbildung. Aus dem als ‚Sozialkasse' bezeichneten Branchenfonds werden neben tarifvertraglich geregelten Sozialleistungen auch die Kosten für Berufsbildung finanziert (vgl. Nagel 2004, S. 69). Das Fondsmodell in dieser Branche führt dazu, dass die Kosten der Aus- und Weiterbildung von allen Unternehmen der Branche getragen werden, unabhängig davon, ob sie aus- oder weiterbilden oder nicht.

Die Beschäftigten in Betrieben des Gerüstbaugewerbes haben zudem einen Rechtsanspruch auf den Besuch einer Fortbildungsmaßnahme, wenn sie die jeweils vorangegangene Stufe der Aus- oder Fortbildung nachweisen können. Sie werden dafür von der Arbeit freigestellt. Lohn bzw. Gehalt werden fortgezahlt. Die Sozialkasse erstattet den Betrieben den Lohn und gleicht die 45% der vom Arbeitgeber in dieser Zeit für den Beschäftigten zu zahlenden Sozialleistungen aus. Darüber hinaus übernimmt die Sozialkasse Reisekosten, Kosten der Bildungsmaßnahme sowie Lernmittelkosten (vgl. Expertenkommission Finanzierung Lebenslangen Lernens 2004, S. 66). Mit diesen Regelungen zur Qualifizierung konnte die Branche das Niveau der Beschäftigten so anheben, dass der rasche technologische und logistische Wandel bewältigt werden konnte (vgl. Expertenkommission Finanzierung Lebenslangen Lernens 2004, S. 66).

Der im Sommer 2001 für die Auto 5000 GmbH, einem Tochterunternehmen der Volkswagen AG, abgeschlossene Tarifvertrag sieht eine dreistündige Weiterbildungszeit pro Woche vor. Davon gilt eine Hälfte als Arbeitszeit, die andere ist als Freizeit aufzubringen. Das Unternehmen übernimmt die Sachkosten für die Qualifizierung. Der Anspruch auf Weiterbildung ist mit dem Anspruch auf einen individuellen Entwicklungs- und Qualifizierungsplan verbunden (vgl. Expertenkommission Finanzierung Lebenslangen Lernens 2004, S. 65).

Auch die chemische Industrie hat bereits früh Weiterbildungsfragen in ihre Tarifverträge aufgenommen. 1988 wurde zwischen der Deutschen Shell und der IG Chemie, Papier, Keramik ein Tarifvertrag abgeschlossen, der die Weiterqualifizierung der Arbeitskräfte umfasst. Innerhalb der Tarifverträge „Zukunft durch Ausbildung" und „Qualifizierung" der Chemischen Industrie aus dem Jahr 2003 wurde ein Rahmen für Betriebsvereinbarungen zur Weiterbildung geöffnet, innerhalb dessen die Arbeitgeber grundsätzlich die institutionellen Kosten der Weiterbildung tragen, während der Arbeitnehmer seinen Eigenbeitrag „in Zeit" erbringt.

Im Rahmen von Tarifverträgen werden in erster Linie „off the job"-Maßnahmen der Weiterbildung einbezogen, die einen höheren Verdienst und Arbeitsplatzaufstieg zum Ziel haben. Demgegenüber bleiben z.B. Einarbeitungs- und Anlernkonzepte, also „on the job"-Maßnahmen in tariflichen Vereinbarungen weitgehend unbeachtet. Damit hat die aktuelle Diskussion um die Einbeziehung informeller Weiterbildung bislang noch keinen wesentlichen Eingang in die tarifvertragliche Diskussion gefunden.

Die Wirksamkeit und Reichweite von Tarifverträgen werden unterschiedlich eingeschätzt (vgl. Bahnmüller u.a. 1993, 1999; Seitz 1997). Bei der Durchsetzung spielt die Differenz der tariflichen und der betrieblichen Handlungsebene eine Rolle. Dies bedeutet, dass die konkrete Umsetzung stark von den jeweiligen Betriebsräten abhängig ist. Es ist naheliegend, dass die Betriebsräte – insbesondere in konjunkturell schwierigen Phasen – anderen Handlungsbereichen wie der Entgeltforderung oder der Absicherung von Arbeitsplätzen eine höhere Priorität einräumen. Hinzu kommt, dass sich die Betriebsräte häufig für die Auseinandersetzung mit Weiterbildungsfragen nicht hinreichend qualifiziert fühlen. Weiter ist zu berücksichtigen, dass Tarifverträge nur diejenigen Betriebe erfassen, die Mitglieder des Arbeitgeberverbandes sind.

So stellt Seitz (1997) in ihrer Untersuchung tarifvertraglicher Regelungen zur Weiterbildung fest, dass deren Wirkung vor allem durch Umsetzungsprobleme in den Unternehmen beeinträchtigt wird. Seitz vergleicht dabei Unternehmen der selben Branche aus unterschiedlichen Tarifbezirken und kommt zu dem Ergebnis, dass die Weiterbildungsaktivitäten in Unternehmen, die an tarifvertragliche Weiterbildungsregelungen gebunden sind, nicht signifikant höher sind als in Unternehmen, die nicht solchen Regelungen unterliegen (vgl. Seitz 1997, S. 178). Die Beteiligung der Betriebsräte bei der Auswahl der Teilnehmenden und der Weiterbildungsmaßnahmen, die beispielsweise im Lohn- und Gehaltsrahmentarifvertrag I in der Metallindustrie Nordwürttemberg/Nordbaden ausdrücklich vorgesehen ist, liegt dort sogar noch niedriger als in anderen Tarifbezirken (vgl. Seitz 1997, S. 180). Damit sollte jedoch nicht generell der Nutzen von tarifvertraglichen Weiterbildungsregelungen in Frage gestellt werden, vielmehr schärft die Autorin mit ihrer Analyse den Blick für unterschiedliche Interessen innerhalb der Verbände und zwischen verbandlichen und betrieblichen Akteuren, die bei der Aushandlung von Tarifverträgen Berücksichtigung finden sollten.

Auf notwendige betriebs- und branchenspezifische Differenzierungen verweist auch die Auswertung von Lernzeit-Regelungen, die in einem Verbundprojekt zu „Zeitpolitik und Lernchancen" vorgenommen wurde (vgl. Faulstich/ Schmidt-Lauff 2000). Auf Basis betrieblicher Erfahrungen mit Lernzeit-Regelungen in Betriebsvereinbarungen oder Tarifverträgen kann hier gezeigt werden, dass kollektive Vereinbarungen einen Rahmen vorgeben können, der jedoch in den jeweils konkreten betrieblichen Beteiligungstraditionen und Lernkulturen unterschiedlich gefüllt wird.

Mit Blick auf die Gestaltungsspielräume, die sich bei der betriebsspezifischen Umsetzung von tarifvertraglichen sowie von gesetzlichen Regelungen ergeben, sind die Einflussmöglichkeiten der Betriebsräte von besonderem Interesse. Im FORCE-Projekt „Einflussmöglichkeiten von Betriebsräten auf die Weiterbildungspolitik ihrer Unternehmen im Rahmen des sozialen Dialogs" wurden Betriebsräte zu den fördernden und hinderlichen Bedingungen ihres Engagements in der betrieblichen Weiterbildungspolitik und ihrem Weiterbildungsbedarf zur Verbesserung ihrer Handlungsmöglichkeiten befragt (vgl. Zeuner 1997). In dem Projekt „Kompetenzentwicklung für den wirtschaftlichen Wandel – Mitgestaltung durch kompetente Betriebs- und Personalräte" (Kom-Mit) wurde ebenfalls eine Bestandsaufnahme der betrieblichen Weiterbildungs-politik mit der Entwicklung von Bildungsangeboten für Betriebsräte verbunden (vgl. Felger/Paul-Kohlhoff 1998; Felger 1999). Beide Studien machen deutlich, dass die Einflussnahme von Betriebsräten in der betrieblichen Weiterbildung durchaus noch ausbaufähig ist und neuer Mitbestimmungsstrategien bedarf. Sie zeigen aber auch, dass die Handlungsmöglichkeiten von Betriebsräten begrenzt sind, wenn nicht Initiativen zum Ausbau der Weiterbildung von Seiten des be-trieblichen Managements ergriffen werden.

7.1.5 Betriebsvereinbarungen

Soweit Tarifverträge durch Öffnungsklauseln dies ermöglichen, können Weiter-bildungsvereinbarungen auch in Betriebsvereinbarungen zwischen Arbeitgeber und Betriebsrat getroffen werden, deren Geltungsbereich auf den jeweiligen Betrieb begrenzt ist. Betriebsvereinbarungen sind aber auch ohne Tarifvertrag möglich. Eine Dokumentation der Hans-Böckler-Stiftung erfasste für Ende der 90er Jahre 287 betriebliche Vereinbarungen, in denen auch Weiterbildungsfra-gen geregelt sind (vgl. Heidemann 1999). Allerdings hat damit nur knapp jeder fünfte Betrieb mit betrieblicher Interessenvertretung eine Betriebsvereinbarung zur beruflichen Weiterbildung abgeschlossen, in gut einem Drittel der Betriebe mit mehr als 1.000 Beschäftigten existieren entsprechende Betriebsvereinba-rungen (vgl. Dobischat u. a. 2001b). Auch in den Betriebsvereinbarungen wer-den – ähnlich wie in den Tarifverträgen – in der Regel Fragen der zeitlichen Lage der Weiterbildung und der Übernahme der Kosten geregelt.

Beispiel
Bei Daimler-Chrysler wurde der Tarifvertrag der Metall- und Elektroindustrie als Rahmen für eine weitergehende Betriebsvereinbarung genutzt (vgl. Exper-tenkommission Finanzierung Lebenslangen Lernens 2004, S. 63). Darin wird die Geschäftsleitung eines jeden Standortes verpflichtet, einmal jährlich Trends für die Qualifizierung der Beschäftigten aus zu erwartenden technischen und organisatorischen Veränderungen abzuleiten und diese mit dem Betriebsrat zu beraten. Darüber hinaus enthält die Betriebsvereinbarung Regelungen für die Eltern- und Familienzeit der Beschäftigten, um deren Qualifikation und ihre Bindung an das Unternehmen zu sichern.
Bei kostenintensiven betrieblichen Weiterbildungsmaßnahmen sieht die Be-triebsvereinbarung eine Rückzahlungsverpflichtung für den Fall vor, dass der Beschäftigte das Unternehmen innerhalb von zwei Jahren verlässt.

Beispiel

1998 trat bei der Deutschen Telekom eine Betriebsvereinbarung in Kraft (vgl. Expertenkommission Finanzierung Lebenslangen Lernens 2004, S. 65). In ihr wird zwischen betrieblich-fachlicher Weiterbildung, die sich am betrieblichen Bedarf orientiert, und der Weiterbildung zur Erweiterung des allgemeinen Qualifikationsniveaus unterschieden. Für letztere werden Mittel in Höhe von 10 % des jährlichen Gesamtetats für Weiterbildung reserviert. Aus Arbeitgebern und Betriebsrat paritätisch zusammengesetzte Ausschüsse entscheiden, für welche Maßnahmearten die Mittel eingesetzt und welche Beschäftigtengruppen daran teilnehmen können. Bei beiden definierten Arten von Weiterbildung werden die Teilnehmer von der Arbeit freigestellt.

Literaturhinweise

Nagel, B. (2004): Das Rechtssystem in der Weiterbildung. In: Praxishandbuch WeiterbildungsRecht. Grundwerk 2004, S. 1-81

Der Aufsatz bietet einen guten Überblick über die rechtlichen Regelungen in der Weiterbildung. Die gesamte Loseblattsammlung ist zu rechtlichen Themen empfehlenswert und wird immer aktualisiert. Dazu gibt es eine CD, die auch die Rechtstexte in voller Länge enthält.

7.2 Finanzierung von Weiterbildungsaktivitäten

▼ Zusammenfassung

Die Finanzierung der Weiterbildung stellt aus Sicht der potentiellen Teilnehmenden einen zentralen Aspekt dar, der ausschlaggebend ist für die faktische Teilnahme. Aus gesellschaftlicher Perspektive stellt sich die Frage, wer für die Finanzierung aufkommt und ob die bestehende Verteilung des finanziellen Beitrags für Weiterbildung geeignet ist, Chancengleichheit für die Beteiligung an Weiterbildung zu gewährleisten. Derzeit handelt es sich um ein schwer durchschaubaren Mix an privaten, betrieblichen und öffentlichen Finanzierungsanteilen. Im ersten Abschnitt dieses Unterkapitels (7.2.1) wird versucht, ein wenig Licht in dieses Dickicht zu bringen. Im zweiten Abschnitt wird vorgestellt, welche zukünftigen Finanzierungsmodelle derzeit diskutiert werden (7.2.2). Dies geschieht angesichts der Einschätzung, dass die Umsetzung des Konzepts lebenslangen Lernens grundsätzlich neue Finanzierungsstrukturen erfordert.

7.2.1 Finanzierungsstrukturen

Es ist nicht einfach, einen Überblick über die Finanzsituation in der Weiterbildung zu gewinnen. Dies liegt im Wesentlichen daran, dass die Weiterbildung aus unterschiedlichen Quellen finanziert wird, z.B. Zuschüssen, Eigenmitteln, Teilnahmebeiträgen etc. Zudem spielen auch Refinanzierungen z.B. über Steuern eine Rolle. Daher ist eine genaue Erfassung der Kosten von Weiterbildung außerordentlich schwierig. Wie bereits für andere diskutierte Aspekte der Analyse beruflicher Weiterbildung gilt hier ebenso, dass die Datenlagen auf Bundes- und Landesebene lückenhaft ist und – selbst wenn Untersuchungen dazu vorliegen, was auch nur in bescheidenem Umfang der Fall ist – die Datenerhebung nach sehr unterschiedlichen Kriterien erfolgt. Grünewald/Moraal (1996) führen sowohl konzeptionelle als auch forschungsmethodische Bedenken gegen die bisher bekannten Formen der Kostenerhebungen an. Sie weisen insbesondere auf die Schwierigkeit der Kostenerfassung bei der informellen Weiterbildung hin sowie auf die notwendige Differenzierung von direkten und indirekten Kosten (vgl. Grünewald/Moraal 1996, S. 47ff.). Darüber hinaus zeigen die Autoren am Beispiel der CVTS-Untersuchung auf, dass die Erhebung der Daten in den Unternehmen erhebliche Schwierigkeiten bereitet, da die Daten dort nicht regelmäßig erfasst werden oder die Aufbereitung der Daten für die Beantwortung der Untersuchungsfragen für zu aufwendig gehalten wird. Dies führt häufig zu großen Datenlücken oder geschätzten Angaben (vgl. Grünewald/Moraal 1996, S. 73ff.; vgl. auch Weiß 2000, S. 23). Unter Berücksichtigung dieser Schwierigkeiten werden im Folgenden zentrale Eckdaten vorgestellt.

Gesamtkosten der beruflichen Weiterbildung
Die Expertenkommission Finanzierung Lebenslangen Lernens (2002, S. 111) kommt zu dem Ergebnis, dass 1999 insgesamt 32 Mrd. Euro für die Weiterbildung aufgewendet wurden. Dabei handelt es sich allerdings um die Weiterbildung insgesamt, nicht nur um die berufliche Weiterbildung (s. Tabelle 7-1). Interessant für den Kontext der beruflichen Weiterbildung ist dabei der Trend, dass der relative Anteil der Finanzierung seitens der Betriebe seit 1986 abgenommen hat. Auch der Anteil der Ausgaben für Weiterbildung am Bruttoinlandsprodukt hat abgenommen von etwas über 2 % auf gut 1,5 %. Gleichwohl tragen die Betriebe mit über 50 % für das Jahr 1999 nach wie vor den höchsten Anteil an der Gesamtfinanzierung der Weiterbildung, gefolgt von den Ausgaben der Bundesagentur für Arbeit mit 21 % und den Individuen mit 18 %.

Tabelle 7-1: Gesamtfinanzvolumen für Weiterbildung 1986-1999
Quelle: Expertenkommission Finanzierung Lebenslangen Lernens 2002, S. 111

Bezugsjahre	1986 a*		1991		1996		1999	
Finanzier	Mrd. Euro	in %	Mrd. Euro	in %	Mrd. Euro	in %	Mrd. Euro	in %
Öffentliche Hände	1,46	6,9	1,71a	6,64	2,17	6,63	2,22	6,93
Betriebe	13,94	65,94	18,33	60,48	17,09	52,18	17,32	54,13
Individuen	3,44	16,27	4,76	15,71	5,53	16,88	5,73	17,90
BA	2,30	10,88	5,51	18,18	7,96	24,31	6,73	21,03
Gesamt	21,14	100	30,31	100	32,75	100	32,00	100
In % des BIP nominal	2,15 %		2,02 %		1,79 %		1,62 %	

* a: alte Bundesländer

Badeleben/Sauter (1995) haben für den Beginn der 1990er Jahre eine Hochrechnung vorgelegt, die auch die Opportunitätskosten der Lernenden im Sinne von Zeitanteilen umfasst. Dies führte zu Aufwendungen von 120 Milliarden DM für die Weiterbildung.

Für den Teilbereich der beruflichen Weiterbildung kommt eine Berechnung des Bundesinstituts für Berufsbildung (vgl. Moraal 2004, S. 2) auf ca. 37 Milliarden Euro, wobei sich die zu Grunde liegenden Zahlen auf verschiedene Erhebungen zwischen 1999 und 2002 beziehen. Von dieser Summe fallen ca. 14 Milliarden Euro auf Privatpersonen (für das Jahr 2002) und ca. 17 Milliarden auf Unternehmen (für das Jahr 1999).

Aufwendungen der Unternehmen
Wie bereits gezeigt wurde, tragen die Betriebe den höchsten Anteil an der Gesamtsumme der Weiterbildungskosten. Dabei zeigen die Erhebungen des IW, dass der Finanzierungsumfang seit 1987 gestiegen ist, 1992 einen Höchststand erreichte und seitdem eher wieder leicht rückläufig ist (s. Abbildung 7-1).

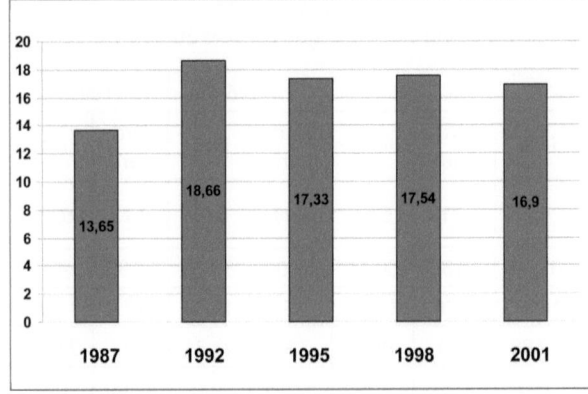

Abbildung 7-1:
Aufwendungen der
Unternehmen 1987-
2001 in Euro (IW-
Erhebungen)
(Quelle: Werner 2006)

Die CVTS-Untersuchung I nennt als Kosten interner und externer Weiterbildung für das Jahr 1993 im Vergleich zu den Zahlen des Instituts der deutschen Wirtschaft eine deutlich geringere Summe von knapp 17 Milliarden DM (vgl. Gründewald/Moraal 1996, S. 12). In der CVTS II-Erhebung wurde auf eine Gesamtschätzung der Kosten verzichtet, da dieser Teil in der Erhebung nur sehr lückenhaft beantwortet wurde (vgl. Egner 2001).

Die CVTS II-Erhebung kommt zu dem Ergebnis, das die Unternehmen mit Lehrveranstaltungen über alle Wirtschaftsbereiche hinweg knapp 3400 DM pro Teilnehmer ausgaben und etwa 1200 DM pro Beschäftigten (vgl. Egner 2001, S. 1019).

Häufig werden den betrieblichen Weiterbildungsaufwendungen jene Kosten zugerechnet, die von den Unternehmen selbst aufgebracht werden. Dieser Erhebungsansatz ist im Hinblick auf die Überprüfung der gesellschaftlichen Bedeutung der betrieblich finanzierten Weiterbildung in zweierlei Hinsicht zu kritisieren. Zum einen ist davon auszugehen, dass Unternehmen durch Kostenüberwälzungen (Abschreibung, Preisaufschlag auf Produkte etc.) einen Teil der Ausgaben refinanzieren können (vgl. Grünewald/Moraal 1996). Zum anderen bleibt in den meisten Kostenerhebungen außer Betracht, dass sich auch in der betrieblichen Weiterbildung die Teilnehmer an den Kosten beteiligen.

Dieser Aspekt ist besonders durch die Untersuchung des BIBB zu individuellen Kosten und Nutzen der beruflichen Weiterbildung verdeutlicht worden (vgl. Bardeleben u.a. 1996). Danach mussten zwar die meisten Teilnehmenden der betrieblichen Weiterbildung persönlich keine Kosten übernehmen, immerhin betrugen die durchschnittlichen individuellen Kosten jedoch DM 82 pro Teilnehmendem in Westdeutschland und DM 137 pro Teilnehmendem in Ostdeutschland. Diese Kosten entstanden in der Regel durch zusätzliche Aufwendungen für Kinderbetreuung, die Anschaffung von Fachliteratur und anderen Lernmitteln, die nicht vom Betrieb übernommen wurden (vgl. Bardeleben u.a. 1996, S. 53). In das Kostenmodell der BIBB-Untersuchung war außerdem der private Zeitaufwand als indirekte Kostenart einbezogen (analog zu den betrieblichen Aufwendungen für Lohnausfall), der allerdings als entgangene Freizeit in Stunden und nicht in monetären Einheiten berechnet wurde. Für Unterrichtsstunden in der Freizeit, Vor- und Nachbereitungszeiten außerhalb der Arbeitszeit, zusätzliche Fahrtzeiten und – in geringem Umfang – Urlaub, der für eine Teilnahme an Weiterbildung aufgebracht wurde, haben die Teilnehmenden an betrieblicher Weiterbildung zusätzlich im Durchschnitt jährlich 59 Stunden in Westdeutschland und 130 Stunden in Ostdeutschland aufgebracht (vgl. Bardeleben u.a. 1996, S. 64 ff.). Insgesamt zeigt die Untersuchung, dass die Teilnehmenden einen erheblichen Anteil an den Weiterbildungskosten tragen, in der betrieblichen Weiterbildung allerdings deutlich geringer als in der nicht betrieblichen.

Auf der Basis der CVTS-Erhebung lassen sich die jährlichen Kosten für Lehrveranstaltungen in der betrieblichen Weiterbildung pro Beschäftigtem nach Branchen darstellen (s. Abbildung 7-2). Da bereits in Kapitel 4.2 gezeigt wurde, dass der Umfang formaler Weiterbildung nach Branchen stark variiert, verwundert nicht mehr, dass auch die von den verschiedenen Branchen aufgebrachten Weiterbildungskosten stark differieren: Sie liegen am höchsten in den Bereichen Kredit- und Versicherungsgewerbe/Nachrichtenübermittlung und am niedrigsten im Gastgewerbe.

Aufwendungen der Bundesagentur für Arbeit

Wie bereits aus der Gesamtübersicht über die Finanzierung von Weiterbildung hervor geht, trägt auch die Bundesagentur für Arbeit einen erheblichen Anteil an den Weiterbildungskosten. Ihr Weiterbildungsangebot richtet sich nahezu ausschließlich an Arbeitslose. Die Bundesagentur für Arbeit brachte 1992 (kurz nach der Wiedervereinigung Deutschlands) mehr als 19 Milliarden DM für berufliche Weiterbildung auf, 1998 nur noch 12,5 Milliarden DM und 2004 lediglich noch 3,8 Milliarden Euro (ohne Rehabilitation). Bei der Bewertung dieser Daten ist es besonders wichtig darauf hinzuweisen, dass der Rückgang der Kosten nicht auf ein geringeres Interesse potentieller Teilnehmer zurück zu führen ist, sondern ein Resultat politischer Steuerungsprozesse darstellt. So wurde in den Jahren nach der Wiedervereinigung Deutschlans besonders viel in dieses arbeitsmarktpolitische Instrument investiert, während in den letzten Jahren einer schnellen Vermittlung in den Arbeitsmarkt der Vorzug vor Weiterbildung gegeben wird.

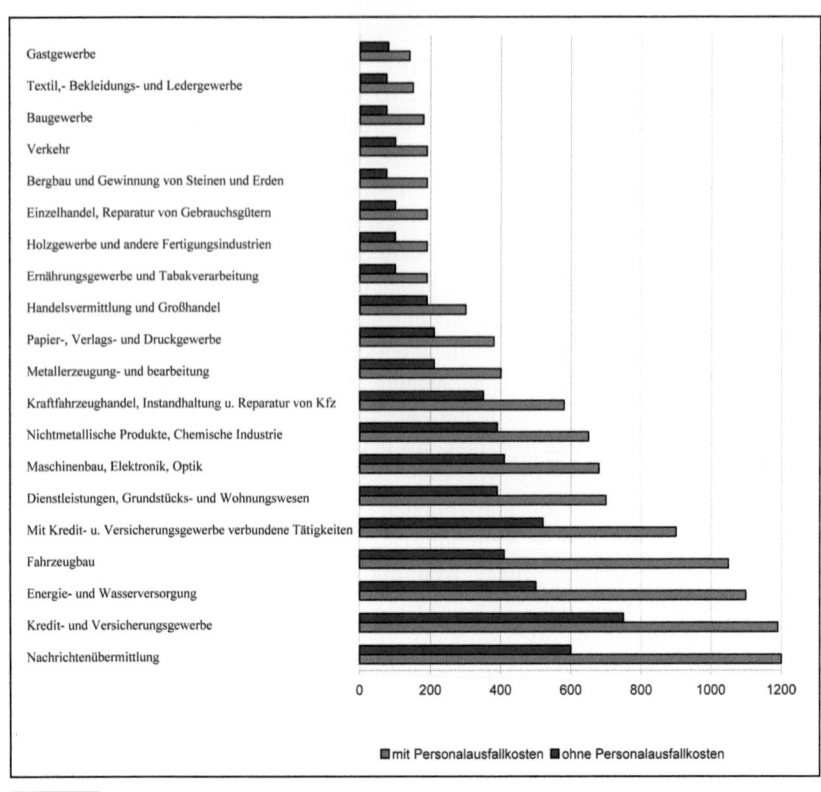

Abbildung 7-2: Jährliche Ausgaben für Lehrveranstaltungen in der betrieblichen Weiterbildung je Beschäftigten 1999
(Quelle: Konsortium Bildungsberichterstattung 2006, S. 283, Datenbasis: CVTS II)

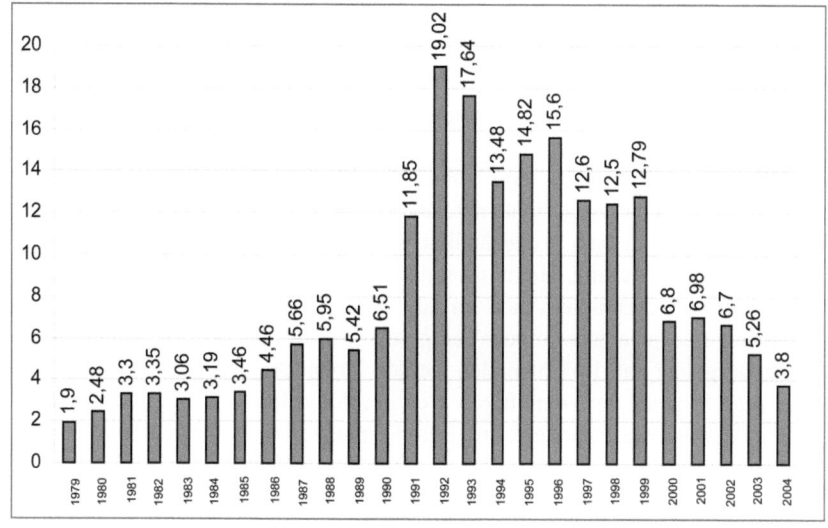

Abbildung 7-3: Ausgaben der Bundesagentur für Arbeit für berufliche Weiterbildung 1979-2004 (Quelle: Faulstich 2005, S. 15, Basisdaten: Förderstatistik der Bundesagentur für Arbeit)

Individuelle Aufwendungen

Die Berechnung des individuellen Aufwandes als Finanzgröße in der Weiterbildung wurde einschließlich der Opportunitätskosten entgangener Freizeit von Bardeleben/Sauter (1995) auf 46 Milliarden DM geschätzt. Weiss (2001) geht – ohne Zeitanrechnung – von 12,8 Milliarden DM aus, davon 11,2 Milliarden für die Teilnahme an Seminaren und Lehrgängen. Die BIBB-Erhebung von 2002/3, die sich an ausgewählte Teilnehmende der beruflichen Weiterbildung wandte, ergab eine durchschnittliche Kostenbelastung von 500 Euro pro Teilnehmer und Jahr. Auf alle Teilnehmenden hochgerechnet wurden damit ca. 14 Milliarden Euro für berufliche Weiterbildung von den Individuen aufgebracht (vgl. Beicht u.a. 2004b, S. 42). Hierbei ist der Zeitaufwand nicht eingerechnet. Die Untersuchung errechnet, dass jeder Teilnehmer jährlich durchschnittlich 138 Stunden für die berufliche Weiterbildung aufwendet. Davon fällt über die Hälfte (74 Stunden) in die Freizeit (vgl. Beicht u.a. 2004b, S. 43).

7.2.2 Modelle einer zukünftigen Finanzierung der beruflichen Weiterbildung

Die Diskussion über die Finanzierung der Weiterbildung muss sich zukünftig an die veränderte inhaltliche Diskussion über das Konzept lebenslangen Lernens anpassen: Weiterbildung wird nicht mehr als punktuelles Ereignis angesehen, sondern im Kontext des Konzepts lebenslangen Lernens als eine im Prinzip kontinuierliche Aufgabe. Angesichts der gewachsenen Bedeutung der (beruflichen) Weiterbildung stellt sich grundsätzlich für die Zukunft die Frage nach einer ‚gerechten' Finanzierung. Hierauf hat das Bundesministerium für Bildung und Forschung dadurch reagiert, dass im Jahr 2001 eine Expertenkommission „Finanzierung Lebenslangen Lernens" eingesetzt wurde, die 2004 ihren Abschlussbericht vorgelegt hat. Im Folgenden werden – ohne Anspruch auf Vollständigkeit einige Modelle der zukünftigen Weiterbildungsfinanzierung diskutiert, die auch in dem von der Expertenkommission Finanzierung Lebenslangen Lernens vorgelegten Abschlussbericht eine zentrale Rolle spielen.

Lernzeitkonten

Mittels Arbeitszeitkonten können Beschäftigte Zeitguthaben ansparen: Mehrarbeit bei hohem Arbeitsanfall kann als Zeitguthaben, Minderarbeit bei geringer Auslastung des Betriebes als Zeitschuld verbucht werden. Zeitguthaben können für Weiterbildung verwendet werden, wenn eine betriebliche oder tarifvertragliche Regelung dies vorsieht. Die Ausgestaltung der Lernzeitkonten kann unterschiedlich ausfallen: So kann die Inanspruchnahme von Lernzeitguthaben auf die vom Arbeitgeber veranlasste Weiterbildung beschränkt werden oder für beliebige berufliche Weiterbildungsmaßnahmen genutzt werden (vgl. Expertenkommission Finanzierung Lebenslangen Lernens 2002, S. 127).

Betrachtet man die Variationen von Regelungen, nach denen die Lernzeiten auf Arbeitszeit und Freizeit verteilt werden, so lassen sich vier Grundmuster feststellen (vgl. Seifert 2003, Dobischat/Seifert 2005). Sie unterscheiden sich nach der Art und Weise, wie sie die drei Aspekte Lohnfortzahlung, Maßnahmekosten und Organisation in einer spezifischen Kombination regeln.

- Weiterbildungszeit setzt sich zu gleichen Teilen aus Arbeits- und Freizeit zusammen. Diesem Prinzip folgt z.B. der Tarifvertrag der Auto 5000 GmbH. Auf der Grundlage einer Weiterbildungspflicht sowohl des Arbeitgebers als auch des Arbeitnehmers zahlt der Arbeitgeber die institutionellen Kosten der Weiterbildung, die Lohnfortzahlung erfolgt zur Hälfte, die andere Hälfte ‚zahlt' der Arbeitnehmer mit Freizeit. Die Weiterbildung ist nicht auf betriebliche Notwendigkeiten beschränkt.

- Nur die von den Betrieben als notwendig eingestuften Weiterbildungsmaßnahmen werden als Arbeitszeit anerkannt.

Sind die Maßnahmen für die Erfüllung der aktuellen und geplanten Aufgaben des Betriebes erforderlich, übernimmt der Betrieb sämtliche Kosten.
Handelt es sich um sonstige Qualifizierungen und findet die Weiterbildung
während der Arbeitszeit statt, teilen sich Arbeitgeber und Arbeitnehmer den
Zeitaufwand für die Weiterbildung. Derartige Vereinbarungen wurden bei
der Debis AG und bei der Deutschen Telekom AG abgeschlossen. Bei der
Debis AG haben die Beschäftigten beispielsweise einen Mindestanspruch
auf Weiterbildung von 5 Arbeitstagen pro Jahr, die über einen Zeitraum von
bis zu 5 Jahren zu insgesamt 25 Tagen gebündelt werden können.

- Betriebsnotwendige Weiterbildung wird als Arbeitszeit anerkannt. Aus Eigeninitiative der Beschäftigten resultierende Weiterbildung findet in der
Freizeit statt.

Dieses Regelungsmuster geht vom Konzept der investiven Zeitverwendung
bei Arbeitszeitverkürzungen aus und differenziert ebenfalls zwischen betriebsnotwendiger und von den Beschäftigen selbst gewählter Weiterbildung. Die Deutsche Shell AG vereinbarte im Jahre 1988 in einem Firmenta-
rifvertrag, dass die Beschäftigten zwischen einer Verkürzung der tariflichen
Wochenarbeitszeit von 39 auf 38 Stunden als Freizeit oder als Weiterbildungszeit wählen können. Dabei übernimmt der Betrieb sämtliche weiteren
institutionellen Kosten.

- Die gesamte Zeit der im betrieblichen Kontext durchgeführten Weiterbildung wird als Arbeitszeit definiert.

Der Tarifvertrag der Textil- und Bekleidungsindustrie von 1997 unterscheidet bei dem jährlichen Freistellungsanspruch von 5 Tagen nicht zwischen
betriebsnotwendiger und vom Beschäftigten selbst gewählter Weiterbildung.
Ansprüche aus anderen Rechtsvorschriften wie z.B. Bildungsurlaubsgeset-
zen werden hierbei angerechnet.

Bei allen Varianten zahlen die Unternehmen die direkten (institutionellen) Kosten der Weiterbildung, d.h. die Weiterbildungsmaßnahme als solche. Die Lohnfortzahlung ist jedoch unterschiedlich geregelt. Bei den nach den genannten
Verfahren realisierten Beispielen haben sich die Ausgaben für die betriebliche
Weiterbildung entgegen dem allgemeinen Trend erhöht (vgl. Seifert 2003).

Befragungen haben gezeigt, dass in Betrieben, die Langzeitkonten eingeführt haben, die Wahrscheinlichkeit steigt, dass betriebliche Weiterbildung praktiziert wird. Lernzeitkonten wurden um die Jahrtausendwende allerdings einer
Befragung zu Folge lediglich von 3% der Betriebe eingesetzt (vgl. Dobischat/
Seifert 2001b).

Ein Problem des Finanzierungsmodells Lernzeitkonten besteht darin, dass es nur für abhängig Beschäftigte anwendbar ist und z.B. nicht für Arbeitslose, Selbständige oder Freiberufler. Außerdem werden durch die Lernzeitkonten nur die Opportunitätskosten des Lernens, d.h. der Wert der Lernzeit erfasst, nicht jedoch die Finanzierung der Angebote (vgl. Expertenkommission Finanzierung Lebenslangen Lernens 2002, S. 127). Dieses muß gesondert geregelt werden. Auch ist davon auszugehen, dass es nicht ausreicht, über Lernzeitkonten die finanziellen und zeitlichen Voraussetzungen für die Beteiligung an Weiterbildung zur Verfügung zu stellen. Gerade in kleinen und mittleren Betrieben fehlen häufig Informationen über Weiterbildungsinhalte und –kosten sowie Weiterbildungsanbieter. Außerdem verfügen viele Klein- und Mittelbetriebe nicht über ein entfaltetes Instrumentarium, um Bildungsbedarfe zu ermitteln und geeignete Weiterbildungsmaßnahmen zu identifizieren.

Schließlich weisen Dobischat/Seifert (2005, S. 42f.) darauf hin, dass Lernzeitkonten bei den betrieblichen Akteuren, d.h. sowohl bei den Arbeitgebern als auch bei Betriebsräten nicht nur auf positive Resonanz stoßen. Für mehr als ein Drittel der Betriebe kommt eine Nutzung von Zeitguthaben für berufliche Weiterbildung aus grundsätzlichen Überlegungen nicht in Frage. Die Betriebsvertreter fürchten, dass Bedenken auf Seiten der Belegschaften bestehen und drohende Freizeit- bzw. Einkommensverluste bei den Mitarbeitern deren Weiterbildungsmotivation negativ beeinflussen und damit kontraproduktive Effekte für das betriebliche Lernen auslösen könnten. Die Betriebsräte befürchten, dass durch Lernzeitkonten Ansprüche auf Freizeitausgleich für bestehende Arbeitzeitguthaben entfallen könnten. Zudem sehen sie in der Einrichtung von Lernzeitkonten ein neues Konfliktfeld zwischen den Betriebsräten und der Geschäftsführung.

Bildungsgutscheine

Bei Bildungsgutscheinen handelt es sich um Wertpapiere, die Bildungsnachfrager vom Staat oder einer anderen anerkannten Stelle erhalten. Diese Wertpapiere repräsentieren einen bestimmten Wert an Geld oder Zeit. Dieser wird nicht an die Nachfrager ausgezahlt, sondern mit verbrieften individuellen Anspruchsrechten verknüpft. Personen, die ein Weiterbildungsangebot wahrnehmen, übergeben dem Bildungsanbieter das Wertpapier – je nach Ausgestaltung mit oder ohne Eigenanteil. Dieser refinanziert sich über die anerkannte Stelle (s. Abbildung 7-4). Bei dem Finanzierungsmodell über Bildungsgutscheine handelt es sich um eine spezifische Nachfragesteuerung. Damit wird die Bildungsnachfrage zumindest prinzipiell von der individuellen Einkommens- und Vermögenssituation entkoppelt. Gutscheine ermöglichen es den Inhabern, die Beteiligung an Weiterbildung individuell zu planen.

Die Ausgestaltung von Bildungsgutscheinen kann unterschiedliche Formen annehmen (vgl. dazu: Expertenkommission Finanzierung Lebenslangen Lernens 2002, S. 144f.): Diese können für unterschiedliche Lebensabschnitte konzipiert werden. Der Gutscheingegenwert kann auf unterschiedliche Weise aufgebracht werden: durch Bildungssparen (s. dazu weiter unten), durch Lernzeitkonten, durch Betriebe oder durch Fondsmodelle, durch den Staat oder über das allgemeine Steueraufkommen. Außerdem sind Mischmodelle möglich.

Erste Erfahrungen mit Bildungsgutscheinen wurden bei der Bundesagentur für Arbeit gesammelt, die seit einiger Zeit derartige Bildungsgutscheine an Arbeitslose ausgibt anstatt die Arbeitslosen direkt in eine Weiterbildungsmaßnahme zu vermitteln.

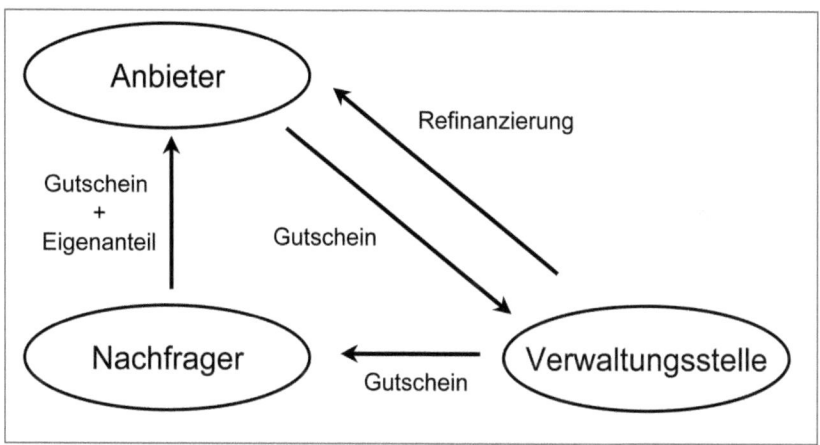

Abbildung 7-4: Funktionsweise von Bildungsgutscheinen
(Quelle: Expertenkommission Finanzierung Lebenslangen Lernens 2002, S. 149)

Bildungsfonds

Die Finanzierung betrieblicher Weiterbildung kann anstelle einzelbetrieblicher Finanzierung durch einen Fonds erfolgen. Fonds gewährleisten die Finanzierung von Weiterbildung dadurch, dass einem oder mehreren Finanziers nach festgelegten Regeln und Kriterien periodisch Finanzmittel entzogen und den Anbietern von beruflicher Weiterbildung nach vorgeschriebenen Kriterien zugeteilt werden. Dabei ist die Form von Zentralfonds denkbar, bei denen alle Unternehmen einer Branche oder Region sich mit einer Abgabe beteiligen, um Bildungsaktivitäten zu finanzieren. Partialfonds decken nur Teilbereiche ab (vgl. Expertenkommission Finanzierung Lebenslangen Lernens 2002, S. 132f.).

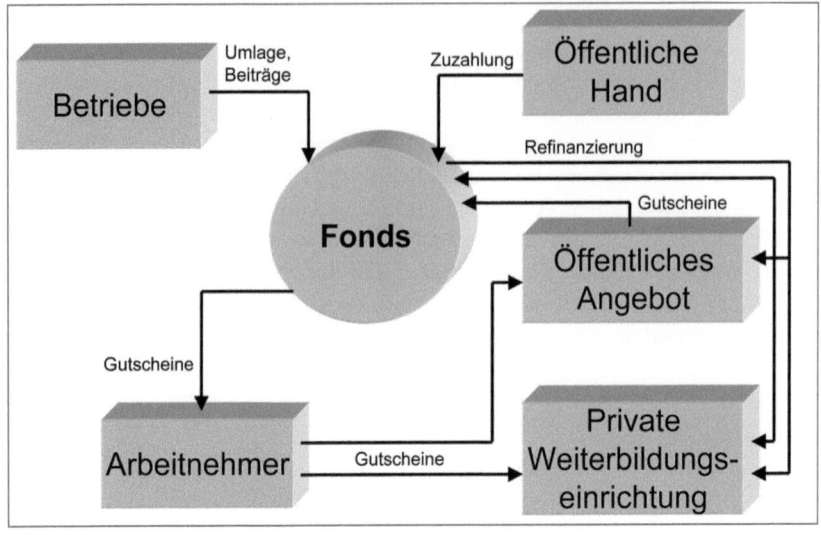

Abbildung 7-5: Funktionsweise bei Fonds bei Nachfragesteuerung (Quelle: Experten-kommission Finanzierung Lebenslangen Lernens 2002, S. 149)

Bildungsfonds können einen gerechten Lastenausgleich zwischen Betrieben bewirken, die sich in der Weiterbildung engagieren und denen, die dies nicht tun. Sie können außerdem dazu beitragen, die Bildungsbeteiligung zu erhöhen und die Teilnahme an Weiterbildung bei allen Beschäftigtengruppen zu stimulieren, da die individuelle Weiterbildungsmaßnahme von den dafür entstehenden Kosten entkoppelt wird. Aus den Fondsmitteln können sämtliche Kosten der Qualifizierungsmaßnahme getragen werden wie Gebühren, Fahrtkosten, Kosten der Freistellung sowie Übernachtungskosten.

Längere Erfahrungen mit Bildungsfonds weist vor allem Frankreich auf (vgl. Expertenkomission Finanzierung Lebenslangen Lernens 2004, S. 163ff.).

Bildungskonten bzw. Bildungssparen

Beim Bildungssparen erfolgen Einzahlungen auf individuelle Bildungskonten. Diese Zahlungen können je nach Ausgestaltung ausschließlich von den Individuen geleistet werden oder zusätzlich vom Staat oder Dritten aufgefüllt werden. Diese Idee, die auch in den Empfehlungen der Expertenkommission Finanzierung Lebenslangen Lernens enthalten ist, wurde von den politischen Gremien in Deutschland aufgegriffen und könnte in nächster Zeit verwirklicht werden, wobei daran gedacht ist, dass der Staat das Sparen zu Bildungszwecken – ähnlich wie beim Bausparen – durch Prämien belohnt.

Resümee

Die Finanziers und Finanzierungsformen der Weiterbildung waren in den vergangenen Jahren häufiger Gegenstand von Forschung und bildungspolitischer Diskussion, wobei zwei Fragestellungen impulsgebend waren: Zum einen galt es zu klären, ob das bestehende Finanzierungssystem die quantitative Ausweitung der Weiterbildungsaktivitäten unterstützt oder behindert, und welche Finanzierungsformen insbesondere zu größerer Chancengleichheit in der Weiterbildung beitragen können. Zum anderen wird eine Weiterentwicklung des Finanzierungssystems unter qualitativen Gesichtspunkten als Voraussetzung für das lebenslange Lernen diskutiert. In diesen Kontexten wird die Finanzierung der betrieblichen Weiterbildung weniger hinsichtlich der institutionellen Aspekte betrachtet als vielmehr mit Bezug auf die gesellschaftliche Bedeutung der betrieblichen Aufwendungen und deren Auswirkungen auf das gesamte Weiterbildungssystem.

Aus der bisherigen Diskussion lassen sich die folgenden Aspekte festhalten (vgl. Expertenkommission zur Finanzierung Lebenslangen Lernens 2004):

- Weiterbildungsaktivitäten verursachen nicht nur direkte, sondern auch indirekte Kosten.
- Die Refinanzierungsprozesse sind zum Teil intransparent.
- Öffentliche Ausgaben werden zum Teil in den Statistiken nicht ausgewiesen.
- Das Wissen über die Finanzierungsanteile der Individuen ist begrenzt.
- Die in verschiedenen Untersuchungen ausgewiesenen hohen Weiterbildungsaufwendungen der Betriebe sind zu relativieren.

Vor diesem Hintergrund sind neue Überlegungen zur Weiterbildungsfinanzierung wie Lernzeitkonten, Weiterbildungsfonds, Weiterbildungsgutscheine und Bildungssparmodelle entwickelt worden. Entscheidungen über deren Umsetzung auf breiter Basis stehen allerdings noch aus.

Literatur

Expertenkommission Finanzierung Lebenslangen Lernens (2004): Finanzierung Lebenslangen Lernens – der Weg in die Zukunft. Schlussbericht. Bielefeld: W. Bertelsmann Verlag

Expertenkommission Finanzierung Lebenslangen Lernens (2002): Auf dem Weg zur Finanzierung Lebenslangen Lernens. Zwischenbericht. Bielefeld: W. Bertelsmann Verlag

Die beiden Berichte der Expertenkommission geben einen umfassenden Einblick in die Finanzierung von Weiterbildung – unter Einbezug der Erfahrungen anderer europäischer Staaten – und enthalten eine Reihe von Empfehlungen für die Weiterentwicklung der Finanzierungsstrukturen.

7.3 Zeit für Weiterbildung

Wie bei der Diskussion der Finanzierung von Weiterbildung im vorigen Abschnitt schon deutlich wurde, spielt der Aspekt der Zeit für Lernen neben den direkten Kosten eine besondere Rolle für die Beteiligung an Weiterbildung. In diesem Zusammenhang stellt sich die Frage, welche Vorkehrungen notwendig sind, damit für alle Bevölkerungsgruppen der zeitliche Zugang zu Weiterbildung gewährleistet wird. Zu Recht weist Faulstich (2006) darauf hin, dass im Zuge der Diskussion um das Konzept lebenslangen Lernens bislang nicht hinreichend geklärt worden ist, woher die zeitlichen Ressourcen für die Realisierung dieser Vorstellung kommen sollen. Dies gilt insbesondere, da unsere Gesellschaft von einem dualen Modell ausgeht, das lediglich zwischen Erwerbsarbeit und Freizeit differenziert. Lernzeit muss folglich zu Lasten eines der beiden Bereiche gehen. Zwar wird gegenwärtig das biographische Muster der Aufeinanderfolge von Ausbildung, Erwerbsarbeit und Ruhestand flexibilisiert, jedoch ist der systematische Stellenwert von Lernen dabei noch nicht präzise geklärt. Erschwerend kommen die Individualisierungstendenzen hinzu. In dem Maße, in dem aufgrund des sektoralen Strukturwandels hin zur Dienstleistungsgesellschaft, der höheren Erwerbsbeteiligung von Frauen und betriebsspezifischer Interessen die Vorstellung vom Normalarbeitsverhältnis eruiert und neue flexible Beschäftigungsformen sich ausbreiten, die vom sog. Normalarbeitsverhältnis abweichen, wird es zugleich schwieriger, standardisierte Regelungen für die Bereitstellung von Lernzeiten zu treffen.

Es ist im Kapitel 7.1 und Kapitel 7.2 schon auf verschiedene regulierte Möglichkeiten zur Freistellung von Arbeit zum Zweck der Weiterbildung hingewiesen worden. Das BSW hat folgende Möglichkeiten der Freistellung erhoben:

- Ländergesetze (z.B. Bildungsurlaubsgesetz, Bildungsfreistellungsgesetz, Arbeitnehmer-Weiterbildungsgesetz)
- Betriebsverfassungsgesetz, Bundespersonalvertretungsgesetz
- sonstige bundesgesetzliche Regelung
- tarifvertragliche Regelung
- Betriebsvereinbarung
- sonstige Regelung (z.B. individuelle Regelung)

Das BSW ergibt, dass 2003 bundesweit 10 % aller derzeit oder früher Erwerbstätigen von der Arbeit für Weiterbildung freigestellt wurden (s. Tabelle 7-2). Dies entspricht hochgerechnet 4,5 Milllionen Personen (vgl. Bundesministerium für Bildung und Forschung 2006, S. 341). Im Vergleich zu 2000 ist die Quote um 2 Prozentpunkte oder 1,4 Millionen Personen zurückgegangen. Dieser Rückgang resultiert aus dem Rückgang der Beteiligungsquoten an beruflicher Weiterbildung (s. Kapitel 4.2). Auch bei der Freistellung für Weiterbildung zeigen sich deutliche Unterschiede nach beruflicher Qualifikation, nach Berufsstatusgruppen, Branchen, Wirtschaftsbereichen, Betriebsgrößenklassen und Nationalität (s. Tabelle 7-2). Diese korrespondieren mit den jeweiligen Beteiligungsquoten (s. Kapitel 4.2).

Tabelle 7-2: Freistellungen für Weiterbildung der derzeit und früher Erwerbstätigen nach ausgewählten Teilgruppen 1991-2000 im Bundesgebiet (BSW) (Quelle: Bundesministerium für Bildung und Forschung 2006, S. 343)

	Im letzten Jahr in %			
	1991	1994	1997	2000
Gesamt	7	8	12	12
Männer	9	10	14	15
Erwerbstätige Männer	11	12	18	18
z.Zt. nicht erwerbstätige Männer	2	2	2	4
Frauen	5	7	9	10
Erwerbstätige Frauen	9	11	15	17
z.Zt. nicht erwerbstätige Frauen	1	2	2	2
Nationalität				
Deutsche	7	8	12	13
Ausländer	–	–	6	4
Zur Zeit Erwerbstätige	10	12	17	17
Erwerbstätige nach Berufsstatusgruppe				
Arbeiter	6	7	11	10
Angestellte	13	15	22	33
Beamte	20	23	29	33
Erwerbstätige nach Betriebsgrößenklassen				
1-99 Beschäftigte	5	7	12	13
100-999 Beschäftigte	8	9	20	15
1.000 und mehr Beschäftigte	14	15	19	20

Eine weitere Betrachtung in Bezug auf die Frage der Lernzeit bezieht sich auf die Frage, ob die Weiterbildung während der Arbeitszeit oder in der Freizeit statt fand. Das BSW ergibt, dass 2003 zwei von drei Teilnahmefällen (67 %) während der Arbeitszeit statt fanden und der Rest außerhalb der Arbeitszeit, wobei dazu auch die Weiterbildung Arbeitsloser gezählt wurde. Betrachtet man den Weiterbildungsumfang, so findet die Hälfte der Weiterbildung in der von Erwerbsarbeit freien Zeit statt (49 %). Dies resultiert daraus, dass die während der

Arbeitszeit stattfindenden Weiterbildungen im Durchschnitt wesentlich kürzer sind als die, die außerhalb der Arbeitszeit stattfinden (wie z.B. Aufstiegs- oder Umschulungskurse). Im Vergleich zu der Erhebung von 2000 haben sich die Anteile kaum verändert (vgl. Bundesministerium für Bildung und Forschung 2006, S. 333).

Die Daten des SOEP führen ebenfalls zu dem Ergebnis, dass die Mehrzahl der Maßnahmen (ca. 80 %) zumindest teilweise während der Arbeitszeit stattfindet. Dieser Untersuchung zu Folge besuchen Männer häufiger als Frauen Kurse, die zumindest zum Teil während der Arbeitszeit stattfinden (Männer Westdeutschland: 86 %, Frauen 71 %; Männer Ostdeutschland 82 %, Frauen 68 %). Besonders selten besuchten dieser Erhebung zu Folge erwerbstätige Mütter (West: 65 %, Ost: 72 %), Teilzeitbeschäftigte (West: 66 %, Ost: 53 %) und Beschäftigte in Betrieben mit weniger als 200 Mitarbeitern (West: 71 %, Ost: 66 %) Weiterbildungsmaßnahmen während der Arbeitszeit (vgl. Büchel/ Pannenberg 2004).

Die Untersuchung des IW (vgl. Werner 2006) erlaubt einen Einblick in den zeitlichen Umfang der Beteiligung an betrieblicher Weiterbildung und eine Ausdifferenzierung nach Betriebsgrößen. Es zeigt sich, dass insbesondere bei den externen Lehrveranstaltungen, d.h. dem formalen Lernen, die größeren Betriebe mit über 250 Beschäftigten pro Mitarbeiter ein höheres Stundenvolumen aufweisen (22 % gegenüber 15 % bei Betrieben mit bis zu 49 Beschäftigten). Beim Lernen in der Arbeitssituation weisen demgegenüber die kleineren Betriebe ein höheres Stundenvolumen aus als die mittleren und größeren. Dies deutet darauf hin, dass in Klein- und Mittelbetrieben der geringere Anteil formaler Weiterbildung durch informelle kompensiert wird.

Zusammenfassend ist zu konstatieren, dass der überwiegende Anteil der beruflichen Weiterbildung nach wie vor während der Arbeitszeit stattfindet. Bei den Teilnahmefällen liegt die Quote je nach Untersuchung bei zwei Drittel (BSW) oder vier Fünftel (SOEP). Allerdings ist zu berücksichtigen, dass die Kurse, die während der Arbeitszeit stattfinden, deutlich kürzer sind als diejenigen, die außerhalb der Arbeitszeit besucht werden.

7.4 Zertifizierung

In dem Maße, in dem in der beruflichen Weiterbildung die informellen Lernprozesse an Bedeutung gewinnen, stellt sich verstärkt die Frage danach, wie die in diesen Lernkontexten erworbenen Kenntnisse, Fähigkeiten und Kompetenzen dokumentiert und anerkannt werden können. Diese Diskussion wird insbesondere durch die Europäische Union vorangetrieben (vgl. Europäische Kommission 2001).

Auch sind andere europäische Länder in der Konzipierung von Kompetenzbilanzierungsmodellen schon weiter als Deutschland. Frankreich verfügt über langjährige Erfahrungen im Feld der rechtlich verankerten Anerkennung informellen Lernens (vgl. Ant/Perez 2005). In England bestehen zwei Ansätze zur Anerkennung informell erworbener Qualifikationen: Das Assessment of Prior learning (APL) und das System der National Vocational Qualifications (NVQ).Während APL-Verfahren im Rahmen der Zulassung zu Aus- und Weiterbildung eingesetzt werden, bieten NVQ die Möglichkeit informelle Lernprozesse beim Erwerb einer Qualifikation zu berücksichtigen (vgl. BLK-Verbundprokjekt 2006, S. 136). Die Schweiz hat das CH-Q-Kompetenzmanagement-System entwickelt. In der Schweiz vollzieht sich derzeit auf der Grundlage der Einführung eines neuen Berufsbildungsgesetzes im Jahre 2004 eine Entwicklung von der Erkennung zur rechtlich verankerten Anerkennung informellen Lernens. Die OECD plant ein Vorhaben, das sich mit einer Verknüpfung der Anerkennung non-formalen und informellen Lernens mit Kreditpunktesystemen befasst. Die Diskussion wird weiter durch die aktuelle europäische Diskussion um einen Europäischen Qualifikationsrahmen belebt.

Für Deutschland ergab eine Machbarkeitsstudie (vgl. Bundesministerium für Bildung und Forschung 2004), dass bereits 48 sog. Bildungspässe bestanden. Unter Einbezug dieser sowie der internationalen Erfahrungen wurde in Deutschland der ProfilPass entwickelt (vgl. BLK-Verbundprojekt 2006). Bei der Bearbeitung des ProfilPasses folgt eine Selbstklärung vorhandener Kompetenzen und es werden Entwicklungsperspektiven aufgezeigt. Der ProfilPass bezieht formale und informelle Lernwege gleichermaßen ein. Die Ermittlung der eigenen Kompetenzen geschieht in einem explorativen selbstreflexiven Prozess und orientiert sich an den Lebenserfahrungen der Nutzenden. Das Verfahren ist ergebnisoffen konzipiert, d.h. es wird nicht mit vorgegebenen Kompetenzlisten gearbeitet. Die Autoren sehen den Prozess der Bewusstwerdung von Kompetenzen als wichtige Voraussetzung zur Ermutigung der Nutzer und zur Förderung der Weiterbildungsbereitschaft. Unterstützt wird der Prozess durch professionelle Beratung, da die angewandte Methode des biographischen Arbeitens den meisten Personen neu ist und daher der Anleitung bedarf. Außerdem wird durch die Beratung der Prozess der Selbstexploration auf Grund des Dialogs um eine Perspektive erweitert. Für die Berater wurde ein spezifisches Qualifizierungskonzept entwickelt. In den Jahren 2004/2005 wurde der ProfilPass bei über 30 Kooperationspartnern bundesweit erprobt. Er wurde dabei als geschlossenes oder offenes Angebot, in Kursen oder Projekten, in Gruppen- oder Einzelberatungen eingesetzt. Angewandt wurde er vor allem von Menschen in Umbruchsituationen (Berufsrückkehrerinnen, Jugendliche in der Berufswahlphase, Arbeitslose etc.). In der begleitenden Evaluation wurde der ProfilPass überwiegend positiv bewertet. Allerdings fiel die Bewertung bei Personen mit höherem Bildungsabschluss und höherem Alter positiver aus. Nur weniger als ein Drittel der Teilnehmenden gab an, durch die Bearbeitung des ProfilPasses unbewusste Kompetenzen entdeckt zu haben. Allerdings berichteten die Berater, es sei in vielen Fällen zwar nicht zu einer Bewusstwerdung vorher nicht reflektierter Kompetenzen gekommen, aber zur Bewusstmachung des Wertes dieser Kompetenzen.

Literatur

BLK-Verbundprojekt (Deutsches Institut für Erwachsenenbildung/Deutsches Institut für internationale pädagogische Forschung/Institut für Entwicklungsplanung und Strukturforschung (2006): Weiterbildungspass mit Zertifizierung informellen Lernens (ProfilPass). Endbericht der Erprobungs- und Evaluationsphase. Frankfurt
Es handelt sich bei dieser Publikation um den Endbericht über die Erprobungsphase des Profil-Passes, der auch dessen Entstehung und Intention beschreibt.

7.5   Beratung

> ▼ **Zusammenfassung**
>
> Da – wie in den vergangenen Kapiteln unter verschiedenen Aspekten gezeigt wurde – die Weiterbildung ein sehr heterogenes Feld darstellt, ist es für potentielle Teilnehmer nicht ganz leicht, herauszufinden, welches für sie das passende Angebot darstellt. Neben der Einrichtung von Datenbanken kommt daher der Weiterbildungsberatung eine besondere Rolle zu. In gewisser Weise spiegelt sich der Zustand der Weiterbildung in dem der Weiterbildungsberatung, denn auch hier handelt es sich um einen bislang wenig strukturierten Bereich von Aufgabenfeldern und Anbietern.

7.5.1   Aufgabenbereiche von Weiterbildungsberatung

Betrachtet man aktuelle bildungspolitische Äußerungen zum lebenslangen Lernen, gleich welcher politischer Couleur, so lässt sich feststellen, dass der Beratung in diesem Zusammenhang weitgehend übereinstimmend eine zentrale Rolle zugewiesen wird. Im internationalen Kontext hat die Entschließung der Europäischen Union (EU) zur lebensbegleitenden Beratung (8448/04 EDUC 89 SOC 179) neben einer Vielzahl bereits vorliegender Dokumente (vgl. z.B. Sultana/Watts 2005) diesen Sachverhalt nachhaltig untermauert. Für die deutsche Diskussion ist exemplarisch der Entschließungsantrag des Deutschen Bundestages (2000, S. 3) zu nennen, der fordert, „die Beratung zu verbessern und ein Weiterbildungsberatungssystem auszubauen", oder das Programm „Lernende

Region – Förderung von Netzwerken" des Bundesministeriums für Bildung und Forschung (2000, S. 7), das für die „Erhöhung der Transparenz der Bildungsangebote im Sinne einer stärkeren Kundenorientierung, z. B. durch Bündelung der Informations-, Beratungs- und Vermittlungsangebote und Bereitstellung neuer Serviceleistungen" plädiert.

Dabei erstreckt sich Beratung – dies betont insbesondere die Entschließung der EU – auf eine Vielzahl von Angeboten, die die Bürger in jedem Lebensabschnitt dazu befähigen, sich Aufschluss über ihr Kompetenzprofil zu verschaffen und Bildungs-, Ausbildungs- und Berufsentscheidungen zu treffen. Dies geht über ein tradiertes Verständnis von Beratung hinaus, das den Focus vorrangig auf Transitionsprozesse ausgerichtet hat, z.B. Berufs- oder Betriebswechsel, beruflicher Aufstieg, Wiedereintritt in den Arbeitsmarkt bei Arbeitslosigkeit oder nach einer familienbedingten Erwerbsunterbrechung.

Bei dem Feld der Beratung im Kontext von Bildung, Beruf und Arbeitsmarkt handelt es sich bislang um ein wenig strukturiertes Feld und einen begrifflich nicht klar definierten Gegenstand. Zudem ist der Bereich aktuell in einem erheblichen Umbruch befindlich. Daher werden zunächst analytisch ausdifferenzierbare Aufgabenfelder umrissen (s Abbildung 7-6).

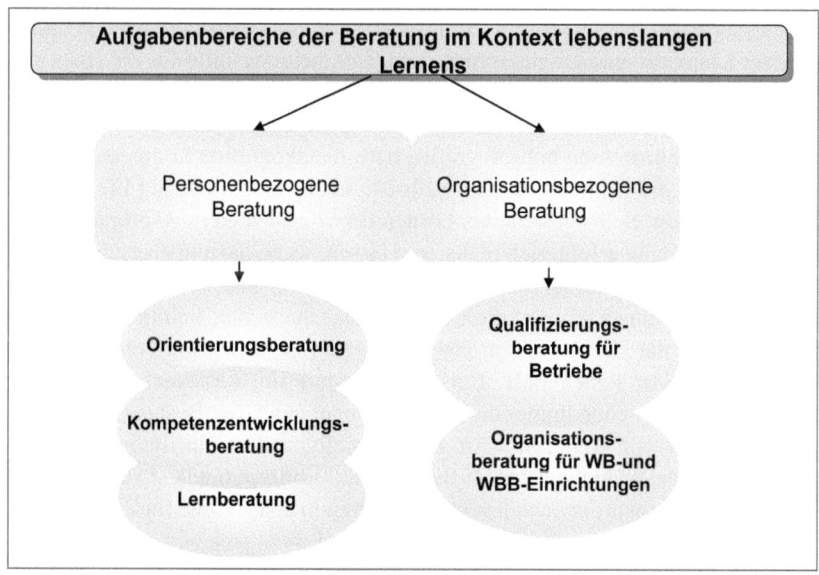

Abbildung 7-6: Aufgabenfelder der Weiterbildungsberatung

Angesichts des raschen Wandels des Arbeitsmarktes und der wachsenden Bedeutung der Personalressourcen und des Wissensmanagements für Betriebe muss der Blick sowohl auf personenbezogene als auch organisationsbezogene Beratung für das Feld Bildung, Beruf und Beschäftigung gerichtet werden. Auch jede personale Beratung bezieht sich auf einen vorhandenen oder gewünschten betrieblichen Kontext. Zu betonen ist vorab, dass die skizzierten Aufgabenfelder lediglich analytisch voneinander getrennt werden können, in der Praxis fließen sie vielfach ineinander.

Die *personenbezogene Weiterbildungsberatung* lässt sich weiter ausdifferenzieren in die drei Bereiche der Orientierungsberatung, der Kompetenzentwicklungsberatung sowie der Lernberatung.

Normierte Bildungs- und Berufsverläufe verlieren an Bedeutung. Die Individuen stehen vor der Herausforderung, ihre Bildungs- und Berufsbiographie weitgehend individuell und in eigener Verantwortung zu gestalten bzw. zu ,konstruieren'. Begriffe wie der der employability, d.h. der Erwartung von Seiten der Betriebe, dass die (potentiellen) Arbeitskräfte für ihre eigene Beschäftigungsfähigkeit sorgen, oder der Begriff des Arbeitskraftunternehmers (vgl. Pongratz/Voß 2003) charakterisieren diesen Trend. Er führt dazu, dass Beratung als personenspezifische Orientierungshilfe für die Auswahl ,passender' Weiterbildungsangebote wichtiger wird. Bei der *Orientierungsberatung* geht es daher in erster Linie um eine Orientierungs- und Entscheidungshilfe für die Auswahl geeigneter Weiterbildungsangebote im Vorfeld der Teilnahme.

Es ist in Kapitel 3.1 bereits darauf hingewiesen worden, dass die Selbststeuerung von Lernprozessen hohe kognitive bzw. metakognitive Kompetenzen voraus setzt, d.h. die Optimierung von Selbststeuerung kann nicht auf Fremdsteuerung verzichten. Selbstgesteuertes Lernen für *alle* Bevölkerungsgruppen wird sich daher nur dann erfolgreich realisieren lassen, wenn dazu maßgeschneiderte Unterstützungsangebote im Sinne von Beratung bereit gestellt werden. Auf diese Herausforderungen reagiert die Lernberatung. Sie richtet sich in erster Linie an diejenigen, die sich bereits in einer konkreten Lernsituation befinden bzw. unmittelbar davor stehen (z.B. Einstufungsbedarf im Sprachenbereich). Die Lernberatung war schon immer mehr oder weniger expliziter Bestandteil der alltäglichen Arbeit von Weiterbildnern. Beraten stellt insofern eine integrale Funktion alltäglichen pädagogischen Handelns dar. Konzeptionelle Überlegungen zur Lernberatung wurden in den achtziger Jahren in erster Linie für Zielgruppen entwickelt, die aufgrund ihrer Bildungsferne und ihrer prekären sozialen Lage Lernprobleme aufwiesen. Insbesondere im Rahmen von Seminaren und Kursen auf der Basis des Arbeitsförderungsgesetzes (vgl. Fischer 1987) sowie im Kontext von Alphabetisierungskursen (vgl. Fuchs-Brünninghoff/Pfirrmann 1991,

Tröster 2000) wurden Fortbildungsangebote zum Thema Lernberatung für Dozierende entwickelt. Mit diesen Schwerpunktsetzungen war die Lernberatung – explizit oder implizit – stark von einem Defizitmodell geprägt.

Mit der Orientierung am Leitbild des ressourcenorientierten selbstgesteuerten Lernens und der den Individuen zugewiesenen Selbstverantwortung für ihre Lernprozesse sowie dem zunehmenden Einsatz neuer Technologien ergeben sich jedoch grundlegend neue Anforderungen an die Lernberatung, die eine Abkehr vom Defizitmodell nahe legen. Lernberatung wird dabei als intensive Reflexion des Lernprozesses sowohl individuell als auch in der Lerngruppe verstanden (vgl. Kemper/Klein 1998; Klein u.a. 2002). Als Elemente werden Lerntagebücher, Lernkonferenzen, Lernquellenpools, Fachreflexion und Feedback eingesetzt. Neben der Lernberatung in organisierten Lerngruppen erlangen Formen der Lernberatung für stärker individualisierte Lernsituationen zunehmende Bedeutung – auch unter Einbezug neuer Technologien (tele-tutoring) (vgl. Rautenstrauch 2001).

Allerdings scheint die aktuelle wissenschaftliche und bildungspolitische Neukonzipierung der Lernberatung in der Praxis noch keine breite Umsetzung gefunden zu haben: Als Anlässe für Lernberatung wurden in einer bundesweiten Untersuchung überwiegend Lernprobleme im herkömmlichen Sinne (fachliche, methodische, durch die Gruppensituation bedingte sowie aus der jeweiligen Lebenssituation resultierende) Probleme benannt, Instrumente zur Reflexion der Lernprozesse wurden nur von 7 % der Befragten als angebotene Form der Lernberatung benannt (vgl. Schiersmann/Remmele 2004).

Als neues Aufgabenfeld kristallisiert sich zur Zeit ein Bereich heraus, der am ehesten mit dem Titel der *Kompetenzentwicklungsberatung* erfasst werden kann. Dabei geht es darum, Personen darin zu unterstützen, ihre vorhandenen Kompetenzen zu dokumentieren, zu bilanzieren und Strategien zu deren Weiterentwicklung zu identifizieren (s. Kapitel 7.4). Diese Anforderung hat zum einen ebenfalls aufgrund der stärkeren Beachtung non-formaler bzw. informeller Lernprozesse an Bedeutung gewonnen, zum anderen im Kontext der insbesondere auf der europäischen Ebene geführten Diskussion um Mobilität und die internationale Anerkennung von Kompetenzen. Während in anderen europäischen Ländern schon seit längerem Modelle zur Kompetenzbilanzierung vorliegen, wird dieses Thema in Deutschland erst seit einigen Jahren bearbeitet. Unstrittig ist, dass in sehr vielen Fällen für eine erfolgreiche Kompetenzbilanzierung externe Unterstützung im Sinne von Beratung erforderlich ist.

Nicht nur die Individuen müssen ihre Kenntnisse und Fähigkeiten ständig aktualisieren und erweitern. Auch Organisationen sind in der Wissensgesellschaft mit rasch wechselnden Anforderungen konfrontiert und greifen daher auf organisationsbezogene Beratung zurück. Dabei lassen sich als Schwerpunkte für den hier diskutierten Bereich die Qualifizierungsberatung für Betriebe einerseits und die Organisationsberatung für Weiterbildungs- und Weiterbildungsberatungseinrichtungen andererseits hervorheben.

Das Konzept der *Qualifizierungsberatung* ist vor allem im Rahmen von Modellprojekten in den 1980er Jahren geprägt worden. Dabei ging es darum, vorrangig Klein- und Mittelbetriebe im Hinblick auf die Ausgestaltung ihrer Qualifizierungsstrategien – insbesondere hinsichtlich des Einsatzes neuer Technologien – zu beraten (vgl. Koch/Kraak 1994; Döring u.a. 1989). Heute erwarten Betriebe prinzipiell in zunehmendem Maße individuell zugeschnittene Weiterbildungsangebote, um die Effizienz der Lernprozesse und deren Transfer in den betrieblichen Alltag zu erhöhen. Sie müssen ihren Qualifikationsbedarf – möglichst präventiv – ermitteln und ihre personellen Ressourcen optimieren. Es dürfte gerade für Klein- und Mittelbetriebe schwierig bleiben, eigenständige Weiterbildungsplanung zu betreiben, da sie in der Regel über kein spezielles Weiterbildungspersonal verfügen. Hinzu kommt, dass Weiterbildungsbedarfserhebungen und daraus abzuleitende Planungsprozesse angesichts der Dynamisierung des ökonomischen Wandels immer schwieriger werden. Daher nehmen Klein- und Mittelbetriebe hierfür häufig externe Beratung in Anspruch. Diese ermittelt die konkreten betrieblichen Problemsituationen und entwickelt maßgeschneiderte Lösungsstrategien.

Auch die Weiterbildungs- und Weiterbildungsberatungsinstitutionen müssen angesichts sich schnell ändernder Teilnehmerinteressen sowie veränderter Rahmen- und Marktbedingungen ihre Strukturen und Abläufe optimieren und sich ihrer Organisationskultur vergewissern und so selber zu lernenden Organisationen werden. Ein weiterer Schwerpunkt der Organisationsberatung im Kontext der Beratung für Bildung, Beruf und Beschäftigung bezieht sich dabei auf die Beratung von *Weiterbildungs- sowie Beratungsinstitutionen*. Diese stehen – wie in Kapitel 6 näher erläutert – gegenwärtig vor umfassenden Herausforderungen: Der Weiterbildungsmarkt expandiert und verändert sich laufend, das tradierte Selbstverständnis muss hinterfragt werden, das Programmangebot muss profiliert werden, die klassischen institutionellen Strukturen erweisen sich als teilweise dysfunktional, die Arbeitsabläufe müssen effizienter gestaltet, betriebswirtschaftliche Steuerungsinstrumente eingeführt und die Kultur der Einrichtung reflektiert werden. Auch eigenständige Weiterbildungsberatungsstellen müssen ihre Position im Beratungsfeld immer neu ausloten. Daher sehen sich die Einrichtungen der Weiterbildung sowie der Weiterbildungsberatung auch häufiger als früher veranlasst, zur Unterstützung dieser Veränderungen gezielte Organisationsentwicklungsprozesse zu initiieren und Organisationsberatung in

Anspruch zu nehmen (vgl. Zech/Ehse 2000; Küchler von/Schäffter 1997; Meisel 1997; Kil 2002). Die Außenperspektive der Professionellen trägt dazu bei, zwischen den unterschiedlichen Perspektiven der Betroffenen zu vermitteln, tabuisierte Muster, Mythen und Rituale aufzudecken und die Beteiligten bei der Entwicklung gemeinsamer Problemlösestrategien im Interesse der Selbstorganisation zu unterstützen. Dabei kommt es darauf an, die vorhandenen Konzepte der Organisationsberatung feldspezifisch auszugestalten. Dies betrifft beispielsweise bei sozialwirtschaftlichen Einrichtungen die Berücksichtigung deren besonderer Struktur oder die spezifische Personalsituation mit einem geringen Anteil unbefristet beschäftigter Personen und einem weit überwiegenden Anteil freiberuflich Tätiger.

In diesen Kontext gehört auch die in den letzten Jahren intensiv geführte Diskussion um die Qualität von Weiterbildung. Die aktuelle Debatte wird durch Konzepte geprägt, die sich als organisationsbezogen charakterisieren lassen (z.B. die DIN EN Norm ISO 9000:2000 oder das Modell der European Foundation for Quality Management/EFQM). Dies bedeutet, dass in der einen oder anderen Weise – neben den pädagogischen Vermittlungsformen im engeren Sinne – die institutionellen Strukturen, Abläufe und Kulturen einer qualitätsbezogenen Analyse und Veränderung unterzogen werden. Da die Implementation dieser Verfahren spezifische Qualifikationen erfordert und grundsätzlich die Muster und Mythen der eigenen Organisation nur bedingt der Analyse der Betroffenen zugänglich sind, erweist es sich als sinnvoll und in vielen Fällen notwendig, für diese Form des Qualitätsmanagements – zumindest in begrenztem Umfang – externe professionelle Beratung bereitzustellen. Hierbei handelt es sich um eine neue Aufgabe, die kaum auf Vorläufer zurückgreifen kann.

Fast die Hälfte (48 %) der Weiterbildungseinrichtungen und nahezu ebenso viele Weiterbildungsberatungsstellen (45 %) gaben in der bereits erwähnten bundesweiten Erhebung an, in den letzten drei Jahren eine Organisationsberatung in Anspruch genommen zu haben. Dies ist ein überraschend hoher Prozentsatz. Er unterstreicht nachdrücklich die Einschätzung, dass in diesen Einrichtungen ein erheblicher Veränderungs- und Innovationsdruck besteht. Hinzu kommt, dass von den Einrichtungen, die noch keine Organisationsberatung in Anspruch genommen haben, die Hälfte der Weiterbildungseinrichtungen und ein Drittel der Leiter der eigenständigen Weiterbildungsberatungsstellen diese für erforderlich hält (vgl. Schiersmann/Remmele 2004).

Die folgenden *Anlässe* für eine Organisationsberatung standen dabei im Vordergrund: die Verbesserung der Kommunikation (52 %), die Umstrukturierung von Aufgaben- und Zuständigkeitsbereichen (49 %) sowie die Einführung von Qualitätsmodellen (48 %). Der zuletzt genannte Punkt wird von den Weiterbildungsberatungsstellen sogar am häufigsten als Anlass genannt (53 %), gefolgt von Umstrukturierung von Aufgaben- und Zuständigkeitsbereichen (44 %) sowie Steigerung der Innovationsfähigkeit bzw. einer neuen Profilbildung (35 %).

Immerhin drei Viertel (72 %) der Weiterbildungseinrichtungen, die Organisationsberatung in Anspruch genommen haben, geben an, dass diese die Erwartungen erfüllt habe. Angesichts der allgemein häufig geäußerten Skepsis gegenüber den Leistungen von Organisationsberatung ist dies ein bemerkenswert hoher Prozentsatz.[2]

7.5.2 Anbieter

Die Übersicht über das sehr heterogene Beratungsfeld im Weiterbildungsbereich wird dadurch noch vielschichtiger, dass die analytisch ausdifferenzierbaren Aufgaben nicht eindeutig bestimmten Anbietern zuzuordnen sind. Dennoch lassen sich folgende Schwerpunktsetzungen konstatieren:

Im Interesse der Gewinnung bildungsferner Bevölkerungsgruppen für Weiterbildung wurden in den 80er Jahren in Westdeutschland und in den 90er Jahren in Ostdeutschland – überwiegend im Rahmen von Modellprojekten – Stellen eingerichtet, deren explizite und einzige Aufgabe die Weiterbildungsberatung war und ist. Diese bezeichne ich im Folgenden als *'eigenständige Weiterbildungsberatungsstellen'*. Das originäre Aufgabenfeld der überwiegend in kommunaler Trägerschaft befindlichen eigenständigen Weiterbildungsberatungsstellen liegt in der personenbezogenen Weiterbildungs- bzw. Kompetenzentwicklungsberatung. Sie öffnen sich zum Teil aber auch für die Qualifizierungsberatung von Betrieben, einerseits um sich angesichts finanzieller Engpässe neue Aufgabenfelder zu erschließen, andererseits – und dies gilt insbesondere für Beratungsstellen in den neuen Bundesländern – weil eine stärker arbeitsmarktpolitische Komponente von Beginn an ihr Aufgabenprofil prägte (vgl. Harke/Krüger 1999). Gegenwärtig ist von gut 100 solcher Stellen in Deutschland auszugehen. Die von den *Industrie- und Handelskammern* sowie den *Handwerkskammern* angebotene Beratung wendet sich traditionell gleichermaßen an Beschäftigte – insbesondere Personen mit Aufstiegsambitionen – sowie an Betriebe. Die Weiterbildungsberatung der *Agenturen für Arbeit* richtet sich laut gesetzlichem Auftrag (SGB III) an alle Erwerbspersonen, faktisch allerdings fast ausschließlich an Arbeitslose. Im Rahmen des gesetzlichen Auftrags zur Arbeitsmarktberatung wird von den Arbeitsagenturen auch Arbeitgebern bzw. Betrieben Beratung angeboten. Der Schwerpunkt der Beratungsarbeit von *Weiterbildungseinrichtungen* liegt in der Lernberatung im oben beschriebenen Sinne. Gleichwohl bieten einige von ihnen auch eine sich trägerübergreifend verstehende Orientierungsberatung im Sinne

---

2 Diese Frage wurde den eigenständigen Weiterbildungsberatungsstellen nicht gestellt.

der Laufbahnberatung an. In jüngster Zeit spielt auch für diese Institutionen im Interesse einer stärkeren Kooperation mit Betrieben und der situationsgerechten Ausgestaltung von Weiterbildungsangeboten die Beratung von Betrieben eine wachsende Rolle. Personal- bzw. Weiterbildungsabteilungen von *Großbetrieben* schließlich richten ihre Beratung in Sachen Weiterbildung sowohl an die Beschäftigten im Sinne der Orientierungshilfe für die Laufbahngestaltung, aber auch an Abteilungen oder abteilungsübergreifende Organisationseinheiten. Die Beratungsangebote im Rahmen von *regionalen Netzwerken* richten sich ebenfalls sowohl an Personen als auch an Betriebe. *Kommerzielle* Beratungsagenturen weisen sehr unterschiedliche spezifische Schwerpunktsetzungen auf.

Es spricht wenig dafür, dass sich zukünftig das Beratungshandeln in einem einheitlichen Kontext realisieren wird. Vielmehr ist davon auszugehen, dass – wie bisher – verschiedene institutionelle Rahmenbedingungen nebeneinander für unterschiedliche Beratungsanlässe und Zielgruppen bestehen werden. Dabei sind zumindest die folgenden institutionellen Kontexte zu unterschieden:

Beratung als integraler Bestandteil pädagogischen Handelns

Insbesondere die Lernberatung wird sich noch stärker zum integralen Bestandteil pädagogischen Handelns entwickeln, während die Wissensvermittlung im engeren Sinne u.a. angesichts des verstärkten Einsatzes neuer Technologien sowie der verstärkten Orientierung am Leitbild der Selbststeuerung etwas in den Hintergrund rückt, dabei aber keineswegs ganz weg fällt. Die Hauptaufgabe von Dozenten besteht in diesem Kontext in der Schaffung optimaler Lernumgebungen und der Unterstützung der Prozesse des Lernens.

Weiterbildungsberatung durch eigenständige Institutionen

Auch zukünftig wird es einen Bedarf an Institutionen geben, deren Hauptaufgabe die Beratung ist. Dabei deutet sich eine Zweiteilung an, die zwar als problematisch bewertet werden mag, der aber nur schwer entgegen zu steuern sein dürfte: Einrichtung in öffentlicher Trägerschaft werden als Zielgruppe insbesondere Personen mit gebrochenen Berufsbiographien ansprechen müssen, die nach neuen Erwerbsperspektiven suchen und in ihren Betrieben keine Ansprechpartner für ihre Beratungswünsche finden. Das Abfedern der hohen Anforderungen, die angesichts des gesellschaftlichen Wandels auf die Individuen zukommen und die über die Marktmechanismen alleine nicht zu bewältigen sind, ist als eine gesellschaftliche Aufgabe zu definieren, es sei denn, man wollte eine zunehmende Spaltung der Gesellschaft in diejenigen, die über einen umfassenden Zugang zu Wissen – und Beratung – verfügen, und diejenigen, für die das nicht gilt, in Kauf nehmen. Für diese eigenständigen Beratungsstellen ist die Frage der Finanzierung besonders prekär. Denkbar wären Mischformen aus privaten und öffentlichen Ressourcen. Ohne öffentliche Zuschüsse werden derartige Beratungsstellen allerdings auch in Zukunft nicht auskommen.

Daneben ist davon auszugehen, dass kommerzielle Anbieter expandieren, die ihre Dienstleistungen insbesondere an qualifizierte und finanzkräftige Bevölkerungsgruppen richten (insbesondere im Rahmen der Karriereberatung oder des Coaching).

(Weiterbildungs-)Beratung als Teilaufgabe verschiedener Institutionen

Darüber hinaus wird die Beratung auch zukünftig als Teilaufgabe verschiedener Institutionen wahrgenommen werden. Die Weiterbildungsanbieter werden weiterhin – zumindest in Bezug auf ihr eigenes Angebot – diese Funktion wahrnehmen. Insbesondere bei der Zusammenarbeit mit Betrieben werden integrierte Weiterbildungs- und Beratungsangebote an Bedeutung gewinnen. In Bezug auf die Klein- und Mittelbetriebe übernehmen die Industrie- und Handelskammern bzw. Handwerkskammern Beratungsfunktionen. Verstärkt werden in den Betrieben Führungskräfte Beratungsfunktionen im Sinne des Coaching wahrnehmen. Ebenso kommt den immer häufiger von Betrieben durchgeführten Beurteilungs-, Zielklärungs- bzw. Karrieregesprächen, bei denen Weiterbildungsstrategien eine zentrale Rolle spielen, eine entsprechende Funktion zu. Auch Gewerkschaften zeigen sich daran interessiert, als Dienstleistungsfunktion für ihre Mitglieder dem Beratungsaspekt verstärkte Bedeutung zuzuweisen. Dies zeigt sich an Projekten wie „Leben und Arbeiten" (LeA), in dem Wege der Lern- und Qualifizierungsberatung für Arbeitnehmer auf einfachem bis mittlerem Qualifikationsniveau entwickelt wurden (vgl. www.dgb-lea.de).

Weiterbildungsberatung als Aufgabe von Netzwerken bzw. Kooperationsverbünden

Schließlich zeichnet sich ab, dass Beratungsaufgaben gut bei regionalen Netzwerken bzw. Verbünden aufgehoben sind, wie sie zur Zeit z.B. im Rahmen des Modellprogramms der Lernenden Regionen erprobt werden. Solche Kooperationsverbünde können zum einen eine Clearingfunktion übernehmen, indem sie Ratsuchenden Hinweise über jeweils geeignete Beratungsinstanzen geben und zu einer engen Vernetzung der unterschiedlichen Beratungsaktivitäten in einer Region beitragen. Zum anderen können sie selbst konkrete Beratungsagenturen aufbauen wie einige Beispiele der Lernenden Regionen zeigen (vgl. z.B. das Lernnetz Berlin-Brandenburg, www.lnbb.de).

Angesichts einer so heterogenen Struktur der Beratungslandschaft besteht eine zentrale Herausforderung darin, für die Ratsuchenden mehr Transparenz zu schaffen. Dies kann durch die Aufnahme von Beratungsanbietern in Weiterbildungsdatenbanken geschehen (wie es beispielsweise bei der Weiterbildungsdatenbank iwwb bereits der Fall ist (vgl. www.iwwb.de), außerdem können Checklisten als Orientierung eine wichtige Funktion übernehmen. Solche Checklisten hat die Stiftung Warentest, Abteilung Bildungstest, bereits für die Zielgruppen der Erwerbstätigen und der Arbeitslosen erstellt (vgl. www.stiftung warentest. de). Möglicherweise wird in manchen Fällen auch eine ,Beratung vor der Beratung' erforderlich sein, um Fehlallokationen zu vermeiden. Wie sich solche Anlaufstellen realisieren ließen, ist noch näher zu prüfen.

Ein weiterer Ansatz zur Verbesserung der Transparenz und Systematik des Handlungsfeldes besteht in einer stärkeren Vernetzung der Akteure auf der Ebene von Multiplikatoren und Verbänden. Dies ist die Intention des Nationalen Forums Beratung, das sich als Verein konstituiert hat.

7.5.3 Beratungstheorie und Professionalität

Kämpfte die Beratung im allgemeinen lange Zeit um ihre Eigenständigkeit als Interventionsform in Abgrenzung zur Therapie, so ist in den letzten beiden Jahrzehnten zumindest eine Ausdifferenzierung der Beratungskonzepte zu konstatieren. Bislang liegt im deutschsprachigen Raum jedoch für das Feld Bildung, Beruf und Beschäftigung noch keine konsistente feldspezifische Beratungstheorie vor. Das mag damit zusammenhängen, dass sich historisch die psychosoziale Beratungstheorie in Deutschland eher auf Krisen in der ,privaten' Alltags- bzw. Lebenswelt der Klientel (z.B. Kinder, Jugendliche, Familien, Erwachsene) konzentrierte und den beruflichen Sektor mit der zentralen Kategorie ,Arbeit' tendenziell vernachlässigte (vgl. Thiel 1996).

Dieser Mangel an einer spezifischen Beratungstheorie schlägt sich darin nieder, dass – wie die bereits erwähnte empirische Untersuchung ergab – lediglich knapp die Hälfte der befragten Berater insgesamt angaben, sich in ihrer Beratungspraxis auf eine Beratungstheorie zu beziehen (vgl. Schiersmann/Remmele 2004, S. 72ff.). Die Berater der eigenständigen Weiterbildungsberatungsstellen und der Weiterbildungseinrichtungen orientieren sich überwiegend an dem personzentrierten Beratungskonzept, das von C.R. Rogers (vgl. Rogers/Schmid, 1998) entwickelt wurde. Die Berater der Industrie- und Handelskammern gaben demgegenüber an, sich vorrangig an einem systemischen Konzept von Beratung auszurichten. Dieser Unterschied könnte daraus resultieren, dass bei letzteren die organisationsbezogene Beratung für Betriebe ein größeres Gewicht besitzt als bei den zuvor genannten und in diesem Bereich der systemische Ansatz eine größere Verbreitung gefunden hat. Schließlich wird von den Beratern insgesamt auch der Lösungsorientierten Kurzberatung (vgl. Bamberger 2001) eine recht hohe Bedeutung zugewiesen.[3]

Die zukünftige Herausforderung liegt darin, für das Feld der Beratung in Bildung, Beruf und Beschäftigung ein sozialwissenschaftliches Beratungskonzept zu entwerfen. Ein rein psychologisch ausgerichteter Ansatz greift zu kurz, weil neben der kommunikativen Gestaltung des Beratungsprozesses auch Fachkenntnisse z.b. über den Arbeitsmarkt sowie über Lernprozesse im Lebenslauf etc. erforderlich sind und sich Beratung in diesem Feld in der Regel im Spannungsfeld zwischen reflexiver Problembearbeitung und sachlicher Informationsvermittlung bewegt. Eine solche integrative Theorie könnte sich an den drei Kompetenzbereichen Kommunikations- und Prozesskompetenz, Fachkompetenz und Selbst- sowie Systemkompetenz orientieren, deren je situationsspezifische Verknüpfung professionelles Beratungshandeln ausmacht (vgl. Schiersmann 2006b).

Eine zentrale Kompetenz für Berater stellt die differenzierte und fundierte Kommunikations- und Prozesskompetenz dar. Dazu gehört die Kenntnis grundlegender Ansätze der Beratung wie kognitiv-behavioristische, systemische oder lösungsorientierte, die in Bezug auf ihre Bedeutung für die Gestaltung von Interaktionsprozessen im Feld der Bildungs- Berufs- und Beschäftigungsberatung ausgewertet werden müssen. Außerdem benötigen Berater eine Vorstellung vom Ablauf einzelner Beratungsgespräche oder längerer Beratungsprozesse (insbesondere bei der organisationsbezogenen Beratung). Ebenso zählen die Klärung der Haltung und der Rolle von Beratern zu diesem Kompetenzbereich.

Der Professionalisierungsgrad ist in dem sehr heterogenen Feld der Beratung für Bildung, Beruf und Beschäftigung bislang nicht sehr ausgeprägt. Es ist allerdings auch nicht davon auszugehen, dass durchgängig für diesen Bereich eine neue Profession entsteht, zumal – wie gezeigt wurde – das Beratungshandeln in vielen Fällen nur einen, aber keineswegs den einzigen Bestandteil der jeweiligen Berufsrolle ausmacht bzw. zukünftig ausmachen wird.

Die eigene empirische Untersuchung zeigte, dass die Berater der eigenständigen Weiterbildungsberatungsstellen zu gut der Hälfte pädagogische Studiengänge absolviert haben, der Rest streut in Bezug auf die Fachrichtungen recht breit. Bei den Beratern der Kammern spielen demgegenüber technische und wirtschaftswissenschaftliche Studienrichtungen eine größere Rolle. Ihre spezi-

---

3   Da die Befragung zu einem Zeitpunkt (2002) statt fand, zu dem die Lösungsorientierte Beratung in Deutschland noch nicht breit rezipiert wurde, verwundert dieses Ergebnis. Es ist nicht ganz auszuschließen, dass die Befragten weniger den spezifischen Theorieansatz vor Augen hatten als von der Vorstellung ausgingen, dass die Beratung auf eine konkrete Lösung zielt.

fischen Beratungskompetenzen haben die Berater in der Regel berufsbegleitend erworben, teilweise in Kursen und Seminaren, teilweise auch im Prozess der Arbeit und durch kollegialen Austausch. Erstaunlicherweise spielt Supervision zur Verbesserung der Beratungstätigkeit keine große Rolle. Damit hat sich die Situation gegenüber der Bestandsaufnahme von Kejcz (1988) Mitte der 1980er Jahre nicht nennenswert verändert.

Die Herausforderung besteht daher m. E. darin, ein modulares Aus- und Fortbildungsangebot zu entwickeln, das den unterschiedlichen Anforderungen an den Grad der Professionalisierung Rechnung trägt und das aufgrund der Modularisierung den allmählichen Aufbau umfassenderer und theoretisch fundierter Beratungskompetenzen ermöglicht. Hierzu bestehen bereits vereinzelte Angebote, ohne das sie koordiniert und aufeinander abgestimmt wären.

In Bezug auf die Lernberatung bedeutet dies, die Vermittlung entsprechender Basiskompetenzen in die einschlägigen grundständigen sowie weiterbildenden Studiengänge sowie Fortbildungsangebote zu integrieren. Wie einleitend bereits erwähnt, gab es bislang keine eigenständige Ausbildung für Berater im Feld Bildung, Beruf und Beschäftigung auf wissenschaftlichem Niveau mit Ausnahme des Studiengangs an der Fachhochschule der Bundesagentur für Arbeit, der aber nur für Mitarbeiter der Bundesagentur zugänglich ist. Gegenwärtig werden erste akademische Fortbildungen erprobt, so in Heidelberg, Dresden, Mainz und Münster als Zertifikatsfortbildung. Daneben hat ein Masterstudiengang an der Universität Heidelberg begonnen (www.beratungswissenschaft.de).

Eng verbunden mit der Frage der Professionalität ist die nach der Qualität der Beratung. Insbesondere um den Beratungsleistungen die wünschenswerte Anerkennung sowohl bei den Ratsuchenden als auch bei den politischen Instanzen zu verschaffen (= Kundenorientierung), ist auch in diesem Bereich ein systematisches Qualitätsmanagement vonnöten. Bislang verfügen die Beratungseinrichtungen in der Regel nicht über ein umfassendes Qualitätsmanagementsystem (vgl. Schiersmann/ Remmele 2004). Sie beschränken sich weitgehend auf punktuelle Evaluationen. Eine regional begrenzte Recherche bei öffentlich geförderten Weiterbildungsberatungsstellen in Berlin im Jahr 2005 ergab eine etwas höhere Verbreitung umfassender Qualitätsmanagementsysteme. Mit gewisser Vorsicht aufgrund der geringen Fallzahlen könnte dies als ein Entwicklungstrend gedeutet werden. Umfangreiche Erfahrungen und verschiedene Modelle zur Qualitätsentwicklung liegen aus dem englischsprachigen Raum vor, ohne dass sie bislang in Deutschland hinreichend rezipiert worden wären.

Resümee

Der einleitend skizzierten programmatischen Betonung des Bedeutungszuwachses von Beratung im Kontext lebenslangen Lernens steht erstens die Beobachtung gegenüber, dass den bildungspolitischen Bekenntnissen zum Ausbau von Beratungsangeboten bislang noch kaum nennenswerte praktische Konsequenzen gefolgt sind. Weiterbildungsberatung lässt sich in verschiedene Aufgabenfelder ausdifferenzieren und wird in sehr unterschiedlichen Kontexten realisiert. Die Professionalität von Beratern muss zukünftig angesichts der gewachsenen Bedeutung dieser Unterstützungsform nachdrücklich gestärkt werden.

Literatur

Schiersmann, Ch. /Remmele, H. (2004): Beratungsfelder in der Weiterbildung: eine empirische Bestandsaufnahme. Baltmannsweiler: Schneider Verlag Hohengehren
Diese Publikation gibt einen umfassenden Einblick in das Feld der Weiterbildungsberatung und stellt die Ergebnisse einer bundesweiten Erhebung vor.

8   Fazit und Ausblick

Generell ist zu konstatieren, dass die Weiterbildung stets in einem engen Zusammenhang mit gesellschaftlichen Veränderungen zu sehen ist. Angesichts der Dynamisierung des gesellschaftlichen Wandels und der damit sich ebenfalls rasch verändernden Anforderungen an Kenntnissen, Wissen und Fähigkeiten steht die Weiterbildung vor umfassenden Herausforderungen.

Dies hat dazu geführt, dass das, was unter den Begriff Weiterbildung gefasst wird, ebenfalls Veränderungen unterworfen ist. Während in der Phase der Expansion der Weiterbildung in den siebziger und achtziger Jahren des letzten Jahrhunderts, die begleitet wurde von einem großen öffentlichen bzw. staatlichen Engagement für diesen Bereich, darunter nahezu selbstverständlich Kurse und Seminare, d.h. in heutiger Terminologie formale Weiterbildung gefasst wurde, ist das Verständnis von Weiterbildung seit Mitte der neunziger Jahre des letzten Jahrhunderts erodiert. Die Aufmerksamkeit richtet sich heute stark auf informelle Lernkontexte, d.h. für den hier diskutierten Teilbereich der beruflichen Weiterbildung, auf arbeitsbegleitende Lernkontexte. Dabei ist zum einen zu konstatieren, dass es diese schon immer gegeben hat, sie aber bei der Betrachtung der Weiterbildung eher ausgeklammert wurden, und zum anderen, dass diesen angesichts der Veränderungen der Arbeits- und Betriebsstrukturen sowie der zunehmenden Geschwindigkeit des Wandels eine erhöhte Bedeutung zugeschrieben wird. Dabei sind zwei Entwicklungstrends zu konstatieren: Zum einen der Versuch, informelle Lernprozesse in betrieblichen Kontexten pädagogisch zu gestalten und zum anderen die Frage, inwieweit Arbeitsplätze so gestaltet werden können, dass sie Handlungspotentiale enthalten und damit Lernmöglichkeiten eröffnen. Die Öffnung des Verständnisses dessen, was unter (beruflicher) Weiterbildung gefasst wird, wirkt einer Engführung entgegen und ist insofern als produktiv zu bewerten. Gleichwohl geht damit auch eine Gefahr einher, dass die begriffliche Trennschärfe gegenüber Prozessen, die als Veränderung oder Sozialisation gefasst werden, verloren geht und damit die Weiterbildung begrifflich nur noch schwer zu fassen ist. Im Hinblick auf die pädagogische Gestaltung von Lernprozessen ist zudem davor zu warnen, die informellen Lernkontexte gegen die formalen auszuspielen. Die Zukunft dürfte in einer intelligenten Verknüpfung informeller und formaler Lernprozesse liegen. Allerdings besteht noch erheblicher Forschungsbedarf hinsichtlich der Frage, welche Effekte welche Lernkontexte erzeugen.

Konzeptionell zeichnet sich ein Umdenken ab, dass vom Bildungs- über den Qualifikationsbegriff zum Kompetenzbegriff geht. Die Orientierung am Kompetenzbegriff weist den Vorteil auf, dass dieser subjektbezogen und handlungsbezogen zugleich ist, dass er als Disposition konzipiert ist, die in spezifischen Situationen realisiert wird. Bilanziert man die Entwicklung der theoretischen Diskussion, so wird jedoch zugleich deutlich, dass dieser Begriff zum einen die Implikationen der älteren Begrifflichkeiten aufnimmt, sie nur etwas anders etikettiert und zum anderen auch nicht alle Probleme gelöst hat, die mit den älteren Begrifflichkeiten verbunden waren. Warten wir also die nächste begriffliche Modewelle ab!

Hinsichtlich bildungspolitischer Gestaltungsvorschläge ist das Konzept lebenslangen Lernens erläutert worden. Es impliziert auch für die Erwachsenen die Vorstellung, dass alle mehr oder weniger kontinuierlich an Weiterbildung teilnehmen. Die Analyse der Teilnehmerstrukturen hat allerdings gezeigt, dass die Beteiligung an beruflicher (aber auch an allgemeiner) Weiterbildung nach wie vor unter sozialstrukturellen Aspekten sehr selektiv ist. Wer schon im Jugendalter ein hohes Bildungsniveau erreicht hat, der bildet sich auch überproportional häufig weiter. Auch die Beschäftigungssituation, d.h. die Frage, in welcher Branche Personen tätig sind und wie groß der Betrieb ist, übt einen erheblichen Einfluss auf die Beteiligung an beruflicher Weiterbildung aus. Damit bleibt das bittere Fazit, dass die Weiterbildung, die seit ihrer Entstehung programmatisch mit der Forderung nach Chancengleichheit angetreten ist, ihr kompensatorisches Ziel nicht erreicht hat. Darüber hinaus ist aber kritisch auch die Frage nach den Motiven für die Weiterbildung und dem erwarteten Nutzen zu stellen. Einige neuere Untersuchungen weisen darauf hin, dass es sich bei der Frage der Weiterbildungsbeteiligung gerade bei bildungsungewohnten Bevölkerungsgruppen durchaus um eine rationale Kosten-Nutzen-Abwägung handelt: Wer keine Aussicht auf eine Verbesserung oder zumindest Absicherung seines Arbeitsplatzes durch Weiterbildung hat, der wird sich genau überlegen, ob der Aufwand lohnt. Für bildungspolitische Handlungsstrategien ist zudem das Ergebnis zu berücksichtigen, dass die Teilnahme an informeller Weiterbildung vergleichbare Strukturen aufweist wie die an formaler, d.h. auch hier ist kein kompensatorischer Effekt zu konstatieren, dergestalt, dass diejenigen, die selten an formaler beruflicher Weiterbildung teilnehmen, überproportional häufig an informeller Weiterbildung beteiligt wären.

Unter didaktischen Gesichtspunkten ist in den letzten zehn Jahren die Chiffre der Selbststeuerung in den Mittelpunkt gerückt. Es ist dargelegt worden, dass damit sehr Unterschiedliches gemeint sein kann. Sie stellt eine Art Leitbild dar, das sich sowohl auf die Eigensteuerung der Lernprozesse im Sinne der kognitiven Informationsverarbeitung, die didaktische Ebene der Gestaltung von Lernumgebungen, die eine Selbststeuerung der Lernprozesse unterstützen, sowie die Ebene der Selbstverantwortlichkeit für die Planung und Reflexion der eigenen Lernbiographie beziehen kann. Dieser Trend korrespondiert mit der stärkeren Prozessorientierung in der Betriebs- und Arbeitsorganisation. Beim Lernen im Kontext von Arbeit lassen sich zwei Formen analytisch unterscheiden: arbeitsbegleitendes Lernen und lernförderliche Arbeitsformen, wobei eine trennscharfe Unterscheidung zwischen Lernen und Arbeiten nicht möglich ist. Bei näherer Analyse einzelner Formen scheint der ihnen anhaftende Glanz von Innovation und Neuartigkeit doch etwas matter zu werden: Beispielsweise sind bei vielen Formen der Gruppenarbeit althergebrachte Einarbeitungs- und Unterweisungsmaßnahmen gang und gäbe, und die Möglichkeit zu Selbstorganisation und Partizipation, die als Zielperspektiven propagiert werden, wird oftmals auf einen engen Rahmen eingegrenzt. Auch die zahlenmäßige Verbreitung von als „neu" etikettierten Formen, wie etwa Lerninseln und Lernstätten, korreliert (noch?) nicht mit der Bedeutung, die ihnen in der wissenschaftlichen Debatte zugewiesen wird. Dies leitet hin zur Frage, ob man den Wert solcher Formen in der Praxis schlichtweg noch nicht erkannt hat oder ob die Diskussion stellenweise an der betrieblichen Realität vorbei läuft. Daneben wird dem Lernen mit neuen Medien eine hohe Bedeutung zugeschrieben, wobei allerdings der Verbreitungsgrad bislang einen deutlichen Schwerpunkt bei Großbetrieben aufweist und sich häufig auf quantitativ relevante Themenbereiche wie Sprachen und EDV bezieht. Schließlich zeichnet sich eine engere Verknüpfung von Weiterbildung, Personalentwicklung, Organisationsentwicklung und Wissensmanagement in den Betrieben ab. Hierdurch wird den Lernprozessen von Gruppen und Organisationen stärkere Beachtung geschenkt. Klassische Kurse und Seminare verlieren relativ an Bedeutung.

Festzuhalten ist, dass selbstgesteuertes Lernen keineswegs voraussetzungslos ist und die gesellschaftliche Herausforderung darin besteht, sicher zu stellen, dass alle Erwachsenen die (meta)kognitiven Voraussetzungen erhalten, um selbstgesteuert Lernen zu können. Dies erfordert auf der einen Seite ein Umdenken der Bildungsinstitutionen vom Kindergarten an und für die Erwachsenen die Bereitstellung von Supportstrukturen.

Die Diskussion um die Gestaltung der Lernkontexte hat die Weiterbildungsdebatte in den letzten Jahren so stark dominiert, dass die Frage danach, was eigentlich gelernt wird oder gelernt werden sollte, stark in den Hintergrund getreten ist. Dieses Phänomen resultiert allerdings auch daraus, dass in der Weiterbildung kaum kanonisierte, langfristig festgelegte Inhalte vermittelt werden, sondern die Herausforderung gerade darin liegt, auf aktuelle Anforderungen zu reagieren. Dies hat zum einen dazu geführt, dass in der beruflichen Weiterbildung in den letzten Jahren den EDV-Kenntnissen herausragende Bedeutung zu kam. Daneben zeigt die Analyse aber auch, dass neben fachlichen Inhalten berufsübergreifende Themen, insbesondere im sozialkommunikativen Bereich an Bedeutung gewonnen haben. Dies korrespondiert mit den veränderten Anforderungen an den jeweiligen Arbeitsplätzen.

Der Weiterbildungsbereich weist eine sehr heterogene organisatorische Struktur auf, was u.a. daraus resultiert, dass es sich bei den Anbietern von Weiterbildung sowohl um öffentlich geförderte Einrichtungen, gemeinnützige Organisationen als auch kommerziell agierende Betriebe handelt. Außerdem spielen Organisationseinheiten in Betrieben eine zentrale Rolle. Die Organisationen der Weiterbildung unterliegen inzwischen auch dem allgemeinen Druck von Organisationen, rasch auf Veränderungen wie neue Teilnehmerinteressen, sich verändernde Förderstrukturen oder Marktbewegungen reagieren zu müssen. Der Prozess der Erstellung eines Weiterbildungsangebots wurde als Dienstleistungsprozess charakterisiert und unter dem Gesichtspunkt des Weiterbildungsmanagements analysiert. Die Aufgabe der Steuerung dieses Prozesses obliegt dem Personalsegment in der Weiterbildung, das in der Regel fest angestellt ist und sich auf disponierende Aufgaben konzentriert. Allerdings handelt es sich dabei unter quantitativen Gesichtspunkten um den weitaus kleineren Teil des Personals. Den größten Anteil macht die Personengruppe aus, die – inzwischen in der Regel als Freiberufliche – die Lehre durchführt. Bei dieser Personalstruktur ist es naheliegend, dass nicht von einer Profession gesprochen werden kann. Allerdings ist auch im Interesse der Qualität der Weiterbildung eine hohe Professionalität des Personals zu fordern. Damit ist ein wissenschaftlich basiertes, situationsspezifisch angemessenes und reflektiertes berufliches Handeln gemeint.

Auch der Weiterbildungsbereich ist in den letzten Jahren bzw. Jahrzehnten einbezogen worden in den gesellschaftlichen Prozess der Liberalisierung: Während in den siebziger Jahren, in denen die Weiterbildung erstmals als gesellschaftlich relevanter Teilbereich des Bildungswesens anerkannt wurde, noch von einer hohen Verantwortung des Staates für die Ausgestaltung dieses Bildungsbereichs ausgegangen wurde, wird heute verstärkt auf die Kräfte des Marktes gesetzt. Dies hat zur Folge, dass es sich bei der Weiterbildung bis heute um den am wenigsten staatlich regulierten Teilbereich des Bildungswesens handelt. Es bestehen nur rudimentäre gesetzliche Regelungen. Dagegen verstärken sich die Bemühungen, Regelungen zur Weiterbildung in Tarifverträge und Betriebsvereinbarungen aufzunehmen. Dabei ist allerdings zu bedenken, dass sich die Aktivitäten von Gewerkschaften bzw. Betriebsräten vorrangig auf die Sicherung von Arbeitsplätzen und Entlohnungsstrukturen richten und Bildungsfragen eher nachrangige Bedeutung zugewiesen wird. Dennoch enthalten einige Tarifverträge richtungsweisende Vereinbarungen zur Weiterbildung. Sie beziehen sich überwiegend auf die Dimensionen Zeit und Geld und damit auf zentrale Voraussetzungen für die Beteiligung an Weiterbildung. Für die zukünftige Ausgestaltung der Weiterbildung wird die Frage entscheidend sein, wie die Finanzierung sicher zu stellen ist. Hier gilt es, einen neuen Finanzierungsmix zwischen Eigenbeteiligung der Teilnehmenden, finanziellen Ressourcen der Betriebe und öffentlicher Förderung gesellschaftlich auszuhandeln. Auch in Bezug auf die Zeit zum Lernen ist zu klären, in welchem Umfang Lernprozesse auf betriebliche Arbeitszeit angerechnet werden bzw. in die Freizeit gelegt werden. Im Grunde bedarf es einer neuen Differenzierung von Zeitanteilen, die über die Dualität von Arbeits- und Freizeit hinausgeht.

Mit der Individualisierung der Lernbiographien und der Ausdifferenzierung von Lernangeboten geht schließlich ein erhöter Bedarf an Beratung einher. Es besteht die Herausforderung, hierfür geeignete Angebote auszubauen.

Literatur

Albert, K. (2000): Lernen in Netzen. In: Berufsbildung in Wissenschaft und Praxis, 29, 2000, 1, S. 23-25

Albert, K./Brischar, T./Hänle, W. (1998): Facharbeiterweiterbildung in der Produktion: Chancen und Grenzen. In: Dehnbostel, P. (Hrsg.) (2001): Berufliche Bildung im lernenden Unternehmen. Berlin: Sigma Bohn Verlag, S. 121-142

Alheit, P. (1998): Erfahrung versus akkreditiertes Wissen? Der Stellenwert nichtformalen Lernens im Bildungssystem der BRD. In: Alheit, P. et al. (Hrsg.): Dokumentation Assessment of Prior Experiential Learning (APEL) – Bewertungssysteme nichtformalen Lernens als Zugang zur Weiterbildung, 3.-5. April 1998. Bremen: Universität Bremen, S. 14-21

Alheit, P./Dausien, B. (2002): Bildungsprozesse über die Lebensspanne und lebenslanges Lernen. In: Tippelt, R. (Hrsg.) (2002): Handbuch Bildungsforschung. Opladen: Leske & Budrich, S. 565-585

Ant, M./Perez, M. (2005): Validierung der Berufserfahrung als Qualifikation. In: Grundlagen der Weiterbildung, 16, 2005, 2, S. 29-31

Antoni, C. H. (1996): Qualitätszirkel als Medium der betrieblichen Personal- und Organisationsentwicklung. In: Geißler, H. (Hrsg.) (1996): Arbeit, Lernen und Organisation. Weinheim: Deutscher Studien Verlag, S. 191-214

Antoni, C. H. (1994): Qualifizierungs- und Beteiligungsstrategien innerhalb der Qualitätszirkelbewegung. In: Peters, S. (Hrsg.) (1994): Lernen im Arbeitsprozess durch neue Qualifizierungs- und Beteiligungsstrategien. Opladen: Westdeutscher Verlag, S. 29-49

Arbeitsstab Forum Bildung (o. J., 2001): Bildungs- und Qualifikationsziele von morgen. (Materialien des Forum Bildung. 5). Bonn: Arbeitsstab Forum Bildung

Argyris, Ch./Schön, D. (Hrsg.) (1999): Die lernende Organisation: Grundlagen, Methode, Praxis. Stuttgart: Klett-Cotta Verlag

Argyris, Ch./Schön, D. (Hrsg.) (1978): Organizational Learning: A Theory of Action Perspective. Reading, Mass.: Addison-Wesley

Aring, M. (1998): The teaching firm. Newton

Arnold, R. (2002): Von der Bildung zur Kompetenzentwicklung – Anmerkungen zu einem erwachsenenpädagogischen Perspektivwechsel. In: Report, 49, 2002, S. 26-38

Arnold, R. (2001): Kompetenz. In: Arnold, R./Nolda, S./Nuissl, E. (Hrsg.): Wörterbuch Erwachsenenpädagogik. Bad Heilbrunn: Verlag Julius Klinckhardt, S. 176

Arnold, R. (1997): Von der Weiterbildung zur Kompetenzentwicklung. Neue Denkmodelle und Gestaltungsansätze in einem sich verändernden Handlungsfeld. In: Arbeitsgemeinschaft Qualifikations-Entwicklungs-Management Berlin (Hrsg.): Kompetenzentwicklung '97. Münster: Waxmann Verlag, S. 253-307

Arnold, R. (Hrsg.) (1995): Neue Methoden betrieblicher Bildungsarbeit. In: Arnold, R./Lipsmeier, A. (Hrsg.) (2006): Handbuch der Berufsbildung. 2. Aufl. 2006, Wiesbaden: VS Verlag für Sozialwissenschaften, S. 294-307

Arnold, R./Lehmann, B. (1998): Selbstgesteuertes Lernen im Fernstudium. In: Derichs-Kunstmann, K./Faulstich, P. (Hrsg.) (1999): Selbstorganisiertes Lernen als Problem der Erwachsenenbildung. Frankfurt/M.: DIE, S. 89-100

Arnold, R./Schüßler, I. (2001): Entwicklung des Kompetenzbegriffs und seine Bedeutung für die Berufsbildung und die Berufsbildungsforschung. In: Franke, G. (Hrsg.) (2001): Komplexität und Kompetenz. Ausgewählte Fragen der Kompetenzforschung. Bielefeld: Bertelsmann Verlag, S. 52-74

Arnold, R./Schüßler, I. (1996): Deutungslernen in der Weiterbildung – zwischen biographischer Selbstvergewisserung und transformativem Lernen. In: Grundlagen der Weiterbildung. Zeitschrift, 7, 1996, 1, S. 9-14

Arnold, R./Schüßler, I. (1998): Wandel der Lernkulturen. Darmstadt: Wissenschaftliche Buchgesellschaft

Arnold, R./Steinbach, S. (1998): Auf dem Weg zur Kompetenzentwicklung? Rekonstruktionen und Reflexionen zu einem Wandel der Begriffe. In: Markert, W. (Hrsg.): Berufs- und Erwachsenenbildung zwischen Markt und Subjektbildung. (Grundlagen der Berufs- und Erwachsenenbildung. Bd. 15): Hohengehren: Schneider Verlag, S. 22-32

Baethge, M./Busse, K.P./Lanfer, C. (2003): Konzeptionelle Grundlagen für einen Nationalen Bildungsbericht – Berufliche Bildung und Weiterbildung/Lebenslanges Lernen. Berlin: BMBF

Baethge, M./Baethge-Kinsky, V. (Hrsg.) (2004): Der ungleiche Kampf um das lebenslange Lernen. Münster: Waxmann Verlag

Baethge, M./Schiersmann, Ch. (2000): Prozessorientierte Arbeits- und Betriebsorganisation – Konsequenzen für die Anforderungen an „Lebensbegleitendes Lernen". In: Achtenhagen, F./Lempert, W. (Hrsg.) (2000): Lebenslanges Lernen im Beruf. Seine Grundlegung im Kindes- und Jugendalter (II). Gewerbliche Wirtschaft, Gewerkschaft und soziologische Forschung. Opladen: Leske & Budrich Verlag, S. 25-54

Baethge, M./Schiersmann, Ch. (1998): Prozessorientierte Weiterbildung – Perspektiven und Probleme eines neuen Paradigmas der Kompetenzentwicklung für die Arbeitswelt der Zukunft. In: Arbeitsgemeinschaft Qualifikations-Entwicklungs-Management Berlin (Hrsg.) (1998): Kompetenzentwicklung 1998. Münster: Waxmann Verlag, S. 15-87

Bahnmüller, R. u.a. (1999): Betriebliche Weiterbildung und Tarifvertrag. München 1999

Baitsch, Ch. (1996): Wer lernt denn da? Bemerkungen zum Subjekt des Lernens. In: Geißler, H. (Hrsg.) (1996): Arbeit, Lernen und Organisation. Weinheim: Deutscher Studien Verlag, S. 215-231

Baitsch, Ch. (Hrsg.) (1993): Was bewegt Organisationen? Frankfurt/M, New York: Campus

Bamberger, G. (2001): Lösungsorientierte Beratung. 2. Aufl. Weinheim: Beltz Verlag

Bardeleben, R. /Beicht, U./Herget, H./Krekel, E. (Hrsg.) (1996): Individuelle Kosten und individueller Nutzen beruflicher Weiterbildung. Bielefeld: W. Bertelsmann Verlag

Bardeleben, R. von/Sauter, E. (1995): Finanzierung der beruflichen Bildung. In: Berufsbildung in Wissenschaft und Praxis, 24, 1995, 6, S. 32-38

Barz, H./Tippelt, R.(Hrsg.) (2004): Weiterbildung und soziale Milieus in Deutschland. Bd. 2: Adressaten und Milieuforschung zu Weiterbildungsverhalten und -interessen. Bielefeld: W. Bertelsmann Verlag

Bateson, G. (1972): Steps to an ecology of mind: a revolutionary approach to man's understanding of himself. New York: Ballantine books

Bäumer, J. (Hrsg.) (1999): Weiterbildungsmanagement. Eine empirische Analyse deutscher Unternehmen. München/Mering: Hampp Verlag

Bauer, H.G./Brater, M./Büchele, U./Dahlem, H./Maurus, A./Munz, C. (2004): Lernen im Arbeitsalltag. Wie sich informelle Lernprozesse organisieren lassen. Bielefeld: W. Bertelsmann Verlag

Baumert, I. u.a. (Hrsg.) (2002): OECD PISA 2000. Bundesrepublik Deutschland im Vergleich: Zusammenfassung zentraler Befunde. Berlin: Max-Planck-Institut für Bildungsforschung

Beck, U. (Hrsg.) (1999): Schöne neue Arbeitswelt: Vision: Weltbürgerschaft, Buchreihe der EXPO 2000, Bd. 2, Frankfurt/M: Campus Verlag

Beck, U. (Hrsg.) (1986): Die Risikogesellschaft. Frankfurt/M.: Suhrkamp Verlag

Becker, R. (2002): Status oder Qualifizierung? Motive für die Teilnahme an beruflicher Weiterbildung. In: Grundlagen der Weiterbildung – Praxishilfen, S. 120-124

Beicht, U. (Hrsg.) (2005): Berufliche Weiterbildung von Frauen und Männern in Ost- und West-deutschland. (Forschung Spezial, H. 10). Bielefeld: W. Bertelsmann Verlag

Beicht, U./Schiel, S./Timmermann, D. (2004a): Berufliche Weiterbildung – wie unterscheiden sich Teilnehmer und Nicht-Teilnehmer? In: Berufsbildung in Wissenschaft und Praxis, 33, 2004, 5, S. 5-10

Beicht, U./Krekel, E./Walden, G. (2004b): Berufliche Weiterbildung – welche Kosten tragen die Teilnehmer. In: Berufsbildung in Wissenschaft und Praxis, 33, 2004, 2, S. 39-43

Bellmann, L. (2003): Datenlage und Interpretation der Weiterbildung in Deutschland. Bielefeld: W. Bertelsmann Verlag

Bellmann, L./Düll, H. (2001): Die zeitliche Lage und Kostenaufteilung von Weiterbildungsmaß-nahmen – Empirische Ergebnisse auf der Grundlage des IAB-Betriebspanels. In: Dobischat, R./ Seifert, H. (Hrsg.) (2001): Lernzeiten neu organisieren. Lebenslanges Lernen durch Integration von Bildung und Arbeit. Berlin: Ed. Sigma Bohn Verlag, S. 81-128

Bellmann, H. /Leber, U. (2005a): Betriebliches Engagement in der Weiterbildung. In: Faulstich, P./ Bayer, M. (Hrsg.): Lerngelder. Für öffentliche Verantwortung in der Weiterbildung. Hamburg, S. 81-94

Bellmann, L./Leber, U. (2005b): Berufliche Weiterbildungsforschung. Datenlage, Forschungsfragen und ausgewählte Ergebnisse. In: Literatur- und Forschungsreport Weiterbildung 28, 2005, 3, S. 29-40

Bellmann, L./Leber, U. (2004): Finanzierung der betrieblichen Weiterbildung: In: DIE. Zeitschrift für Weiterbildung 11, 2004, II, S. 37-40

Bellmann, L./Düll, H. /Leber, U. (2001): Zur Entwicklung der betrieblichen Weiterbildungsakti-vitäten. In: Reinberg, A. (Hrsg.) (2001): Arbeitsmarktrelevante Aspekte der Bildungspolitik. (Beiträge zur Arbeitsmarkt- und Berufsforschung, Bd. 245). Nürnberg: IAB, S. 97-124

Bender, S./Konietzka, D./Sopp, P. (2000): Diskontinuität im Erwerbsverlauf und betrieblicher Kon-text. In: Kölner Zeitschrift für Soziologie und Sozialpsychologie, 52, 2000, 3. S. 475-499

Bergmann, B. (2001): Kompetenzentwicklung – eine Aufgabe für das gesamte Erwerbsleben. In: Arbeitsgemeinschaft Qualifikations-Entwicklungs-Management. Berlin (Hrsg.): QUEM-Bulle-tin, 2001, 3, S. 1-6

Bergmann, B. (2000): Arbeitsimmanente Kompetenzentwicklung. In: Wieland, R./Scherrer, K. (Hrsg.) (2001): Arbeitswelten von morgen. Wiesbaden: Westdeutscher Verlag, S. 109-116

Bergmann, B. (1996): Lernen im Prozess der Arbeit. In: Arbeitsgemeinschaft Qualifikations-Ent-wicklungs-Management Berlin (Hrsg.) (1996): Kompetenzentwicklung. Münster: Waxmann Verlag, S. 153-261

Bernien, M. (1997): Anforderungen an eine qualitative und quantitative Darstellung der beruflichen Kompetenzentwicklung. In: Kompetenzentwicklung '97. Münster: Waxmann Verlag, S. 17-83

Bisping, R. (2000): Qualifizierung und Weiterbildung in Tarifverträgen. Düsseldorf 2001: Hans-Böckler-Stiftung

Blackler, F./Crump, N./McDonald, S. (1998): Knowledge, Organizations and Competition. In: Krogh, G. von/Roos, J./Kleine, D. (Ed.): Knowing in Firms. Understanding, Managing and Measuring Knowledge. London et al.: SAGE Publications, S. 67-86

Blankert, H. (1974): Bildung. Bildungstheorie. In: Wulf, Ch. (Hrsg.) (1974): Wörterbuch der Erzie-hung. München/Zürich: Piper & Co. Verlag, S. 68f.

BLK-Verbundprojekt: Deutsches Institut für Erwachsenenbildung/Deutsches Institut für internatio-nale pädagogische Forschung/Institut für Entwicklungsplanung und Strukturforschung (2006): Weiterbildungspass mit Zertifizierung informellen Lernens (ProfilPass). Endbericht der Erpro-bungs- und Evaluationsphase. Frankfurt: DIPF

Böhle, F. (Hrsg.) (2001a): Was hat Zugang zu Bildungsprozessen? Anregungen zu einer kritischen Reflexion der bildungspolitischen Beurteilung menschlicher Fähigkeiten aus der Sicht der Arbeitssoziologen. http://www.nakif.de

Böhle, F. (2001b): Sinnliche Erfahrung und wissenschaftlich-technische Rationalität – ein neues Konfliktfeld industrieller Arbeit. In: Deutsche Forschungsgemeinschaft (DFG) (Hrsg.): Entwicklungsperspektiven von Arbeit: Ergebnisse aus dem Sonderforschungsbereich 333 der Universität München, Berlin: Akademie Verlag, S. 113-131

Böhm, S. G. (2000): Intra- und inter-organisationaler Wissenstransfer. Theoretische Grundlagen, empirische Untersuchungen und praktische Lösungsansätze. (Quem-report 65), Berlin: Quem

Bolder, A. (2001): Soziale Polarisierungen im Feld beruflicher Weiterbildung – Erfüllung einer Bringschuld? In: DIE: Zeitschrift für Erwachsenenbildung, 8, 2001, 2, S. 23-25

Bolder, A./Hendrich, W. (Hrsg.) (2000): Fremde Bildungswelten. Alternative Strategien lebenslangen Lernens. (Studien zu Erziehungswissenschaft und Bildungsforschung, Band 18.) Opladen: Leske & Budrich Verlag

Bosch, G. (2000): Betriebliche Reorganisation und neue Lernkulturen. In: Arbeitsgemeinschaft Qualifikations-Entwicklungs-Management (Hrsg.) (2000): Kompetenzentwicklung 2000. Münster: Waxmann Verlag

Braun, J./Fischer, L. (Hrsg.) (1984): Beratungsstellen für Weiterbildung. Fallstudien über Aufgaben und Leistungen in fünf Städten. Berlin: Deutsches Institut für Urbanistik

Breisig, Th. (1999): Betriebliche Personalentwicklung – noch immer kein Handlungsfeld für den Betriebsrat? In: Hendrich, W./Büchter, K. (Hrsg.) (1999): Politikfeld betriebliche Weiterbildung, München/Mering: Hampp Verlag, S. 187-210

Breisig, Th. (1997): Personalentwicklung und Qualifizierung als Handlungsfeld des Betriebsrats. Baden-Baden: Nomos-Verlags-Gesellschaft

Breisig, Th. (1990): It's Team Time: Kleingruppenkonzepte in Unternehmen. (HBS-Praxis, Bd. 1.). Köln: Bund-Verlag

Brosseg, M./Leber, U. (2005): Formelle und informelle Weiterbildung im Ost-West-Vergleich. In: Bellmann, L. /Sadowski, D. (Hrsg.): Bildungsökonomische Analysen mit Mikrodaten. (Beiträge zur Arbeitsmarkt- und Berufsforschung 295). Nürnberg: IAB, S. 123-144

Brödel, R. (2002): Relationierungen zur Kompetenzdebatte. In: Literatur- und Forschungsreport Weiterbildung. 2002, 49. Bielefeld: W. Bertelsmann Verlag, S. 39-47

Büchel, F./Pannenberg, M. (2004): Berufliche Weiterbildung in West- und Ostdeutschland. Teilnehmer, Struktur und individueller Ertrag. In: Zeitschrift für Arbeitsmarktforschung, 37, 2004, S. 73-126

Büchel, F./Pannenberg, M. (2002): Bildung und berufliche Weiterbildung. In: Statistisches Bundesamt (Hrsg.): Datenreport 2002. Bonn: Bundeszentrale für politische Bildung, S. 483-493

Büchter, K. (Hrsg.) (2000): Technischer Fortschritt und Qualifikationsentwicklung – Von der Hartnäckigkeit technologischen Sachzwangdenkens. In: Gewerkschaftliche Bildungspolitik, 2000,1/2, S. 8-12

Büchter, K. (Hrsg.) (1999): Geschichte betrieblicher Weiterbildung – ein Annäherungsversuch. In: Hendrich, W./Büchter, K. (Hrsg.) (1999): Politikfeld betriebliche Weiterbildung: Trends, Erfahrungen und Widersprüche in Theorie und Praxis, München/Mering: Hampp Verlag, S. 32 51

Bullinger, H.-J./Prieto, J. (1998): Wissensmanagement: Paradigma des intelligenten Wachstums – Ergebnisse einer Unternehmensstudie in Deutschland. In: Pawlowsky, P. (Hrsg.) (1998): Wissensmanagement: Erfahrungen und Perspektiven. Wiesbaden: Gabler Verlag, S. 87-118

Bund-Länder-Kommission für Bildungsplanung und Forschungsförderung (2004): Strategie für Lebenslanges Lernen in der Bundesrepublik Deutschland. (Materialien zur Bildungsplanung und Forschungsförderung, H. 115). Bonn: BLK

257

Bund-Länder-Kommission für Bildungsplanung und Forschungsförderung (2001): Lebenslanges Lernen. Programmbeschreibung und Darstellung der Länderprojekte. Materialien zur Bildungsplanung und Forschungsförderung, H. 88). Bonn: BLK

Bundesministerium für Bildung und Forschung (2006): Berichtssystem Weiterbildung IX. Integrierter Gesamtbericht zur Weiterbildungssituation in Deutschland. Bonn: BMBF

Bundesministerium für Bildung und Forschung (2005): Berufsbildungsbericht 2005. Bonn: BMBF

Bundesministerium für Bildung und Forschung (2004): Machbarkeitsstudie im Rahmen des BLK-Verbundprojektes „Weiterbildungspass mit Zertifizierung informellen Lernens. Berlin: BMBF

Bundesministerium für Bildung und Forschung (BMBF) (Hrsg.) (2003): Berichtssystem Weiterbildung VIII. Integrierter Gesamtbericht zur Weiterbildungssituation in Deutschland. Bonn: BMBF

Bundesministerium für Bildung und Forschung (2002): Berufsbildungsbericht 2002. Bonn: BMBF

Bundesministerium für Bildung, Wissenschaft, Forschung und Technologie. BMBF (Hrsg.) (2001a): Aktionsprogramm „Lebensbegleitendes Lernen für alle". Bonn: BMBF

Bundesministerium für Bildung, Wissenschaft, Forschung und Technologie. BMBF (Hrsg.) (2001b): Berufsbildungsbericht 2001. Bonn: BMBF

Bundesministerium für Bildung und Forschung (2000): Bekanntmachung von Förderrichtlinien für das Programm „Lernende Region – Förderung von Netzwerken. Fassung vom 18.10.2000. Bonn: Bundesministerium für Bildung und Forschung

Bundesministerium für Bildung und Forschung (BMBF) (1999): Berichtssystem Weiterbildung VII: Erste Ergebnisse der Repräsentativbefragung zur Weiterbildungssituation in den alten und neuen Bundesländern, Bonn: BMBF

Bundesministerium für Bildung und Forschung (BMBF) (1998): Selbstgesteuertes Lernen: Möglichkeiten, Beispiele, Lösungsansätze, Probleme. Bonn 1998: BMBF

Bundesministerium für wirtschaftliche Zusammenarbeit und Entwicklung (BMZ) (1999): „Charakterisierung des informellen Sektors", www.bmz.de/medien/spezial/spezial101/a1.htm

Bungard, W. (1994): Gruppenarbeit: Konsequenzen für die Personalentwicklung. In: Antoni, C.H. (Hrsg.) (1994): Gruppenarbeit in Unternehmen. Weinheim: Beltz/Psychologie-Verlags-Union, S. 331-343

Bungard, W. (1991): Qualitätszirkel: Ein soziotechnisches Instrument auf dem Prüfstand. Ludwigshafen: Ehrenhof-Verlag

Bungard, W./Antoni, C./Lehnert, E. (1992): Qualitätszirkel und ähnliche Formen der Gruppenarbeit in der Bundesrepublik Deutschland. Eine Bestandsaufnahme bei den 100 umsatzgrößten Industrieunternehmen. In: Bungard, W. (Hrsg.): Qualitätszirkel in der Arbeitswelt. Göttingen: Hogrefe Verlag, S. 109-138

CEDEFOP (o. J.): Non-formal learning, Executive Summary, http://www.trainingvillage.gr/etv/nonformal/ex_sum_DE.asp

CEDEFOP (Hrsg.) (1997): Identifizierung, Bewertung und Anerkennung von früher und informell erworbenen Kenntnissen – Deutschland. Thessaloniki: CEDEFOP

Child, J./Heavens, S. (2001): The social constitution of organizations and its implications for organizational learning. In: Dierkes, M./Berthoin Antal, A./Child, J./Nonaka, I. (Hrsg.) (2001): Handbook of Organizational Learning, Oxford: Oxford University Press

Conradi, W. (Hrsg.) (1983): Personalentwicklung. Stuttgart: Enke Verlag

Coombs, Ph. H./Ahmed, M. (1974): Attacking Rural Poverty: How Non-formal Education can help. Baltimore/London: Johns Hopkins University Press

Council of Europe (1970): Permanent Education. A Compendium of Studies commissioned by the Council of Cultural Co-operation. A contribution to the United Nations' International Educational Year. Strassburg: Coucil of Europe

Council of Europe/Council for Cultural Cooperation/Committee for Out-of-School Education (1971): Permanent Education. Fundamentals for an Integrated Educational Policy. Studies on Permanent Education no. 21/1971. Strasbourg: Council of Europe

Cseh, M./Watkins, K. E./Marsick, V. J. (2000): Informal and Incidental Learning in the Workplace. In: Straka, G. A. (Ed.): Conceptions of self-directed learning: theoretical and conceptional considerations. Münster: Waxmann Verlag

Cullen, J./Batterbury, S./Foresti, M./Lyons, C./Stern, E. (2000): Informal Learning and Widening Participation, Research Brief No 191. Hrsg. vom britischen Department for Education and Employment (DfEE). April 2000, http://www.dfee.gov.uk/research

Dale, M./Bell, J. (1999): Informal Learning in the Workplace, Research Brief No 134. Hrsg. vom britischen Department for Education and Employment (DfEE), August 1999. http://www.dfee.gov.uk/research

Dauber, H. (1980): Selbstorganisation und Teilnehmerorientierung als Herausforderung für die Erwachsenenbildung. In: Breloer, G./Dauber/H./Tietgens, H.(1980): Teilnehmerorientierung und Selbststeuerung in der Erwachsenenbildung. Braunschweig: Westermann Verlag, S. 113-176

De Haan, G. de (1993): Über Metaphern im pädagogischen Denken. In: Oelkers, J./Tenorth, H.-E. (Hrsg.): Pädagogisches Wissen. Reihe Pädagogik. Weinheim und Basel: Beltz Verlag, S. 361-372

Dehnbostel, P. (1998): Lernorte, Lernprozesse und Lernkonzepte im lernenden Unternehmen aus berufspädagogischer Sicht. In: Dehnbostel, Peter/Erbe, Heinz-H./Novak, Hermann (Hrsg.) (1998): Berufliche Bildung im lernenden Unternehmen: Zum Zusammenhang betrieblicher Reorganisation, neuen Lernkonzepten und Persönlichkeitsentwicklung, Berlin: Ed. Sigma Verlag, S. 175-194

Dehnbostel, P. (1995): Auf dem Weg zur hochentwickelten Arbeitsorganisation: Organisationslernen, Gruppenlernen, dezentrale Weiterbildung. In: Geißler, H. (Hrsg.) (1995): Organisationslernen und Weiterbildung: Die strategische Antwort auf die Herausforderungen der Zukunft. Neuwied/Kriftel: Luchterhand Verlag, S. 477-495

Dehnbostel, P./Molzberger, G./Overwien, B. (Hrsg.) (2003): Informelles Lernen in modernen Arbeitsprozessen dargestellt am Beispiel von Klein- und Mittelbetrieben der IT-Branche, Berlin 2003: BBJ-Verlag

Dehnbostel, P./Markert, W. (1999): Neue Lernwege – eine Synthese von intentionalem und Erfahrungslernen? In: Berufsbildung in Wissenschaft und Praxis 28, 1999, 2, S. 3-7

Delors, J. (UNESCO) (1996): Learning: The Treasure Within. Report to UNESCO of the International Commission on Education for the Twenty-first Century, Paris 1996. Deutsche Übersetzung: Deutsche UNESCO-Kommission (1997) (Hrsg.): Lernfähigkeit: Unser verborgener Reichtum: UNESCO-Bericht zur Bildung für das 21. Jahrhundert. Neuwied/Kriftel: Luchterhand Verlag

Deppe, J. (1988): Qualitätszirkel in Theorie und Praxis. Thesen zur Weiterentwicklung. In: Zeitschrift Führung und Organisation, 57, 1988, 3, S. 171-174

Derriks, F. (1998): Das Konzept der Lern- und Arbeitsinseln im Rahmen aktueller Organisationsentwicklungen. In: Dehnbostel, P./Erbe, H.-H./Novak, H. (Hrsg.) (1998): Berufliche Bildung im lernenden Unternehmen – zum Zusammenhang von betrieblicher Reorganisation, neuen Lernkonzepten und Persönlichkeitsentwicklung, Berlin: Ed. Sigma Verlag, S. 143-154

Deutscher Bildungsrat (1970): Strukturplan für das Bildungswesen. Stuttgart: Klett Verlag

Deutscher Bundestag (2000): Antrag „Lebensbegleitendes Lernen für alle" – Weiterbildung ausbauen und stärken. Drucksache 14/3127 vom 06.04.2000

Dichanz, H./Ernst, A. (2002): E-Learning: begriffliche, psychologische und didaktische Überlegungen. In: Scheffer, U./Charlier, M. (Hrsg.): E-Learning. Stuttgart, S. 43-66

Diesler, P./Nittel, D. (2001): Spuren des selbstorganisierten Lernens im Kontext betrieblicher Modernisierung. In: Zeitschrift für Berufs- und Wirtschaftspädagogik, 97, 2001, 1, S. 56-83

Dietrich, St. (Hrsg.) (2001): Selbstgesteuertes Lernen in der Weiterbildungspraxis. Bielefeld: W. Bertelsmann Verlag

Dietzen, A./Latniak, E. (Hrsg.) (2004): Betriebliche Qualifikationsentwicklung in organisatorischen Gestaltungsprozessen. Bielefeld: W. Bertelsmann Verlag

Dobischat, R./Seifert, H. (2005): Lernzeit(konten) – Eine Lösung für das Kosten- und Zeitdilemma in der beruflich-betrieblichen Weiterbildung. In: Friedrich-Ebert-Stiftung (Hrsg.): Finanzierung der Berufliche Weiterbildung. (Gesprächskreis Arbeit und Soziales, Nr. 103). Bonn: Friedrich-Ebert-Stiftung, S. 34-44

Dobischat, R ./Seifert, H. (Hrsg.) (2001a): Lernzeiten neu organisieren. Berlin: Ed. Sigma Verlag

Dobischat, R./Seifert, H. (2001b): Betriebliche Weiterbildung und Arbeitszeitkonten. In: WSI-Mitteilungen, 2001, 2, S. 92-101

Döring, O. u. a. (1989): Qualifizierungsberatung in der Praxis: Vorgehensweise, Methoden und Bedarfserhebungen. Kassel: Gesamthochschul-Bibliothek

Döring, K. (1998): Professionelles Bildungscontrolling zwischen Anspruch und betrieblicher Wirklichkeit. In: Neue Perspektiven, 2001, 1, S. 5-20

Döring, K./Ritter-Mamczek, B. (Hrsg.) (1998): Die Praxis der Weiterbildung. 2. Aufl., Weinheim: Deutscher Studienverlag

Döring, N. (2002): Online-lernen. In: Issing, L.J./Klima, P. (Hrsg.) (2002): Information und Lernen mit Multimedia und Internet. Lehrbuch für Studium und Praxis. 3. Aufl., Weinheim, S. 247-264

Dohmen, G. (2002): Lebenslang Lernen – und wo bleibt die „Bildung"? In: Literatur- und Forschungsreport Weiterbildung, 49, 2002, S. 8-14

Dohmen, G. (2001a): Das informelle Lernen. Die internationale Erschließung einer bisher vernachlässigten Grundform menschlichen Lernens für das lebenslange Lernen aller. Bonn: BMBF

Dohmen, G. (2001b): Zertifizierung. In: Arbeitsstab Forum Bildung (Hrsg.): Lernen – ein Leben lang. Bericht der Expertengruppe des Forums Bildung. Bonn: Forum Bildung, S. 100-106

Dohmen, G. (1999): Einleitung: Das selbstgesteuerte Lernen als unterstütztes Selbstlernen. In: Dohmen, G.: Weiterbildungsinstitutionen, Medien, Lernumwelten. Rahmenbedingungen und Entwicklungshilfen für das selbstgesteuerte Lernen. Bonn: BMBF, S. 16-38

Dohmen, G. (1996): Das lebenslange Lernen. Leitlinien einer modernen Bildungspolitik. Bonn: BMBF

Duncan, R./Weiss, A. (1979): Organizational learning: implications for organizational design. In: Research in Organizational Behavior, 1979, 1, S. 75-123 w.bonn.iz-soz.de/wiss-org/wissorg04/isko2004papers/Kalmring_ISKO_2004.pdf

Dybowski, G. (1999): Erfahrungsgeleitetes Lernen – ein Ansatz zur Kompetenzentwicklung. (QUEM-report 63). Berlin: QUEM

Dybowski, G./Töpfer, A./Dehnbostel, P./Kling, J. (1999): Betriebliche Innovations- und Lernstrategien: Implikationen für berufliche Bildungs- und betriebliche Personalentwicklungsprozesse BILSTRAT. Bielefeld: W. Bertelsmann Verlag

Eberl, P. (Hrsg.) (1996): Die Idee des organisationalen Lernens. Bern et al.: Paul Haupt Verlag

Egner, U. (2001): Zweite Europäische Erhebung zur beruflichen Weiterbildung CVTS 2, Methodik und erste Ergebnisse: In: Wirtschaft und Statistik 12/2001. Statistisches Bundesamt, S. 1008-1020

Eraut, M. (2000): „Non-formal learning, implicit learning and tacit knowledge in professional work". In Coffield, F. (Hrsg.) (2002): The necessity of informal learning, Bristol: The Policy Press, S. 12-31

Erpenbeck, J. (2004): Gedanken nach Innsbruck. Kompetenz – Kompetenzentwicklung – Kompetenzbilanz. In: QUEM-Bulletin 2004, 6, S. 1-7

Erpenbeck, J. (1996): Kompetenz und kein Ende? In: QUEM-Bulletin 1996, 1, S. 9-12

Erpenbeck, J./Heyse, V. (Hrsg.) (1999): Die Kompetenzbiographie. Strategien der Kompetenzentwicklung durch selbstorganisiertes Lernen und multimediale Kommunikation. Münster: Waxmann Verlag

Erpenbeck, J./Heyse, V. (1996): Berufliche Weiterbildung und berufliche Kompetenzentwicklung. In: Kompetenzentwicklung, 96: Strukturwandel und Trends in der betrieblichen Weiterbildung. Münster u.a.: Waxmann Verlag, S. 15-152

Europäische Kommission (2002): Unterschiedliche Systeme, gemeinsame Ziele. Arbeitsprogramm zur Umsetzung der Ziele der Systeme der allgemeinen und beruflichen Bildung in Europa. Luxemburg: Amt für Veröffentlichungen der Europäischen Gemeinschaften

Europäische Kommission (2001): Mitteilung der Europäischen Kommission: Einen europäischen Raum des Lebenslangen Lernens schaffen. Brüssel: EU

Europäische Kommission/Generaldirektion XXII – allgemeine und berufliche Bildung und Jugend/ Generaldirektion V – Beschäftigung, Arbeitsbeziehung und soziale Angelegenheiten (1996): Lehren und Lernen. Auf dem Weg zur kognitiven Gesellschaft. Weißbuch zur allgemeinen und beruflichen Bildung. Luxemburg: Amt für Veröffentlichungen der Europäischen Gemeinschaften

Europäische Kommission (1994): Wachstum, Wettbewerbsfähigkeit, Beschäftigung. Herausforderungen der Gegenwart und Wege ins 21. Jahrhundert. Weißbuch. Luxemburg: Amt für Veröffentlichungen der Europäischen Gemeinschaft

Evans, D. R. (Hrsg.) (1981): The planning of nonformal education. Fundamentals of educational planning – 30. Paris: UNESCO

Expertenkommission Finanzierung Lebenslangen Lernens (2004): Finanzierung Lebenslangen Lernens – der Weg in die Zukunft. Schlussbericht. Bielefeld: W. Bertelsmann Verlag

Expertenkommission Finanzierung Lebenslangen Lernens (2002): Auf dem Weg zur Finanzierung Lebenslangen Lernens. Zwischenbericht. Bielefeld: W. Bertelsmann Verlag

Faulstich, P. (2006): Zeit zum Lernen öffnen. Bildungsurlaub und zeitgemäße Strategien kompetenzorientierter Arbeitszeitverkürzung. In: Meisel, K./Schiersmann, Ch. (Hrsg.) (2006): Zukunftsfeld Weiterbildung. Standortbestimmungen für Forschung, Praxis und Politik. Bielefeld: W. Bertelsmann Verlag, S. 233-246

Faulstich, P. (2002a): Verteidigung von „Bildung" gegen die Gebildeten unter ihren Verächtern. In: Literatur- und Forschungsreport Weiterbildung, 49, 2002, S. 15-25

Faulstich, P. (2002b): Lernzeiten für ein Recht auf Weiterbildung. Hamburg: VSA-Verlag

Faulstich, P. (2001): Lernzeiten für lebenslanges Lernen. In: Arbeitsstab Forum Bildung (Hrsg.) (2001): Lernen – ein Leben lang. Bericht der Expertengruppe des Forum Bildung, Bonn: BMBF, S. 76-85

Faulstich, P. (1999): Qualität und Professionalität in der Erwachsenenbildung. In: Gewerkschaftliche Bildungspolitik, 1999; H.1,2 S. 10-14

Faulstich, P. (1998): Selbstorganisiertes Lernen als Impuls für die Erwachsenenbildung. In: Derichs-Kunstmann, K. u.a. (Hrsg.): Selbstorganisiertes Lernen als Problem der Erwachsenenbildung. Beiheft zum Report. Frankfurt: DIE, S. 10-16

Faulstich, P./Schmidt-Lauff (2000): Lernchancen durch Time-Sharing. In: Personalwirtschaft 2000, 10, S. 74-78

Faure, E. et al. (1972): Learning to Be: The World of Education Today and Tomorrow, Paris: UNESCO

Faure, E. u.a. (1973): Wie wir leben lernen. Der UNESCO-Bericht über Ziele und Zukunft unserer Erziehungsprogramme. Reinbek: Rowohlt Verlag

Faust, M./Holm, R. (2001): Formalisierte und nicht-formalisierte (informelle) Lernprozesse in Betrieben – Abschlussbericht Teil 1. (QUEM-report 69). Berlin: QUEM, S. 67-106

Federighi, P. (1999): Glossary of Adult Learning in Europe, jointly published by the European Association for the Education of Adults, Barcelona, Spain; The UNESCO Institute for Education, Hamburg, Germany. Hamburg: UNESCO

Felsch, A. (Hrsg.) (1996): Personalentwicklung und organisationales Lernen: Mikropolitische Perspektiven zur theoretischen Grundlegung. Personal - Organisation - Management, Bd. 3. Hamburg: Steuer- und Wirtschaftsverlag

Filion, N./Rudolph, H. (1999): Power, Control and Organisational Learning. Discussion Papers. Nr. 99-104, Berlin: Wissenschaftszentrum Berlin

Finke, M./Houben, M./Ohnesorg, S. (1999): Arbeitsgestaltung, Qualifizierung, Beteiligung und Mitbestimmung unter der Perspektive des ‚Lernenden Unternehmens' – Forschung und Entwicklung für eine Handlungshilfe zum Co-Management auf dem Weg zur ‚Lernenden Organisation'. 1. Zwischenbericht im Rahmen des Projekts „Handlungshilfe ‚Lernendes Unternehmen'", Saarbrücken: Institut für praxisorientierte Forschung und Bildung e.V. (ifb) und Berufsfortbildungswerk Gemeinnützige Bildungseinrichtung des DGB GmbH (bfw)

Fischer, T. (1987): Didaktische Konzepte der Lernförderung bei Lernproblemen in der Berufsbildung Erwachsener – Materialien und Praxiserfahrungen. (Sonderveröffentlichung des BIBB). Berlin/Bonn: BIBB

Fix, W. (1989): Juniorenfirmen: Ein innovatives Konzept zur Förderung von Schlüsselqualifikationen. Berlin: Erich Schmidt Verlag

Frank, G. (1996): Funktionen und Aufgaben des Weiterbildungspersonals. In: Arbeitsgemeinschaft Qualifikations-Entwicklungs-Management (Hrsg.) (1996): Kompetenzentwicklung '96. Strukturwandel und Trends in der betrieblichen Weiterbildung. Münster: Waxmann Verlag, S. 337-397

Franke, G. (2001): Richtungen und Perspektiven der Kompetenzforschung. In: Franke, G. (Hrsg.) (2001): Komplexität und Kompetenz. Ausgewählte Fragen der Kompetenzforschung. (Schriftenreihe des Bundesinstituts für Berufsbildung und Forschung.). Bonn: BIBB, S. 9-49

Friedrich, H. F./Mandl, H. (1995): Analyse und Förderung selbstgesteuerten Lernens. Tübingen: DIFF

Fuchs-Brünninghoff, E./Pfirrmann, M. (1991): Beratung. Bonn, Frankfurt/M.: DIE

Geißler, H. (1998a): Umrisse einer Grundlagentheorie des Organisationslernens. In: Geißler, H./ Lehnhoff, A./Petersen, J. (Hrsg.) (1998): Organisationslernen im interdisziplinären Dialog. System und Organisation, Bd. 5. Weinheim: Deutscher Studien-Verlag, S. 163-223

Geißler, H. (1998b): Organisationslernen. Teil II von Reinhold Weiß u.a.: Kompetenzentwicklung als strategische Herausforderung der Unternehmen – Konsequenzen für die Organisation betrieblicher Lernprozesse. In: Arbeitsgemeinschaft Qualifikations-Entwicklungs-Management Berlin (Hrsg.): Kompetenzentwicklung '98. Münster: Waxmann Verlag, S. 129-42

Geißler, H. (Hrsg.) (1995): Grundlagen des Organisationslernens. Weinheim: Deutscher Studien-Verlag

Geißler, K. A./Orthey, F. M. (2002): Kompetenz: Ein Begriff für das verwertbare Ungefähre. In: Report, 49, 2002. S. 69-79

Geißler, K. A./Orthey, F. M. (2000): Vom Bildungsnotstand zur Bildungsnötigung – Beobachtungen zu Bedeutung, Ursachen und Tendenzen der Weiterbildungsexpansion. In: Zeitschrift für Berufs- und Wirtschaftspädagogik, 96, 2000, 1, S. 102-110

Gerzer-Sass (2001): Kompetenzbilanz

Gieseke, W. (1989): Habitus von Erwachsenenbildnern. Oldenburg

Gerstenmaier, J./Mandl, H. (1995): Wissenserwerb unter konstruktivistischer Perspektive. In: Zeitschrift für Pädagogik, 41, 1995, 6, S. 867-888

Gherardi, S./Nicolini, D./Odella, F. (2001): The sociological foundations of organizational learning. In: Dierkes, M./Berthoin Antal, A./Child, J./Nonaka, I. (Hrsg.) (2001): Handbook of Organizational Learning. Oxford: Oxford University Press 2001

Götz, K. (1999): Organisationslernen und individuelles Lernen - eine systemische Betrachtung. In: Arnold, R./Gieseke, W. (Hrsg.): Die Weiterbildungsgesellschaft. Bd. 1: Bildungstheoretische Grundlagen und Perspektiven. Neuwied/Kriftel: Luchterhand Verlag, S. 69-85

Graumann, S. (1998): Intranet und Wissensmanagement. In: Schwuchow, K./Gutmann, J. (Hrsg.): Jahrbuch Personalentwicklung und Weiterbildung 1998/1999. Neuwied/Kriftel: Luchterhand Verlag, S. 85-89

Grünewald, U./Moraal, D. (Hrsg.) (1996): Betriebliche Weiterbildung in Deutschland: Gesamtbericht, Ergebnisse aus drei empirischen Erhebungsstufen einer Unternehmensbefragung im Rahmen des EG-Aktionsprogramms FORCE. Bielefeld: W. Bertelmann Verlag

Grünewald, U./Moraal, D./Draus, F./Weiß, R./Gnahs, D. (1998): Formen arbeitsintegrierten Lernens – Möglichkeiten und Grenzen der Erfaßbarkeit informeller Formen der betrieblichen Weiterbildung. (QUEM-report. 53). Berlin: QUEM

Grünewald, U./Moraal, D./Schönfeld, G. (Hrsg.) (2003): Betriebliche Weiterbildung in Deutschland und Europa. Bielefeld: W. Bertelsmann Verlag

Gudjons, H. (Hrsg.) (1995): Pädagogisches Grundwissen, 4. Aufl. Bad Heilbrunn: Klinkhardt Verlag.

Haase, K. (Hrsg.) (2000): Internationales Monitoring zum Forschungs- und Entwicklungsgebiet „Lernkultur Kompetenzentwicklung". Schwerpunkt „Grundlagen der Kompetenzmessung". Statusberichte. Berlin 2000, http://www.abwf.de

Hahne, K./Zinke, G. (Hrsg.) (2004): Virtuelle Kompetenzzentren und Online-Communities zur Unterstützung arbeitsplatznahen Lernens. Bielefeld: W. Bertelsmann Verlag

Händeler, E. (2002): Warum psycho-soziale Gesundheit zum Wachstumsmotor der Wirtschaft wird. In: REFA-Nachrichten 1/2001, Zeitschrift des REFA-Bundesverbandes e.V. Verband für Arbeitsgestaltung, Betriebsorganisation und Unternehmensentwicklung. (QUEM-report 75). Berlin: QUEM, S. 14-19

Harke, D./Krüger, H. (1999): Weiterbildungsberatung in den neuen Bundesländern. Entwicklung und Leistungen unterstützender Strukturen für die Weiterbildung. Berlin: BIBB

Harteis, C./Prenzel, M. (1998): Welche Kompetenzen brauchen betriebliche Weiterbildner in Zukunft? Ergebnisse einer Delphi-Studie in einem Industrieunternehmen. In: Zeitschrift für Pädagogik, 44, 1998, 4, S. 583-601

Hartge, T./Melchior, E./Pausch, R. (1996): Multimedia in der betrieblichen Weiterbildung. Möglichkeiten, Grenzen und Perspektiven (QUEM-report 41, 1). Berlin: Quem

Hasselhorn, M. (2000): Lebenslanges Lernen aus der Sicht der Metakognitionsforschung. In: Achtenhagen, F./Lempert, W. (Hrsg.): Lebenslanges Lernen im Beruf – seine Grundlegung im Kindes- und Jugendalter. Psychologische Theorie, Empirie und Therapie, Bd. 3. Opladen: Leske & Budrich, S. 41-53

Hedberg, B. (1981): How Organizations Learn and Unlearn. In: Nyström, P. C./Starbuck, W. H. (Hrsg.): Handbook of Organizational Design, Vol.1, New York. Frankfurt/M./New York 2004: Campus Verlag, S. 3-27

Heid, H. (2000): Qualität der Argumente, mit denen das Erfordernis lebenslangen Lernens begründet wird. In: Harteis, Ch./Heid, H./Kraft, S. (Hrsg.) (2000): Kompendium Weiterbildung. Aspekte und Perspektiven betrieblicher Personal- und Organisationsentwicklung. Opladen: Leske & Budrich Verlag, S. 289-296

Heid, H. (2002): Wirtschaft und Betrieb. In: Tippelt, R. (Hrsg.): Handbuch Bildungsforschung. Opladen: Leske & Budrich, S. 639-650

Heidemann, W. (1999): Dokumentation betrieblicher Vereinbarungen – Auswertung zur Weiterbildung. In: Projektgruppe Lernzeit (Hrsg.): 1999, S. 67-99

Hendrich, W. (1996): Von den Höhen der Selbstorganisation und den Niederungen des betrieblichen Alltags. In: Zeitschrift für Berufs- und Wirtschaftspädagogik, 96, 1996, 4, S. 451-466

Höffer-Mehlmer, M. (1994): Programmplanung und -organisation. In: Tippelt, R. (Hrsg.) (1999): Handbuch Erwachsenenbildung/Weiterbildung, Opladen: Leske & Budrich Verlag, S. 629-639

Hommes, H. (1987): Lernort Lernstatt. In: Heidack, C. (Hrsg.) (1987): Neue Lernorte in der beruflichen Weiterbildung. Berlin: Schmidt Verlag, S. 29-44

Hörner, W. (2000): Zur statistischen Erfassung des lebenslangen Lernens. Übersetzung aus dem Englischen. Originaltitel: „Towards a statistical framework for monitoring progress towards lifelong learning". In: The INES Compendium – Contributions from the INES Networks and Working Groups, Fourth General Assembly of the OECD Education Indicators Programme, 11-13 September 2000, Tokyo, Japan

Huber, B./Hoffmann, J. (2001): Der Tarifvertrag zur Qualifizierung in der Metall- und Elektroindustrie Baden-Württembergs. In: WSI-Mitteilungen, 2001, 7, S. 464-466

Icking, M. (2000): Lernende Unternehmen oder Lernen in Unternehmen? In: Zeitschrift für Berufs- und Wirtschaftspädagogik, 96, 2000, 4, S. 65-78

Iller, C./Kamrad, E. (2003): Einführung von mediengestütztem Lernen in kleinen und mittleren Unternehmen – ein Auslöser für Organisationsentwicklung. In: Literatur- und Forschungsreport Weiterbildung, 2003, 2, S. 97-110

Institut der deutschen Wirtschaft Köln (Hrsg.) (1997): Betriebliche Weiterbildung 1995: Mehr Teilnehmer – größere Wirtschaftlichkeit. Köln: Deutscher Instituts-Verlag

Institut zur Erforschung sozialer Chancen (1999): Fremde Bildungswelten: Lebenslanges Lernen in der Arbeit. Ergebnisse des Projekts „Weiterbildungsabstinenz". In: iso-Informationen Nr. 10, Dezember 1999, S. 2-5

Kade, J. (1997): Entgrenzung und Entstrukturierung. Zum Wandel der Erwachsenenbildung in der Moderne. In: Derichs-Kunstmann, K. u.a. (Hrsg.) (1997): Enttraditionalisierung der Erwachsenenbildung. Frankfurt/M. 1997: DIE, S. 13-31

Kade, J./Nittel, D. (1995): Erwachsenenbildung/Weiterbildung. In: Krüger, H.-H./Helsper, W. (Hrsg.): Einführung in Grundbegriffe und Grundfragen der Erziehungswissenschaft. Opladen: Leske & Budrich, S. 195-206

Kailer, N. (2001): Steuerung betrieblicher Kompetenzentwicklungsprozesse: Controlling betrieblicher Weiterbildung und Personalentwicklung in österreichischen Unternehmen: Einsatzhäufigkeit, Defizitbereiche und Einsatzbeispiele. In: Kailer, N. (Hrsg.) (2001): Betriebliche Kompetenzentwicklung. Praxiskonzepte und empirische Analysen. Wien: Linde Verlag, S. 55-76

Kailer, N. (Hrsg.) (1998): Innovative Weiterbildung durch computer based training. Ergebnisse einer europaweiten Studie. Wien 1998: Signum Verlag

Kailis, E./Pilos, S. (2005): Lebenslanges Lernen in Europa. In: Statistik kurz gefasst. Bevölkerung und soziale Bedingungen, 2005, 8

Kaiser, A. (Hrsg.) (1992): Schlüsselqualifikationen in der Arbeitnehmer-Weiterbildung. Neuwied/Kriftel: Luchterhand Verlag

Kejcz, Y. (1988): Weiterbildungsberatung: Probleme und Modelle. Eine Untersuchung im Auftrag des Bundesministers für Bildung und Wissenschaft. Heidelberg: Arbeitsgruppe für Empirische Bildungsforschung

Kempe, M. (2000): Arbeiten im 1,3-Minuten-Takt. In: Die Mitbestimmung. Düsseldorf 2000: Hans-Böckler-Stiftung, 7, 2001, S. 18-20

Kemper, M./Klein, R. (1998): Lernberatung. Gestaltung von Lernprozessen in der beruflichen Weiterbildung. Baltmannsweiler: Schneider Verlag Hohengehren GmbH

Kerres, M. (Hrsg.) (2001): Multimediale und telemediale Lernumgebungen: Konzeption und Entwicklung. 2. Aufl., München/Wien: Oldenbourg Verlag

Kerres, M./Gorhan, E. (1998): Multimediale und telemediale Lernangebote. In: Arbeitsgemeinschaft Qualifikations-Entwicklungs-Management (Hrsg.) (1998): Kompetenzentwicklung '98: Forschungsstand und Forschungsperspektiven. Münster: Waxmann Verlag, S. 143-162

Kil, M. (2002): Organisationsveränderungen in Weiterbildungseinrichtungen. (Theorie und Praxis der Erwachsenenbildung). Bielefeld: W. Bertelsmann Verlag

Kirchhöfer, D. (2000): Informelles Lernen in alltäglichen Lebensführungen: Chance für berufliche Kompetenzentwicklung. (QEUM-report 66). Berlin: QUEM

Klafki, W. (1985): Neue Studien zur Bildungstheorie und Didaktik. Weinheim: Beltz Verlag

Klein, R. u.a. (2002): Fallbeschreibungen realisierter Konzepte beruflicher Lern- und Weiterbildungsberatung. QUEM-Materialien 40. Hrsg. von der Arbeitsgemeinschaft Betriebliche Weiterbildungsforschung e.V., Berlin: QUEM

Kluge, A. (Hrsg.) (1999): Erfahrungsmanagement in lernenden Organisationen. Göttingen: Verlag für angewandte Psychologie

Knowles, M. S. (Hrsg.) (1986): Using Learning Contracts. San Francisco: Jossey Bass

Knowles, M. S. (Hrsg.) (1975): Self-Directed learning: A Guide for Learners and Teachers. New York: Cambridge Books

Knowles, M. S. (1951): Informal adult education. A Guide for Administrators, Leaders, Teachers. New York: Association Press

Koch, J./Kraak, R. (1994): Qualifizierungsberatung als Dienstleistung für die regionale Wirtschaft. In: Kailer, N. (Hrsg.): Beratung bei Weiterbildung und Personalentwicklung. Konzepte und Praxisbeispiele von Bildungsträgern und Unternehmen. Wien: Linde Verlag, S. 141-161

Köhler, J. (1998): Fallstudie Intranets. In: Willke, H. (Hrsg.) (1998): Systemisches Wissensmanagement. Stuttgart: Lucius & Lucius Verlag, S. 327-352

Körber, K. (2002): Institution – Organisationen – Anbieter. Anmerkungen zur erwachsenenpädagogischen Organisationsforschung. In: Ambos, I. u.a. (Hrsg.): DIE-Workshop Forschung zur Erwachsenenbildung 11.-13. Januar 2001 in der Evangelischen Akademie Hofgeismar. Frankfurt am Main: DIE, S. 231-251

Kolb, D. A. (1981): Learning Styles and Disciplinary. In: Chickering, A. W. (Hrsg.): The Modern American College, San Francisco etc., S. 232-255, www.medienpaed.com

Koller, B./Plath, H.-E. (2000): Qualifikation und Qualifizierung älterer Arbeitnehmer. In: Mitteilungen aus der Arbeitsmarkt- und Berufsforschung, 33, 2000, 1, S. 112-125

Kommission der Europäischen Gemeinschaften (2000): Memorandum über Lebenslanges Lernen. Arbeitsdokument der Kommissionsdienststellen. Ratsdokument 12880/00; SEK 2000. Brüssel: EU

Konsortium Bildungsberichterstattung (2006): Bildung in Deutschland. Ein indikatorengestützter Bericht mit einer Analyse zu Bildung und Migration. Bielefeld: W. Bertelsmann Verlag

Kraft, S. (2002): Wenn viele vom Gleichen sprechen. Annäherungen an die Thematik „Selbstgesteuerten Lernens". In: Kraft, S. (Hrsg.): Selbstgesteuertes Lernen in der Weiterbildung. Hohengehren: Schneider Verlag, S. 16-30

Kraft, S. (2000a): Lernen im Betrieb: selbstgesteuert, kooperativ, motiviert? In: Harteis, Ch./Heid, H./Kraft, S. (Hrsg.) (2000): Kompendium Weiterbildung: Aspekte und Perspektiven betrieblicher Personal- und Organisationsentwicklung, Opladen: Leske & Budrich Verlag, S. 131-142

Kraft, S. (2000b): Lehrpersonen ade? Computerunterstütztes Lernen in der betrieblichen Weiterbildung. In: Die berufsbildende Schule, 52, 2000, 3, S. 88-90

Kraft, S. (1999): Selbstgesteuertes Lernen. Problembereiche in Theorie und Praxis. In: Zeitschrift für Pädagogik, 45, 1999, 6, S. 833-845

Kraus, K. (Hrsg.) (2001): Lebenslanges Lernen – Karriere einer Leitidee. Bielefeld: W. Bertelsmann Verlag

Krekel, E./Beicht, U. (1998): Welchen Stellenwert hat Bildungscontrolling in der betrieblichen Weiterbildung? In: Berufsbildung in Wissenschaft und Praxis, 27, 1998, 2, S. 22-26

Krogh, G. von/Roos, J./Kleine, D. (Hrsg.) (1998): Knowing in Firms. Understanding, Managing and Measuring Knowledge. London et al.: SAGE Publications

Kubicek, H./Haslbeck, R. (2001): Wo bleiben die Informatiker und Informatikerinnen? In: Bolder, A./Heinz, W. R./Kutscha, G. (Hrsg.): Deregulierung der Arbeit – Pluralisierung der Bildung? Jahrbuch Bildung und Arbeit 1999/2000. Opladen: Leske & Budrich Verlag, S. 149-165

Küchler, F. von/Schäffter, O. (1997): Organisationsberatung in Weiterbildungseinrichtungen. (Studientexte für Erwachsenenbildung). Frankfurt: DIE

Kühl, S. (Hrsg.) (2000): Das Regenmacher-Phänomen. Frankfurt/New York: Campus Verlag

Kühnlein, G. (1999): Weiterbildung – arbeitsintegriert. In: Die Mitbestimmung 1999, 4, Düsseldorf: Hans Böckler-Stiftung, S. 42-44

Kuwan, H. (2002): Berufliche Nachqualifizierung „Bildungsferner" Erwachsener – Chancen durch modulares, arbeitsintegriertes Lernen. In: FreQeNz-Newsletter 2, 2002, S. 9-11

Kuwan, H. (2000): Empirische Ergebnisse zum selbstgesteuerten Lernen in Deutschland. In: Gerald A. Straka & Harm Delicat (Hrsg.) (2000): Selbständiges Lernen – Konzepte und empirische Befunde, Forschungs- und Praxisbericht Nr. 5, Bremen: Universität Bremen

Kuwan, H./Waschbüsch, E. (1994): Betriebliche Weiterbildung. Ergebnisse einer Befragung von Erwerbstätigen und betrieblichen Experten in Deutschland, Bonn: BMBF

Lash, S. (1996): Reflexivität und ihre Doppelung: Struktur, Ästhetik und Gemeinschaft. In: Beck, U./Giddens, A. & Lash, S. (Hrsg.): Reflexive Modernisierung. 4. Aufl. Frankfurt am Main: Suhrkamp Verlag, S. 195-286

Laur-Ernst, U. (1998): „Informelles Lernen" in der Arbeitswelt – Thema einer Reihe deutsch-amerikanischer Workshops. In: Berufsbildung in Wissenschaft und Praxis, 33, 2004, 4, S. 44-47

Leber, U./Zinke, G. (2005): E-Learning in deutschen Betrieben – Ergebnisse des IAB-Betriebspanels 2003. Unveröffentl. Manuskript

Lehnert, E. (1994): Gruppenarbeit in mittleren Industriebetrieben. In: Antoni, C. H. (Hrsg.): Gruppenarbeit in Unternehmen. Weinheim: Beltz Verlag, S. 285-307

Lempert, W. (2000): Bedingungen lebenslangen Lernens im Beruf. In: Zeitschrift für Berufs- und Wirtschaftspädagogik, 96, 2000, 2, S. 575-634

Lenzen, D. (1997): Lösen die Begriffe Selbstorganisation, Autopoiesis und Emergenz den Bildungsbegriff ab? In: Zeitschrift für Pädagogik, 43, 1997, 6, S. 948-967

Lins, C. (1999): Selbstgesteuertes Lernen – eigenverantwortlich arbeiten. In: Wirtschaft und Weiterbildung, 1999, 10, S. 52-54

Lipski, J. (2004): Für das Leben lernen. Was, wie und wo? Umrisse einer neuen Lernkultur. In: Hungerland, B./Overwien, B. (Hrsg.): Kompetenzentwicklung im Wandel. Auf dem Weg zu einer informellen Lernkultur. Wiesbaden: VS Verlag, S. 236-251

Lisop, I. (1988): Schlüsselqualifikationen – Zukunftsbewältigung ohne Sinn und Verstand. In: Literatur- und Forschungsreport Weiterbildung 1988, S.78-83

Littig, P. (1997): Die Klugen fressen die Dummen. Ergebnisse einer Studie der DEKRA, Akademie zur Situation der Lernenden Unternehmen in Deutschland. In: Grundlagen der Weiterbildung. Zeitschrift, 1997, 8, S. 101-103

Livingstone, D. (1999): Informelles Lernen in der Wissensgesellschaft. Erste kanadische Erhebung über informelles Lernverhalten. In: Arbeitsgemeinschaft Qualifikations-Entwicklungs-Management: Kompetenz für Europa, Wandel durch Lernen – Lernen im Wandel. Referate auf dem internationalen Fachkongress. (QUEM-report 60). Berlin: QUEM, S. 65-91

Löwisch, D.-J. (Hrsg.) (2000): Kompetentes Handeln. Bausteine für eine lebensweltbezogene Bildung. Darmstadt: Wissenschaftliche Buchgesellschaft

Markert, W. (1997): Gruppenarbeit in deutschen Industrieunternehmen – Entwicklungsstand und Qualifikationsanforderungen. In: Berufsbildung in Wissenschaft und Praxis, 26, 1997, 3, S. 3-9

Marsick, V. J./Watkins, K. E. (2001): Informal and Incidental Learning. In: New Directions for Adult and Continuing Education, No 89, pp. 25-34

Marsick, V. J./Volpe, M./Watkins, K.E. (1999): Theory and practice of informal learning in the knowledge area. In: Marsick, V. J./Volpe, M. (Eds.) (1999): Informal Learning on the Job. Baton Rouge, pp. 80-95

Marsick, V. J./Watkins, K. E. (1990): Informal and incidental learning in the workplace. London and New York: Routledge

McGivney, V. (1999): Informal learning in the community: a trigger for change and development. Leicester: NIACE

Meifort, B. (2001): Früherkennung von Qualifikationsentwicklungen in den personenbezogenen Dienstleistungen. 4-Stufen-Modell zur Früherkennung. In: Berufsbildung in Wissenschaft und Praxis 30, 2001, 1, S. 25-29

Meisel, K. (1997): Beratung der Einrichtung. In: DIE, II, 1997, S. 28-31

Meisel, K./Küchler, F. von (1999): Support für Qualitätsentwicklung in der Weiterbildung. In: Küchler, F. von/Meisel, K. (Hrsg.): Qualitätssicherung in der Weiterbildung. Auf dem Weg zu Qualitätsmaßstäben. Frankfurt: DIE

Mertens, D. (1974): Schlüsselqualifikationen. Thesen zur Schulung einer neuen Gesellschaft. In: Mitteilungen aus der Arbeitsmarkt- und Berufsforschung, 1974,1, S. 36-34

Mertens, D. (1988): Das Konzept der Schlüsselqualifikationen als Flexibilisierungsinstrument. In: Literatur- und Forschungsreport Weiterbildung, 22, 1988, S. 33-46

Moldaschl, M. (2001): Herrschaft durch Autonomie – Dezentralisierung und widersprüchliche Arbeitsanforderungen. In: Lutz, B./Deutsche Forschungsgemeinschaft (DFG) (Hrsg.): Entwicklungsperspektiven von Arbeit: Ergebnisse aus dem Sonderforschungsbereich 333 der Universität München. Berlin: Akademie Verlag, S. 132-164

Moldaschl, M. (1997): Arbeitsorganisation und Leistungspolitik im Qualitätsmanagement. In: Hirsch-Kreinsen, H. (Hrsg.): Organisation und Mitarbeiter im TQM, Berlin/Heidelberg et al.: Springer Verlag S. 63-96

Müller, M. (2000): Taylorismus: Abschied oder Wiederkehr? In: Die Mitbestimmung, 2000, 7, Düsseldorf: Hans Böckler-Stiftung, S. 12-17

Nagel, B. (2004): Das Rechtssystem in der Weiterbildung. In: Praxishandbuch Weiterbildungsrecht. Grundwerk 2004. 1.0, S. 1-83

Nagl, A. (1997): Lernende Organisation: Entwicklungsstand, Perspektiven und Gestaltungsansätze in deutschen Unternehmen. Eine empirische Untersuchung. Aachen: Shaker Verlag

Nagl, A./Fassbender, P. (1997): Entwicklungsstand und Perspektiven der lernenden Organisation in Deutschland. In: Wieselhuber und Partner (Hrsg.) (1997): Handbuch lernende Organisation. Wiesbaden: Gabler Verlag, S. 517-526

Ness, H. (2005): Der deutsche ProfilPASS: Ausbaufähiges Instrument zur Selbststeuerung. In: Künzel, K. (Hrsg.): Informelles Lernen – Selbstbildung und soziale Praxis. Internationales Jahrbuch der Erwachsenenbildung. 31/32. Köln: Böhlau Verlag, S. 232-243

Negt, O. (1988): Alternative Schlüsselqualifikationen. In: Literatur- und Forschungsreport Weiterbildung 1988, S. 84

Nittel, D. (2001): Das Berufsfeld „Erwachsenenbildung" im Wandel. In: Grundlagen der Weiterbildung – Praxishilfen, 5.290, November 2001, S. 1-20

Nittel, D. (2000): Von der Mission zur Profession. Stand und Perspektiven der Verberuflichung in der Erwachsenenbildung. Bielefeld: W. Bertelsmann Verlag

Nonaka, I./Toyama, R./Nagata, A. (2000): A Firm as a Knowledge-creating Entity: A New Perspective on the Theory of the Firm. In: Industrial and Corporate Change, Vol. 9, Number 1, S. 1-20

Nonaka, I./Umemoto, K./Sasaki, K. (1998): Three Tales of Knowledge-Creating Companies, in: Krogh, G. von/Roos, J./Kleine, D. (Hrsg.): Knowing in Firms. Understanding, Managing and Measuring Knowledge. London et al.: SAGE Publications, S. 146-172

Nordhause-Janz, J./Pekruhl, U. (2000): Managementmoden oder Zukunftskonzepte? Zur Entwicklung von Arbeitsstrukturen und von Gruppenarbeit in Deutschland. In: Nordhause-Janz, Jürgen/ Pekruhl, Ulrich (Hrsg.): Arbeiten in neuen Strukturen? Partizipation, Kooperation, Autonomie und Gruppenarbeit in Deutschland. (Reihe Arbeit und Technik, Bd. 15). München/Mering: Hampp Verlag, S. 13-68

North, K./Papp, A. (2001): Wie deutsche Unternehmen Wissensmanagement einführen – Vergleichsstudie 1998 bis 2000. In: REFA-Nachrichten 1, 2001, Zeitschrift des REFA-Bundesverbandes e. V. Verband für Arbeitsgestaltung, Betriebsorganisation und Unternehmensentwicklung Darmstadt, REFA-Nachrichten 2001, 1, S. 4-2

Nuissl, E. (1995): Öffentlichkeitsarbeit von Weiterbildungseinrichtungen. Frankfurt/M: Pädagogische Arbeitsstelle des DVV

Nuissl, E./Pehl, K. (2000): Porträt Weiterbildung Deutschland. Bielefeld: W. Bertelsmann Verlag

Nuissl, E. /Schuldt, H.-J. (1997): Betrieb statt Behörde. Frankfurt: Pädagogische Arbeitsstelle des DVV

Nyhan, B. (2000): Trends in competence development in European companies. In: Sellin, B./CEDEFOP (Eds.): European trends in the development of occupations and qualifications. Finding of research, studies and analyses for policy and practice. Volume II. European Communities, S. 201-228

OECD (Organisation for Economic Co-Operation and Development) (2005): Definition und Auswahl von Schlüsselkompetenzen. Zusammenfassung. www.oecd.org/edu/statistics/deseco

OECD (Organisation for Economic Co-Operation and Development) (1996): Lifelong Learning for All. Meeting of the Education Committee at Ministerial Level, 16-17 January 1996, Paris: OECD

OECD (Organisation for Educational Research and Innovation) CERI (Centre for Educational Research and Innovation) (1973): Recurrent education. Strategy for lifelong learning. Paris: OECD

Overwien, B. (2005): Stichwort: Informelles Lernen. In: Zeitschrift für Erziehungswissenschaft, 8, 2005, 3, S. 339-355

Overwien, B. (1999): Informelles Lernen, eine Herausforderung an die internationale Bildungsforschung. In: Dehnbostel, P./Markert, W./Novak, H. (Hrsg.): Erfahrungslernen in der beruflichen Bildung – Beiträge zu einem kontroversen Konzept. Neusäß: Kieser Verlag, S. 295-314

Pautzke, G. (Hrsg.) (1989): Die Evolution der organisationalen Wissensbasis. München: Barbara Kirsch Verlag

Pawlowsky, P./Bäumer, J. (Hrsg.) (1996): Betriebliche Weiterbildung. Management von Qualifikation und Wissen. München: Beck Verlag

Pawlowsky, P./Hengst, J. (2001): Wissen vermitteln für die Wissensgesellschaft. Arbeiten und Lernen 2001 (Quem-report 67). Berlin: QUEM, S. 101-108

Peukert, H. (2000): Reflexionen über die Zukunft von Bildung. In: Zeitschrift für Pädagogik, 46, 2000, 4, S. 507-524

Peters, R. (2004): Erwachsenenbildungs-Professionalität. (Theorie und Praxis der Erwachsenenbildung). Bielefeld: W. Bertelsmann Verlag

Peters, R. (1997): Thesen zur Frage von „Professionalisierung – Entprofessionalisierung" der Erwachsenenbildung. In: Derichs-Kunstmann, K./Faulstich, P./Tippelt, R. (Hrsg.): Enttraditionalisierung der Erwachsenenbildung. (Beiheft zum REPORT. Frankfurt: Deutsches Institut für Erwachsenenbildung, S. 193-206

Pickshaus, K. (2000): Motivationsfaktor Angst? In: Mitbestimmung 2000, 7, Düsseldorf: Hans-Böckler-Stiftung, S. 46-47

Picot A./Reichwald, R./Wigand, R. (Hrsg.) (1996): Die grenzenlose Unternehmung. Information, Organisation und Management. Lehrbuch zur Unternehmensführung im Informationszeitalter. Wiesbaden: Gabler Verlag

Polanyi, M. (Hrsg.) (1958): Personal Knowledge. Chicago: University of Chicago Press

Pongratz, H. J./Voß, G. (2003): Arbeitskraftunternehmer: Erwerbsorientierung in entgrenzten Arbeitsformen. Berlin: Edition sigma

Prenzel, M. (1993): Autonomie und Motivation im Lernen Erwachsener. In: Zeitschrift für Pädagogik, 39, 1993, 2, S. 239-253

Probst, G. J. B. (1987): Selbst-Organisation. Berlin/Hamburg: Paul Parey Verlag

Probst, G. J. B./Büchel, B. (Hrsg.) (1994): Organisationales Lernen: Wettbewerbsvorteil der Zukunft. Wiesbaden: Gabler Verlag

Probst, G. J. B/Raub, S./Romhardt, K. (1999): Wissen managen: Wie Unternehmen ihre wertvollste Ressource optimal nutzen, 3. Aufl., Frankfurt/M./Wiesbaden: Frankfurter Allgemeine Zeitung (FAZ)/Gabler Verlag

Rautenstrauch, Ch. (2001): Tele-Tutoren: Qualifizierungsmerkmale einer neu entstehenden Profession. Bielefeld: W. Bertelsmann Verlag

Reetz, I. (1989): Zum Konzept der Schlüsselqualifikationen in der Berufsbildung, Teil II. In: Berufsbildung in Wissenschaft und Praxis, 18, 1989, 6, S. 24-30

Reglin, Th. (2000a): Betriebliche Weiterbildung im Internet: Didaktik – Produktion – Organisation, Ergebnisse und Erfahrungen aus dem Projekt CORNELIA. Bielefeld: W. Bertelsmann Verlag

Reglin, Th. (2000b): CORNELIA-Lehrgänge für die betriebliche Weiterbildung. In: Ders. (Hrsg.): Betriebliche Weiterbildung im Internet: Didaktik – Produktion – Organisation, Ergebnisse und Erfahrungen aus dem Projekt CORNELIA, hrsg. von den Beruflichen Fortbildungszentren der Bayerischen Wirtschaft gGmbH. Bielefeld: W. Bertelsmann Verlag, S. 38-58

Reinhardt, R. (Hrsg.) (1993): Das Modell organisationaler Lernfähigkeit und die Gestaltung lernfähiger Organisationen. Frankfurt/M.: Peter Lang Verlag

Reischmann, J. (1999): Self-directed learning – die amerikanische Diskussion. In: Report 39, 1999, S. 125-137

Rogers, C./Schmid, P. F. (1998): Person-zentriert. Grundlagen von Theorie und Praxis. Mit einem kommentierten Beratungsgespräch von Carl Rogers. 3. erw. Aufl. Mainz: Matthias-Grünewald-Verlag

Romhardt, K. (Hrsg.) (1998): Die Organisation aus der Wissensperspektive: Möglichkeiten und Grenzen der Intervention. Wiesbaden: Gabler Verlag

Rottmann, J. (Hrsg.) (1997): Zur Professionalisierung von Diplom-Pädagogen und Diplom-Pädagoginnen in beruflich-betrieblichen Handlungsfeldern. Frankfurt/M.: Lang Verlag

Saldern, M. von (1996): Die Bedeutung der Neueren Systemtheorien für die Entwicklung einer Didaktik der Selbstorganisation. In: Arnold, R. (Hrsg.): Lebendiges Lernen. Baltmannsweiler: Beltz Verlag, S. 31-42

Sandhaas, B. (1995): Bildungsformen. In: Haller, H.-D./Meyer, H.: Ziele und Inhalte der Erziehung und des Unterrichts. (Enzyklopädie Erziehungswissenschaft, Bd. 3). Stuttgart/Dresden: Klett-Cotta Verlag, S. 399-406

Sattelberger, Th. (1991): Die lernende Organisation. Wiesbaden: Gabler Verlag

Sauter, E./Weiss, R./Gnahs, D./Grünewald, U./Meyer-Dohm, P. (1998): Lernen im Prozess der Arbeit – Ende der betrieblichen Weiterbildung? Dokumentation der Fachtagung Juni 1998. (QUEM-report 52). Berlin: QUEM, S. 119-126

Schäffter, O. (2003): Selbstorganisiertes Lernen – eine Herausforderung für die institutionalisierte Erwachsenenbildung. In: Witthaus, /U./Wittwer, W./Espe, C. (Hrsg.): Selbstgesteuertes Lernen – Theoretische und praktische Zugänge. Bielefeld: W. Bertelsmann Verlag, S. 69-89

Schiersmann, Ch. (Hrsg.) (2006a): Profile lebenslangen Lernens. Bielefeld: W. Bertelsmann Verlag

Schiersmann, Ch. (Hrsg.) (2006b): Beratung von Individuen und Organisationen im Kontext lebenslangen Lernens. In: Meisel, K./Schiersmann, Ch. (Hrsg.): Zukunftsfeld Weiterbildung. Bielefeld: W. Bertelsmann Verlag, S. 141-158

Schiersmann, Ch. (2004): Selbststeuerung von Lernprozessen – Ansatz einer empirischen Fundierung. In: Literatur- und Forschungsreport Weiterbildung, 27, 2004, 3, S. 57-66

Schiersmann, Ch. (2001): Selbststeuerung von Lernprozessen als Leitbild der Erwachsenenbildung: In: Forum Bildung (Hrsg.): Bildungs- und Qualifikationsziele von morgen. (Materialien des Forum Bildung 5). Bonn: Arbeitsstab Forum Bildung, S. 84-93

Schiersmann, Ch. (1999): Veränderungen der Funktion und Aufgaben des Weiterbildungspersonals vor dem Hintergrund prozeßorientierter beruflicher Weiterbildung. In: Arnold, R. u.a. (Hrsg.): Erwachsenenpädagogik. Zur Konstitution eines Faches. (Grundlagen der Berufs- und Erwachsenenbildung, Bd. 18). Schneider Verlag Hohengehren, S. 201-211

Schiersmann, Ch./Remmele, H. (2002): Neue Lernarrangements in Betrieben. (QUEM-report 75). Berlin: QUEM

Schiersmann, Ch./Remmele, H. (2004): Beratungsfelder in der Weiterbildung: eine empirische Bestandsaufnahme. Baltmannsweiler: Schneider Verlag Hohengehren

Schiersmann, Ch./Strauss, H. (2003): Informelles Lernen – der Königsweg zum lebenslangen Lernen? In: Wittwer, W./Kirchhof, S. (Hrsg.): Informelles Lernen und Weiterbildung. Neuwied/Kriftel: Luchterhand Verlag, S. 145-167

Schiersmann, Ch./Thiel, H.-U. (2000): Projektmanagement als organisationales Lernen. Ein Studien- und Werkbuch (nicht nur) für den Bildungs- und Sozialbereich. Opladen: Leske & Budrich

Schlaffke, W. (1988): Bewältigung technischen Fortschritts durch Schlüsselqualifikationen. In: Literatur- und Forschungsreport Weiterbildung 1988, S. 52-55

Schlutz, E. (2001a): Allgemeinbildung. In: Arnold, R./Nolda, S./Nuissl, E. (Hrsg.): Wörterbuch Erwachsenenpädagogik. Bad Heilbronn: DIE 2001, S. 11-15

Schlutz, E. (2001b): Bildung. In: Arnold, R./Nolda, S./Nuissl, E. (Hrsg.): Wörterbuch Erwachsenenpädagogik. Bad Heilbrunn: Verlag Julius Klinckhardt, S. 48

Schlutz, E. (1997): Erwachsenenbildung als Dienstleistung. In: Grundlagen der Weiterbildung. Praxishilfen, 10, S. 1-18

Schröder, H./Schiel, S./Aust, F. (Hrsg.) (2004): Nichtteilnahme an beruflicher Weiterbildung. Motive, Beweggründe, Hindernisse. Bielefeld: W. Bertelsmann Verlag

Schüle, H. (Hrsg.) (2002): E-Learning und Wissensmanagement in deutschen Großunternehmen. www.unimind.com, am 19.02.04

Schuler, H./Prochaska, M. (2001): Leistungsmotivationsinventar. LMI, Dimensionen berufsbezogener Leistungsorientierung. Göttingen/Bern

Schwuchow, K./Gutmann, J. (Hrsg.) (2000): Jahrbuch Personalentwicklung und Weiterbildung 2000/2001. Neuwied/Kriftel: Luchterhand Verlag

Schwuchow, K./Gutmann, J. (Hrsg.) (1998): Jahrbuch Personalentwicklung und Weiterbildung 1998/1999. Neuwied/Kriftel: Luchterhand Verlag

Seitz, B. (1997): Tarifierung von Weiterbildung. Opladen: Leske & Budrich

Senge, P. M. (1990): The fifth discipline: the art and practice of the learning organization, New York: Currency Doubleday

Severing, E. (2003): Anforderung an eine Didaktik des eLearning in der betrieblichen Weiterbildung. In: Reglin, Th./Severing, E. u.a.: eLearning für die betriebliche Praxis. Bielefeld: W. Bertelsmann Verlag, S. 67-80

270

Severing, E. (2001): Lerntechnik – Lernkultur. Alles neu? In: QUEM-Bulletin 2001,1, S. 5-9

Severing, E. (2000): Neue Lernmedien, diffuse Lernwelten. In: Reglin, Th. (Hrsg.): Betriebliche Weiterbildung im Internet: Didaktik – Produktion – Organisation, Ergebnisse und Erfahrungen aus dem Projekt CORNELIA. Bielefeld: W. Bertelsmann Verlag, S. 168-171

Severing, E. (1998): Selbstorganisiertes Lernen – arbeitsplatznah in der betrieblichen Weiterbildung. In: Derichs-Kunstmann, K./Faulstich, P./Wittpoth, J./Tippelt, R. (Hrsg.): Selbstorganisiertes Lernen als Problem der Erwachsenenbildung. Dokumentation der Jahrestagung 1997 der Kommission Erwachsenenbildung der Deutschen Gesellschaft für Erziehungswissenschaft. Frankfurt/M.: DIE

Severing, E. (Hrsg.) (1994): Arbeitsplatznahe Weiterbildung. Betriebspädagogische Konzepte und betriebliche Umsetzungen. Neuwied/Kriftel: Luchterhand Verlag

Siebert, H. (2003): Lernen ist immer selbstgesteuert – eine konstruktivistische Grundlegung: In Witthaus, U./Wittwer, W. (Hrsg.): Selbstgesteuertes Lernen. Theoretische und praktische Zusammenhänge. Bielefeld: Bertelsmann Verlag, S. 13-25

Siebert, H. (Hrsg.) (2001): Selbstgesteuertes Lernen und Lernberatung. Neuwied/Kriftel: Luchterhand Verlag

Sorg-Barth, C. (Hrsg.) (2000): Professionalität betrieblicher Weiterbildner. Eine Analyse der erforderlichen Kompetenzen. Hamburg: Dr. Kovac Verlag

Spitzer, M. (2002): Geist im Netz. Heidelberg/Berlin: Spektrum Akademischer Verlag

Stahl, T. (1998): Innerbetriebliche Weiterbildung: Trends in europäischen Unternehmen. In: Europäische Zeitschrift Berufsbildung, 15, S. 31-34

Stamps, D. (1998): Learning Ecologies, vom Autor übersandt, gleichzeitig erschienen In: Training Magazine, January 1998

Staudt, E./Kriegesmann, B. (2000): Weiterbildung: Ein Mythos zerbricht. In: Berufsbildung in Wissenschaft und Praxis, 30, 2000, 1, S. 174-177

Straka, G. (2000): Lernen unter informellen Bedingungen (informelles Lernen) – Begriffsbestimmung, Diskussion in Deutschland, Evaluation und Desiderate. In: Arbeitsgemeinschaft Qualifikations-Entwicklungs-Management Berlin (Hrsg.): Kompetenzentwicklung 2000, Münster: Waxmann Verlag, S. 15

Sultana, R. G./Watts, A.G. (2005):Career Guidance in Europe's Public Employment Services: Trends and Challenges (Draft), EU-Commission – DG Employment and Social Services. Brussels

Sydow, J./van Well, B. (1996): Wissensintensiv durch Netzwerkorganisation – Strukturationstheoretische Analyse eines wissensintensiven Netzwerks. In: Schreyögg, G./Conrad, P. (Hrsg.): Managementforschung 6: Wissensmanagement. Berlin/New York: De Gruyter, S. 191-234

Terhart, E. (1999): Konstruktivismus und Unterricht, In: Zeitschrift für Pädagogik, 45, 1999, 5, S. 629-647

Tietgens, H. (1986): Erwachsenenbildung als Suchbewegung. Klinkhardt Verlag Bad Heilbrunn

Tietgens, H. (1980): Teilnehmerorientierung als Antizipation. In: Breloer, G. u.a.: Teilnehmerorientierung und Selbststeuerung in der Erwachsenenbildung. Braunschweig: Westermann, S. 177-235

Tenorth, H.-F. (1997): „Bildung" – Thematisierungsformen und Bedeutung in der Erziehungswissenschaft. In: Zeitschrift für Pädagogik, 43, 1997,6, S. 969-984

Thiel, U. (1996): Momentaufnahme eines professionellen pädagogisch-sozialen Handlungsfeldes. In: Beck, M./Brückner, G./Thiel, H.-U. (Hrsg.): Professionelle Beratung. Tübingen. Dgvt Verlag, S. 11-19

Tough, A. (1968): Why Adults Learn. Toronto: Toronto: Ontario Institute for Studies in Education

Tully, C. J. (Hrsg.) (1994): Lernen in der Informationsgesellschaft. Informelle Bildung durch Computer und Medien. Opladen: Leske & Budrich

Trier, M. (1999): Lernen im Prozess der Arbeit – Zur Ausdifferenzierung arbeitsintegrierter Lernkonzepte. In: Arnold, R./Gieseke, W. (Hrsg.): Die Weiterbildungsgesellschaft, Neuwied/Kriftel: Luchterhand Verlag, S. 46-68

Tröster, M. (2000): Lernberatung in der Alphabetisierung/Grundbildung. Zwischen brüchiger Tradition und neuen Herausforderungen. In: Literatur- und Forschungsreport Weiterbildung, 46, 2000, S. 127-133

Ulrich, J. G. (2000): Weiterbildungsbedarf und Weiterbildungsaktivitäten der Erwerbstätigen in Deutschland. Ergebnisse aus der BIBB/IAB-Erhebung 1998/1999. In: Berufsbildung in Wissenschaft und Praxis, 29, 2000, 3, S. 23-29

UNESCO (1996): Manual for Statistics on Non-Formal Education, Paris: UNESCO

Unger, H. (1998): Organisationales Lernen durch Teams. München/Mering: Hampp Verlag

Venzin, M./Krogh, G. von/Roos, J. (1998): Future Research into Knowledge Management. In: Krogh, G. von/Roos, J./Kleine, D.: Knowing in Firms: Understanding, Managing and Measuring Knowledge, London et al.: SAGE Publications, S. 26-6

Volkholz, V. (2001): Herausforderungen der Zukunft verdeutlicht. In: QUEM-Bulletin 2001, 2, S. 3-4

Weber, K. (1996): Selbstgesteuertes Lernen: Ein Konzept macht Karriere. In: Grundlagen der Weiterbildung. Zeitschrift, 7, 1996, 4, S. 178-182

Weinberg, J./Erpenbeck, J. (2004): Bildung oder Kompetenz – eine Scheinalternative. In: Literatur- und Forschungsreport Weiterbildung 27, 2004, 3, S. 69-76

Weinert, F. E. (1982): Selbstgesteuertes Lernen als Voraussetzung, Methode und Ziel des Unterrichts. In: Unterrichtswissenschaft 1982, S. 99–10

Weiß, R. (2003): Betriebliche Weiterbildung 2001 – Ergebnisse einer IW-Erhebung. In: IW-Trends, 30, 2003, 1, S. 1-17

Weiß, R. (2000): Wettbewerbsfaktor Weiterbildung. Ergebnisse der Weiterbildungserhebung der Wirtschaft. Köln: Deutscher Instituts-Verlag 2000

Werner, D. (2006): Trends und Kosten der betrieblichen Weiterbildung – Ergebnisse der IW-Weiterbildungserhebung. In: Vierteljahrsschrift zur empirischen Wirtschaftsforschung aus dem Institut der deutschen Wirtschaft Köln, 33, 2006, 1

Wieselhuber, N. und Partner (Hrsg.) (1997): Handbuch lernende Organisation. Wiesbaden: Gabler Verlag

Wilkens, I./Leber, U. (2003): Partizipation an beruflicher Weiterbildung – Empirische Ergebnisse auf der Basis des Sozioökonomischen Panels. In: Mitteilungen aus der Arbeitsmarkt- und Berufsforschung, 36, 2003, 3, S. 329-337

Wilkesmann, U. (1999): Lernen in Organisationen: Die Inszenierung von kollektiven Lernprozessen. Frankfurt/M./New York: Campus Verlag

Willmott, H. (1984): Images and Ideals of Managerial Work: A Critical Examination of Conceptual and Empirical Accounts, in: Journal of Management Studies, 21, S. 349–368

Wirtschafts- und Sozialforschung (2005): Erhebung zur beruflichen und sozialen Lage von Lehrenden in Weiterbildungseinrichtungen. Kerpen: Wirtschafts- und Sozialforschung

Wittpoth, J. (2003): Einführung in die Erwachsenenbildung. Opladen: Leske & Budrich

Wittwer, W. (1998): Vom Alphabetisierungsprogramm zur berufsbiographieorientierten Weiterbildung: In: Dress, G./Frauke, I. (Hrsg.): Arbeit und Lernen 2000. Berufliche Bildung zwischen Aufklärungsanspruch und Verwertungsinteresse an der Schwelle zum dritten Jahrtausend. Bielefeld: W. Bertelsmann Verlag, S. 165-182

www.beratungswissenschaft.de

www.dgb-lea.de

www.dresden-internatioinal-university.com

www.iwwb.de

www.lnbb.de

www. stiftung-warentest.de

Zech, R./Ehse, Ch. (Hrsg.) (2000): Organisation und Innovation. Hannover: Ethressum-Verlag

Zink, T. (1997): Einfluss von handlungsbezogenen und kognitiven Persönlichkeitsmerkmalen auf das Lerngeschehen beim Wissenserwerb mit Hypertexten. Landau: Verlag Empirische Pädagogik

Abkürzungsverzeichnis

BA:	Bundesagentur für Arbeit
BIBB:	Bundesinstitut für Berufsbildung
BBiG:	Berufsbildungsgesetz
BAföG:	Bundesausbildungsförderungsgesetz
BMBF:	Bundesministerium für Bildung und Forschung
CCC:	Council for Cultural Cooperation
BSW:	Berichtssystem Weiterbildung
CERI:	Centre for educational research and innovation (innerhalb der OECD)
CVTS:	Continuing Vocational Training Survey (Europäische Erhebung zur beruflichen Weiterbildung)
EU:	Europäische Union
GG:	Grundgesetz
IAB:	Institut für Arbeitsmarkt- und Berufsforschung
IW:	Institut der deutschen Wirtschaft
OECD:	Organisation for Economic Cooperation and Development (Organisation für wirtschaftliche Zusammenarbeit)
SGB:	Sozialgesetzbuch
SOEP:	Sozio-ökonomisches Panel
UNESCO:	United Nations Educational, Scientific and Cultural Organization (Unterorganisation der UNO)

Verzeichnis der Abbildungen und Tabellen

Abbildungen

Kapitel 2: Zum Selbstverständnis beruflicher Weiterbildung

Kapitel 3: Neue Lernarrangements

Kapitel 4: Teilnahmestrukturen

Tabellen

Lehrbücher Erziehungswissenschaft

Bernd Dollinger

Klassiker der Pädagogik

Die Bildung der modernen Gesellschaft
2006. ca. 300 S. Br. ca. EUR 19,90
ISBN 3-531-14873-7

Detlef Garz

Sozialpsychologische Entwicklungstheorien

Von Mead, Piaget und Kohlberg
bis zur Gegenwart.
3., erw. Aufl. 2006. 189 S. Br. EUR 19,90
ISBN 3-531-23158-8

Heinz Moser

Einführung in die Medienpädagogik

Aufwachsen im Medienzeitalter
4., überarb. und akt. Aufl. 2006.
313 S. Br. EUR 22,90
ISBN 3-531-32724-0

Jürgen Raithel / Bernd Dollinger /
Georg Hörmann

Einführung Pädagogik

Begriffe, Strömungen, Leitfiguren
und Fachschwerpunkte
2005. 330 S. Br. EUR 16,90
ISBN 3-531-14702-1

Jürgen Raithel

Quantitative Forschung

Ein Praxiskurs.
2006. 209 S. Br. EUR 16,90
ISBN 3-531-14702-1

Friedrich Rost

Lern- und Arbeitstechniken für das Studium

2004. 333 S. Br. EUR 19,90
ISBN 3-5311-14454-5

Bernhard Schlag

Lern- und Leistungsmotivation

2., überarb. Aufl. 2006. 191 S.
Br. EUR 14,90
ISBN 3-8100-3608-0

Peter Zimmermann

Grundwissen Sozialisation

Einführung zur Sozialisation
im Kindes- und Jugendalter
3., überarb. und erw. Aufl. 2006.
ca. 250 S. Br. ca. EUR 16,90
ISBN 3-531-15151-7

Erhältlich im Buchhandel oder beim Verlag.
Änderungen vorbehalten. Stand: Juli 2006.

www.vs-verlag.de

VS VERLAG FÜR SOZIALWISSENSCHAFTEN

Abraham-Lincoln-Straße 46
65189 Wiesbaden
Tel. 0611.7878 - 722
Fax 0611.7878 - 400

Lehrbücher Erziehungswissenschaft

Helmut Fend

Neue Theorie der Schule
Einführung in das Verstehen
von Bildungssystemen
2005. 205 S. Br. EUR 19,90
ISBN 3-531-14717-X

Bildungssysteme als ein Ganzes zu
begreifen ist eine wichtige Voraussetzung, um im Handlungsfeld Bildung,
Erziehung und Pädagogik zu arbeiten.
Die Einführung in die Theorie der Schule
bereitet die sozialwissenschaftlichen
Grundlagen auf, um Bildungssysteme,
deren Funktionsweisen und Zusammenhänge zu verstehen. Durch die empirische Beschreibung bietet Helmut Fend
Studierenden der Erziehungswissenschaft ein handlungsbezogenes Verstehen der Prozesse und gibt Anregungen
zur zukünftigen Gestaltung institutionalisierten Lehrens und Lernens.

Helmut Fend

**Geschichte moderner
Bildungssysteme**
Eine Einführung
2005. 264 S. Br. EUR 19,90
ISBN 3-531-14733-1

Die Einführung in die Geschichte des Bildungswesens macht in Grundzügen die
Sattelzeiten und Bewegungen sichtbar,
die zu den Besonderheiten eines modernen Bildungssystems geführt haben.
Geleitet von der These Max Webers vom
abendländischen Sonderweg werden die
großen Linien der Entstehung des Bildungswesens als institutionellem Akteur
der ‚Menschengestaltung' nachgezeichnet. Die Geschichte der modernen Bildungssysteme ist ein bedeutender Teil
der Kulturgeschichte des Abendlandes.

Helmut Fend

**Entwicklungspsychologie
des Jugendalters**
3., durchges. Aufl. 2003. 520 S.
Br. EUR 24,90
ISBN 3-8100-3904-7

Was unterscheidet die psychische
Gestaltung der Kinder von jener der
Jugendlichen? Was sind optimale
Umwelten für eine produktive Adoleszenz? Wie können Lehrer, Eltern und
Psychologen auf Risikoentwicklungen
eingehen? Das Buch bietet eine systematische Darstellung der Forschung zu
Entwicklungsprozessen im Jugendalter,
um sowohl Psychologen als auch Päda-
gogen an den modernen Stand des Wissens zur Adoleszenz heranzuführen.

Erhältlich im Buchhandel oder beim Verlag.
Änderungen vorbehalten. Stand: Juli 2006.

www.vs-verlag.de

VS VERLAG FÜR SOZIALWISSENSCHAFTEN

Abraham-Lincoln-Straße 46
65189 Wiesbaden
Tel. 0611.7878-722
Fax 0611.7878-400

Handbücher Erziehungswissenschaft

Rolf Arnold / Antonius Lipsmeier (Hrsg.)
Handbuch der Berufsbildung
2., überarb. und akt. Aufl. 2006.
ca. 580 S. Br. ca. EUR 49,90
ISBN 3-531-15162-2

Das aktualisierte Handbuch der Berufsbildung umfasst die gesamte Breite des pädagogischen Handlungsfeldes und gibt einen Überblick zu Didaktik, AdressatInnen, Vermittlungs- und Aneignungsprozessen und Rahmenbedingungen der Berufsbildung. Alle Beiträge des Handbuchs sind von ausgewiesenen FachexpertInnen geschrieben.

Heinz-Herrmann Krüger /
Winfried Marotzki (Hrsg.)
Handbuch erziehungswissenschaftliche Biographieforschung
2., überarb. und akt. Aufl. 2006.
529 S. Br. EUR 49,90
ISBN 3-531-14839-7

In diesem Handbuch wird ein systematischer Überblick über die theoretischen Diskurse, Forschungsmethoden und -schwerpunkte der erziehungswissenschaftlichen Biographieforschung gegeben: Die Bedeutung der Biographieforschung für die Erziehungswissenschaft wird reflektiert, historische Entwicklungen werden nachgezeichnet und theoretische Grundlagen werden vorgestellt. Zudem werden methodologische Fragen erörtert und das Verhältnis von Biographieforschung und Ethnographie diskutiert. Ein dritter Schwerpunkt des Handbuchs liegt in der Bestimmung des Zusammenhangs zwischen der Pädagogik der Lebensalter und der Biographieforschung.

Werner Helsper / Jeanette Böhme (Hrsg.)
Handbuch der Schulforschung
2004. 994 S. Geb. EUR 69,90
ISBN 3-8100-3659-5

Das Handbuch fasst den aktuellen Stand der interdisziplinären Schulforschung im deutschsprachigen Raum zusammen und ergänzt diesen um internationale Perspektiven. Im Auftakt wird die Entstehung und Etablierung der Schulforschung von ihren Anfängen bis in die Gegenwart aufgezeigt und die damit verbundene Entwicklung von Forschungsansätzen dargestellt. Vor dem Hintergrund der historischen Differenzierung des Schulsystems und damit auch des Lehrerberufs wird das aktuelle Spektrum der Forschungsfelder systematisiert.

Erhältlich im Buchhandel oder beim Verlag.
Änderungen vorbehalten. Stand: Juli 2006.

www.vs-verlag.de

VS VERLAG FÜR SOZIALWISSENSCHAFTEN

Abraham-Lincoln-Straße 46
65189 Wiesbaden
Tel. 0611.7878-722
Fax 0611.7878-400

MIX
Papier aus verantwortungsvollen Quellen
Paper from responsible sources
FSC® C105338

If you have any concerns about our products,
you can contact us on
ProductSafety@springernature.com

In case Publisher is established outside the EU,
the EU authorized representative is:
Springer Nature Customer Service Center GmbH
Europaplatz 3, 69115 Heidelberg, Germany

Printed by Libri Plureos GmbH
in Hamburg, Germany